细水雾耦合通风系统控制地铁火灾实验和数值分析

张培红　田向亮　刘　畅　著

科学出版社
北　京

内 容 简 介

活塞风和机械通风共同作用下，地铁车站将形成纵向、横向和侧向气流耦合的三维通风环境，造成火灾蔓延加剧及其扑救难度加大。本书利用理论分析、模型实验、数值模拟和现场测试相结合的研究方法，揭示三维通风及火灾环境中细水雾的运动学特征及其场特性，分析细水雾抑制火灾轰燃的机理和有效性，阐明细水雾作用下地铁车站火灾烟气蔓延的动力学规律，分析细水雾与地铁车站火灾相互作用的传热学、动力学机制和能量方程，建立活塞风影响下细水雾和机械排烟联动控制灭火系统最优化的运行模式，为地铁车站全淹没式细水雾灭火技术的推广提供技术支持，有效地保障地铁车站及其他人员密集公共场所的消防安全。

本书可供安全科学与工程、消防工程、建筑环境与设备工程、给水排水工程、地下工程等领域科研人员、工程技术人员、研究生、高年级本科生参考。

图书在版编目(CIP)数据

细水雾耦合通风系统控制地铁火灾实验和数值分析/张培红，田向亮，刘畅著. —北京：科学出版社，2020.12

ISBN 978-7-03-067437-1

Ⅰ. ①细…　Ⅱ. ①张…　②田…　③刘…　Ⅲ. ①水雾-通风系统-应用-地下铁道-火灾-烟气控制　Ⅳ. ①U231

中国版本图书馆 CIP 数据核字(2020)第 256279 号

责任编辑：杨慎欣　张培静 / 责任校对：樊雅琼
责任印制：吴兆东 / 封面设计：无极书装

科学出版社 出版
北京东黄城根北街 16 号
邮政编码：100717
http://www.sciencep.com

北京捷迅佳彩印刷有限公司 印刷

科学出版社发行　各地新华书店经销
*
2020 年 12 月第　一　版　开本：720×1000　1/16
2020 年 12 月第一次印刷　印张：16 3/4
字数：338 000

定价：128.00 元

(如有印装质量问题，我社负责调换)

前　言

在有大量人员滞留的地铁车站中，一旦发生火灾，在积极施加灭火措施的同时，往往采取机械排烟等强制通风的应急措施。强制通风可能造成灭火效率下降，活塞风和机械通风共同作用下，地铁车站将形成纵向、横向和侧向气流共同作用下的三维通风环境，使地铁车站通风环境更为复杂，造成细水雾和火焰烟气的传热传质过程以及烟气的疏运过程具有特殊的规律性，导致火灾蔓延的加剧以及火灾扑救难度的加大。本书在对活塞风影响下地铁站台风速场进行现场实测的基础上，以活塞风影响下复杂通风环境中地铁车站火灾作为研究对象，进行细水雾控制地铁火灾发展和蔓延的模型实验和数值模拟，结合理论分析，阐明细水雾耦合通风系统控制地铁火灾的传热学及动力学机制，建立耦合系统最优化的运行模式，为细水雾技术在地铁等城市轨道交通中的应用提供技术支持。

本书共分 6 章。第 1 章绪论，主要讨论活塞风影响下地铁火灾烟气蔓延的特点，空气幕、细水雾雾幕等烟气控制和细水雾灭火技术的研究现状，火灾动力学实验测试手段和 FDS 数值模拟方法。第 2 章首先通过现场实测，分析活塞风影响下地铁站台、楼梯口等人员疏散关键通道的风速场；通过缩尺寸模型实验，分析活塞风影响下列车车厢火灾的发展机制，以及不同通风条件下受限空间火灾轰燃发生的临界参数和影响因素。第 3 章首先利用 PIV 激光粒子速度场测试方法，测试细水雾的雾场特性参数，分析自然通风条件下细水雾和火焰相互作用的动力学及传热学机制，对比分析自然通风、机械通风和细水雾耦合控制双开口受限空间火灾轰燃的机理和有效性。第 4 章利用模型实验和数值模拟相结合的方法，分析不同通风条件下隧道池火热传递机制，对比分析顶部排烟、纵向排烟与细水雾耦合控制隧道火灾的机理和有效性，建立和验证机械通风与细水雾耦合灭火系统的尺度关系和相似理论。第 5 章通过模型实验和数值模拟相结合的方法，分析活塞风影响下，空气幕、细水雾雾幕和机械排烟、屏蔽门耦合控制地铁站台火灾烟气蔓延的有效性，并进行耦合系统的参数优化。第 6 章以沈阳地铁 2 号线世纪大厦站为原型，采用火灾动力学模拟软件 FDS，建立该地铁站三维通风和细水雾耦合作用的数值分析模型，分析活塞风作用下三维通风环境中地铁站台火灾烟气蔓延的动力学规律，以及细水雾和机械排烟耦合系统最优化的启动时间和运行参数。

本书参考引用了国内外许多文献资料，已列于书后参考文献中，在此对文献作者表示感谢。

感谢国家自然科学基金（项目编号：51774067、51374050、51174046）对本书研究与出版工作的支持。

感谢作者曾经指导过的研究生唐兴、许文斌、符靖宇、刘岩、冯瑞、于磊鑫、王淞、华宇东、董家斌、潘龙涛、杨芹、王晓昕、白雪等同学，他们在研究生期间的工作对本书提供了支持。

由于作者水平有限，书中不足之处在所难免，敬请读者批评指正。

作　者

2020 年 1 月

目 录

第 1 章 绪　论

1.1 地铁火灾危险性

随着世界人口的急剧增加和城市化水平的不断提高，城市的道路交通问题日益严重。1863 年 1 月 10 日，世界上第一条用蒸汽机车牵引的地下铁路“大都会号”在英国伦敦建成通车，为人口密集的大都市发展公共交通取得了宝贵的经验。特别是 1879 年采用电力牵引机车的研制成功，使地下客运环境和服务条件得到了空前的改善，地铁建设显示出强大的生命力[1]。我国的第一条地铁于 1969 年 10 月在北京建成，1971 年 1 月开始试营运，从此揭开了中国地铁建设的序幕。20 世纪 90 年代初以来，我国城市地铁进入了迅猛发展的新时期。目前，除北京、上海、天津、重庆四个直辖市以外，广东、湖北、湖南、江苏、浙江、黑龙江、吉林、辽宁、河南、四川、陕西、安徽、广西、贵州等 27 个省（区）的省会（首府），以及深圳、苏州、东莞、宁波、无锡、大连、青岛等城市均建设了地铁线路。截至 2018 年，我国共计 36 座城市开通并运营轨道交通，其中 26 座城市已拥有 2 条及以上运营线路，17 座城市的线网规模已超过 100km，初步形成了城市轨道交通网络化运营格局[2]。此外，我国《“十三五”现代综合交通运输体系发展规划》[3]提出要完善优化超大、特大城市轨道交通网络，推进城区常住人口 300 万以上的城市轨道交通成网，并设立了在 2020 年城市轨道交通运营里程达到 6000km 的发展指标（该目标已达成）。目前，北京、上海等一线城市和香港特别行政区单日客运量均达到 1000 万人次以上[4]。

作为城市中一种大运量的轨道交通运输系统，大多数的地铁工程位于地下，由多个车站通过隧道连接成为整体，只有通风井、车站的出入口、隧道洞口等与外界连通，结构相对封闭，蓄热性能好，散热困难。一旦发生火灾，烟气的危害以及火势蔓延加剧。同时，由于高峰时期地铁中人员密度非常大，当地铁发生火灾时，极易造成严重的财产损失和人员伤亡。表 1.1 为 20 世纪 80 年代以来国内外几起典型的地铁火灾事故[5-13]。

表 1.1　国内外典型的地铁火灾

时间	地点	地铁火灾损失及起火原因
1982-03-16	美国纽约	电气设备出现故障发生火灾，导致一节车厢被损坏，伤 86 人
1987-11-18	英国伦敦	国王十字地铁发生火灾，烟头引燃木质的自动扶梯底部起火，机房和地下一层的售票厅被烧毁，100 多人受伤，31 人死亡

续表

时间	地点	地铁火灾损失及起火原因
1995-10-28	阿塞拜疆巴库	地铁车辆电气设备故障，列车第 3、4 节车辆着火，列车停在隧道内，造成 558 人死亡，269 人受伤
2003-02-18	韩国大邱	人为纵火，造成至少 198 人死亡，147 人受伤，289 人失踪
2003-07-19	美国纽约	布鲁克林地铁发生大火，100 多名乘客紧急撤离，65 名乘客因吸入浓烟而被送入医院接受治疗
2004-01-05	中国香港	人为纵火，造成 14 人受伤
2005-08-26	中国北京	车辆风扇短路起火，列车司机呼吸道灼伤，内环地铁停运 50min，无其他伤亡
2012-08-27	韩国釜山	地铁 1 号线大峙站，电力系统异常引起正在行驶的地铁列车车顶起火，约 32 名乘客吸入浓烟入院治疗
2013-06-05	俄罗斯莫斯科	早高峰时期，莫斯科地铁“列宁图书馆”站和“猎人商行”站之间的电力电缆起火。“红色”地铁线全线停运数小时，4500 人被紧急疏散，其中 80 人就医接受治疗

从事故原因分析可见，其中电气设备故障、机械原因、意外明火和人为纵火等是导致地铁火灾事故的主要因素[14]。由于地铁机车运行、照明、通风、通信等各种设备的运转，地铁车站及隧道电气设备复杂、管线密集，带电火灾危险性严重。近年来，地铁列车、车站设备设施和内部装饰材料的阻燃特性提高，一定程度上提高了地铁的火灾安全性。但乘客行李及随身携带物品的可燃性控制难度较大，是造成地铁火灾荷载大的重要原因[15]。地铁内人员高度密集，流动状态复杂多变，一旦发生火灾，地铁复杂的结构和通风环境造成排烟、灭火、人员疏散和救援困难，是造成人员重大伤亡的重要原因[16]。

1.2 地铁火灾安全技术

利用模型实验、全尺寸实验和数值模拟等方法，国内外学者就地铁火灾发展、烟气蔓延规律及火灾控制技术开展了广泛深入的研究[13,17-25]。受地铁车站及隧道结构特点以及地铁运营实际情况的影响，地铁车站发生火灾时的烟气蔓延受烟囱效应、活塞风等因素影响，具有特殊的规律性。考虑到烟气控制和人员疏散的需要，细水雾灭火技术在地铁领域的应用近年来受到了广泛的关注。

1.2.1 地铁火灾烟气蔓延的特点

1. 烟囱效应

地铁车站内的楼梯间、电梯井和风井等上下部均有开口，形成竖井。如图 1.1

所示的竖井，假定竖井内外的温度分别为 T_s 和 T_0，相应密度分别为ρ_s和ρ_0，g 为重力加速度。假设下开口处的大气压力为 P_0，则在 P_s=P_0 的高度处会形成压力中性面，中性面以上高度 h 处竖井内外环境的压力差为

$$\Delta P_{s0} = P_s - P_0 = (\rho_0 - \rho_s) gh \tag{1.1}$$

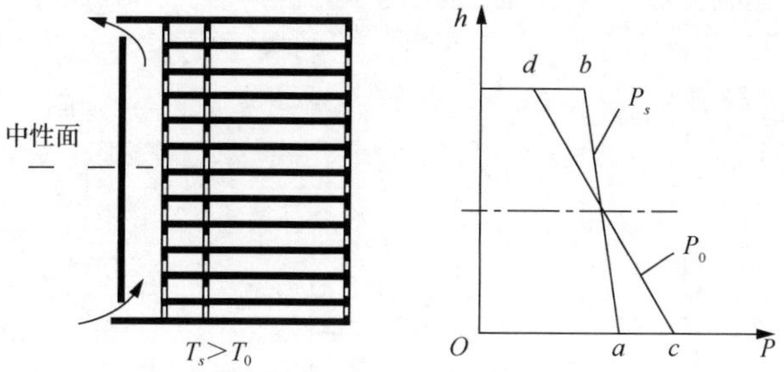

图 1.1　火灾烟囱效应

由于通常竖井的截面积都比较大，竖井内外的压差变化相对于大气压 P_{atm} 而言可以忽略不计，因此，可近似认为烟气在楼梯间或风井内的流动为理想气体流动，假设烟气分子量 $\bar{M}$ 与空气相同，均为 28.9g/mol，利用 P_{atm} 来计算烟气密度，于是式（1.1）可以变为

$$\Delta P_{s0} = ghP_{\text{atm}}\bar{M}\left(\frac{1}{T_0} - \frac{1}{T_s}\right) / R \tag{1.2}$$

式中，T_0——环境温度；

T_s——竖井内空气的温度；

R——通用气体常数。

代入标准大气的参数值可以得到式（1.3）：

$$\Delta P_{s0} = K_s\left(\frac{1}{T_0} - \frac{1}{T_s}\right)h \tag{1.3}$$

式中，K_s——修正系数，见式（1.4）：

$$K_s = gP_{\text{atm}}\bar{M} / R \tag{1.4}$$

h——高于中性面以上的距离，m。

对于处于火灾的建（构）筑物来讲，竖井内上部压力始终小于下部压力，竖井内压力始终大于竖井外压力。火灾过程中，在竖井内外压差作用下，热烟气上升过程中，一旦遇到开口，就会导致烟气向其他未着火区域蔓延，对人员生命和财产安全造成极大的威胁，称为烟囱效应。竖井高度越大，烟囱效应越显著。

烟囱效应是建筑物、隧道、矿井巷道等具有高大吹拔空间构筑物火灾中烟气

蔓延的主要因素[26-28]。在烟囱效应作用下，低于中性面火源产生的烟气将与建筑物内的空气一起流入竖井，并沿竖井上升。一旦升到中性面以上，烟气便可由竖井流出来，进入上部楼层。楼层间的缝隙也可使烟气流向着火层上部的楼层。如果忽略不计楼层间的缝隙，则中性面以下的楼层，除了着火层以外都将没有烟气。但如果楼层间的缝隙很大，则直接流进着火层上一层的烟气将比流入中性面下其他楼层的要多，见图 1.2（a）。若中性面以上的楼层发生火灾，由正烟囱效应产生的空气流动可限制烟气的流动，空气从竖井流进着火层能够阻止烟气流进竖井，见图 1.2（b）。如果着火层的燃烧强烈，热烟气的浮力克服了竖井内的烟囱效应，则烟气仍可进入竖井继而流入上部楼层，见图 1.2（c）。

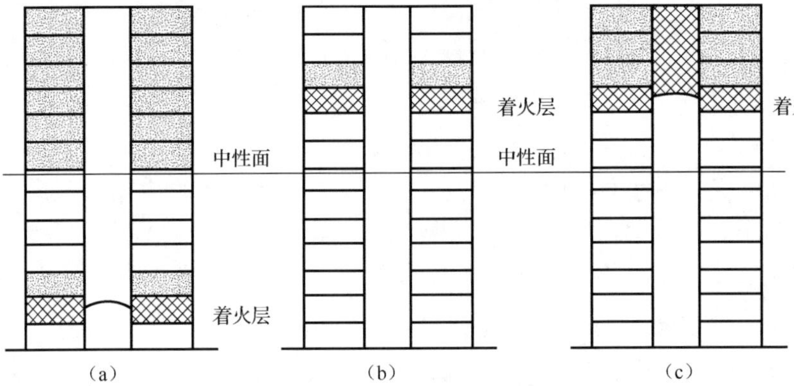

图 1.2　烟囱效应引起的烟气蔓延

当地铁站台或列车上发生火灾时，所产生的热烟气在烟囱效应的作用下，沿着顶棚、风井及楼梯通道向上迅速蔓延，加上燃烧所造成的空气的消耗，使得站台底部形成负压，这样新鲜空气就从楼梯、竖井、车站隧道等地铁与外界连通处大量地涌进地铁内部。补充进来的新鲜空气的流动在对烟气蔓延造成一定阻力的同时，如果控制不当，亦可起到促进和强化燃烧的作用。因此，应根据起火点位置不同，对地铁站台火灾防排烟系统进行优化设计和运行管理，控制烟囱效应加剧火势蔓延。

2. *活塞风效应*

地铁活塞风是指当列车在隧道内行驶时，由于受到隧道的束缚作用以及空气与隧道壁面和列车表面之间的摩擦作用，一部分空气被列车推向前方，形成正压区，而列车尾端存在着负压涡旋区，这种由于压力差而产生的空气流动过程，与活塞在汽缸内做往复运动的过程相似，因此被称为活塞风[29-31]。在活塞风和机械通风共同作用下，地铁车站将形成纵向、横向和侧向气流共同作用下的三维通风环境（图 1.3），造成火灾蔓延加剧及其扑救难度加大。

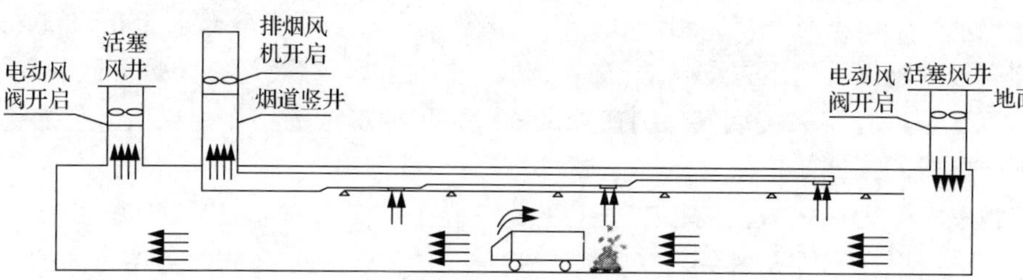

（a）“活塞风+隧道顶部机械排烟”的耦合作用

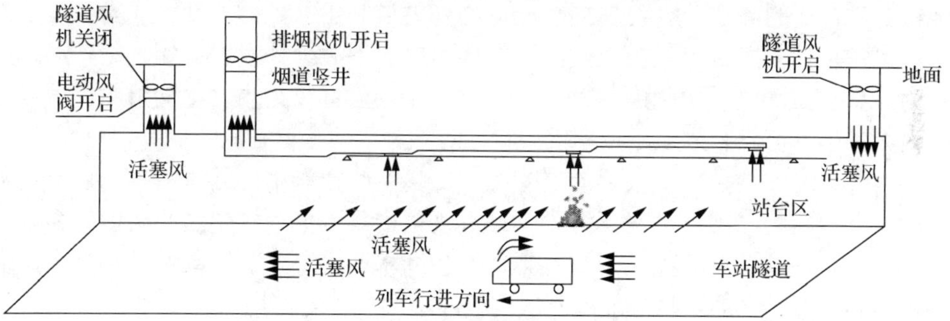

（b）“活塞风+站台机械排烟”的耦合作用

图1.3　“活塞风+机械排烟”共同作用下的三维通风环境

3. 隧道狭长空间火灾烟气蔓延的特殊性

在常规的腔室火灾中，由于其长宽尺寸相对接近，烟羽流在撞击顶棚后，会在腔室的上部蓄积，进而形成在同一高度上温度相对接近的烟气层。因此，在经典的区域模拟中，往往将受限空间分成两个区域，假设上部烟气层中各种热参数分布均匀[32]。

然而，隧道不同于常规腔室，主要表现在其建筑结构狭长，空间密闭，蓄热性强。一旦发生火灾，烟羽流受浮力的作用上升并撞击顶棚，由于受到隧道两侧壁面的限制，烟气会沿隧道纵向向一侧或两端迅速蔓延，同一高度上烟气层的温度和蔓延速度会随着距火源距离的增大而逐渐衰减[33,34]。另外，由于有自然通风、机械补风或机械排烟卷吸空气的影响，以及列车车辆通行造成的活塞风，会进一步加速烟气的蔓延。因此，传统的腔室火灾烟气模型不再适用于预测狭长空间火灾中的烟气蔓延，以及温度与速度的衰减[35,36]。

1.2.2　地铁火灾烟气的被动控制措施

被动控烟主要是指利用不燃的材料或难燃的材料将烟气的蔓延控制在一定的区域范围以内，防止火灾烟气蔓延至邻近区域，以达到减少生命和财产损失的目的。

挡烟垂壁用不可燃烧材料制成，它从顶棚垂下，垂壁高度介于 500～800mm，能够有效地阻挡顶棚下方烟气的横向流动。利用挡烟垂壁可进行防烟分区的划分，也可以在起火时将火灾烟气控制在挡烟垂壁和顶棚形成的蓄烟池以内，进而提高防烟分区内的排烟效果。

地铁车站公共区域内的挡烟垂壁主要设置在楼梯口的下边缘处，防止烟气向上蔓延。《地铁设计防火标准》（GB 51298—2018）[37]规定，站厅与站台间的楼梯口处宜设挡烟垂壁，挡烟垂壁下缘至楼梯踏步面的垂直距离不应小于 2.3m。我国地铁车站每层的高度一般为 4.2～4.6m，内部通道和出入口的高度一般为 2.5m。为了满足规范的要求，可以在连接两层的楼梯口的下边缘处设置挡烟垂壁，离地面高为 2.5m，这样站厅顶棚就有了 1.7～2.1m 的蓄烟高度，烟气横向流动的速度就会大大减小，可以有效地阻止烟气向相邻防烟分区的蔓延。

另外，地铁站台广泛采用的屏蔽门，在起到节能作用的同时，也可以起到一定的防烟分隔的作用[38]。考虑到地铁站大规模密集人群火灾中紧急疏散的需要，近年来，有些地铁站开始采用空气幕[39-44]、细水雾雾幕[45,46]等柔性挡烟技术，对屏蔽门和挡烟垂壁的防烟分隔起到了有效的辅助和补充作用。

1.2.3 地铁火灾烟气的主动控制措施

火灾烟气的主动控制模式，是指利用送风排烟系统使火灾烟气得到有效的控制。

控制烟气蔓延的基本原则是尽量避免烟气的长距离流动和大范围扩散，以防止烟气的沉降过快。发生火灾时，送风排烟系统的运行一般是根据不同的火灾地点采用不同的运行方式，见图 1.4。①不管是站厅火灾还是站台火灾，采取紧急措施的原则是一样的，即：保证起火层形成负压，使火灾烟气控制在起火层以内。实现方式为关闭起火层送风系统和非起火层的回/排风系统，利用起火层的机械排烟系统将烟气经风井排至地面，同时向非起火层送风，保证非起火层内部形成正压，防止烟气的蔓延进入。②列车在区间隧道内着火时，应尽可能将列车驶至前方车站，利用车站的消防设施最大限度地保障乘客的安全。一旦列车不能驶入车站，而需要紧急停靠在区间隧道内时，应根据列车停靠位置以及起火部位，分别开启隧道两端的送风机和排烟风机：列车头部起火，开启头部一侧排烟风机，从尾部方向送风；列车尾部起火，开启头部方向送风风机，尾部方向排风；列车中部起火，两端送风，中部排烟。

值得注意的是，站台着火时，应启动站台的排烟系统，再由站厅层进行送风，使连接处的楼梯、扶梯口处形成一股向下的空气流，使乘客由站台向站厅方向安全地撤离。楼梯口处的风速应保持一定的大小，所要求的风速过大就会对站内的防排烟设施提出更高的要求，导致建设成本增加；风速过小则无法阻止烟气向起火层的上层蔓延。当火灾烟气正好被完全控制在起火层以内时，通道楼梯口处的风速就称为临界风速。该临界值也是地铁车站防排烟系统设计的关键参数之一。《地铁设计防火标准》（GB 51298—2018）规定，当地铁站台发生火灾时，应保证站厅到站台的楼梯和扶梯口处具有不小于 1.5m/s 的向下气流。然而现实中的临界风速值会受到诸多因素的影响，如火源的热释放速率、火源离挡烟垂壁的距离、挡烟垂壁的高度、通风排烟情况以及屏蔽门的开启情况等。《地铁设计防火标准》（GB 51298—2018）规定的 1.5m/s 的风速能否将烟气控制在起火层以内还是一个值得探讨的问题。

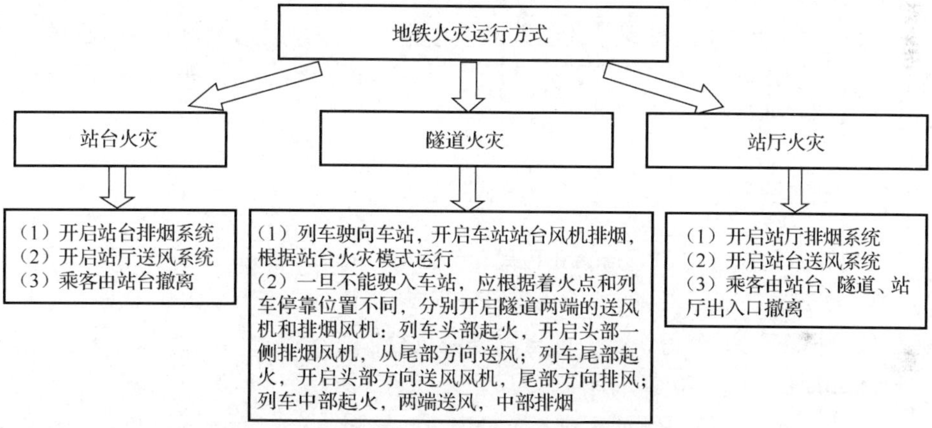

图 1.4 地铁火灾送风排烟系统运行流程图

地铁车站火灾时机械排烟系统的运行和控制须注意以下两个常见的问题：

（1）烟气层的吸穿现象。虽然排烟口的存在会对火灾烟气与空气的分界面产生扰动，造成二者的掺混更加剧烈，但是，为了提高排烟效率，一般要求排烟口浸没于烟气层之中，并保持负压。通常当排烟口处流速较小且烟气层聚集较厚时，烟气才能顺利地排出。反之，当排烟口处的流速较大而火灾的烟气层比较稀薄时，在排烟时就可能会产生吸穿现象[47,48]。此时的排烟口可将部分空气直接吸入其中，从而使得排烟的效率下降；并且，排烟风机对烟气和空气分界面处的扰动影响更大，甚至会使得新鲜空气被大量地卷吸进烟气层内，这会导致烟气的体积增大，同时加重了排烟负担。

（2）排烟口与补风口的合理布局。控制烟气蔓延的一条基本的原则就是尽量避免烟气的长距离流动和大范围扩散，以防止烟气的沉降过快。所以排烟口必须要有合理的布置，包括位置、数量和高度等方面的布置。为了保证机械排烟的效果，排烟口的位置必须离火源较近，使得排烟口能够浸没在烟气层的包围之中。同时排烟口应能够保证合理的开口面积和流速，开口面积过小会导致烟气的流动阻力增大，不利于排烟；《建筑设计防火规范》（GB 50016—2014）（2018 年版）[49]规定，最远排烟口距离不超过 30m，排烟流速可以参考相关规范要求按不大于 10m/s 设计。

补风口的设置也应全面考虑。如果补风口的位置与排烟口离得过近，就会对烟气层的分界面造成强烈的扰动，同时会导致火灾烟气与新鲜空气的掺混剧烈，不利于排烟。假如补风口正好位于排烟口的下方，那么补进来的新鲜空气会同火灾烟气一起直接被排烟口抽吸出去，不仅起不了补风的作用，反而降低了排烟效率，因此补风口必须尽量远离烟气层。如果补风口设置过高，当火灾烟气蔓延至补风口附近时，补进来的新鲜空气便会混入其中，造成两者掺混剧烈，也会影响机械排烟的效果。

因此，在地铁通风排烟设计中，应该根据地铁车站内部的结构和系统设置的特点，对排烟口和补风口的位置、高度、开口面积、数量、间距、补风和排烟风速等方面进行性能化分析[50-56]。

1.2.4 细水雾灭火技术

美国国家消防协会（National Fire Protection Association，NFPA）细水雾灭火系统标准 NFPA 750[57]对细水雾的定义是：在最小设计工作压力下，在距细水雾喷嘴 1m 处的平面上，测得水雾中的雾滴微粒直径 $D_{V0.9}$ 不大于 1000μm。根据粒径的大小，NFPA 750 将细水雾分为以下三级，①第一级细水雾：粒径为 $D_{V0.9} \leqslant 200\mu m$。②第二级细水雾：粒径为 $200\mu m < D_{V0.9} \leqslant 400\mu m$。③第三级细水雾：粒径为 $D_{V0.9} > 400\mu m$。NFPA 750 将细水雾灭火系统按系统工作压力分为三种：管网工作压力小于或等于 1.21MPa 的系统称为低压细水雾灭火系统；管网工作压力大于 1.21MPa、小于或等于 3.45MPa 的系统称为中压细水雾灭火系统；管网工作压力大于 3.45MPa 的称为高压细水雾灭火系统。

我国的《细水雾灭火系统技术规范》（GB 50898—2013）[58]对细水雾的定义是：水在最小设计工作压力下，经喷头喷出并在喷头轴线下方 1.0m 处的平面上形成的直径 $D_{V0.50}$ 小于 200μm，$D_{V0.99}$ 小于 400μm 的水雾滴。

细水雾灭火机理比较复杂。目前国内外公认的细水雾灭火的主导机理为火焰冷却、燃料表面冷却、衰减辐射热、窒息作用和动力学作用等[59-63]。一般而言，在某个具体的细水雾灭火过程中，往往是一种或多种灭火机理耦合而达到灭火效果。

由于细水雾雾滴粒径非常小，通风环境对其流动、分布和汽化作用影响显著。我国的《细水雾灭火系统技术规范》（GB 50898—2013）明确指出细水雾灭火系统适用于扑救相对封闭空间内的可燃固体表面火灾、可燃液体火灾和带电设备的火灾。我国的《城市轨道交通技术规范》（GB 50490—2009）[64]规定地下车站的变电所、通信设备室、信号设备室应设自动灭火系统，包括气体灭火系统、细水雾灭火系统和技术上可靠、经济合理且消防部门认可的其他自动灭火系统。上海轨道交通11号线南延线北段、广州地铁旅客捷运系统（automated people mover，APM）线，以及无锡地铁1、2号线等在重点车站的站厅层公共区、屏蔽门区的轨行区及重要设备用房地下车站设置了细水雾灭火系统[65-67]。沈阳地铁在1、2号线列车上安装了高压细水雾灭火系统[68]。

为拓展细水雾在通风环境中的工程应用，Fogtec以及Marioff等欧盟著名的细水雾灭火设备制造企业在公路、铁路隧道中进行了一系列不同类型火源、不同释热速率下细水雾灭火有效性的全尺寸实验[69,70]，从产品应用的角度考察细水雾对火源区域的降温效果。2005年，印度Ray等[71]建立了一个长65.5m、宽2.4m、高2.7m的地下矿井实验模型，研究表明当纵向通风速度从1.5m/s增加到2.0m/s，细水雾对矿井火灾的抑制作用没有显著的变化。Amano等于2005年建立了一个1∶2尺度的缩尺度实验模型，开展了细水雾形成雾幕后对公路隧道火灾烟气的阻隔作用[72]。Ingason建立了1∶23的缩尺度隧道模型，并在模型上细致开展了纵向通风条件下细水雾抑制木垛火的模拟实验，分析了改变喷雾压力、水流率、纵向风速以及喷嘴布局等参数对细水雾灭火效率的影响[73]。Yuan等[74]分析了通风和预燃时间对细水雾灭火效果的影响。Nmira等[75]对细水雾作用下25m×3m×5m隧道火灾进行了数值模拟，分析了细水雾喷雾流量0.01～0.3kg/s和通风速度1～2m/s的优化；Blanchard等[76]利用实验和数值模拟相结合的方法，分析了细水雾对纵向通风环境中联络隧道火灾的抑制机理，认为气相冷却占73%，隧道表面冷却和衰减辐射热的作用各占9%和18%。Beard[77]建立了隧道火灾中细水雾灭火的理论模型，分析了2m/s纵向通风条件下细水雾熄灭隧道火灾的临界热释放速率和喷雾强度。吴春荣等[78]通过电缆隧道细水雾灭火模型实验，发现纵向通风速度的增加使雾滴的径向速度增加而轴向速度减小，因而雾滴穿透火焰的能力减弱，强制通风情况下细水雾灭火时间要长于自然通风情况。朱伟[79]、Chen等[80]和李权威[81]利用模型实验和数值分析，分别研究了狭长空间纵向通风条件下细水雾与木垛火和油池火相互作用的动力学过程，建立了纵向通风条件下细水雾灭火的预测模型，分析了不同纵向通风风速下细水雾灭火的临界条件。目前为止，大量的研究结果普遍认为，当防护空间的纵向通风风速小于3m/s时，细水雾灭火系统可以保持较好的控火和灭火效果。

综上所述，国内外关于纵向通风条件下细水雾对隧道火灾的抑制作用的研究，关心的重点在于纵向通风条件下火灾烟气蔓延的规律和控制烟气蔓延的临界风速，纵向通风条件下细水雾灭火的临界条件以及灭火时间的预测。然而，隧道工程中风流复杂。Li等指出了隧道通风的三种形式，即自然通风、活塞式通风和机械通风，其中机械通风又有纵向通风、横向通风、半横向通风及几种通风形式的组合[82]。活塞风和机械通风耦合的通风环境中细水雾对火灾抑制作用的研究是亟待解决的问题。

1.3 火灾动力学实验研究方法

1.3.1 相似理论

由于细水雾灭火机理的复杂性，因此在进行细水雾灭火系统设计时，需要经过国际公认的大型实验室的全尺寸实验来验证其可靠性。由于全尺寸实验的成本高、实验数据的系统性差，限制了细水雾灭火系统的工程应用。因此开展合理的小尺度的细水雾灭火实验，以简化系统设计过程，降低设计成本，成为推进细水雾系统工程应用的关键所在。开展小尺度的实验，必须遵循不同尺度实验过程中的动力学相似法则，建立合理的尺度关系，来确定小尺度实验设计中的几何参数、火灾特性参数及动力学参数等，并保证实验结果在大尺度情况下的可拓展性。Thomas、Heskestad、Quintiere 等进行了大量的研究，建立和完善了较为系统的经验尺度关系[83-86]。

为了能明确通风与细水雾耦合系统对火灾的控制作用，需要阐述火源燃烧、火焰与燃料表面、烟气层、壁面等周围环境热交换的过程，需要分析火羽流热浮力效应和细水雾动力学作用下细水雾雾滴、空气和热烟气的流场结构特征及其变化规律。因此，本书选用了以下几个常用的无量纲参数，来分析地铁复杂通风环境中细水雾抑制火灾的机理及有效性。

（1）雷诺数 $Re=\rho ul/\mu$ 表征了动量方程中惯性力与黏性力比值的大小，它是表征流体流动特性的一个重要参数。*Re* 较小时，黏滞力对流场的影响大于惯性力，流场中流速的扰动会因黏滞力而衰减，流体流动稳定，为层流；反之，当 *Re* 较大时，惯性力对流场的影响大于黏滞力，流体流动较不稳定，形成紊流流场。

（2）弗劳德数 $Fr=u^2/gl$ 表征了流体对流项与浮力项比值的大小。*Fr* 越小，表明浮力的作用力越大，火焰的不稳定加剧。*Fr* 的大小还可用以判断气体卷吸状况。在自然对流和受迫对流的传热过程中，经常将 *Fr* 与 *Re* 合并成为格拉晓夫数 *Gr*，用于研究传热问题。它是反映自然对流程度的特征数。当格拉晓夫数 *Gr* 约大于 10^9 时，自然对流边界层就会失去稳定而从层流状态转变为紊流状态。所以格拉晓夫数 *Gr* 在自然对流过程中的作用相当于 *Re* 在受迫对流过程中的作用，其大小能确定边界层的流动状态。

（3）普朗特数 $Pr=v/a$ 是动力黏滞系数 v 和导温系数 a 的比值，是表征流体流动中动量交换与热交换相对重要性的一个无量纲参数，表明温度边界层和流动边界层的关系，反映流体物理性质对对流传热过程的影响。根据 *Pr* 的大小，可把流体分成三大类：①高 Pr 流体，例如各种油类，黏度大而导热系数小，其 Pr 很大，变压器油 $Pr_{100℃}$=80；②低 Pr 流体，例如液态金属，其 Pr 很小，水银 $Pr_{150℃}$=0.016；③普通 Pr 流体，例如空气和水等常见流体，其 Pr 一般处于 0.7～10，空气 Pr=0.7，水 $Pr_{100℃}$=1.75。

在尺度模拟中，除保证不同尺度下的几何相似之外，还应保证运动相似、动力相似，模型和原型中的边界条件和初始条件相同。在不同尺度的火灾条件下，其 Re 和 Fr 很难同时相等。在这种情况下，对于 Re 相等的要求可以相对放松，即忽略黏滞力对流动的影响，从而严格保持 Fr 恒定，尤其是对于 Re 较大、湍流和浮力起主导作用的火灾情况，Fr 相似准则是火灾研究中普遍适用的一种尺度关系准则。这种尺度模拟方法的原则要求在不同尺度情况下设计实验要严格保持 Fr 的恒定，即忽略动力黏滞系数对流动的影响[87]。基于 Fr 守恒的原则，通风与细水雾耦合系统抑制熄灭火灾的主要特性参数的尺度关系，见表 1.2。

表 1.2 通风与细水雾耦合作用抑制火灾的主要特性参数的尺度关系

变量	比例关系
热释放速率	$Q \propto L^{5/2}$
温度	$T \propto L^{0}$
风速	$v \propto L^{1/2}$
时间	$t \propto L^{1/2}$
压力	$p \propto L$
雾滴粒径	$D_l \propto L^{1/2}$
细水雾流率	$Q_w \propto L^{5/2}$
雾滴速度	$v_t \propto L^{1/2}$
雾滴蒸发率	$\dot{m}_{ev} \propto L^{5/2}$
雾滴数量	$n \propto L^{3/2}$
雾通量	$V_F \propto L^{1/2}$

1.3.2 实验测试仪器

1. 燃料质量损失测试

根据实验采用的油盆和燃料量的不同，分别采用不同量程和精度的电子天平进行燃料质量损失速率的测试。日本 AND 公司的 GX-30K 电子天平（图 1.5），其精度为 0.1g、最大量程为 31kg。梅特勒公司的 PL4002 电子天平（图 1.6），其精度为 0.01g，最大量程为 4.1kg。测试结果通过传输数据线 RS232 端口连接到计算机，通过与其匹配的数据采集软件进行燃料质量的实时显示和记录。

图 1.5　GX-30K 电子天平

图 1.6　PL4002 电子天平

2. 传热学参数测试仪器

1）热电偶

实验室采用ϕ1.0mm 的 K 型铠装热电偶对燃料表面、火焰及实验火场的温度进行测量。K 型铠装热电偶的测温范围为−50～1300℃，短期工作温度为 1200℃，长期工作温度为 900℃，误差一般在 0.67%*t*～0.89%*t*℃（*t* 为最高测温值）。

2）热流计

实验采用法国 CAPTEC 公司生产的 HS-30B 型热通量传感器和 Tecfront 公司生产的 Gardon 水冷式 64-20-20 型热通量传感器测量总热通量，采用 TS-30 型热通量传感器和 Tecfront 公司生产的 Gardon 水冷式 64P-20-24 型热通量传感器测量辐射热通量。HS-30B 型和 TS-30 型热通量传感器（图 1.7）的技术参数如表 1.3 所示。

图 1.7　HS-30B 型和 TS-30 型热通量传感器

实验中采用的 Gardon 水冷式总热流计和辐射热流计见图 1.8。在热流计的使用过程中通过水循环系统来达到测量高温环境中的辐射与总热流变化值。每个传感器能够在设计热流水平上自产生 10mV（标称）的输出。Gardon 水冷式辐射热流计可以极高分辨率连续读取 0～150%设计热流，其线性传感器输出与传感器吸收的净热流成正比。水冷系列安装方便，在连续制冷前提下可以长时间测量，无暴露时间限制；输出的是线性信号，输出不受温度的影响，测量精度高。

表 1.3　**HS-30B 型和 TS-30 型热通量传感器的技术参数**

技术参数	HS-30B 型	TS-30 型
测量对象	总热量	总辐射
热流量程	±200kW/m²	±200kW/m²
工作温度	−100～200℃	−100～200℃
灵敏度	优于 2.5μV（W/m²）	优于 2μV（W/m²）
准确度	优于 3%	优于 3%
波长	全波长	0.3～50μm（含可见光）
响应时间	0.3s	0.05s
感应面尺寸	30mm×30mm	30mm×30mm
电缆规格	5m 四芯专用屏蔽电缆	5m 四芯专用屏蔽电缆

（a）水冷式总热流计

（b）辐射热流计

图 1.8　Tecfront 公司生产的热通量传感器

3）红外热像仪

实验采用德国 InfraTec 红外传感与测量技术公司生产的 VarioCAMhr head 系列固定式红外热像仪对实验过程中实验平台内的温度场发展进行实时监测，如图 1.9 所示。VarioCAMhr head（简称 VH）系列固定式红外热像仪具有光学分辨率提升（optical resolution improvement，ORI）功能，采用独有光机位移成像技术，图像像素可达 1280×960；采用高性能微量热焦平面探测器，帧频达 60Hz，热灵敏度优于 30mK，可即时生成清晰度极佳的热图像。VH 热像仪测温范围可达−40～1200℃，测量精度可达±10℃。

图 1.9　VarioCAMhr head 固定式红外热像仪

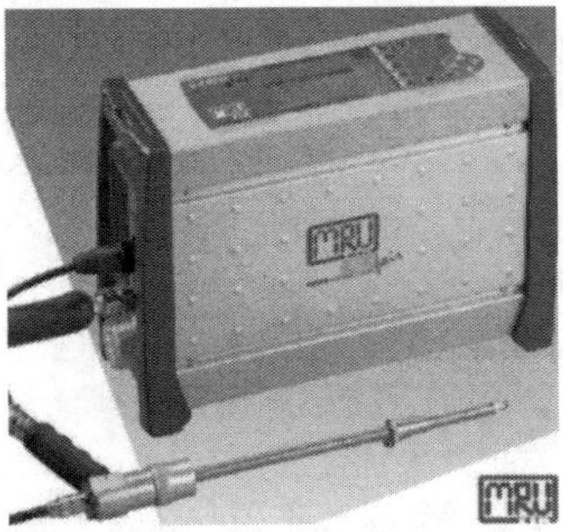

图 1.10　增强型烟气分析仪

3. 烟气分析测试仪器

1）烟气成分分析仪

实验采用 VARIO PLUS 增强型烟气分析仪，如图 1.10 所示，该仪器可以分析所有固态、液态、气态各种燃料种类或者用户自己定义的燃料种类；最多可以同时测量 10 个参数，包括氧气、二氧化碳、一氧化碳、风速、环境温度、烟气温度、压力等。该仪器配置了完善的气体采样调节器，适合长时间气体监测和对比实验；可以通过三通电磁阀自动调零；具有 CO 关断保护，通过三通电磁阀控制和备用气泵对 CO 传感器保护，CO 超量程时启动备用气泵反吹，并可调节保护的限定值。技术参数如表 1.4 所示。

表 1.4　VARIO PLUS 增强型烟气分析仪技术参数

序号	测量成分	传感器类型	测量范围	分辨率	精度
1	O_2	电化学传感器	0～20.9%	0.1%	± 0.2%
2	CO	电化学传感器	0～10000μl/L	1μl/L	± 5μl/L 或读数的±5%
3	CO	NDIR 红外传感器	0～10.00%	0.01%	± 0.05%或读数的±5%
4	CO_2	NDIR 红外传感器	0～20.0%	0.1%	± 0.5%或读数的±5%
5	烟气温度	NiCrNi 热电偶	0～650/1200℃	0.1℃	± 1℃或读数的±1%
6	环境温度	NiCrNi 热电偶	0～100℃	0.1℃	± 1℃或读数的±1%
7	压力	应变压力传感器	−100～+100hPa	0.01hPa	±0.01hPa 或读数的±1%

2）不透明度测试仪

采用英国动光系统公司生产的 DSL-1000 不透明度测试仪进行不透明度及烟气体积分数测量，如图 1.11 所示。DSL-1000 不透明度测试仪主要技术参数见表 1.5。

图 1.11　不透明度测试仪实物图

表 1.5　不透明度测试仪主要技术参数

技术参数	最大量程	精度
传输度	0.000～1.000	<0.1%
不透明度	0.0～100%	<0.1%
消光度	0.000～3.000	<0.1%
气象光学距离	1～9999m	<0.1%
林格曼黑度	0～5	—
浓度	0.0～0.23%	<0.008%

4. 速度场测试

1）风速测试

现场风速测试采用加野四通道热球式风速仪 KA12（图 1.12）对列车进出站过程车站站台活塞风风速进行测量，风速仪和探头主要性能指标分别如表 1.6 和表 1.7 所示。

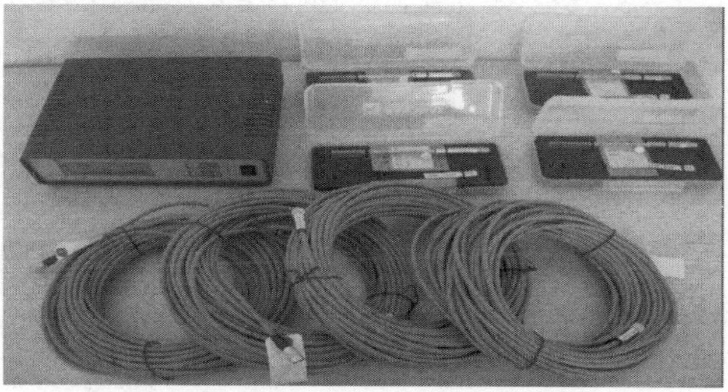

图 1.12　加野四通道热球式风速仪 KA12

表 1.6　风速仪性能指标

指标	内容
显示分辨率	风速 0～9.99m/s 显示分辨率为 0.01m/s；10m/s 以上显示分辨率为 0.1m/s
功能	测量模式：集总模式，传送全部通道的测量数据 数据选择：瞬时值，指定时间间隔点处的瞬时风速值平均值，指定时间间隔内所有测量点的平均值 测量时间间隔：0.1s ×n（n=1～65535）
接口	标准 RS232C 串行接口　波特率：9600bit/s
使用环境温度	5～40℃（41～104℉）

表 1.7　探头性能指标

指标	内容		
测量范围和精度	型号：0962-00 0963-00	0.1～4.99m/s : ±0.1m/s 5.00～9.99m/s : ±0.2m/s 10.0～24.9m/s : ±0.5m/s 25.0～50.0m/s : ±1.0m/s	有指向探头
	型号：0964-01 0964-02	0.1～4.99m/s : ±0.15m/s 5.00～9.99m/s : ±0.3m/s 10.0～24.9m/s : ±0.75m/s 25.0～50.0m/s : ±1.5m/s	无指向探头（针状） 水平特性：±5%FS
应答性	在 1m/s 风速时，达到测量值的 90%的时间		
	型号：0962-00 / 0963-00		约 1s
	型号：0964-01 / 0964-02		约 3s
温度补偿精度	5～40℃（41～104℉）		±5%FS
	40～80℃（104～176℉）		±7%FS

2）PIV 激光粒子测试技术

PIV 即粒子图像速度场仪，它是在传统流动显示技术基础上，利用图形图像处理技术发展起来的一种新的流动测量技术。该技术既具备了单点测量技术的精度和分辨率，又能获得平面流场显示的整体结构和瞬态图像。

PIV 系统主要包括 CCD 相机、激光发射器、同步器、电脑工作站等硬件设施和 Insight 4G、Tecplot 等软件，见图 1.13。

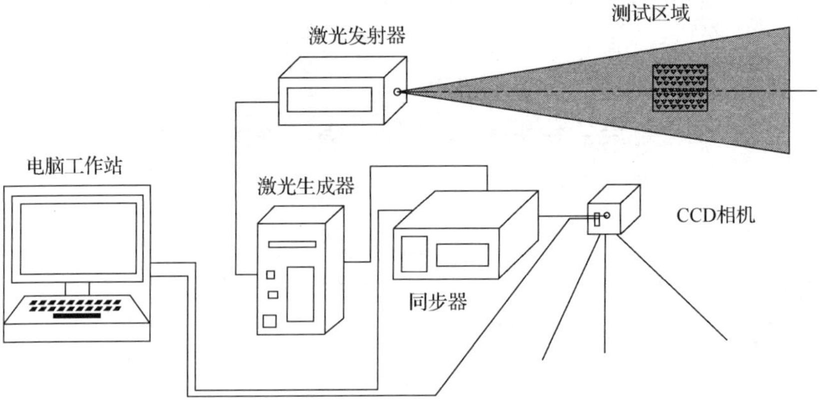

图 1.13　PIV 系统组成图

PIV 测速的基本工作原理见图 1.14。首先，在流场中布撒可以跟随流体流动的示踪粒子。然后，由脉冲激光器发出的一定时间间隔的两束激光，照亮待测的流场区域。利用跨帧 CCD 相机拍摄平行于激光面中流动粒子的图像，然后把图像数字化送入计算机，利用自相关或互相关原理处理，可以得到流场中的速度场分布。

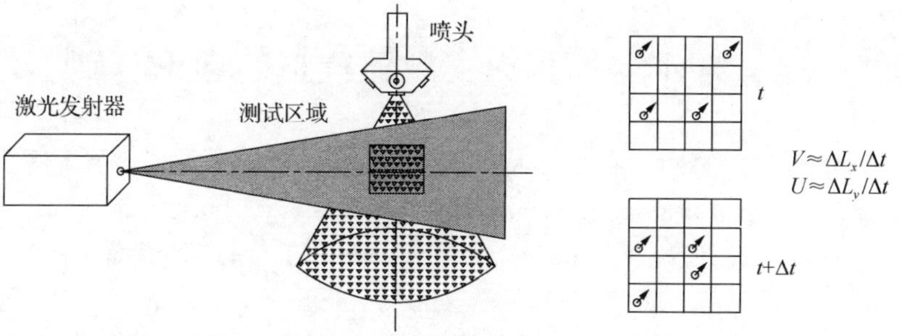

V-x 轴方向的速度；U-y 轴方向的速度；ΔL_x-x 轴方向的位移；ΔL_y-y 轴方向的位移；Δt-时间间隔

图 1.14　PIV 测速的基本工作原理

我们实验采用的是美国 TSI 公司生产的 PIV 设备，见图 1.15。其中双脉冲激光器最高单脉冲能量为 200mJ，脉冲频率 1～15Hz 可调，波长 532nm。跨帧 CCD 相机分辨率为（2048×2048）像素，速率不低于 15 帧/s，跨帧时间间隔不大于 200ns。运用 TSI 公司自行开发的 Insight 4G 软件对实验进行记录与处理，并通过 Tecplot 软件读取数据并最终得出处理结果。

（a）片光源透镜组+激光器　（b）激光器电源　（c）同步器

图 1.15　PIV 设备

5. 数据记录仪

将各种仪器设备测试得到的电压或电流信号输入到 HIOKI 数据记录仪 LR8400-21 或 34972A LIX Data Acquistion（图 1.16），经数据记录仪将其转换成相应测试物理量的数值，最终通过 RS232 端口传送到计算机，完成火场温度、辐射热、烟气成分、风速等数据的采集与存储。

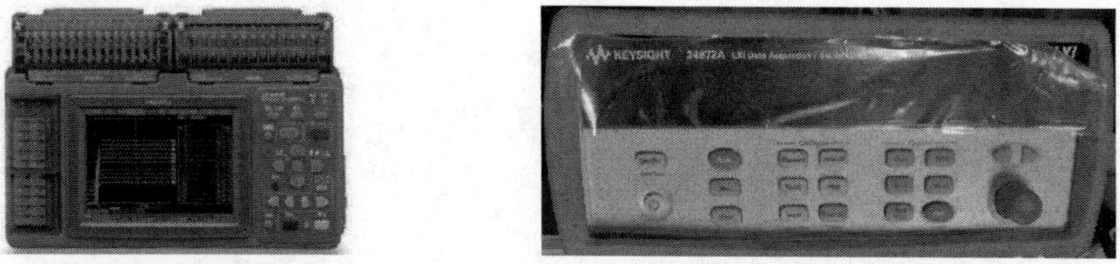

（a）HIOKI LR8400-21　（b）34972A LIX Data Acquistion

图 1.16　数据记录仪

1.4 细水雾控制火灾数值模拟的理论基础

火灾动力学模拟软件（Fire Dynamics Simulator，FDS）是由美国国家标准与技术研究所（National Institute of Standard and Technology，NIST）建筑和火灾实验室（Building and Fire Research Laboratory，BFRS）开发的。FDS 假设燃烧反应为燃料与氧化物的混合过程控制，通过有限体积法（finite volume method，FVM）求解非散射型灰度性质的气体的辐射方程来计算辐射热传递，在特定情况下也采用多波段模型[88]。

1.4.1 基本守恒方程

假设气体为理想气体，基本守恒方程包括质量守恒方程、组分守恒方程、动量守恒方程、能量守恒方程、理想气体状态方程[88]，见式（1.5）～式（1.10）。

质量守恒方程：

$$\frac{\partial \rho}{\partial t}+\nabla \rho U=0 \tag{1.5}$$

组分守恒方程：

$$\frac{\partial}{\partial t}\left(\rho Y_i\right)+\nabla \rho Y_i U=\nabla \rho D_i \nabla Y_i+\dot{m}_i''' \tag{1.6}$$

式（1.6）中，各组分质量分数之和 $\sum Y_i=1$，各组分质量损失率的和为 0，即

$$\sum \dot{m}_i'''=0 \tag{1.7}$$

动量守恒方程：

$$\frac{\partial}{\partial t}\left(\rho U\right)+\nabla \rho U U+\nabla p=\rho f+\nabla \tau_{ij} \tag{1.8}$$

能量守恒方程：

$$\frac{\partial}{\partial t}\left(\rho h\right)+\nabla \rho h U=\frac{\mathrm{d}p}{\mathrm{d}t}+\dot{q}'''-\nabla q+\Phi \tag{1.9}$$

理想气体状态方程：

$$p=\frac{\rho R T}{M} \tag{1.10}$$

式中，∇——矢量运算符号，$\nabla=\left(\frac{\partial}{\partial x},\frac{\partial}{\partial y},\frac{\partial}{\partial z}\right)$；

ρ——密度，kg/m^3；

U——速度矢量，m/s，$U=(u,v,w)$，u、v、w 为速度分量；

t——时间，s；

p——压力，Pa；

f——单位质量力，m/s^2；

Y_i——各组分质量分数；

$\dot{m}_i'''$——各组分质量损失率，kg/s；

τ_{ij}——应力张量，N，见式（1.11）：

$$\tau_{ij} = \mu\left(2S_{ij} - \frac{2}{3}\delta_{ij}(\nabla U)\right),\quad \delta_{ij} = \begin{cases} 1, i = j \\ 0, i \neq j \end{cases}$$

$$S_{ij} = \frac{1}{2}\left(\frac{\partial u_i}{\partial x_j} + \frac{\partial u_j}{\partial x_i}\right),\quad i, j=1,2,3 \tag{1.11}$$

其中，μ 为流体的动力黏度，$N/(m^2 \cdot s)$；

h——焓值，kJ；

$\frac{d(\ )}{dt}$——实体导数，见式（1.12）：

$$\frac{d(\ )}{dt} = \frac{\partial(\ )}{\partial x} + U \cdot \nabla(\ ) \tag{1.12}$$

$\dot{q}'''$——对流和辐射传热量随时间的变化率；

∇q——对流和辐射传热量，kW；

Φ——耗散项，是由于流体黏度使动能转变热能的速率，对于理想流体计算常忽略不计：

$$\begin{aligned}\Phi \equiv \tau_{ij} \cdot \nabla U \equiv \mu\left(2S_{ij} \cdot S_{ij} - \frac{2}{3}(\nabla U)^2\right) \\ = \mu\left[2\left(\frac{\partial u}{\partial x}\right)^2 + 2\left(\frac{\partial v}{\partial y}\right)^2 + 2\left(\frac{\partial w}{\partial z}\right)^2 + \left(\frac{\partial v}{\partial x} + \frac{\partial u}{\partial y}\right)^2 + \left(\frac{\partial w}{\partial y} + \frac{\partial v}{\partial z}\right)^2\right. \\ \left. + \left(\frac{\partial u}{\partial z} + \frac{\partial w}{\partial x}\right)^2 + \frac{2}{3}\left(\frac{\partial u}{\partial x} + \frac{\partial v}{\partial y} + \frac{\partial w}{\partial z}\right)^2\right]\end{aligned} \tag{1.13}$$

R——气体常数；

T——温度，K；

M——气体的摩尔质量，kg/mol。

利用状态方程的实体导数和质量、能量守恒方程，速度场的散度可以用热动力变量表达：

$$\begin{aligned}\nabla U = \frac{1}{\rho c_p T}(\dot{q}''' - \nabla q) + \left(\frac{1}{\rho c_p T} - \frac{1}{p_0}\right)\frac{dp_0}{dt}\frac{M}{\rho}\sum_l \nabla \rho D_l \nabla\left(\frac{Y_l}{M_l}\right) \\ - \frac{1}{\rho c_p T}\sum_l h_l \nabla \rho D_l \nabla Y_l + \frac{1}{\rho}\sum_l\left(\frac{M}{M_l} - \frac{h_l}{c_p T}\right)\dot{m}_l'''\end{aligned} \tag{1.14}$$

式中，c_p——空气的定压比热容；

D_l——某组分 l 的扩散率；

h_l——某组分 l 的扩散系数；

M_l——某组分 l 的摩尔质量；

Y_l——某组分 l 的质量分数。

如果着火空间完全密闭，燃烧反应使封闭空间的热量不断增加，从而不能假设环境压力 p_0 恒定不变，那么等号右边的压力变化项便不为零。由于在实际火灾场景中着火房间密闭的情况极为少见，所以一般假设环境压力恒定不变，上式等号右边第二项便可忽略。

1.4.2 湍流流动的数值模拟理论

湍流的模拟[89]方法大致可分为三种：直接数值模拟（direct numerical simulation，DNS）、大涡模拟（large eddy simulation，LES）、雷诺平均纳维-斯托克斯（Reynolds-averaged Navier-Stokes，RANS）方程模拟。

大涡模拟是在湍流流动的研究中发展起来的，其基本思想是：第一，在流场的大尺度涡结构和小尺度涡结构之间选一滤波宽度对控制方程进行滤波，从而把所有变量分成大尺度量和小尺度量，对大尺度量进行直接模拟，通过求解运动微分方程直接计算出来。第二，在大涡流场的运动方程中引入附加应力项来体现将被滤掉的小涡对大涡运动的影响，称该应力项为亚格子尺度应力，建立这一应力项的数学模型称为次网格尺度（subgrid scale，SGS）模型。

FDS 采用大涡模拟的 Smagorinsky 格式分析湍流模型。在 FDS 中，需要对动力黏滞系数 μ_{LES}、热传导率 k_{LES}、热扩散率 D 进行处理，见式（1.15）～式（1.17）：

$$\mu_{\text{LES}} = \rho\left(C_S \Delta\right)^2 \left(2\bar{S}_{ij} \cdot \bar{S}_{ij} - \frac{2}{3}\left(\nabla \bar{U}\right)^2\right)^{\frac{1}{2}} \tag{1.15}$$

$$k_{\text{LES}} = \frac{\mu_{\text{LES}} c_p}{Pr} \tag{1.16}$$

$$\left(\rho D\right)_{l,\text{LES}} = \frac{\mu_{\text{LES}}}{Sc} \tag{1.17}$$

式中，C_S——经验常数；

Δ——网格尺寸，$\Delta = \left(\Delta_x \Delta_y \Delta_z\right)^{\frac{1}{3}}$，$\Delta_x$、$\Delta_y$、$\Delta_z$ 分别为 x、y、z 轴方向的网格尺寸；

$\bar{S}_{ij}$——可接尺度的变形率张量；

$\bar{U}$——滤波后的速度；

Pr——普朗特数；

Sc——施密特数。

FDS 适用于低速流体，即低马赫数。低马赫数流体假设从两方面简化了计算：一是使数值计算中的时间步长仅与热烟气的流动速度有关，不再取决于音速，大大减少了计算的时间步数；二是减少了方程组中的一个独立变量。FDS 采用了适用于低马赫数的纳维-斯托克斯（Navier-Stokes，N-S）方程的近似处理[90]，包括对 N-S 方程[88]进行滤波处理，仅考虑温度、压力的大涡分量。

1.4.3　燃烧模型

混合分数燃烧模型以无限快速反应控制燃烧，基于氧指数的 Huggett 传播机理[91]模拟燃烧反应的一般形式可写为

$$v_{\mathrm{F}}\mathrm{Fuel} + v_{\mathrm{O}}\mathrm{O}_2 \rightarrow \sum_i v_{p,i}\mathrm{Products}$$

式中，Fuel——可燃烧燃料；

v_{F}——燃料 Fuel 的摩尔分数；

Products——燃烧产物；

v_{O}——氧气的摩尔分数；

$v_{p,i}$——各燃烧产物的摩尔分数。

根据 Huggett 的理论，认为热释放速率 $\dot{q}'''$（kW）是氧气消耗速率的函数：

$$\dot{q}''' = \Delta H_{\mathrm{O}}\dot{m}_{\mathrm{O}}''' \tag{1.18}$$

式中，ΔH_{O}——可燃物消耗单位质量的氧气所释放的热量，kJ/kg；

$\dot{m}_{\mathrm{O}}'''$——氧气的消耗速率，kg/s。

实际过程中火焰熄灭受氧气体积分数和燃烧气体温度两方面控制，所以通过设定可燃物的极限氧指数和临界火焰温度来判断燃烧反应是否终止，这样就把燃烧分为燃烧区和非燃烧区，见图 1.17。

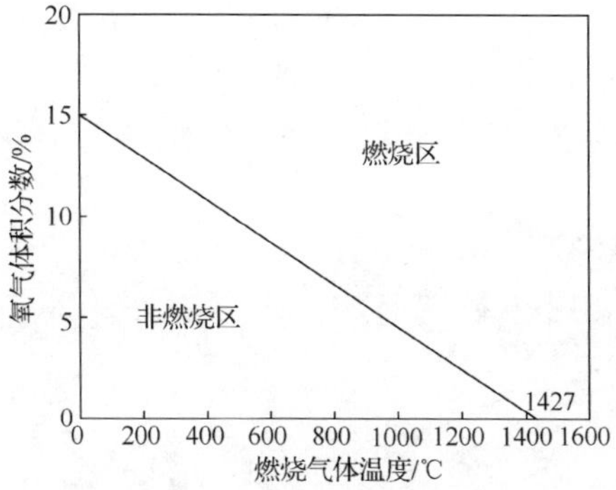

图 1.17　临界火焰温度和极限氧指数确定的非燃烧区与燃烧区

1.4.4 细水雾模型

细水雾对火灾的控制涉及多相流体间的湍流流动、传热传质、辐射热交换等过程，需要应用流体力学、燃烧学、传热学等学科理论进行综合分析，以揭示复杂通风环境中细水雾与火相互作用的机理及灭火的有效性。

1. 细水雾雾滴粒径分布

喷头喷射的雾滴直径初值由累计体积分数（cumulative volume fraction，CVF）项来表示，这是一个与给定的雾滴直径和雾滴传输的水体积（质量）部分有关联的函数。美国工厂互助（Factory Mutual，FM）全球公司建议工业喷头的CVF可以用对数正态（log-normal）分布和罗辛-拉姆勒（Rosin-Rammler）分布[92]表达式来描绘：

$$F(d)=\begin{cases}\dfrac{1}{\sqrt{2\pi}}\displaystyle\int_0^d \frac{1}{\sigma d'}\mathrm{e}^{-\frac{\left[\ln\left(\frac{d'}{d_m}\right)\right]^2}{2\sigma^2}}\mathrm{d}d', & d\leqslant d_m\\ 1-\mathrm{e}^{-0.693\left(\frac{d}{d_m}\right)^{\gamma}}, & d>d_m\end{cases} \tag{1.19}$$

式中，γ、σ——经验常数；

d_m——雾滴直径中值，即一半的水量由直径小于或等于 d_m 的雾滴携带。雾滴直径中值是一个与喷孔直径、操作压力和几何尺寸有关的函数[93]，见式（1.20）：

$$\frac{d_m}{D}=\propto We^{-\frac{1}{3}} \tag{1.20}$$

其中，D 为喷头的喷孔直径；We 为韦伯数，表示惯性力和表面张力的比值，见式（1.21）：

$$We=\frac{\rho_w u_w^2 D}{s_w} \tag{1.21}$$

这里，ρ_w 为水的密度，kg/m^3；u_w 为水的流出速度，m/s；s_w 为水的表面张力，N/m，在20℃时为 7.82×10^{-3}N/m。

流出速度 U 可以从质量流量计算得来，而质量流量是喷头操作压力和流量系数 K 的函数。

在数学运算中，雾滴尺寸按照Rosin-Rammler/log-normal分布进行选取，雾滴直径概率密度函数 $f(d)$ 由下式确定：

$$f(d)=\frac{\dfrac{F'(d)}{d^3}}{\displaystyle\int_0^{\infty}\frac{F'(d')}{d'^3}\mathrm{d}d'} \tag{1.22}$$

雾滴直径由含统一分布随机变量Γ的雾滴分布累积数分数随机选取：

$$\Gamma(d)=\int_0^d f(d')\mathrm{d}d' \tag{1.23}$$

在雾滴直径测试和统计分析过程中，并不需要追踪每一个从喷头出来的雾滴，而只是雾滴的一部分被追踪。典型的情况是，追踪每个喷头每秒钟喷射的1000个雾滴被（也可以是每0.05s追踪50个雾滴，具体时间间隔和雾滴数由测试者自行决定）。选择雾滴尺寸的过程如下：假定喷头喷射的水的质量流动速度为$\dot{m}$，又假定雾滴插入数值模拟的时间间隔为δt，每个时间间隔插入N个雾滴。在0～1的范围内选取N的均一分布随机数U_i，通过方程（1.24）得到基于给定雾滴尺寸分布的N的雾滴直径d_i，然后通过质量守恒计算加权常数C：

$$\dot{m}\delta t=C\sum_{i=1}^{N}\frac{4}{3}\pi\rho_w\left(\frac{d_i}{2}\right)^3 \tag{1.24}$$

2. 空气中雾滴的运动轨迹

通过一个网格单元里每一个雾滴的受力求和得到力项f，分析喷雾中细水雾雾滴转移给空气的动量。

$$f=\frac{1}{2}\frac{\sum\rho_0 C_D\pi r_d^2(u_d-u)|u_d-u|}{\mathrm{d}x\mathrm{d}y\mathrm{d}z} \tag{1.25}$$

式中，C_D——拖曳系数；

r_d——雾滴半径，m；

u_d——雾滴速度，m/s；

u——空气速度，m/s；

ρ_0——空气密度，kg/m^3；

dx、dy、dz——网格单元的体积。

一个单独的雾滴轨迹由下面的方程控制：

$$\frac{\mathrm{d}}{\mathrm{d}t}(m_d u_d)=m_d g-\frac{1}{2}\rho_0 C_D\pi r_d^2(u_d-u)|u_d-u| \tag{1.26}$$

式中，m_d——雾滴质量，kg；

C_D——雷诺数的函数：

$$C_D=\begin{cases}\dfrac{24}{Re}, & Re\leqslant 1\\ \dfrac{24\left(1+0.15Re^{0.687}\right)}{Re}, & 1<Re\leqslant 1000\\ 0.44, & Re>1000\end{cases} \tag{1.27}$$

$$Re=\frac{\rho_0|u_d-u|2r_d}{\mu} \tag{1.28}$$

3. 雾滴的质量和能量转移

雾滴的蒸发由半经验公式确定。悬浮在空气中雾滴的蒸发是雾滴平衡蒸发质量分数、局部气相蒸发质量分数、迁移到雾滴的热量和雾滴随空气的运动的函数。雾滴质量损失速率见式（1.29）[93]：

$$\frac{\mathrm{d}m_d}{\mathrm{d}t} = -2\pi r_d Sh\rho_0 D\left(Y_d - Y_g\right) \tag{1.29}$$

式中，下标 d 和 g ——雾滴和空气；

D——水蒸气到空气中的扩散系数，m^2/s；

Y_d——雾滴的水蒸气质量分数，可以通过 Clausius-Clapeyron 方程获得，见式（1.30）：

$$Y_d = \frac{X_d}{X_d\left(1-M_a/M_w\right)+M_a/M_w}, \quad X_d = \exp\left[\frac{h_v M_w}{R}\left(\frac{1}{T_b}-\frac{1}{T_d}\right)\right] \tag{1.30}$$

其中，X_d 为雾滴水蒸气体积分数；h_v 为汽化热，kJ；M_w 为水的分子量，g/mol；M_a 为空气的分子量，g/mol；R 为气体常数，J/(kg·K)；T_b 为水的沸腾温度，℃；T_d 为雾滴温度，℃。

Sh——雾滴舍伍德数（Sherwood number），它由一个雷诺数 Re 和施密特数 Sc 的关系式确定：

$$Sh = 2 + 0.6Re^{\frac{1}{2}}Sc^{\frac{1}{3}} \tag{1.31}$$

Y_g——空气的水蒸气质量分数，可以通过组分守恒方程获得。

为了计算由于蒸发造成的质量迁移，能量的迁移也必须进行计算。雾滴热量的上升等于通过雾滴表面得到的对流热减去水蒸发必需的能量：

$$m_d c_{p,w}\frac{\mathrm{d}T_d}{\mathrm{d}t} = A_d h_d\left(T_g - T_d\right) - \frac{\mathrm{d}m_d}{\mathrm{d}t}h_v \tag{1.32}$$

式中，$c_{p,w}$——水的定压比热容，kJ/(kg·K)；

A_d——雾滴的表面积，m^2，$A_d = 4\pi r_d^2$；

h_d——热传递系数，W/(m^2·K)，它由下式获得：

$$h_d = \frac{Nuk}{2r_d}, \quad Nu = 2 + 0.6Re^{\frac{1}{2}}Pr^{\frac{1}{3}} \tag{1.33}$$

其中，k 为空气的热传导率，W/(m·K)；Nu 为努塞特（Nusselt）数。

4. 水雾对辐射热的衰减作用

细水雾雾滴通过散射和吸收的共同作用[94,95]来削弱辐射热。辐射热交换方程为

$$s \cdot \nabla I_{\lambda}(x,s) = -\left[k_d(x,\lambda) + s_d(x,\lambda)\right] I(x,s) + k_d(x,\lambda) I_{b,d}(x,\lambda)$$
$$+ \frac{s_d(x,\lambda)}{4\pi} \int_{4\pi} \Phi(s,s') I_{\lambda}(x,s') \mathrm{d}\Omega' \tag{1.34}$$

式中，s——雾滴散射的方向；

k_d——雾滴吸收系数；

s_d——雾滴扩散系数；

$I_{b,d}$——雾滴的散发项；

$\Phi(s,s')$——散射相函数，它给出了 s' 到 s 方向的离散强度。

这里的吸收系数 k_d 和扩散系数 s_d 可通过局部的雾滴数密度 $N(x)$ 和雾滴平均直径 $d_m(x)$ 计算得到：

$$k_d(x,\lambda) = N(x) \int_0^{\infty} f(r, d_m(x)) C_a(r,\lambda) \mathrm{d}r \tag{1.35}$$

$$s_d(x,\lambda) = N(x) \int_0^{\infty} f(r, d_m(x)) C_s(r,\lambda) \mathrm{d}r \tag{1.36}$$

式中，r——雾滴半径，m；

C_a 和 C_s——吸收和散射横截面积。

假定雾滴数密度函数 $f(r,d_m)$ 与雾滴尺寸分布一样具有相同的形式，但却具有不同的均值。

为简化计算，把完整的 $4p$ 立体角近似地分为前角 $\mathrm{d}\Omega^l$ 和周围角 $\mathrm{d}\Omega^* = 4p - \mathrm{d}\Omega^l$。为了与有限体积法解算器相一致，假设 $\mathrm{d}\Omega^l$ 与角离散得出的控制角相等，且以控制角的中心对称。在 $\mathrm{d}\Omega^l$ 中强度是 $I_{\lambda}(x,s)$，可得

$$U'(x,\lambda) = \frac{U(x,\lambda) - \mathrm{d}\Omega' I_{\lambda}(x,s)}{\mathrm{d}\Omega^*} \tag{1.37}$$

式中，$U(x)$——总积分强度。

非散射积分可写为

$$\frac{s_d(x,\lambda)}{4\pi} \int_{4\pi} \Phi(s,s') I_{\lambda}(x,s') \mathrm{d}\Omega' = s_d(x,\lambda)\left[\chi_f I_{\lambda}(x,s) + (1-\chi_f) U^*(x)\right] \tag{1.38}$$

式中，$\chi_f = \chi_f(r,\lambda)$——由立体角 $\mathrm{d}\Omega^l$ 离散进入相同的角 $\mathrm{d}\Omega^l$ 发起的总强度中的一个分数；

U^*——周围角的积分强度。

定义一个有效的扩散系数项：

$$\overline{s}_d(x,\lambda) = \frac{4\pi N(x)}{4\pi - \mathrm{d}\Omega'} \int_0^{\infty} (1-\chi_f) C_s(r,\lambda) \mathrm{d}r \tag{1.39}$$

细水雾的辐射热交换方程为

$$s \cdot \nabla I_{\lambda}(x,s) = -\left[k_d(x,\lambda) + \overline{s}_d(x,\lambda)\right] I(x,s) + k_d(x,\lambda) I_{b,d}(x,\lambda)$$
$$+ \frac{\overline{s}_d(x,\lambda)}{4\pi} U(x,\lambda) \tag{1.40}$$

5. 细水雾喷头的激活

喷头探测到的温度由以下微分方程计算，

$$\frac{\mathrm{d}T_l}{\mathrm{d}t}=\frac{\sqrt{|u|}}{\mathrm{RTI}}\left(T_g-T_l\right)-\frac{C}{\mathrm{RTI}}\left(T_l-T_m\right)-\frac{C_2}{\mathrm{RTI}}\beta_w|u| \tag{1.41}$$

式中，T_l——喷头探头的温度，℃；

T_g——喷头探头附近的气体温度，℃；

T_m——喷头装配体的温度，℃；

β_w——液体（水）在气流中的体积分数。

探测器的灵敏性由 RTI 值确定。联结物向外的热传导量由 C 系数决定。常数 C_2 是一个经验系数，会随着喷头种类的不同而不同，文献[96]～[98]确定为 $6\times10^6\mathrm{K/(m/s)^{1/2}}$，这是一个相对常数。

1.4.5 网格的划分与优化

FDS 在每一个离散时间步内计算出每一个网格内的温度、密度、压力、速度和化学成分等。作为最小计算单位，网格的大小是模型中最重要的数字参数，它规定了模型内部偏微分方程在空间和时间上的精度。FDS 采用交错网格系统，因此划分的网格都是长方体。根据 FDS 用户指南的推荐，火灾特征直径[85] D^*［见式（1.42）］与网格尺寸 ∂x 的比值 $D^*/\partial x$ 在 4～16 的时候比较合理[99]。

$$D^*=\left(\frac{\dot{Q}}{\rho_0 c_p T_0\sqrt{g}}\right)^{\frac{2}{5}} \tag{1.42}$$

式中，Q——火灾的总热释放速率，kW；

c_p——空气的定压比热容，c_p=1.066kJ/(kg·K)；

ρ_0——环境空气密度，$\rho_0=1.205\mathrm{kg/m^3}$；

T_0——环境初始温度，T_0=20℃；

g——重力加速度，g=9.8m/s^2。

第 2 章　通风环境中受限空间火灾动力学的实验研究

地铁车站结构狭长，尤其是地铁车站内风流复杂，在活塞风和机械通风共同作用下，将形成纵向、横向和侧向气流共同作用下的三维通风环境，造成火灾蔓延加剧及其扑救难度加大。本章通过现场实测和模型实验相结合的方法，分析活塞风影响下地铁车站速度场的特点，及活塞风影响下受限空间火灾发展和烟气蔓延的机制以及不同通风条件下火灾轰燃的机制。

2.1　活塞风影响下地铁站台风速场的实测

地铁活塞风的风速大小与列车在隧道内的阻塞比、列车的行驶速度、列车行驶时的空气阻力、空气与隧道壁面间的摩擦力等因素有关[100]。一般来说，地铁车辆行驶所产生的活塞风速度远小于音速，因此在本书中如无特殊说明，所有的活塞风气流均可以认为是不可压缩流体。地铁活塞风的雷诺数 $Re \gg 2000$，属于紊流流动。在紊流状态下，整个空气横断面上的速度分布是比较均匀的，可以用断面上的一点的风速来代替整个断面的风速。因此在本章中，将地铁活塞风近似地看成是沿隧道方向的一维流动。

沈阳地铁 2 号线一期工程全长 21.86km，工程总投资 94.99 亿元，于 2006 年 11 月 18 日开工建设，2011 年 12 月 30 日通车试运营，全部为地下线路。全线共设有十九座地下车站、一处车辆段、一处控制中心（与 1 号线合建）以及两座主变电所，正线全长 21.86km。世纪大厦站位于沈阳市浑南区世纪路，车站结构为双层三跨岛式站台，地下一层为站厅层，地下二层为站台层，站台层公共区长 118m，宽 10m，站台层地面装饰至吊顶高为 3m。站台层两侧均设有迂回风道。站内区间隧道为双行的单跨单线隧道。站台安装全高非封闭式安全门，即屏蔽门上方没有完全封闭而是留有 500mm 的空隙，见图 2.1。

（a）现场图片

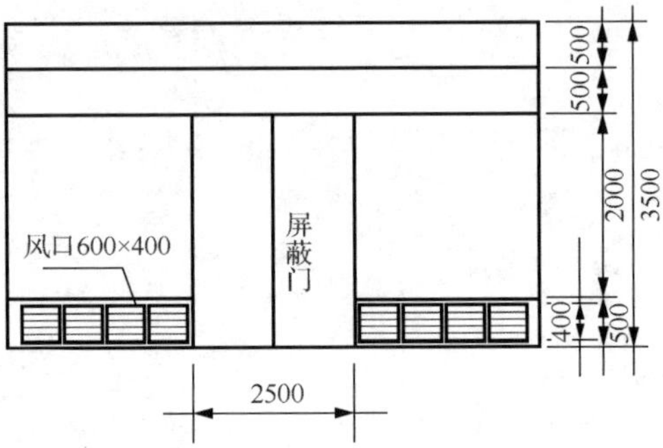

（b）剖面图（单位：mm）

图 2.1　世纪大厦站全高非封闭式屏蔽门

2.1.1　测试方案

列车运行产生的活塞风对地铁站台风速场的影响十分显著。沈阳地铁 2 号线地铁列车全长 118260mm，设计定员 1440 人，超员时可载客 1820 人。设计最高运行速度 80km/h，构造速度 90km/h。2011 年 11～12 月份沈阳地铁 2 号线试运营期间，我们利用日本加野公司生产的四通道热球式风速仪 KA12，进行活塞风风速的现场测试，分析列车进出站时车站站台两端、中部和扶梯口断面的速度场分布[101,102]。

地铁系统在运营时，两方向对开列车的发车时间、行驶速度、行驶区间、运行状态和进站工况并不一致，因此本书根据列车进站工况的不同分为“单向列车进站”和“双向列车同时进站”两种具有代表意义的典型运行工况，分别分析两种工况下活塞风对站台风环境的影响。相关定义如下：

（1）列车进站时刻：列车车头抵达进站端隧道入口断面的时刻定义为列车进站时刻。

（2）列车停车时刻：列车进站后在站台停稳的时刻定义为列车停车时刻。

（3）列车起动时刻：列车起动开始加速出站的时刻定义为列车起动时刻。

（4）列车出站时刻：列车尾部离开出站端隧道出口断面的时刻定义为列车出站时刻。

（5）无车工况：站台没有列车进出，且站台风环境不受活塞风影响。

（6）单向列车进站的工况：站台一侧列车进站，列车从进站前 60s 到出站后 60s 的整个运行时间段或大于此时间段的时间间隔内对开方向没有列车进站、出站或在站台停靠，定义这种运行工况为单向列车进站的典型运行工况。

（7）双向列车进站的工况：站台两侧列车进站时刻相差不超过 60s，定义这种工况为双向列车进站的典型运行工况。

现场测试所选取的时间段是：从列车进站前站台风速开始增大至列车完全出站，站台风场恢复平稳为止。

在站台两端、中部及扶梯口附近分别设置 A、B、C、D、E 5 个测面，在每个测面的屏蔽门上方距地面 2.5m 处和下方风口距地面 0.3m 处分别设 4 个测点，如图 2.2～图 2.3 所示。图 2.2 中三角形代表风速测点的位置，圆形代表温度测点的位置。图 2.4 为现场测试的情况。

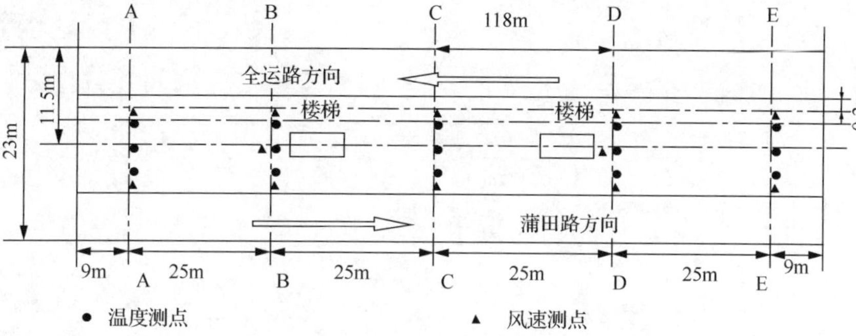

图 2.2　站台测点布置

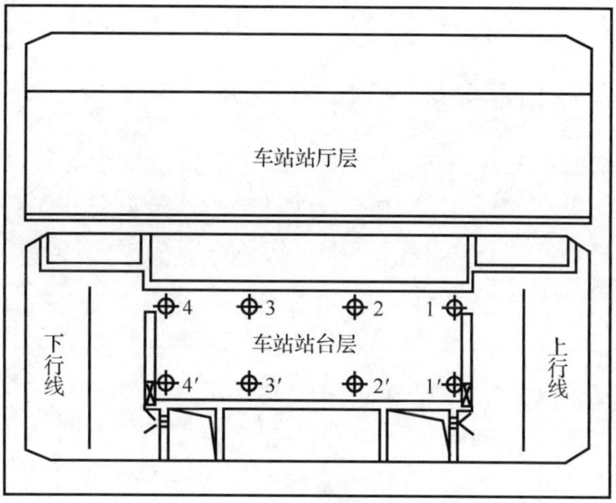

图 2.3　站台层断面测点布置图

图 2.4　现场测试情况

除第 1 章所介绍的加野四通道热球式风速仪以外，我们现场测试还采用了 TSI-9515 数字风速仪（图 2.5）：TSI-9515 拥有一个 40in（101.6cm）的伸缩探头可用于一些难以触及的测量点。对风速的测量范围为 0～10m/s，温度的测量范围是 −18～93℃。

图 2.5　TSI-9515 数字风速仪

2.1.2　无车工况站台速度场的测试和研究

无列车进出站时，主要受室外风速的影响，站台内风速波动不大，速度场较平稳。沈阳市全年平均风速为 3.1m/s，以室外风速接近全年平均风速以及室外风速较大时站台风速的变化情况为例，通过测试，对比分析比较室外风速对站台风速的影响情况，测试结果见图 2.6。

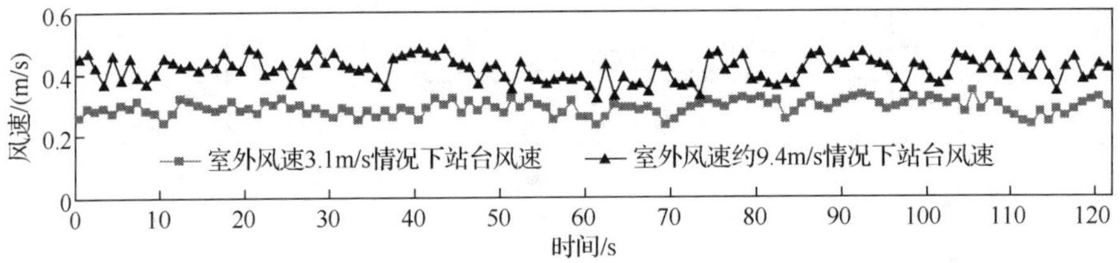

图 2.6　无车工况站台风速变化图

从风速变化趋势可以看出，当室外风速为 3.1m/s 时，站台平均风速在 0.25m/s 至 0.34m/s 之间波动。在大风天气，当室外平均风速达到 9.4m/s 时，站台平均风速在 0.35m/s 至 0.52m/s 之间波动。可见站台平均风速会随室外风速的增加而增大。对站台速度场的全年测试表明，站台风速场一般在 0.3m/s 左右，站台平均风速全年最大值 0.46m/s，最小值 0.21m/s。

2.1.3　单向列车进出站工况站台速度场的测试和研究

当蒲田路方向单向列车以 14～18km/h 左右的平均速度进站时，A 断面不同高度风速变化情况如图 2.7 所示。

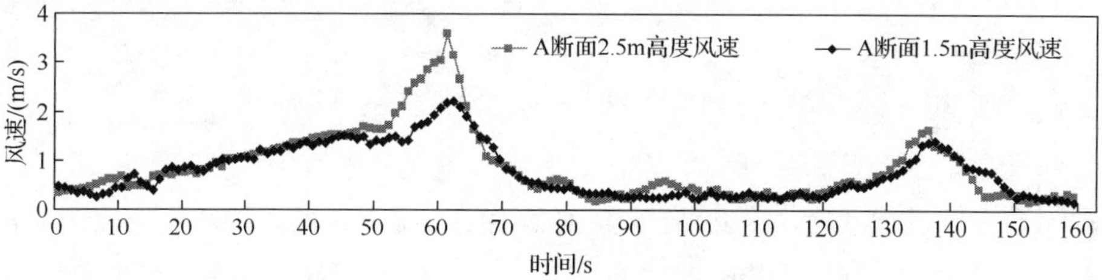

图 2.7　单向列车进站工况下断面不同高度风速变化图

以 z=2.5m 高度风速变化为例分析活塞风对站台的影响情况，站台风速变化大致可分为以下五个阶段：

（1）风速平稳上升阶段：0～50s 期间，列车逐渐驶近车站，站台风速平稳上升到 1.5m/s 左右，乘客在站台上能够明显感受到风速的增大；

（2）风速急剧增大阶段：50～60s 期间，列车驶入站台，站台风速急剧增大，在 60s 左右时达到风速最大值 3.6m/s；

（3）风速急剧降低阶段：60～75s 期间，站台风速从 3.6m/s 下降到 0.3m/s 左右，下降速度很快，此时列车减速准备停车；

（4）风速稳定阶段（75～120s）：80s 时列车完全静止，停靠在站台上，站台风速逐渐恢复到正常值，在 0.2～0.3m/s 波动；

（5）风速缓慢波动阶段（120～150s）：在这一时间段内，列车开始并完全驶出站台，列车出站带来的活塞风对站台的影响明显低于进站阶段，出站过程中站台最大风速为 1.62m/s。150s 以后站台风速重新恢复到 0.2～0.3m/s，活塞风对站台的影响结束。

另外，对比 z=1.5m 高度和 z=2.5m 高度风速变化的差异可知，z=2.5m 高度的最大风速为 3.6m/s，风速值要明显大于 1.5m 高度的最大风速，工作区 z=1.5m 最大风速 2.2m/s，平均风速 1.27m/s；出站时站台工作区最大风速 1.45m/s，平均风速 0.63m/s，活塞风对站台的影响时间在 150s 左右，屏蔽门对活塞风的控制效果明显。

图 2.8 为 A、E 断面风速变化图。

测试结果表明，A、E 两个断面的风速变化趋势相同，但 E 断面在风速急剧增大阶段的风速最大值为 2.2m/s，低于 A 断面在这一阶段的风速值（3.6m/s），E 断面平均风速值也小于 A 断面，可见靠近列车进站方向的断面受到活塞风的影响更剧烈。

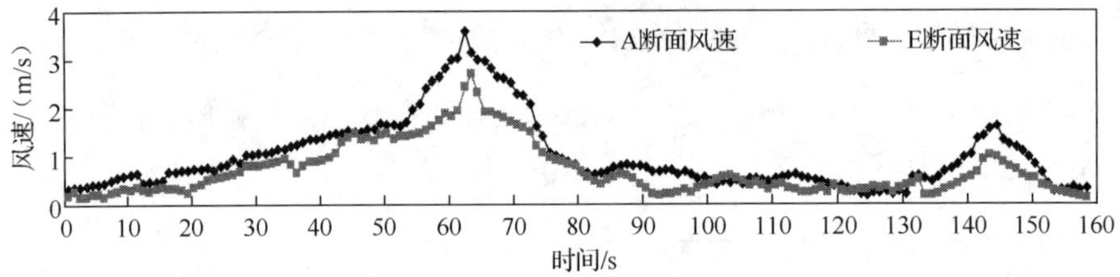

图 2.8　单向列车进站工况下不同断面风速变化图

楼梯口是站台层与站厅层的连通口，在活塞风的影响下，外界空气通过楼梯口与站台空气进行交换。图 2.9 是单向列车出站工况下楼梯口处风速变化图。从测试结果可以看出，列车出站阶段楼梯口断面最大风速 1.28m/s。与其他断面的显著不同在于当列车完全出站约 40s 后，断面风速骤然增大，在 1.2～1.7m/s，呈周期性振荡的现象，振幅逐渐衰减，持续时间为 40s 左右，平均风速可达到 1.3m/s。引起这一现象的原因是列车出站时，在站台形成负压，因此室外空气自楼梯口处大量涌入，在楼梯口处产生较高的风速。

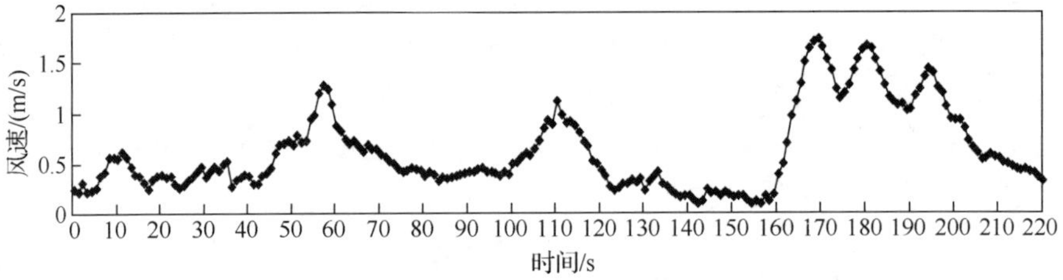

图 2.9　单向列车出站工况下楼梯口处风速变化图

2.1.4　双向列车进出站工况站台速度场的测试和研究

图 2.10 为双向列车进站工况下站台 A 断面 z=2.5m 与 z=1.5m 高度风速对比图。由实验数据可知，在列车进站前 50s 左右，站台风速开始明显增大，列车进站后 z=2.5m 高度最大风速达到 2.7m/s，反向列车进站时前行列车出站产生的活塞风被抵消，站台平均风速仅为 0.25m/s，同时反向列车进站带来的风速波动也被削弱，最大值仅为 1.02m/s，活塞风对站台的影响时间长达 220s。列车进站时站台工作区 z=1.5m 高度最大风速 2.1m/s，平均风速 1.22m/s；出站时站台工作区最大风速 0.94m/s，平均风速 0.42m/s。

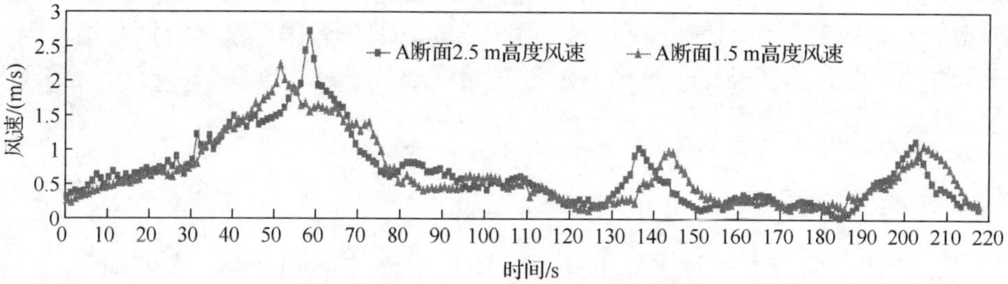

图 2.10　双向列车进站工况下断面不同高度风速

双向列车出站工况下楼梯口断面的风速变化如图 2.11 所示。从风速波动曲线可以看出，与单向列车出站的工况对比，双向列车出站后在楼梯口处形成呈周期性振荡的风速波动时间更长，持续时间可达到 60s 左右，这是由于双侧列车出站时带走站台的空气更多，在站台形成的负压值更大，使从室外涌入的空气量增多，因此在楼梯口处形成的风速波动时间更长。

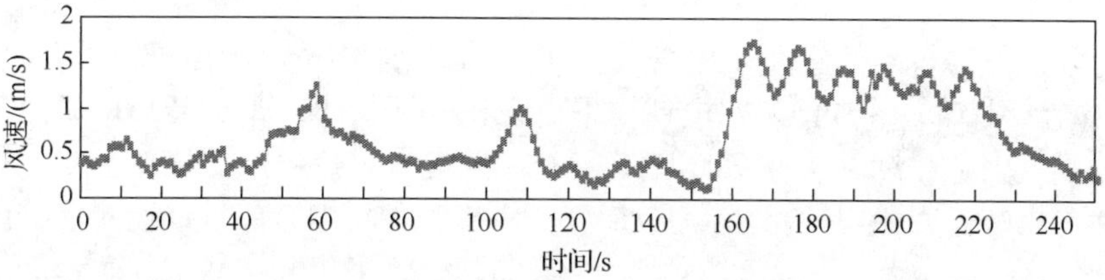

图 2.11　双向列车出站工况下楼梯口风速

综上，对站台速度场的测试表明：无车时站台全年平均风速一般在 0.3m/s 左右波动，全年平均风速最大值 0.46m/s，最小值 0.21m/s；单向列车进站时站台风速的波动比双向列车进站时大，列车进站时站台风速波动比列车出站时大。其中，单向列车进站时站台工作区最大风速 2.2m/s，平均风速 1.27m/s；出站时站台工作区最大风速 1.45m/s，平均风速 0.63m/s，活塞风对站台的影响时间在 150s 左右。双向列车进站时站台工作区最大风速 2.1m/s，平均风速 1.22m/s；出站时站台工作区最大风速 0.94m/s，平均风速 0.42m/s，活塞风对站台的影响可持续 220s 左右。列车出站使站台区域形成负压会导致站台楼梯口处出现周期性振荡的高风速，风速平均值 1.3m/s，持续时间一般为 40～60s。

2.2　活塞风影响下受限空间火灾发展机制的实验研究

地铁列车在隧道运行中形成的活塞风对车厢内火灾发展的影响受到火源受遮挡状态等诸多因素的影响，具有更大的复杂性、不确定性和随机性特点。我们在

6m×1.5m×2m 隧道内开展了 3.6m×1.2m×1.4m 受限空间火灾的小尺度模型实验。改变活塞风风速以及底面边长 300mm、高度 100mm 的长方体铸铁盆内酒精燃料的厚度，通过对火灾温度场、辐射热通量以及烟气成分进行实验测试，分析活塞风对受限空间内不同遮挡状态池火发展规律的影响[103]。

2.2.1 实验方案

我们搭建了尺寸为 6m×1.5m×2m 的隧道实验平台，内置厢体尺寸 3.6m×1.2m×1.4m。实验平台主体结构由镀锌钢板和防火玻璃搭建而成，后侧壁面、顶部和底部采用 1mm 厚镀锌钢板+30mm 岩棉保温层+1mm 厚镀锌钢板的结构形式，防火玻璃搭建的侧面用以观察实验过程。内置厢体由 1.2mm 厚的镀锌钢板搭建而成。

实验模型中距内置厢体中心点 0.3m 处放置长、宽、高为 300mm、300mm、100mm 的铸铁油盘，内部添加不同厚度、纯度为 98%的工业酒精作为燃料，对比分析活塞风影响下受遮挡池火发展蔓延的规律。在油盘的两侧距油盘中心 0.7m 处的地板上设置了法国 CAPTEC 公司生产的辐射热流计，以测量实验中地面所接收的辐射热通量。自厢体底部 0.2m 开始，自下而上均匀布置了 10 层（L-1～L-10）、5 束热电偶树（1-T～5-T），热电偶均采用直径 1mm 的 K 型铠装热电偶，用以测量火焰以及上部热烟气层温度的演变。每 1s 采集一组数据，数据通过 RS232 端口传入计算机中。实验中使用德国 VARIO PLUS 增强型烟气分析仪检测烟气成分中的 CO、CO_2、H_2、O_2 等成分的含量，实验中每 2s 采集一次数据。两台烟气分析仪的探头分别布置在油盆中心左右两侧，右侧探头离油盘中心 0.8m，距地板 0.5m，左侧探头离油盘中心 0.5m，距地板 1m。各测点具体分布如图 2.12 及图 2.13 所示。

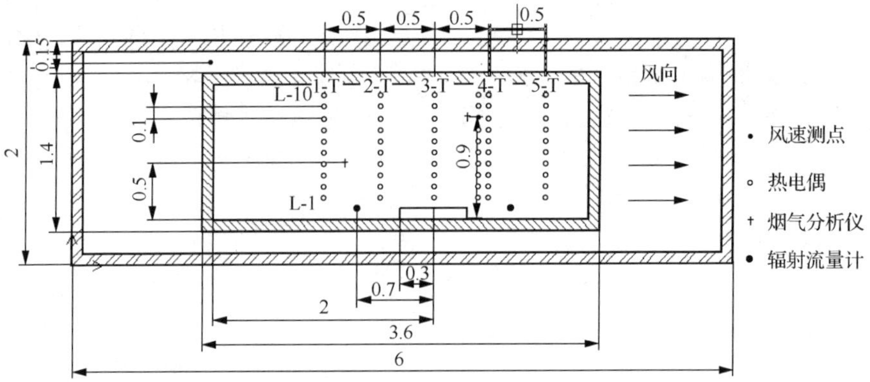

图 2.12　测点布置图（单位：m）

隧道一端设置最大风量为 22000m^3/h 的变频风机，通过变频器可以实现风量 0～22000m^3/h 的变化，对无风和活塞风风速分别为 1m/s、2m/s、3m/s 的 8 个工况进行实验，对比分析活塞风影响下不同遮挡效果池火发展和蔓延的规律。实验工况见表 2.1。

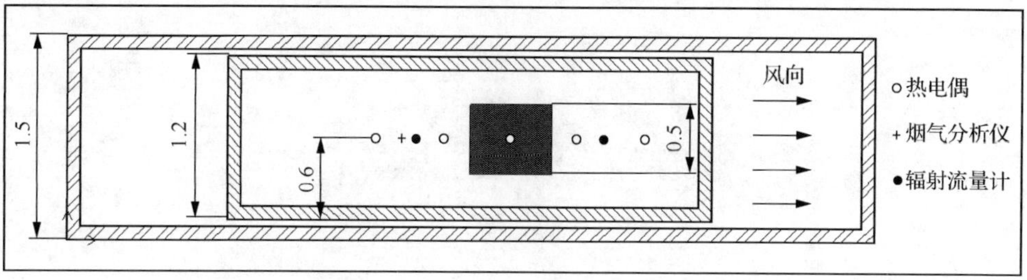

图 2.13　各测点分布俯视图（单位：m）

表 2.1　实验工况

工况	活塞风方式	油盘边长/mm	油盆高度/mm	酒精厚度/mm	风速/(m/s)
1	无风	300	100	15	0
2	活塞风	300	100	15	1
3	活塞风	300	100	15	2
4	活塞风	300	100	15	3
5	无风	300	100	20	0
6	活塞风	300	100	20	1
7	活塞风	300	100	20	2
8	活塞风	300	100	20	3

每次开始实验前，测量并记录实验平台内的环境温湿度，校正各个热电偶、风速仪探头和辐射流量计的位置，启动温度和辐射热通量采集系统、烟气风速监测仪、烟气分析仪以及电子天平等各监测仪器和设备，调零和校准电子天平，根据实验工况调整活塞风风机的频率和风量，开启风机后将油盆点燃。为保证各组实验间的相互独立性，每次实验结束后开启风机进行排烟散热，待实验模型内环境温度、湿度以及空气中氧含量恢复到常态后，再启动下一组实验，以确保实验平台内的环境不会受到上组实验的干扰。为了保证实验结果的重复性与可靠性，每组实验做 3 次进行对比，若 3 次实验相差较大，则重复的次数将更多。

2.2.2　厚度：高度：边长比为 15：100：300 酒精池火的发展机制

图 2.14 为不同活塞风风速情况下燃料厚度为 15mm 酒精池火的质量损失速率变化趋势。从图中可以看出，无风、1m/s、2m/s、3m/s 活塞风作用下实验模型内火源质量损失速率的峰值相差不大；就火灾旺盛阶段持续时间而言，无风和 1m/s 风速下相差不大，但当风速增加到 2m/s 和 3m/s 时，旺盛阶段持续时间增加了 20%

左右，而且，风速越大，旺盛阶段持续时间越长。

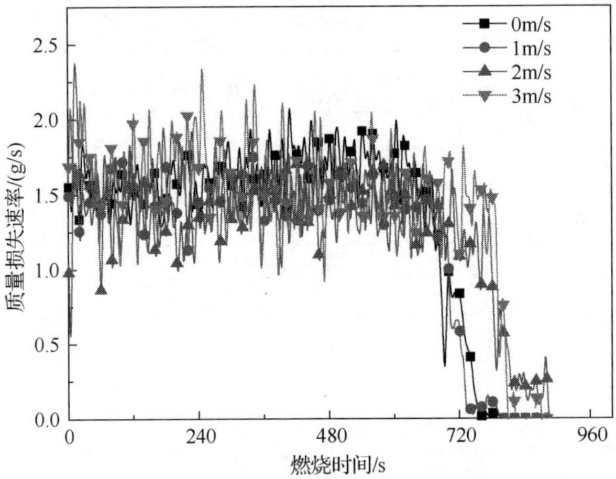

图 2.14　各风速下酒精的质量损失速率

4 种风速情况下火焰最高温度和火焰辐射热的比较分别见图 2.15 和图 2.16。从图中可以看出，各风速下火焰最高温度和火焰辐射热通量的发展趋势类似。当酒精厚度为 15mm 时，无风情况下，火焰最高温度在 240s 时达到峰值 780℃并且趋于稳定，火灾旺盛阶段持续时间约为 420s，火焰辐射热通量峰值为 1.3kW/m^2。风速为 1m/s 时，火焰最高温度比无风时更快达到峰值，大约提前了 60s 左右，其峰值与无风状态时相差不大，但旺盛阶段持续时间比无风时峰值持续时间大约延长了 28%，火焰辐射热通量峰值约为 1.4kW/m^2。随着活塞风风速的进一步增大，火焰最高温度和火焰辐射热通量峰值变化不大，但火灾进入旺盛阶段时间进一步提前，火焰旺盛阶段持续时间比无风情况下延长了大约 30%。

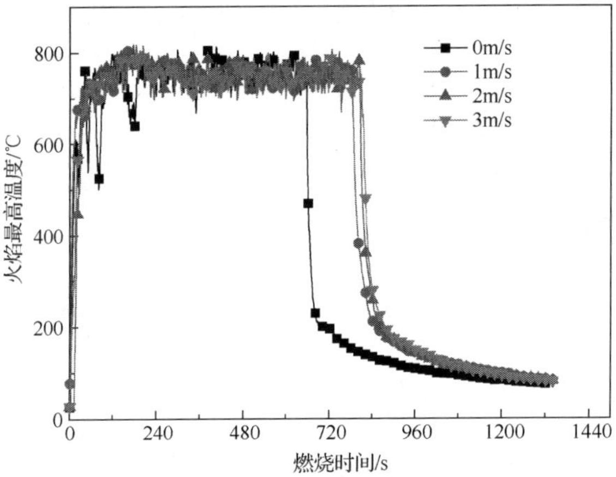

图 2.15　各风速下火焰最高温度

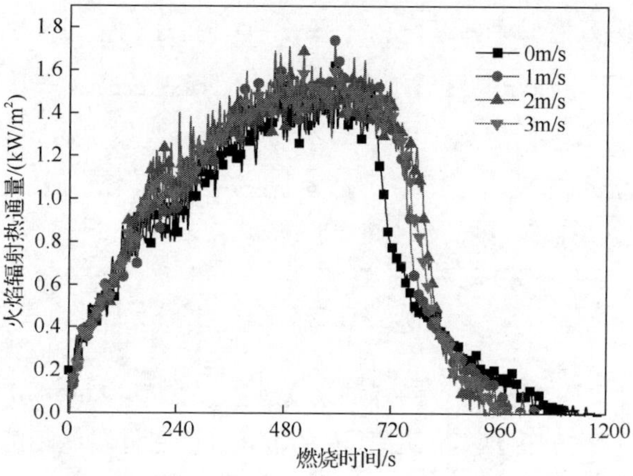

图 2.16　各风速下火焰辐射热通量

进一步地，对每层热电偶所测的温度求平均，得到不同高度的温度均值 T_1、T_2、T_3、T_4、T_5，再利用状态方程平均法[104]，见式（2.1），求出不同活塞风风速作用下上部热烟气层平均温度，见图 2.17。

$$T_{\mathrm{ave}}=\frac{H_r-H_i}{\int_{H_i}^{H_r}\frac{1}{T}\mathrm{d}y}=\frac{H_r-H_i}{\sum_{j=1}^{L}\frac{h_{j+1}-h_j}{T_{j+1}-T_j}\ln\left(\frac{T_{j+1}}{T_j}\right)} \tag{2.1}$$

式中，H_r、H_i ——顶层和底层热电偶的相对高度；

h_j ——相应的热电偶的相对高度。

由图 2.17 可以看出，活塞风影响下，上部热烟气层平均温度明显高于无风情况。并且，活塞风风速越大，上部热烟气层平均温度越高，火灾旺盛阶段持续时间越长。

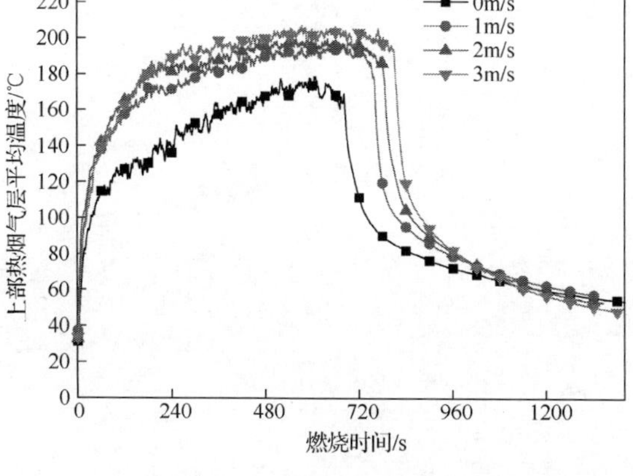

图 2.17　各风速下上部热烟气层平均温度

综上可知，燃料厚度：油盆高度：油盆边长比为 15：100：300 池火在无风和 1m/s 活塞风工况下，油盆高度对池火具有显著的遮挡效应，燃烧处于通风控制阶段，火焰最终因为缺氧而熄灭；当活塞风风速在 2m/s 以上时，随着风速的增加，卷吸的新鲜空气越多，促进了燃烧，活塞风对燃烧的促进作用超过了排烟热损失的影响，因此火灾旺盛阶段持续时间更长。

2.2.3 厚度：高度：边长比为 20：100：300 酒精池火的发展机制

图 2.18 和图 2.19 分别为不同风速工况下尺寸为 300mm×300mm×100mm，酒精厚度为 20mm 池火的火焰最高温度和火焰辐射热通量发展趋势图。从图 2.18 和图 2.19 可以看出，即使是无风状态下，当燃料酒精温度为 20mm 时，火焰辐射热通量增大至 1.5kW/m^2 左右，池火旺盛阶段持续时间增长到 960s，比厚度 15mm 池火的旺盛阶段持续时间延长了将近 130%。随着活塞风速的增加，火灾进入旺盛阶段的时间提前，火灾旺盛阶段持续时间进一步延长，当风速达到 3m/s 时，火焰最高温度最高，大约为 800℃，火焰辐射热通量增至 1.8kW/m^2，火灾旺盛阶段持续时间亦是最长的，比无风情况下延长了大约 29.2%。由此可以认为，酒精厚度为 20mm 时，油盆壁面对池火的遮挡效应虽然受到削弱，但活塞风还是会延长遮挡火的火灾旺盛阶段的持续时间。活塞风影响下，受遮挡池火逐渐由通风控制的燃烧变化为燃料控制的燃烧状态。

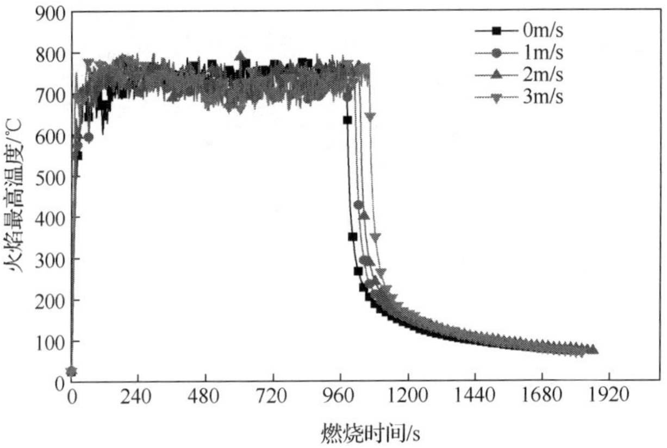

图 2.18　各风速下火焰最高温度

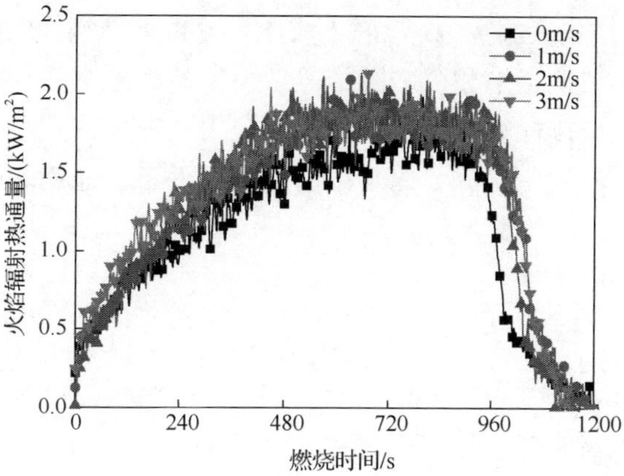

图 2.19　各风速下火焰辐射热通量

2.3　不同通风条件下火灾轰燃发生的机制

地铁车站空间相对封闭、蓄热性好，一旦发生火灾，站内热烟积聚，散热缓慢，内部空间温度骤升，局部燃烧会在瞬间变为全面燃烧，呈现典型的轰燃特征，且站内温升梯度远高于地面上普通受限空间。轰燃导致的高温会对车站建（构）筑物自身结构安全产生严重影响，高温烟气对受灾和救援人员生命安全也造成了严重的威胁。火灾统计资料表明[105]，由于火灾中发生轰燃造成的消防官兵牺牲人数占全国消防官兵在扑救火灾中牺牲人数的 15%左右。

国内外学者对轰燃的机理进行了大量的理论分析和实验研究，Thomas 等[106]和 Tsai 等[107]从热力学失稳的角度判断轰燃发生的临界条件。Graham 等[108]分析了轰燃发展过程中墙壁热惯性的影响，得到了计算从点火到发生轰燃的总时间以及轰燃诱发时间的公式。Beard[109]分析了具有单开口的建筑物围护结构热惰性、几何尺寸纵横比以及换气次数等参数对轰燃演化规律的影响。Thomas[110]、Chow 等[111]、Parker 等[112]利用全尺度和小尺度实验，分析了报纸等固体可燃物作为标识物的轰燃现象发生时，上部热烟气层的临界温度为 600℃左右，地板热流密度的临界值为 20kW/m^2 左右。在大量关于轰燃机理研究的基础上，罗明纯等[113]和 Klopovic 等[114]利用尺寸为 15.6m×5.4m×2.4m 的单层多室模拟实验楼，分析了多室火灾传播及其轰燃过程，研究了全尺度实验条件下外部通风对轰燃的影响。Yuen 等[115]、Francis 等[116]、宋虎[117]、宗若雯[118]开展了长宽比相当的具有单（双）开口的腔室火灾增长模型、轰燃现象以及烟气控制等方面的实验研究和理论分析。李松阳[119]利用5m×0.5m×0.5m小尺寸轰燃实验，发展了适用于分析地下狭长受限空间轰燃现象的多区域火灾模型。地铁车站和公路隧道等地下狭长受限空间结构相对封闭，在活塞风的影响下，机械排烟等机械通风技术的应用，在排烟散热的同时，进一步补充了火灾蔓延所必需的空气。如此复杂的通风条件下，地铁车站火灾轰燃的机理呈现特殊的规律性，有待深入研究。

2.3.1 轰燃实验方案

实验搭建了如图2.20和图2.21所示的狭长受限空间实验模型[120]，主体长×宽×高为3.6m×1.5m×0.6m，模型的壁面和顶部、底部均采用1mm厚镀锌钢板+30mm岩棉保温层+1mm厚镀锌钢板的结构形式，模型的两端设A1、A2、A3和B1、B2、B3活动镀锌钢板，以实现对通风口面积和通风口位置的调整，每个通风口的尺寸均为1.5m×0.2m。

实验模型中部放置直径分别为500mm或400mm的铸铁盘作为主油盆（M），内部添加不同量的酒精或柴油作为主火源燃料。在主油盆两侧布置直径为200mm的副油盆S1和S2，主、副油盆中心距离为400mm，副油盆内置尺寸为140mm×140mm×3mm的合成橡胶作为待引燃燃料。在副油盆的两侧放置法国CAPTEC公司生产的辐射热流计，以测量轰燃实验中橡胶所接收的辐射热通量。自受限空间顶部以下50mm开始，共布置了5层（L-1～L-5）、5束（1-T～5-T）热电偶树，以测量主火源火焰以及受限空间内烟气温度的演变。L-1至L-3层热电偶垂直间距为50mm，L-3至L-5层热电偶垂直间距为150mm；第三束热电偶树3-T位于主油盆正上方，以测量主火源火焰的温度变化；其他四束热电偶树用以测量受限空间内烟气温度沿纵向和横向的演变，各热电偶树的水平间距见图2.20和图2.21。

两个副油盆中心各布置一个热电偶，以测试橡胶表面的温度变化。热电偶均为直径1mm的K型铠装热电偶，热电偶树3-T和L-1～L-3层的热电偶测量范围为−50～1300℃，短期工作温度为1200℃，长期工作温度为900℃，其他热电偶测量范围为0～900℃，误差一般在0.67%t～0.89%t。实验中对烟气体积分数的实时测量通过VARIO PLUS增强型烟气分析仪实现，采用AND公司的GX-30K电子天平实时测量主燃料的质量，采用梅特勒公司的PL4002电子天平对橡胶进行质量变化的实时监测。实验工况见表2.2。

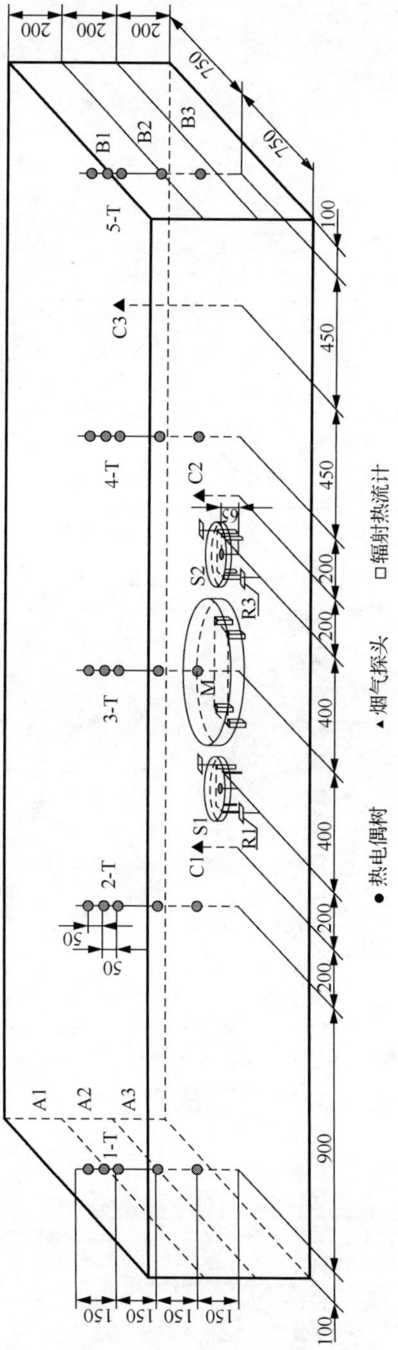

图 2.20　实验布置图（单位：mm）

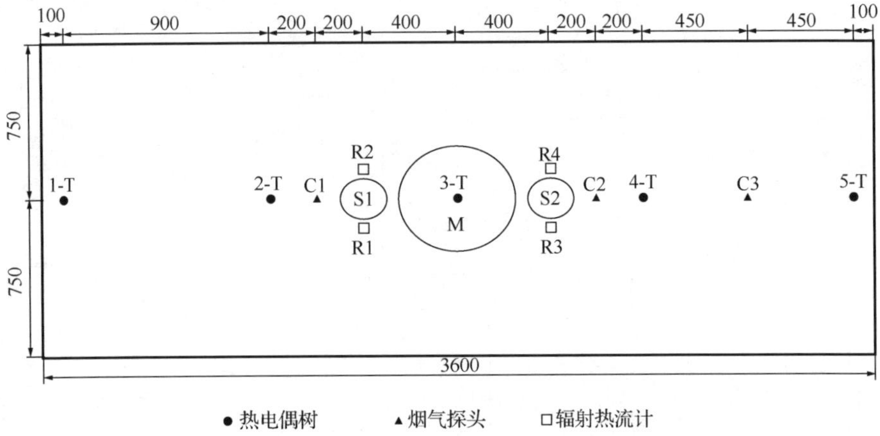

图 2.21　模型俯视图（单位：mm）

表 2.2　实验工况

工况	主油盆 燃料种类	主油盆 直径/mm	主油盆 燃料量/L	副油盆 燃料种类	副油盆 引燃时间/s	副油盆 位置	开口位置	风速/(m/s)	最高/临界烟气层温度/℃	最高/临界辐射热通量/(kW/m^2)
1	酒精	500	3	橡胶	514	2	A3	0.1	551	17.68
2	酒精	500	3	橡胶	506	2	A3	0.1	549	17
3	酒精	500	3.5	橡胶	519	2	A3	0.1	546	17.3
4	酒精	500	2	橡胶	378	1	A3	0.1	518	16.9
5	酒精	500	2.5	橡胶	425	1	A3、B3	0.1	510	16.96
6	酒精	500	3.5	橡胶	440	1	A3、B3	0.1	519	16.86
7	酒精	500	3.5	橡胶	506	2	A3、B1	0.1	527	15.87
8	柴油	500	1	橡胶	204	1	A3、B3	0.1	409	18
9	柴油	500	0.9	橡胶	211	1	A3、B3	0.1	437	15.93
10	酒精	500	3.5	橡胶	428	1	A3、B1	0.1	519	15.97
11	酒精	400	2.5	橡胶	未燃	1	A3	0.1	463	12.77
12	酒精	400	3	橡胶	未燃	1	A3	0.1	487	14.77
13	酒精	400	3.5	橡胶	未燃	1	A3	0.1	493	14.76
14	酒精	500	2.5	橡胶	未燃	1	A3、B3	0.5	515	12.02
15	酒精	500	3	橡胶	未燃	1	A3、B3	0.5	540	13.62
16	柴油	500	1	橡胶	未燃	1	A3、B3	0.5	426	6.99
17	柴油	500	0.9	橡胶	未燃	1	A3、B3	0.5	419	7.66
18	柴油	500	1	橡胶	未燃	1	A3、B3	1.5	464	5.26
19	酒精	500	3.5	橡胶	未燃	1	A3、B3	0.5	557	14.15
20	酒精	500	2.5	橡胶	397	1	A3、B3	0.1	520	15.93
21	酒精	500	3.5	橡胶	559	2	A3	0.1	557	16.61
22	酒精	500	3.5	橡胶	391	1	A3	0.1	523	16.08
23	酒精	500	3.5	橡胶	573	2	A3、B1	0.1	546	16.43

开启受限空间不同位置通风口，通过调节受限空间排烟风机频率以达到调节受限空间风速的目的，利用不同体积的液体燃料酒精和柴油，去引燃放置在不同位置的橡胶，分析橡胶在受限空间轰燃实验中能够被引燃的临界条件和影响因素。实验中，点燃主火源之后开始计时，待受限空间内明火完全熄灭后实验结束。单次实验结束后，进行通风冷却，待实验空间内空气温度下降到室温以后，再进行下一组实验，以保证实验条件的一致性。

2.3.2　轰燃发生的临界参数分析

考虑到实验模型呈现狭长的特点，以及实验中可燃燃料的布置方式，本书的研究中，以橡胶被点燃作为轰燃发生的标志。通过对 L-1～L-4 层热电偶测得的热烟气层温度的分析，得到各实验工况下橡胶引燃前后受限空间上部热烟气层温度随时间的演化过程；通过对受限空间底板上橡胶燃料附近布置的辐射热流计测试数据的分析，得到各实验工况下橡胶引燃前后地面接收到的辐射热通量的演变过程；对于橡胶没有被引燃的工况，分析火灾达到稳定燃烧阶段受限空间上部热烟气层的平均温度和地面所接收到的辐射热通量的平均值。所有 23 种实验工况的临界参数的统计分析见图 2.22 和表 2.3。

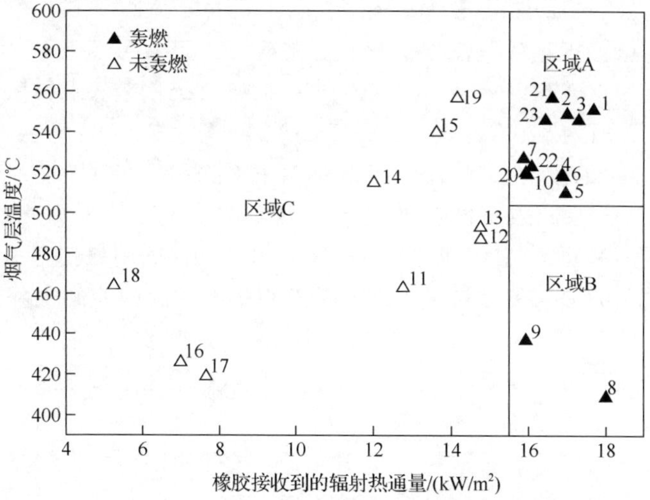

图 2.22　点燃橡胶的临界参数

表 2.3　各工况轰燃发生时刻临界参数的统计分析

区域	主燃料种类	上部热烟气层平均温度/℃			辐射热通量/(kW/m²)		
		最低值	平均值	标准差	最低值	平均值	标准差
区域 A	酒精	510	532	16.33	15.87	16.63	0.59
区域 B	柴油	409	423	19.8	15.93	16.97	1.46

续表

区域	主燃料种类	上部热烟气层平均温度/℃			辐射热通量/(kW/m²)		
		最低值	平均值	标准差	最低值	平均值	标准差
区域 A+B	酒精和柴油	409	516.5	42.72	15.87	16.68	0.68
区域 C	酒精	463	510	32.03	12.02	13.68	1.11
	柴油	419	436	24.21	5.26	6.64	1.24

1. 临界辐射热强度

从图 2.22 可以看出，根据轰燃发生时刻或者未发生轰燃工况中火灾旺盛阶段受限空间上部热烟气层平均温度和地面接收到的辐射热通量，目前的实验工况可以分为 A、B、C 三个区域。

区域 A：酒精池火轰燃区域。该区域内主火源燃料均为纯度 98%的工业酒精，主火源油盆的尺寸均为 500mm。在自然通风条件下，当风速为 0.1m/s 时，无论是开启 1 个，还是 2 个通风口，当 2～3.5L 酒精在直径为 500mm 主燃料盘中燃烧时，均可以引燃橡胶，发生轰燃。轰燃发生时刻各工况受限空间上部热烟气层平均温度以及地面接收到的辐射热通量临界值的统计分析见表 2.3。可以看出，自然通风条件下，随酒精体积、开口位置、待引燃燃料位置的不同，各工况辐射热通量临界值的最低值为 15.87kW/m²，标准差较小；而各工况上部热烟气层平均温度的波动比较大，最低值为 510℃，标准差达 16.33℃。

区域 B：柴油池火轰燃区域。该区域内主火源燃料均为柴油，主火源油盆的尺寸均为 500mm，受限空间内通风方式为自然通风，通风口断面平均风速为 0.1m/s。可以看到，两个引燃橡胶的实验中，虽然柴油的用量稍有不同，轰燃发生时刻地面接收到的辐射热通量临界值的偏差很小，而受限空间上部热烟气层平均温度标准偏差较大。与区域 A 中酒精引燃橡胶工况相比，柴油引燃橡胶时刻上部热烟气层平均温度的均值降低了 20.4%，偏差较大；但地面接收到的辐射热通量均值增加了 9.1%，见表 2.3。

区域 C：非轰燃区。该区域内从主火源点火开始，至主火源完全熄灭为止，虽然均可以观察到橡胶的热解过程，但橡胶从未曾被引燃过。该区域内部分工况通过调整实验室排烟风机的频率，使得通风口断面平均风速保持在 0.5m/s 或 1.5m/s。部分工况将主油盆的尺寸调整为 400mm。所有未能引燃橡胶的 9 组实验中，所有工况地面接收到的辐射热通量均低于 15.87kW/m²。其中工况 14、15 和 19 中，上部热烟气层的平均温度的最高值虽然已达到了 515℃及以上，但是地面接收到的辐射热通量较低，未能引燃橡胶。

进一步以引燃情况为因变量，以燃料种类、油盆直径、燃料量、开口位置、风速、橡胶位置、最高/临界烟气层温度、最高/临界辐射热通量为预测变量，利用最优尺度回归分析方法建立模型，利用 SPSS 软件对本节 23 种实验工况数据进行分析，模型的综合评价见表 2.4。分析得到各预测变量对因变量影响的强弱程度见表 2.5。由表 2.5 可知该模型非常显著，可以解释 88.7%的引燃情况的变化。由表 2.5 中各因素的显著性水平 sig 和容差可知，各因素之间的相关性很强，这种相关性可以从燃烧学的基本理论出发，结合实验数据进行深入分析。

表 2.4　模型汇总

多 R	R^2	调整 R^2	明显预测误差	统计量 F	sig
0.966	0.933	0.887	0.067	20.130	0.000

表 2.5　影响引燃情况的因素

相关因素	标准回归系数	F	sig	容差	重要性系数
燃料种类	0.218	0.707	0.425	0.054	−0.053
油盆直径	−0.556	6.421	0.029	0.335	0.288
燃料量	0.073	0.121	0.729	0.191	−0.018
开口位置	0.172	0.126	0.328	0.321	0.062
风速	0.598	1.197	0.142	0.101	0.445
橡胶位置	0.036	2.482	0.720	0.280	−0.018
最高/临界烟气层温度	−0.136	0.100	0.759	0.042	0.050
最高/临界辐射热	−0.277	0.449	0.510	0.137	0.245

根据表 2.5 得到的重要性系数的绝对值进行影响轰燃发生的各因素的重要度排序，按重要度从大到小各因素的顺序为

风速>油盆直径>辐射热>开口位置>燃料种类>烟气层温度>燃料量和橡胶位置

根据火灾燃烧学的基本理论，油池火的热释放速率主要取决于燃料的种类、燃料火源的尺寸和现场通风的情况。在火焰辐射热、火焰和热烟气与受限空间壁面以及周围环境的换热损失等因素共同作用下，受限空间地面接收到的辐射热通量达到一定的临界状态，使得远离主火源的其他可燃物表面达到了燃点，所有可燃物表面开始燃烧，即发生了轰燃[121,122]。很多学者通过大量的研究，认为可以将上部热烟气层平均温度和地面接收到的辐射热通量作为轰燃发生与否的定量判据。结合本节关于各工况轰燃发生时刻临界热力学参数的统计分析和相关性分析，有理由认为，将地面接收到的辐射热通量作为引燃橡胶的临界参数具有更强的普适性。在本实验模型的条件下，当地面接收到的辐射热通量大于 15.87kW/m^{2}时，可以发生轰燃。

采用火源正上方温度变化率峰值$(\mathrm{d}T/\mathrm{d}t)_{peak}$与温度纵向衰减 K 的比值$\xi=(\mathrm{d}T/\mathrm{d}t)_{peak}/K$ 来分析不同工况池火轰燃的情况，每种工况的ξ值如表 2.6 和图 2.23 所示。

表 2.6　温升速率峰值和温度纵向衰减系数

工况	$(\mathrm{d}T/\mathrm{d}t)_{peak}$/(℃/s)	K/(℃/s)	ξ	轰燃情况
1	46.5	0.413	112.59	轰燃
2	55.2	0.411	134.31	轰燃
3	54.4	0.413	131.72	轰燃
4	44.7	0.456	98.03	轰燃
5	50.5	0.421	119.95	轰燃
6	45.2	0.425	106.35	轰燃
7	40.6	0.431	94.20	轰燃
8	43.1	0.460	93.70	轰燃
9	32.8	0.487	67.35	轰燃
10	33.2	0.428	77.57	轰燃
11	26	0.493	52.74	未轰燃
12	28.6	0.477	59.96	未轰燃
13	29	0.466	62.23	未轰燃
14	31.1	0.451	68.96	未轰燃
15	30.6	0.410	74.63	未轰燃
16	21.6	0.453	47.68	未轰燃
17	21.1	0.539	39.15	未轰燃
18	11	0.460	23.91	未轰燃
19	30	0.405	74.07	未轰燃
20	49	0.462	106.06	轰燃
21	40.6	0.415	97.83	轰燃
22	48.3	0.418	115.55	轰燃
23	52.8	0.434	121.66	轰燃

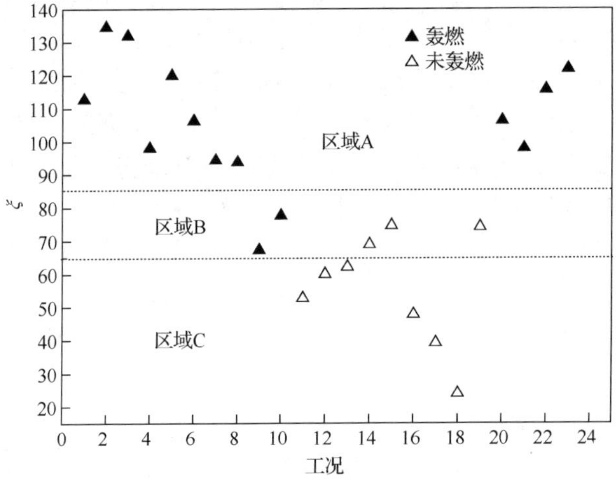

图 2.23　每种工况的ξ值

由图 2.23 可以看出，以ξ=65 和ξ=85 为临界值，可以将实验工况分为轰燃区（区域 A）、非轰燃区（区域 C）和过渡区（区域 B），不同通风量、燃料种类、可燃物位置条件下，轰燃区域的ξ值均在 85 以上，未轰燃区域的ξ值均在 65 以下，对参数进行统计分析结果如表 2.7 所示，轰燃区域ξ参数平均值为 111.04，未轰燃区域为 47.63，过渡区域为 72.52，轰燃区域和未轰燃区域的ξ标准差较为一致，但都大于过渡区域，说明过渡区域火源与温度衰减状况较为稳定，在经过热量积累后突然达到轰燃状态从而导致轰燃情况下空间内处于非稳定的热动力学状态，因此轰燃区域ξ参数波动较大。与前述辐射热判据相对应，当ξ＞85 时，发生轰燃的工况地面接收到的辐射热通量均大于 15.87kW/m^2。

表 2.7　各工况轰燃发生时刻ξ参数的统计分析

区域	轰燃情况	ξ			
		最大值	最小值	平均值	标准差
A	轰燃	134.43	93.72	111.04	14.03
B	过渡区	77.66	67.31	72.52	4.28
C	未轰燃	62.2	23.92	47.63	14.32

2. 轰燃发生时间

抑制轰燃发生或者延迟轰燃发生的时间[123]是火灾安全技术领域需要着力控制的一个重要参数。在本实验中，轰燃发生时刻地面接收到的临界辐射热通量和轰燃发生时间的关系见图 2.24。轰燃发生时间和通风口面积、待引燃燃料橡胶所放置的位置之间的关系见图 2.25。各工况轰燃发生时间的分类统计分析见表 2.8。

从轰燃发生时间的统计分析来看，我们的实验结果和 Tsai 等[107]的结果存在显著的差异，我们的实验结果可以概括为以下三个方面：①柴油最快引燃橡胶。自然通风条件下，尽管两种工况（工况 8 和工况 9）所用主燃料的量略有不同，但火源尺寸相同，柴油引燃橡胶所需时间的平均值为 207.5s。②当主燃料为酒精时，引燃橡胶的时间发生了较大的延迟。如果橡胶位于位置 1，较快被引燃，轰燃时间平均值为 409.8s；尤其是对于工况 4 和工况 22 来讲，仅开启了通风口 A3，开口面积比工况 5、6、10、20 小了一倍，轰燃发生的时间提前了约 9.0%。③当橡胶位于位置 2 时，不管开口面积大小和开口位置如何变化，自然通风条件下橡胶均在 500s 以上才会被引燃，平均为 529.5s，与橡胶位于位置 1 的工况相比，轰燃发生的时间延迟了 29.2%。对于仅开通了通风口 A3 的工况 1、2、3、21 来讲，引起轰燃时间的平均值为 524.5s，比工况 4 和工况 22 延迟了 36.4%；比开通了通风口 A3、B1 的工况 7 和工况 23 的平均值提前了 2.7%。

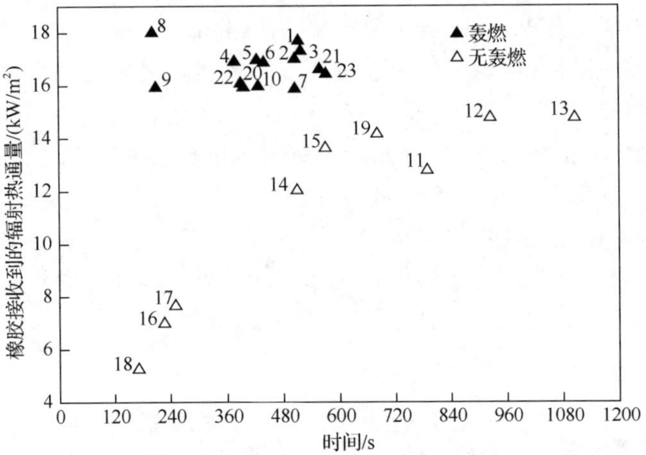

图 2.24　轰燃发生时间和临界辐射热通量关系

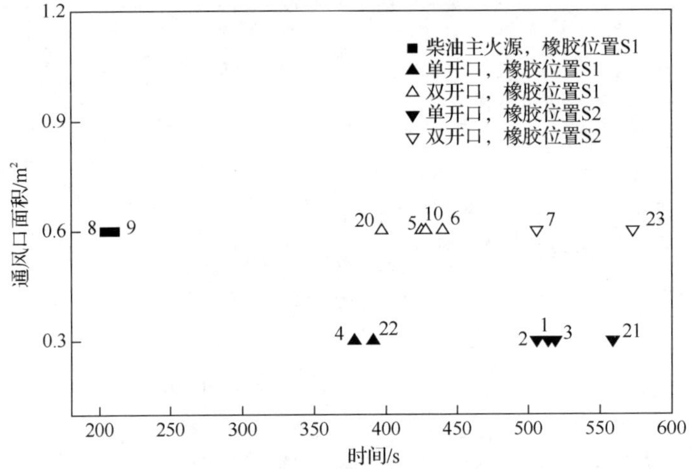

图 2.25　轰燃发生时间和通风口面积、橡胶位置关系

表 2.8　轰燃发生时间

序号	主燃料	橡胶位置	通风口	工况号	轰燃发生时间/s	
					平均值	标准差
1	柴油	S1	A3、B3	8，9	207.5	5
2	酒精	S1	A3，A3、B3	4，5，6，10，20，22	409.8	24.5
3	酒精	S1	A3	4，22	384.5	9.2
4	酒精	S1	A3、B3	5，6，10，20	422.5	18.2
5	酒精	S2	A3，A3、B1	1，2，3，7，21，23	529.5	29.0
6	酒精	S2	A3	1，2，3，21	524.5	23.6
7	酒精	S2	A3、B1	7，23	539.5	47.3

众所周知，酒精和柴油最大的区别在于产烟量的不同。因此，可以得出结论，主燃料的发烟量是影响轰燃发生的关键因素，其次是可燃物的位置分布，最后是开口面积和开口方位。

3. 通风口温升梯度的临界值

在狭长受限空间中，轰燃发生时虽然难以从通风口处观察到火焰蹿出，但轰燃对空间内带来的状态突变可能会对通风口处的热力学参数产生影响。如图 2.26 所示，通过对 23 种工况中通风口 A3 温升速率的分析，发现在轰燃条件下，通风口处最大温升速率为 2.76～4.3℃/s（酒精池火）和 1.31～1.4℃/s（柴油池火），在未轰燃条件下的最大温升速率为 0.84～1.14℃/s。典型的轰燃与未轰燃条件下通风口 A3 处 1～5 测点的烟气温度变化情况以及温升速率变化情况如图 2.27 和图 2.28 所示。

由图 2.27 和图 2.28 可以看出，两种工况通风口 A3 处的温度变化趋势差异较大，无论是否发生轰燃，在 t =100s 之前的成长阶段，A3 处的温度均有一个明显跃升，工况 2 在此阶段的最大温升速率比工况 12 高将近 2.5 倍，且工况 12 峰值时间比工况 2 延迟了 30s。进入稳定燃烧阶段以后，工况 2 和工况 12 的通风口温升速率分别维持在 0.25℃/s 和 0.75℃/s，在 506～511s 工况 2 的温升速率持续跃升至峰值 3.22℃/s。

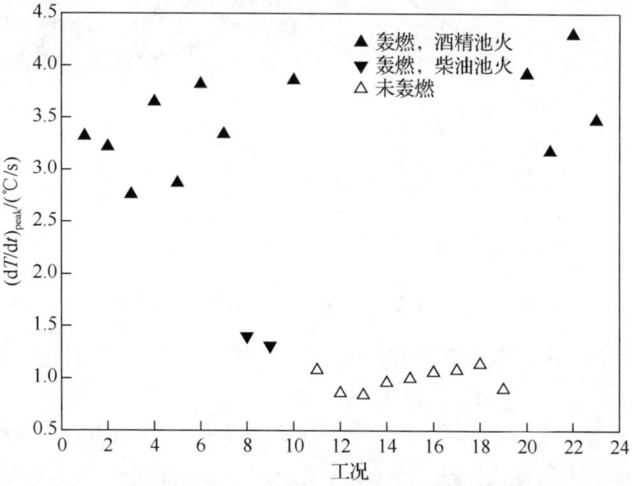

图 2.26　每种工况通风口 A3 处的温升速率峰值

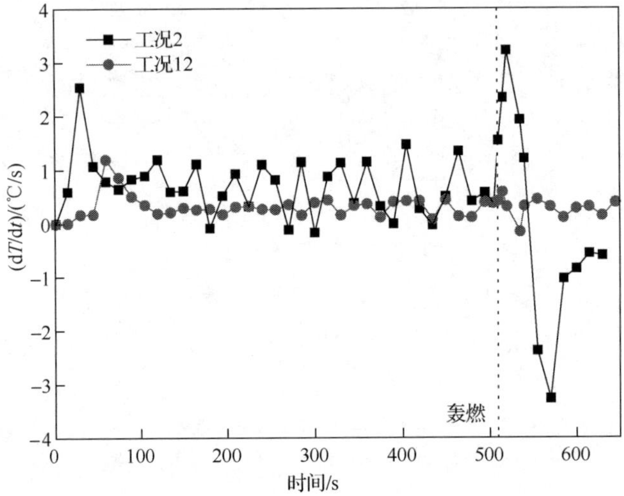

图 2.27　工况 2 和工况 12 通风口 A3 处的温升速率

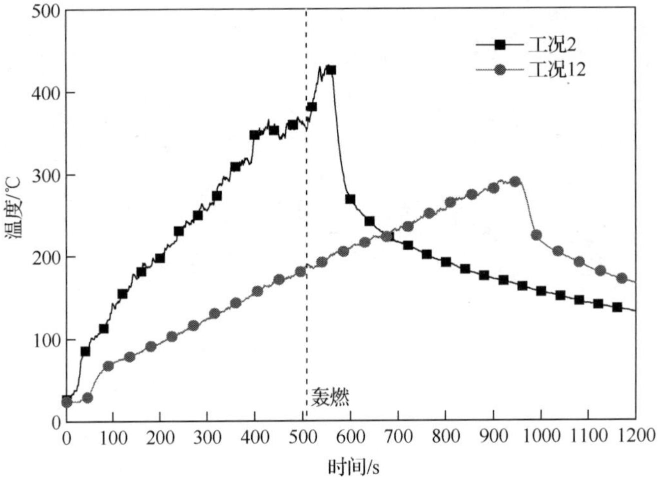

图 2.28　工况 2 和工况 12 通风口 A3 处的温度

根据对通风口 A3 处温升速率的统计分析（表 2.9、表 2.10 及图 2.29）可以看出：①柴油池火（工况 8、工况 9）轰燃时通风口处的温升速率峰值最小，仅为 1.355℃/s，酒精池火（工况 5、工况 6、工况 10）轰燃时通风口处温升速率是其 2.7 倍。②单开口情况下，橡胶位于位置 S1（工况 4、工况 22）时通风口 A3 处的温升速率峰值比在位置 S2（工况 1、工况 2、工况 3、工况 21）高 27.4%，同样，在双开口情况下，橡胶位于位置 S1（工况 5、工况 6、工况 10、工况 20）时通风口 A3 处的温升速率峰值比在位置 S2（工况 7、工况 23）高 12%。③当橡胶位于位置 S1，单开口情况下（工况 4、工况 22）通风口 A3 处的温升速率峰值为 3.975℃/s，比双开口情况下（工况 5、工况 6、工况 10、工况 20）高 4%；当橡胶位于位置 S2，双开口情况下（工况 7、工况 23）通风口 A3 处的温升速率峰值为 3.41℃/s，比单开口情况下（工况 1、工况 2、工况 3、工况 21）高 9.3%。

表 2.9　通风口 A3 处的温度变化率峰值统计分析

轰燃情况	主燃料	最大值/(℃/s)	最小值/(℃/s)	平均值/(℃/s)	标准差/(℃/s)
轰燃	酒精	4.3	2.76	3.48	0.452
	柴油	1.4	1.31	1.36	0.045
未轰燃	酒精/柴油	1.14	0.84	1	0.012

表 2.10　通风口 A3 处温升速率峰值的影响因素分析

序号	主燃料	橡胶位置	通风口	工况号	通风口 A3 处温升速率峰值/(℃/s)	
					平均值	标准差
1	柴油	S1	A3、B3	8，9	1.355	0.045
2	酒精	S1	A3	4，22	3.975	0.325
3	酒精	S2	A3	1，2，3，21	3.12	0.247
4	酒精	S1	A3、B3，A3、B1	5，6，10，20	3.82	0.102
5	酒精	S2	A3、B1	7，23	3.41	0.07
6	酒精	S1	A3、B3	5，6，10	3.67	0.289

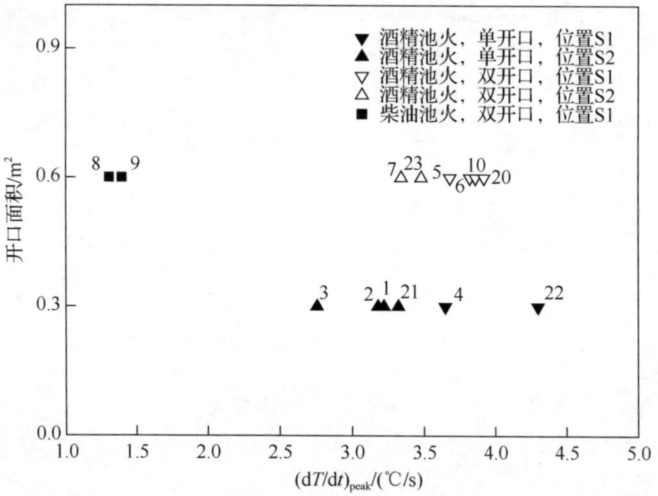

图 2.29　通风口 A3 处温升速率峰值与通风口面积、橡胶位置关系

因此主燃料的种类是导致通风口温升速率差异的主要原因，其次是可燃物与通风口的相对位置，本实验中橡胶位于位置 S1 时的通风口温升速率比橡胶位于位置 S2 时高，开口面积和位置对通风口温升速率的影响取决于可燃物与通风口的相对位置，可燃物距离通风口较近时，单开口情况下通风口处温升速率较高，而可燃物距离通风口较远时，双开口情况下通风口处温升速率较高。

4. 引起轰燃的临界热释放速率

以工况 6 和工况 8 为例，分析酒精池火和柴油池火引燃橡胶所需的临界热释放速率，计算公式如下：

$$Q = \chi \cdot h_c m_f \tag{2.2}$$

式中，Q——火源热释放速率，kW；

h_c——燃料热值，酒精和柴油的热值分别为 30.0×10^3kJ/kg 和 42.9×10^3kJ/kg；

m_f——燃料质量损失速率，kg/s，实验中的燃料质量损失速率通过实测得到，见图 2.30；

χ——燃烧效率。

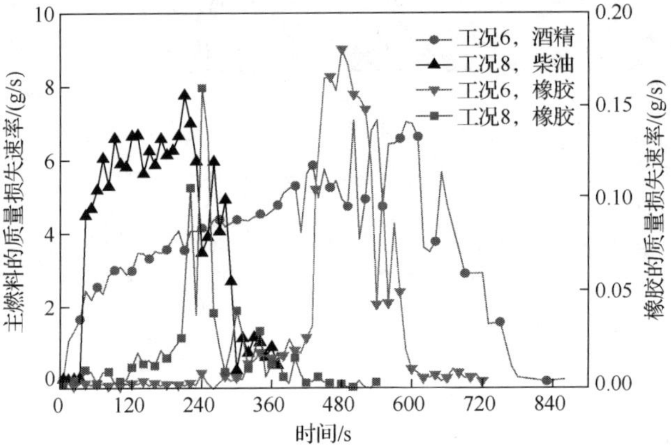

图 2.30 工况 6 和工况 8 燃料质量损失速率

图 2.31 为实验测得的火焰根部附近氧气体积分数变化，工况 6 和工况 8 的燃烧效率分别取 0.9 和 0.8，得到工况 6 和工况 8 的热释放速率变化曲线如图 2.32 所示。

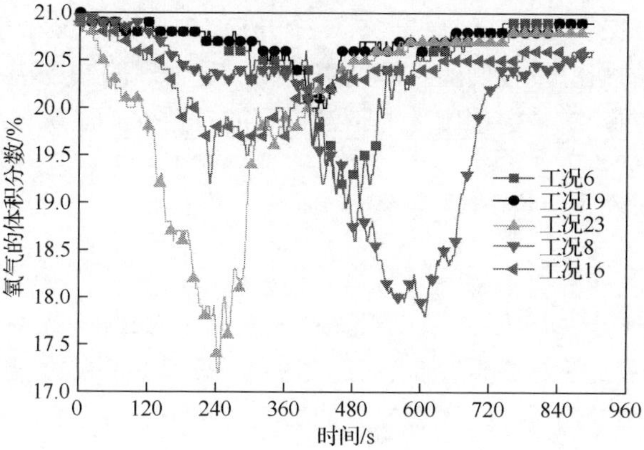

图 2.31　火焰根部氧气供应

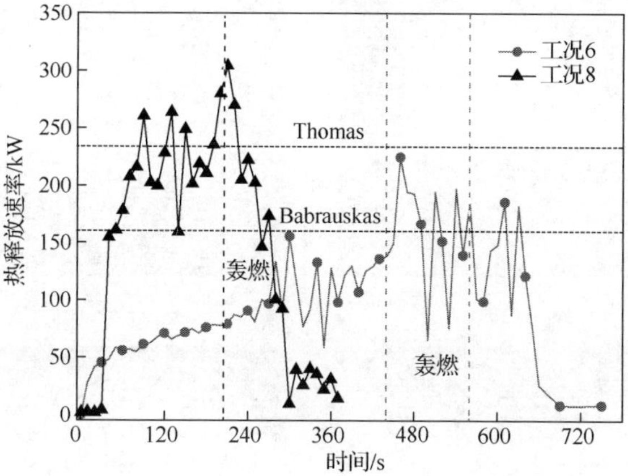

图 2.32　引燃橡胶的临界热释放速率

Babrauskas[124]认为引发轰燃的临界条件是上部热烟气层温度达到 600℃，并且引起轰燃的临界热释放速率 $\dot{Q}_{FO}$ 与通风口面积 A_V 和高度 H_V 有关，见式（2.3）：

$$\dot{Q}_{FO} = 600A_V\sqrt{H_V} \tag{2.3}$$

Thomas[110]认为引起轰燃的临界热释放速率 $\dot{Q}_{FO}$ 不仅与通风口面积 A_V 和高度 H_V 有关，它与腔室的内表面面积 A_T 也有很大关系，见式（2.4）：

$$\dot{Q}_{FO} = 7.8A_T + 378A_V\sqrt{H_V} \tag{2.4}$$

对于工况 6 和工况 8 而言，通风口面积 A_V=0.6m^2，高度 H_V=0.2m，受限空间内墙表面面积 A_T=16.92m^2。按照式（2.3）和式（2.4）得到本实验条件下引起轰燃的临界热释放速率分别为 160kW 和 233kW。

对比我们的实验结果以及 Babrauskas 和 Thomas 的预测结果，见图 2.32，考虑到我们工况 6 和工况 8 的实验模型中有两个开口，Babaruskas 和 Thomas 的理论模型针对一个开口的情况，我们的实验结果稍高，是合理的。Thomas 考虑了腔室内墙表面的散热影响，在一定程度上亦是对模型的有益修正。

2.3.3 燃料的燃烧特性对轰燃的影响

热烟气中的碳烟颗粒是影响辐射热的最重要的因素[125]，其次是热烟气中 CO_2 和水蒸气等气相成分[126,127]。本节以工况 6 和工况 8 为例，对比酒精和柴油两种不同主燃料引燃橡胶过程中受限空间温度、辐射热演化以及烟气蔓延的规律，分析燃料燃烧产生的热烟气成分对轰燃发生的影响。两个工况的演变过程见图 2.33 和图 2.34。

(a) t=10s

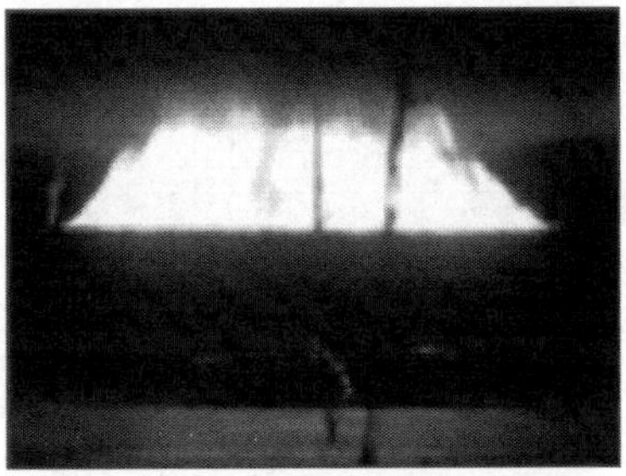

(b) t=50s

(c) t=150s

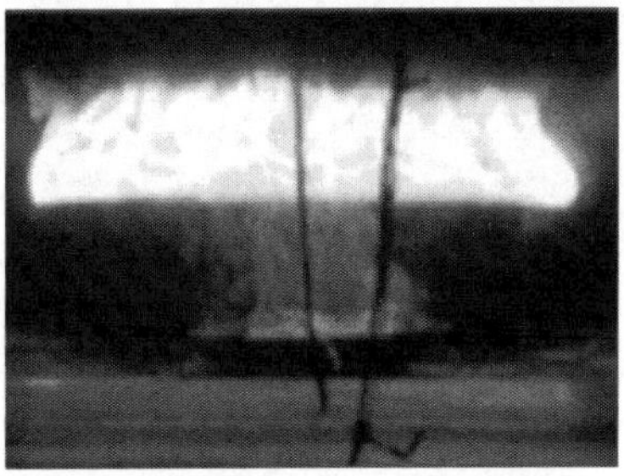

(d) t=160s

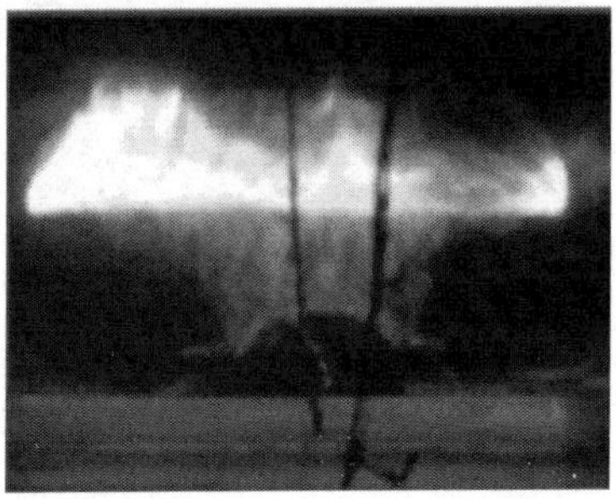

(e) t= 180s

(f) t=204s

（g）$t = 265$s　　　　（h）$t = 375$s

图 2.33　柴油池火轰燃演变过程（工况 8）

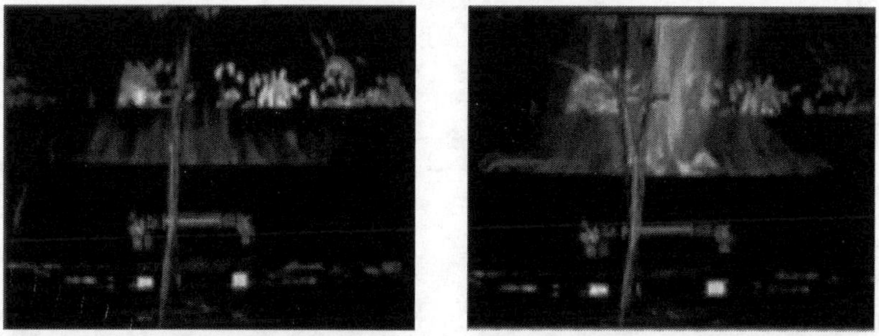

（a）t =10s　　　　（b）t =100s

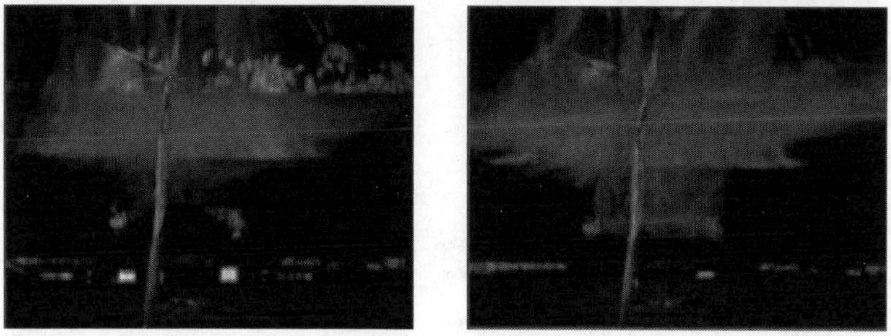

（c）t=275s　　　　（d）t=325s

（e）t=395s　　　　（f）t=397s

（g）t=470s

（h）t=545s

图 2.34　酒精池火轰燃演变过程（工况 6）

酒精和柴油引燃橡胶所需临界条件的差异，主要原因可以归纳为柴油的迅速热解和燃烧，促使工况 8 中的橡胶也较工况 6 中的橡胶提前开始热解（图 2.35），上部热烟气层中大量的碳氢化合物造成烟气中炭黑粒子增加（图 2.36），烟气层中 CO、CO_2 的体积分数在火灾初期即迅速增加（图 2.37），烟气层高度迅速下降，整个受限空间各烟气层平均温度趋于一致（图 2.38）。因此，即使在上部热烟气层温度较低、温升速率和工况 6 基本持平的情况下（图 2.39），工况 8 中地面接收到的辐射热通量的增长梯度也远远高于工况 6（图 2.40），橡胶表面温度迅速升高并达到了燃点，因此轰燃发生的时间也大大提前。

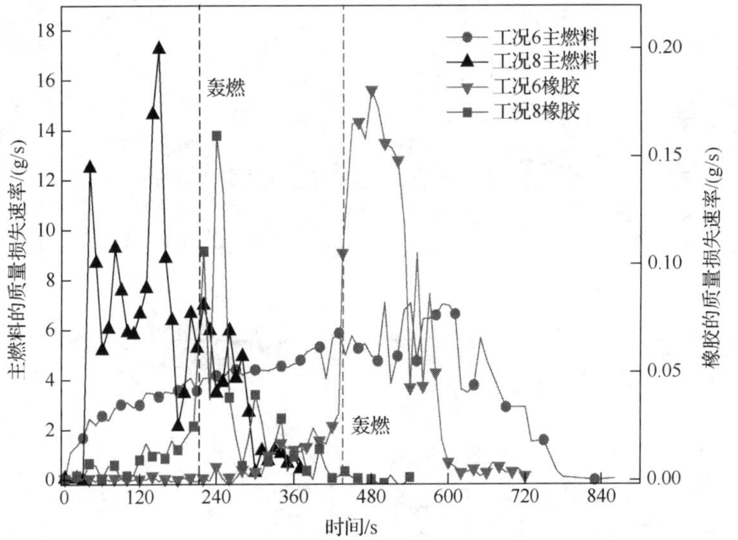

图 2.35　工况 6 和工况 8 主燃料和橡胶的质量损失速率

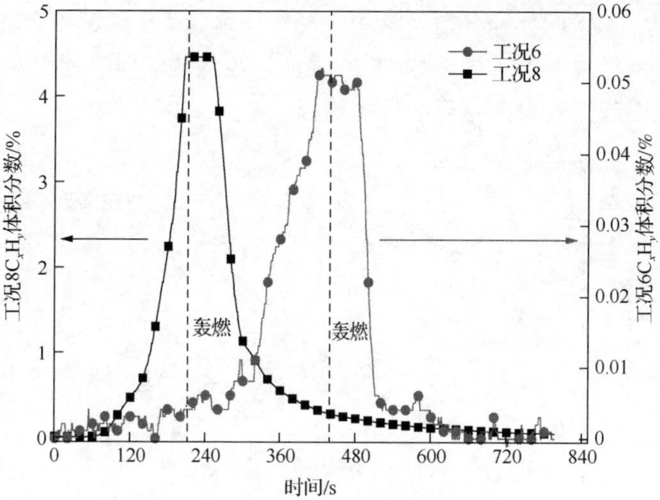

图 2.36　工况 6 和工况 8 上部热烟气层中 C_xH_y 体积分数

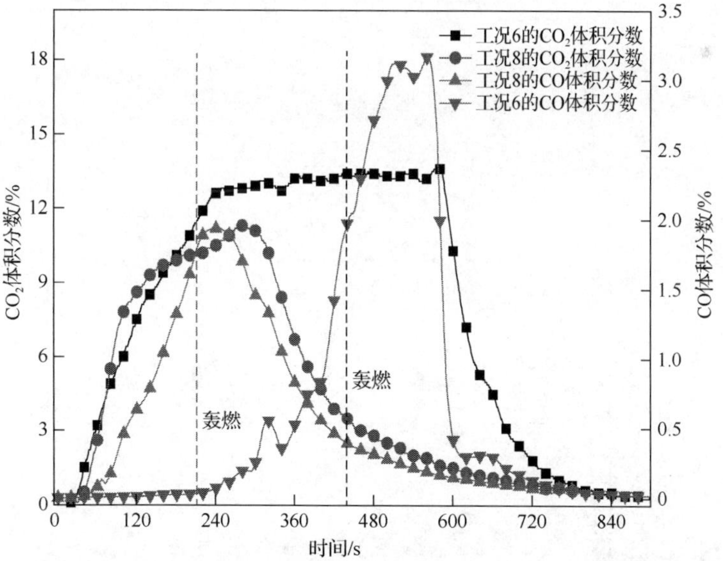

图 2.37　工况 6 和工况 8 上部热烟气层中 CO 和 CO_2 体积分数

与柴油池火引燃橡胶的工况 8 相比，工况 6 中酒精热解燃烧引起的质量损失的速率相对较低，其中橡胶直到 200s 以后才开始热解并析出 C_xH_y。纵观整个火灾演变过程，工况 6 中烟气层高度相对较高，上部热烟气层 L-1～L-4 层温度接近一致，距离底板最近的第五层 L-5 烟气温度明显降低（图 2.41），在火灾的初期阶段，烟气层中 C_xH_y、CO 的体积分数及其增长梯度均远远小于工况 8 的情况，酒精池火烟气成分中炭黑粒子的减少，使得橡胶表面接收到的辐射热通量减小（图 2.40），此即酒精池火引起橡胶时间延后的根本原因。

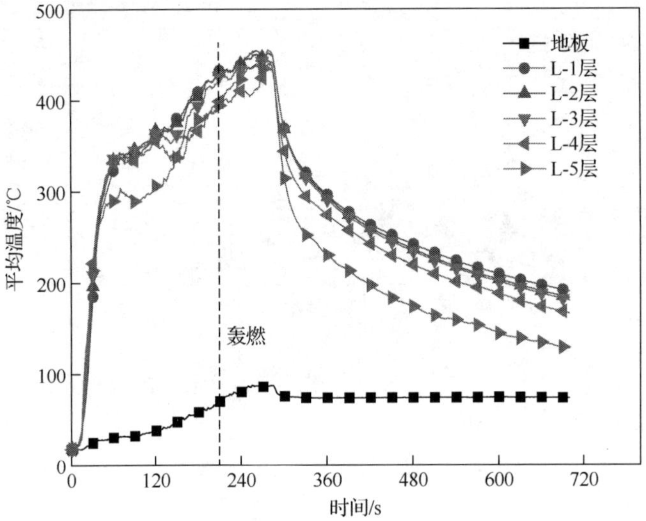

图 2.38　工况 8 各烟气层平均温度

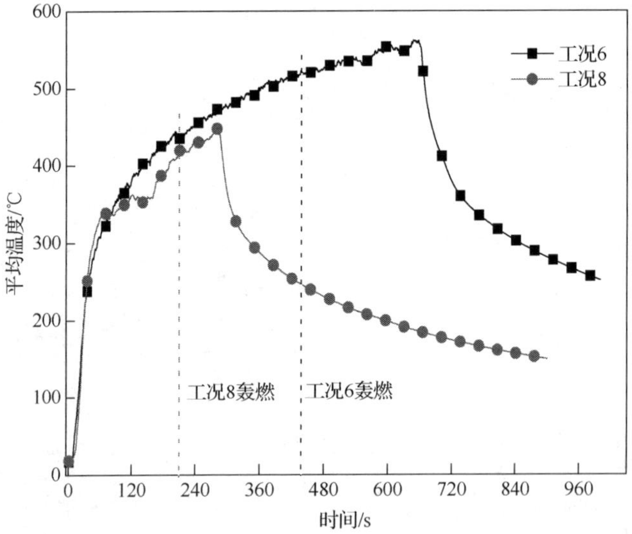

图 2.39　工况 6 和工况 8 烟气层平均温度

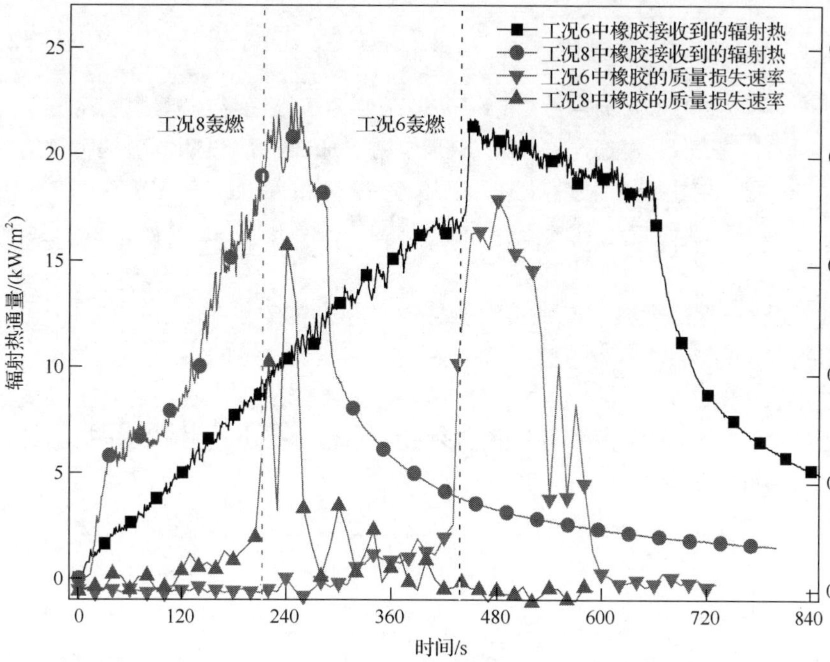

图 2.40　工况 6 和工况 8 橡胶质量损失速率及接收到的辐射热通量

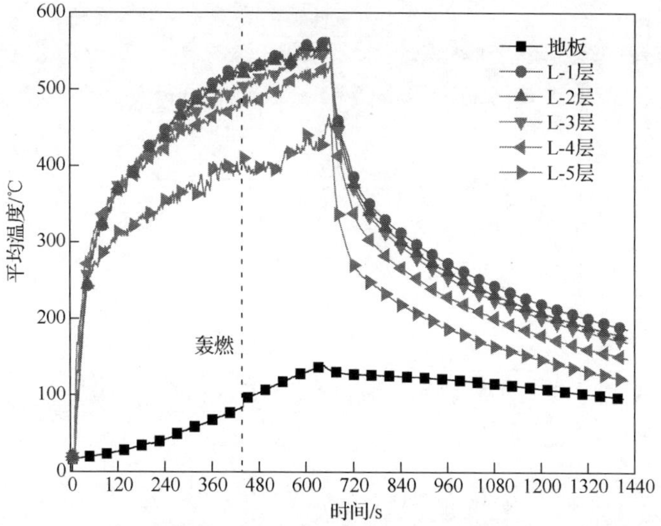

图 2.41　工况 6 各烟气层平均温度

Graham 等[108]建立的双区域模型首先定义了无量纲温度$\theta = T / T_0$，其中 T 和 T_0 分别指上部热烟气层平均温度和周围环境温度，得到上部热烟气层无量纲温度θ随时间的变化，见式（2.5）：

$$\frac{\mathrm{d}\theta}{\mathrm{d}\tau}=1+a_1\left(\theta^4-1\right)-a_2\left(\theta-1\right)+a_3\theta^3+a_4\theta^2 \tag{2.5}$$

式中，τ——无量纲时间，$\tau=t/t^*$，$t^*=mc_pT_0/Q_0$为在周围环境温度为T_0的非受限空间内，在燃料燃烧产生的热量Q_0作用下加热上部热烟气层的特征时间；

a_1——烟气层由于辐射热得到的净热流量影响的系数；

a_2——由热烟气层通过受限空间开口和周围冷环境的对流换热量影响的系数；

a_3、a_4——受热烟气层向围护结构辐射换热影响的系数。

考虑到与 Graham 等[108]的单开口模型不同，本节讨论的实验是在双开口实验模型中进行的（图 2.42），a_1、a_2由式（2.6）～式（2.15）[128]确定，其主要受到燃料燃烧特性、受限空间尺寸和开口情况影响。a_3、a_4主要由受限空间围护结构热惰性及通风口情况决定。

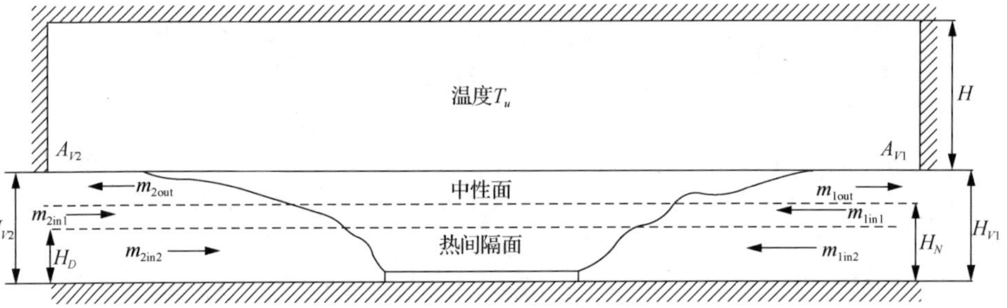

图 2.42　双开口受限空间烟气蔓延模型

$$a_1=\varepsilon_K-\varepsilon_{R,L}-\varepsilon_{R,W}-\varepsilon_{R,f} \tag{2.6}$$

$$a_2=\varepsilon_{\mathrm{out}}+\varepsilon_{C,H}+\varepsilon_{C,L} \tag{2.7}$$

$$\varepsilon_K=\left(\chi\frac{\Delta h_c}{\Delta h_{\mathrm{vap}}}\right)\alpha_U\sigma A_fT_0^4/Q_0 \tag{2.8}$$

$$\varepsilon_{R,L}=\frac{\alpha_g\sigma\left[A_L+\left(1-\omega_1\right)A_{V1}+\left(1-\omega_2\right)A_{V2}-A_f\right]T_0^4}{Q_0} \tag{2.9}$$

$$\varepsilon_{R,W}=\alpha_g\sigma\left[A_U-\left(1-\omega_1\right)A_{V1}-\left(1-\omega_2\right)A_{V2}\right]T_0^4/Q_0 \tag{2.10}$$

$$\varepsilon_{R,f}=\alpha_g\sigma A_fT_0^4/Q_0 \tag{2.11}$$

$$\varepsilon_{\mathrm{out}}=m_{\mathrm{out}}c_pT_0/Q_0 \tag{2.12}$$

$$\varepsilon_{C,H}=\left[A_U-\left(1-\omega_1\right)A_{V1}-\left(1-\omega_2\right)A_{V2}\right]h_fT_0/Q_0 \tag{2.13}$$

$$\varepsilon_{C,L}=\left[\left(1-\omega_1\right)A_{V1}+\left(1-\omega_2\right)A_{V2}\right]h_V T_0/Q_0 \quad (2.14)$$

$$m_{\text{out}}=\frac{2}{3}c_d\rho_g\sqrt{\frac{2(\rho_0-\rho_g)g}{\rho_g}}\left[W_1\left(H_{V1}-H_N\right)^{3/2}+W_2\left(H_{V1}-H_N\right)^{3/2}\right] \quad (2.15)$$

式中，$\varepsilon_{R,L}$、$\varepsilon_{R,W}$、$\varepsilon_{R,f}$——从上部热烟气层向下部冷空气层、壁面和燃料表面传递的辐射热的无量纲值；

ε_{out}——出风口处的无量纲焓值；

$\varepsilon_{C,H}$、$\varepsilon_{C,L}$——从上部热烟气层向壁面和通风口对流换热量的无量纲值；

χ——燃烧效率；

Δh_c——燃烧热，J/kg；

Δh_{vap}——蒸发热，J/kg；

α_U——烟气层辐射反馈系数；

α_g——烟气层辐射系数；

A_L——与冷空气接触的围护结构内壁面积，m^2；

A_f——火源面积，m^2；

ω_1、ω_2——两个通风口中性面高度的无量纲值，

$$\omega=\frac{H_D}{H_V} \quad (2.16)$$

h_f——热烟气层与围护结构内壁面对流换热系数，W/（m^2·K）；

h_V——通风口对流换热系数，W/（m^2·K）；

c_d——通风口流动系数；

ρ_g——烟气密度，kg/m^3；

W_1——右侧开口宽度，m；

W_2——左侧开口宽度，m；

H_N——中性面高度，m。

对于工况6而言，双开口受限空间自然通风风速为0.1m/s，a_1=0.003，a_2=0.1984。考虑观察到的轰燃发生时上部热烟气温度的临界值为 519℃，临界值 θ_*=2.73，a_2 的临界值为 $a_2^*=4a_1\theta_*^3=0.24$。

a_2=0.198 小于 a_2^*，点(a_1, a_2)落在轰燃区域内，轰燃可以发生，橡胶因此被点燃[58]。因此，在 Graham 等[108]建立的模型基础上，陈吕义[128]所建立的上述双开口受限空间轰燃模型是适用的。

对于工况 8 而言，由于柴油燃料的高发烟特性，a_1 增加，而 a_2 减小，根据 Graham 等[108]提出的关于轰燃发生时间的模型，见式（2.17），轰燃发生的时间将

提前，这与实验结果是吻合的[129]。

$$\tau=\int_{\theta_0}^{\theta}\frac{\mathrm{d}\theta}{1+a_1\left(\theta^4-1\right)-a_2\left(\theta-1\right)+a_3\theta^3+a_4\theta^2} \tag{2.17}$$

2.3.4 开口方式对轰燃的影响

大量的研究表明，通风因子对建筑物火灾的发展过程有很大影响，通风因子在一定范围内时，建筑物内的燃烧过程由空气流入速率和燃料挥发速率决定，当通风因子大于一定值时，燃烧过程主要由燃料燃烧特性决定，即进入燃料控制阶段。刘嘉[130]在 1.21m×1.01m×1.13m 的轰燃实验箱中进行的一系列实验表明，在其他条件相同的情况下，通风口位置越低且与火源正对的开口更易发生轰燃，在其实验模型条件下，开口高宽比为 1∶1.08～1∶1.8 之内才能发生轰燃。宋虎等[131]通过对 0.8m×0.8m×0.8m 空间的数值模拟得出，在一定范围内，开口面积越大，发生轰燃所需的上部热烟气层温度小幅度降低，开口面积一定时，竖直开口情况下发生轰燃所需的火源热释放速率大于水平开口。

本节通过设置不同开口面积及开口位置，研究发生轰燃所需热力学条件的差别。不同开口条件下橡胶轰燃后实物样本见图 2.43。

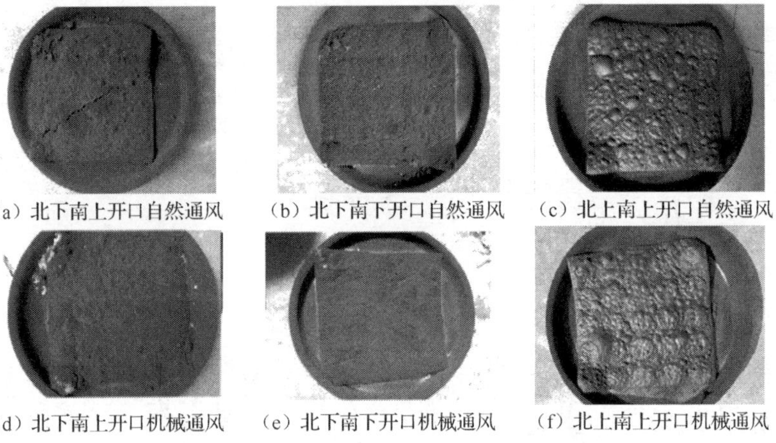

（a）北下南上开口自然通风　（b）北下南下开口自然通风　（c）北上南上开口自然通风

（d）北下南上开口机械通风　（e）北下南下开口机械通风　（f）北上南上开口机械通风

图 2.43　不同开口条件下橡胶轰燃后实物样本

1. 开口数量对轰燃的影响

以工况 21（开 A3 口）和工况 23（开 A3、B1 口）为例分析开口数量对轰燃的影响，由图 2.44 可以看出，单开口条件下橡胶接收到的辐射热通量始终高于双开口条件。

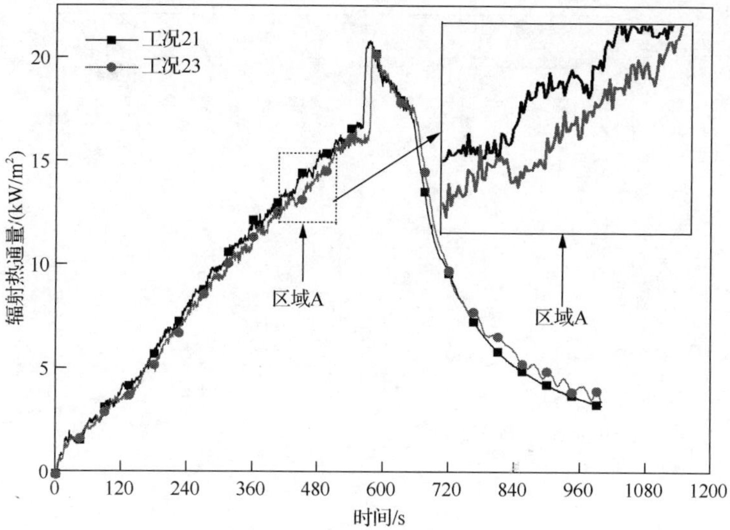

图 2.44　工况 21 和工况 23 橡胶接收到的辐射热通量

下面针对单开口条件下的临界辐射热通量高于双开口条件的原因进行具体分析，首先由图 2.45 及图 2.46 所示，当通风口由 A3 增加至 A3、B1 时，位置 S1 附近 O_2 体积分数最低均降至 19.5%，CO 和 CO_2 的体积分数最高分别达到 0.0225% 和 1%，说明增加通风口 B1 对位置 S1 附近的 O_2、CO_2 和 CO 的体积分数并无显著影响。

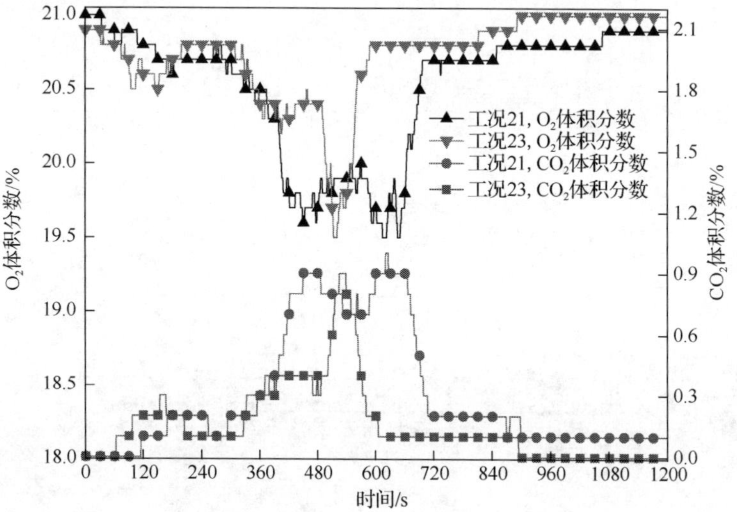

图 2.45　位置 S1 处 O_2 和 CO_2 体积分数

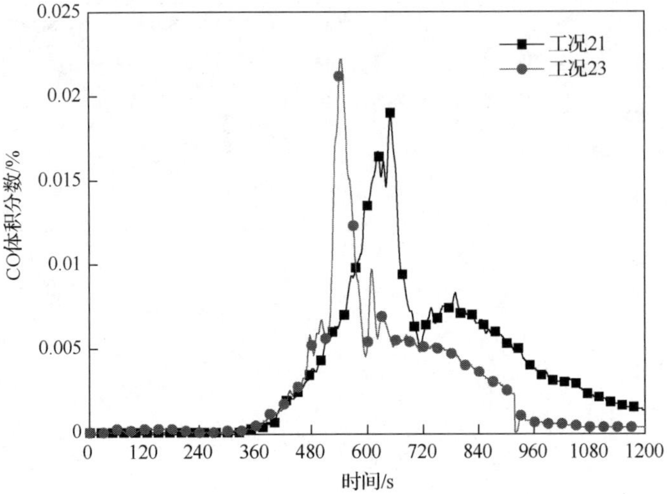

图 2.46　位置 S1 处 CO 体积分数

如图 2.47 所示，当增加通风口 B1 时，位置 S2 附近的 O_2 体积分数由最低 16%升高至 20%，CO_2 体积分数由最高 4%降至 1%以下，CO 体积分数由最高 0.09%降低至 0.03%（图 2.48），说明高温烟气从通风口 B1 排出，位置 S2 处通风状况得到改善，同时也导致橡胶附近烟气层高度较高，但由于此时位置 S2 处的 O_2 得到及时补充（始终在 20%以上），因此引燃橡胶所需的辐射热通量有所降低，单开口条件下和双开口条件下的临界辐射热通量分别为 16.61kW/m^2 和 16.43kW/m^2。

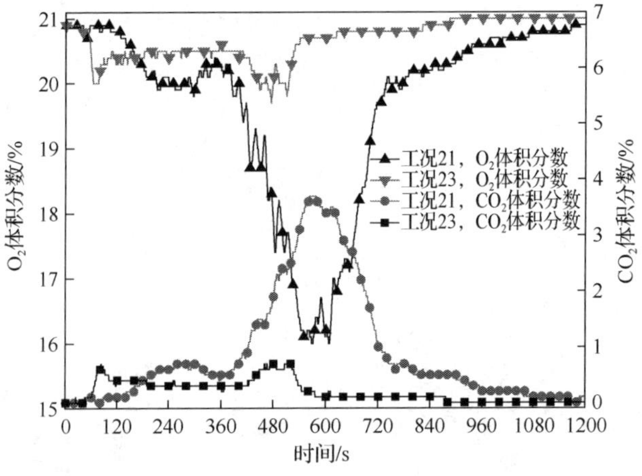

图 2.47　位置 S2 处 O_2 和 CO_2 体积分数

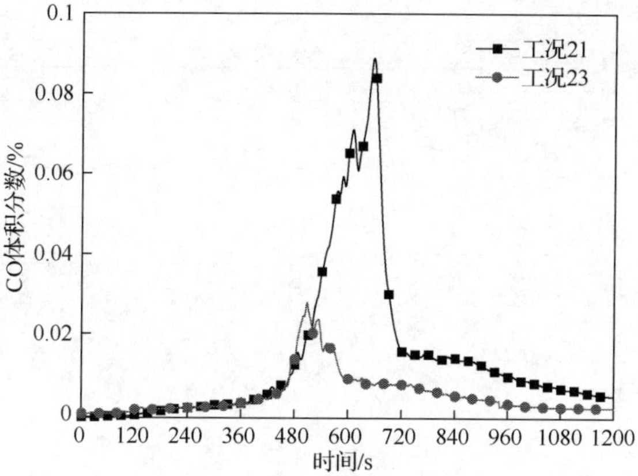

图 2.48　位置 S2 处 CO 体积分数

2. 开口位置对轰燃的影响

当受限空间发生火灾时，不同开口位置会导致烟气流动情况和烟气层高度的改变，进而影响火势的发展和蔓延。以工况 6（开通风口 A3、B3）和工况 10（开通风口 A3、B1）为例，两个通风口的相对高度由 0m 变为 0.4m 时，空间内上部烟气层中的 CO 和 CO_2 体积分数如图 2.49 所示，烟气中碳氢化合物 C_xH_y 成分如图 2.50 所示，工况 10 的 CO_2 体积分数略低于工况 6，轰燃发生前比工况 6 低 16%，而 CO 和碳氢化合物 C_xH_y 体积分数差别较大，轰燃发生前工况 10 的 C_xH_y 体积分数为工况 6 的 40%，CO 体积分数仅为工况 6 的 25%。

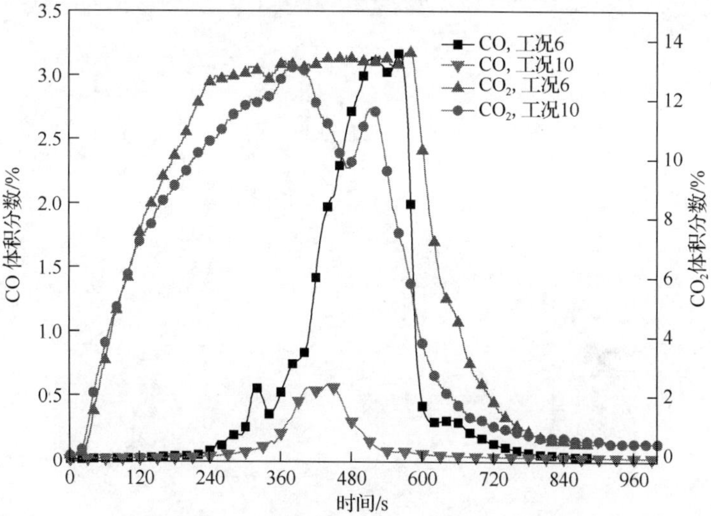

图 2.49　上部热烟气层 CO 和 CO_2 体积分数

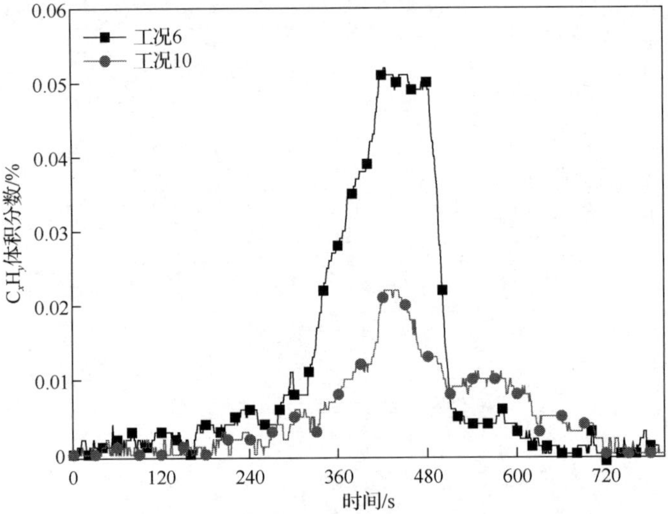

图 2.50　上部热烟气层中 C_xH_y 体积分数

由图 2.51 和图 2.52 可以看出，t=360s 之前两种工况主燃料的质量损失速率和橡胶附近的 O_2 体积分数差别不大，且 O_2 体积分数保持在 20.3%以上，说明燃烧处于燃料控制阶段；工况 10 的 O_2 体积分数从 t=360s 开始明显高于工况 6，说明通风口的相对位置较高时，一方面有利于从较高的开口排烟，另一方面有利于从较低的开口补充新鲜空气，与此同时工况 6 主燃料的质量损失速率开始低于工况 10，说明 O_2 体积分数的降低导致主燃料燃烧速率降低，燃烧进入了通风控制阶段。

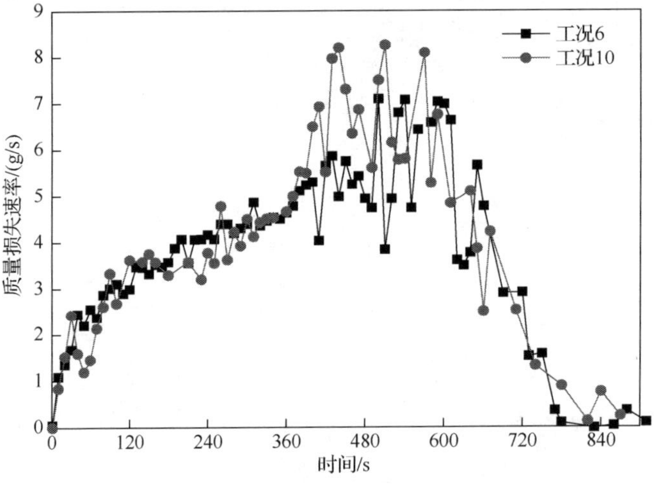

图 2.51　主燃料的质量损失速率

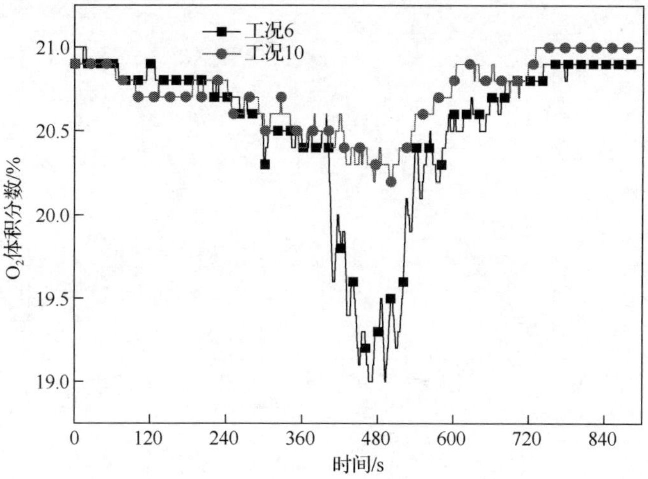

图 2.52　橡胶附近的 O_2 体积分数

火源不同的热释放速率以及烟气体积分数的变化最终都会反映到烟气层平均温度和地面接收到的辐射热通量上，如图 2.53 和图 2.54 所示，火源进入稳定燃烧阶段(t=60s)以后，工况 6 的烟气层平均温度在 t=360s 之前高于工况 10，在 t=360s 之后和工况 10 保持一致，而地面接收到的辐射热通量一直高于工况 10。

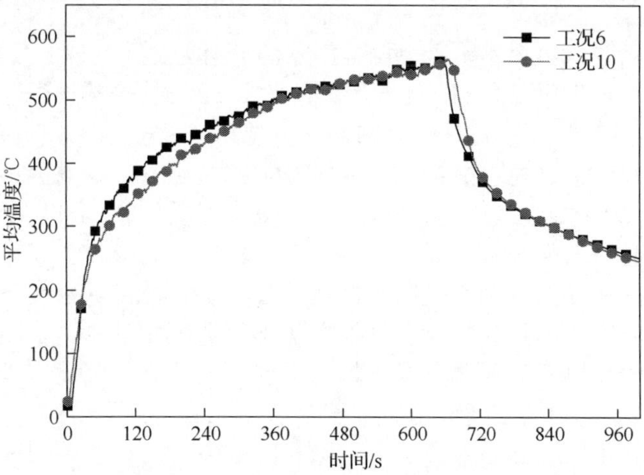

图 2.53　不同工况烟气层平均温度

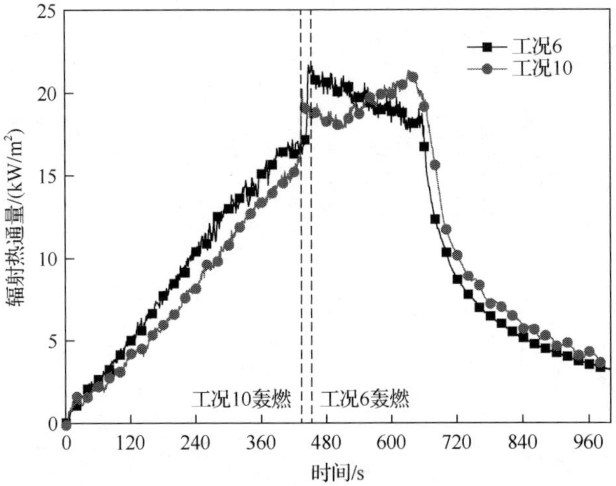

图 2.54　不同工况地面接收到的辐射热通量

这是因为在 t=360s 之前的燃料控制阶段，在火源热释放速率一致的情况下，从烟气层中 CO、CO_2 和碳氢化合物体积分数的差异可以看出，工况 10 从通风口 B1 排出的烟气损失了更多的热量，即在式（2.18）中热增益速率 G 不变，热损失速率 L 变大，导致 dT/dt 减小，因此在这一阶段工况 10 的烟气层平均温度和地面接收到的辐射热通量均低于工况 6。

$$m_s c_p \frac{\mathrm{d}T}{\mathrm{d}t} = G - L \tag{2.18}$$

t=360s 以后的通风控制阶段，虽然工况 10 仍通过通风口 B1 损失更多的热量，但其火源的热释放速率开始高于工况 6，即在式（2.18）中热损失速率 L 和热增益速率 G 均高于工况 6，使得工况 10 的烟气层温升速率与工况 6 保持一致。而在这一阶段工况 10 地面接收到的辐射热通量仍然低于工况 6，这是因为燃烧产物中的非对称型气体如 CO、CO_2、C_xH_y 具有显著的辐射能力，在烟气层平均温度相同的情况下，烟气体积分数越高，其对下层空间的辐射热通量越大。因此针对工况 6 和工况 10 而言，通风口位置变化对轰燃演化过程的影响表现为两个方面：一方面，通过热烟气的温度和体积分数影响地面接收到的辐射热通量，由于工况 6 烟气体积分数始终高于工况 10，且烟气温度始终不低于工况 10，因此在轰燃发生之前工况 10 地面接收到的辐射热通量始终低于工况 6。另一方面，通过下层空间的通风状况影响轰燃发生的临界热力学条件：虽然工况 10 地面接收到的辐射热通量始终较低，但轰燃发生时间比工况 6 提前了 2.7%，且发生轰燃时的临界辐射热通量比工况 6 低 5.2%，轰燃发生时工况 10 橡胶附近 O_2 体积分数比工况 6 高 4.1%，因此通风状况的改善是导致轰燃临界条件差异的直接原因，O_2 体积分数的提高使得发生轰燃所需的辐射热通量降低。

2.3.5　机械排烟对轰燃的抑制作用

1. 机械排烟对引燃橡胶的抑制作用

针对直径 500mm 酒精和 500mm 柴油主油盆在两种不同通风条件下引燃橡胶的工况分别进行对比，4 种工况下上部热烟气层平均温度和地面接收到的辐射热通量的演变分别如图 2.55 和图 2.56 所示。可以看出，启动机械排烟以后至引燃橡胶的时刻为止，酒精作为主燃料时上部热烟气层平均温度和地面接收到的辐射热通量均出现了不同程度的降低，柴油作为主燃料时地面接收到的辐射热通量在通风情况下降低幅度较大，而烟气层平均温度的降低幅度很小。

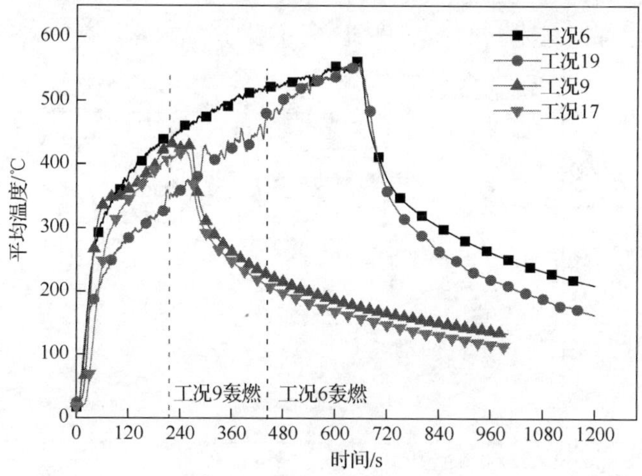

图 2.55　上部热烟气层平均温度

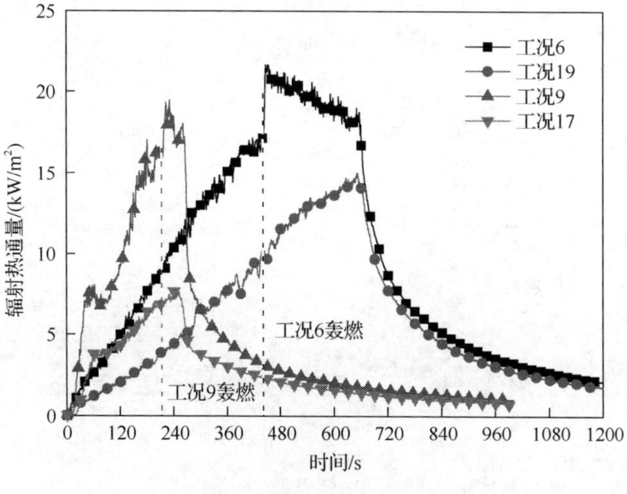

图 2.56　地面接收到的辐射热通量

以酒精引燃橡胶的两个实验工况 6 和工况 19 为例进行对比分析，从图 2.57 可以看出，在全程开启机械排烟的条件下，受限空间燃料附近的 O_2 体积分数始终高于自然通风情况：在 0.5m/s 风速条件下，橡胶附近 O_2 体积分数始终高于 20%，而自然通风条件下 O_2 体积分数最低降至 19%，说明机械排烟改善了空间内的通风状况，在一定程度上可以促进燃料的燃烧。然而由图 2.55 和图 2.56 可以看出，通风条件下实验模型中上部热烟气层的平均温度和地面辐射热通量的指标均急剧下降。因此，可以说明排烟的同时卷吸进大量的新鲜空气（图 2.57），一定程度上促进了燃料充分的燃烧；但同时更加显著增强了受限空间烟气与外界的对流换热损失，导致烟气层平均温度显著下降，因此在双开口的条件下，以酒精作为主燃料时对流换热损失远远超过了助燃的效应。且排烟使得空间内 C_xH_y 的体积分数下降（图 2.58），导致地面接收到的辐射热通量下降的幅度更大，橡胶始终未能被引燃。

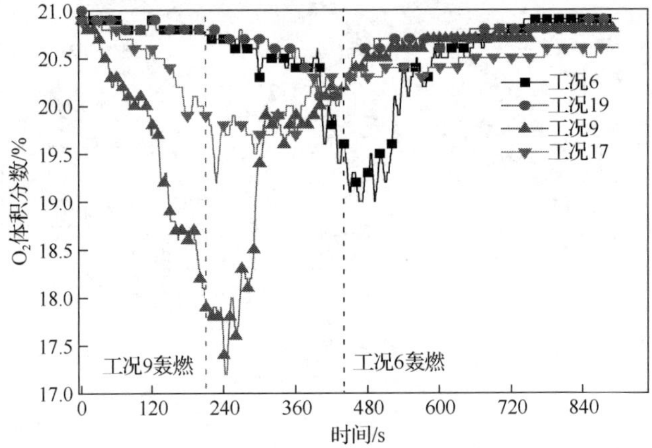

图 2.57　橡胶附近 O_2 体积分数

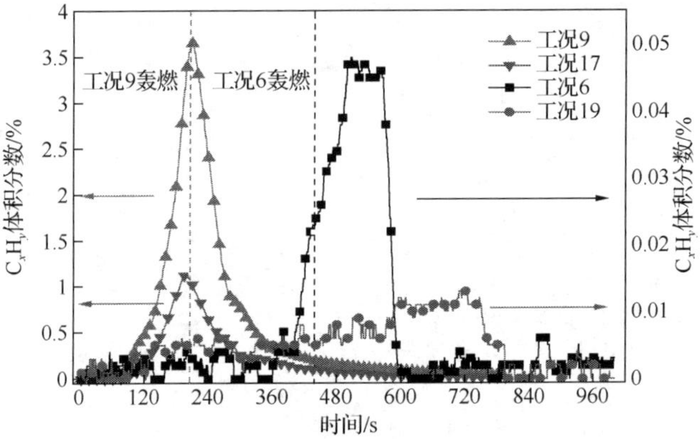

图 2.58　上部、热烟气层中 C_xH_y 体积分数

以柴油引燃橡胶的两个实验工况 9 和工况 17 为例进行对比分析，从图 2.55 的数据分析发现，工况 9 和工况 17 烟气层平均温度差异不大，说明机械排烟的散热效应和助燃的效应基本持平，这是因为在自然通风条件下，柴油引燃橡胶的实验即处于通风控制阶段，其氧气供应明显不足；开启机械排烟以后，促进了通风条件的改善，因此，卷吸进入受限空间的空气促进燃烧的现象更加显著。但是，由于排烟，使得空间内 C_xH_y（图 2.58）的体积分数急剧下降，因此，地面接收到的辐射热通量下降的幅度更大，导致橡胶始终未能被引燃。

2. 机械排烟对引燃柴油的抑制作用

开启排烟风机，调整受限空间实验模型通风口 A3、B3 断面平均风速，分别进行不同通风风速条件下的轰燃实验，分析柴油在受限空间轰燃实验中能够被引燃的临界条件[132]。实验工况如表 2.11 所示。

表 2.11　不同通风条件轰燃实验的工况表

工况	断面平均风速/(m/s)	风机启动时刻/s	主燃料尺寸/mm	引燃时刻/s	引燃时刻的临界参数		
					O_2 体积分数/%	辐射热通量/(kW/m^2)	热烟气层平均温度/℃
1	0	—	500	214	19.5	5.27	397
2	0.5	150	500	400	18.5	6.65	390
3	1	150	500	未引燃	—	—	—
4	0	—	400	370	20.4	4.38	364
5	0.5	150	400	未引燃	—	—	—

从表 2.11 可以看出，在一定的受限空间内，自然通风条件下，工况 1 直径为 500mm 酒精池火实验中，受限空间上部热烟气层平均温度的温升速度（图 2.59）以及地面所接收到的辐射热通量（图 2.60）的增加速度远远大于工况 4 直径为 400mm 油盆的工况。500mm 的油盘在点火后 214s 即引燃了柴油，而 400mm 的油盘引燃柴油的时刻为点火后 370s。如图 2.61 所示，工况 1 轰燃发生前氧气体积分数降低到了 18.5%，工况 4 轰燃前氧气体积分数始终在 19.8%以上。这是大尺寸火源燃烧导致空间氧气体积分数供应不足，工况 1 中 500mm 油盆在 50s 左右进入通风控制阶段，因此，500mm 油盆引燃柴油时刻，上部热烟气层平均温度达到了 397℃，辐射热通量达到了 5.27kW/m^2，比工况 4 中 400mm 油盆引燃柴油所需的临界温度和辐射热通量各提高了约 9%和 20%。

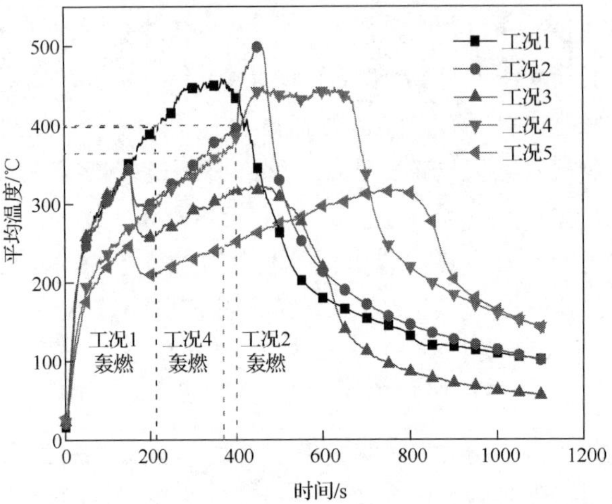

图 2.59　上部热烟气层平均温度

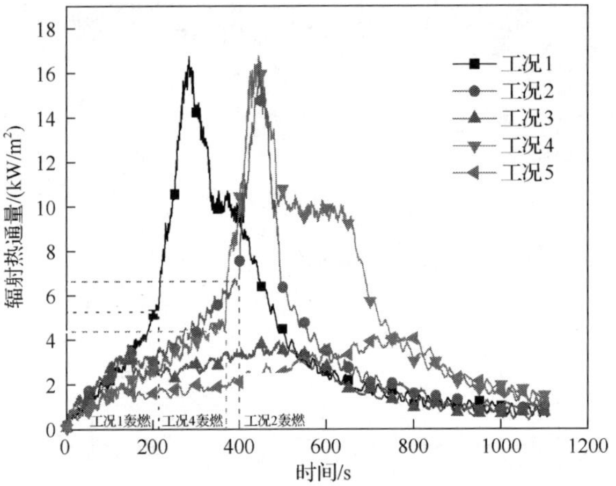

图 2.60　地面所接收到的辐射热通量

因此可以得出结论，在一定的受限空间内，在能够保障燃料燃烧所需氧气的基本需要的前提下，随着主火源面积的增大，虽然引燃柴油所需时间缩短，但引燃发生时刻上部热烟气层的临界温度和地面所接收到的临界辐射热通量将随通风情况的不同而不同。对于处于通风控制阶段的受限空间而言，通风量不足，将导致引燃柴油所需热力学特性参数的临界值增大。

改变主燃料酒精油盆的直径，点火后 150s 开启机械排烟风机，使通风口处分别保持 0.5m/s 和 1m/s 的平均风速。实验结果表明，对于 500mm 酒精主油盆而言，自然通风条件下，在 214s 时引燃柴油；在断面平均风速为 0.5m/s 的通风条件下，400s 时引燃柴油；而当风速增大到 1m/s 时，柴油未被引燃。当酒精主火源直径减小为 400mm 时，0.5m/s 的通风条件下，不能引燃柴油。

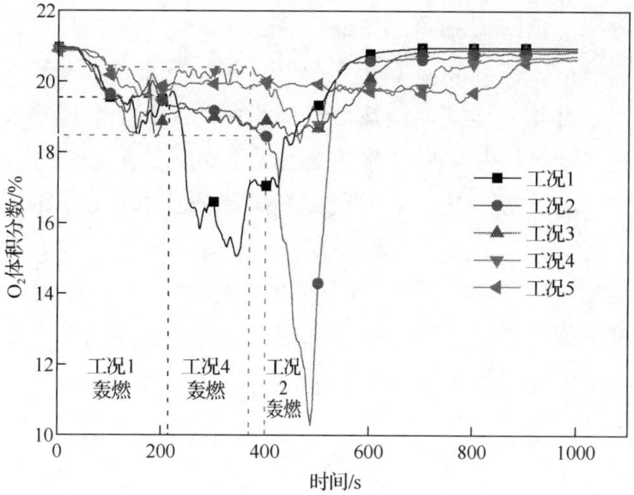

图 2.61 柴油燃料附近 O_2 体积分数

针对直径 500mm 酒精主油盆在三种不同通风条件下引燃柴油的工况进行对比。如图 2.59～图 2.61 所示，启动通风以后至引燃柴油的时刻为止，受限空间上部热烟气层的平均温度以及地面所接收到的辐射热通量始终低于自然通风工况，风速越大，减小的幅度越大。这是因为通风条件下新鲜空气的进入促进了燃料更加充分燃烧的同时，也增强了受限空间烟气层和火焰与外界的对流换热损失。对于本章所建的实验模型而言，风速增加到 0.5m/s 造成的对流换热损失已经超过了助燃的效应。当风速继续增加到 1m/s 时，对流换热损失远远超过了助燃的效应，上部热烟气层的平均温度已经降低到了 300℃以下，地面接收到的辐射热通量也小于 3.9kW/m^2，导致柴油未能被引燃。对于工况 2 而言，150s 开启机械通风以后，受限空间待引燃的柴油燃料附近氧气体积分数增加（图 2.61）：在 0.5m/s 风速条件下，从开启通风的时刻开始至 350s 期间内，柴油油盆附近氧气体积分数始终高于 18.7%；350s 以后，一直到 400s 引燃柴油时刻为止，燃料附近氧气体积分数降低到 18.5%以下，低于自然通风情况下引燃柴油时刻的氧气体积分数，这是因为通风促进了充分燃烧造成的，因此 0.5m/s 通风条件下引燃柴油所需的上部热烟气层的平均温度和地面辐射热通量的指标均有所增加。

不同风速条件下受限空间纵向和横向的温度分布演化规律的对比如图 2.62 和图 2.63 所示[133]。从图 2.62 可见，当开启机械排烟时，沿纵向狭长空间的温度分布仍然可以分为火焰区和热烟气区两个区域，火焰温度急剧下降，热烟气区温度缓慢升高，两个区域的温差缩小。当风速增加到 1m/s 时，火焰区和热烟气区的平均温差仅为 100℃左右。从图 2.63 可见，当开启机械排烟时，沿横向烟气层的温度首先急剧下降，然后缓慢升高，排烟风速越大，烟气层温度下降的幅度越大，之后回升的幅度越小。在 0.5m/s 风速条件下，沿横向烟气层仍然可以划分为两个区域：受限空间上部第一至第四层热烟气层温度的绝对值和发展趋势基本一致，靠近下部第五层热烟气层温度与上部热烟气层平均温差在 125℃左右。当风速增加到 1m/s 时，第一和第二层温度的绝对值和发展趋势基本一致，比第三层高 25℃左右，差值较小，因此可以将第一至第三层归结为上部热烟气层；第四层和上部热烟气层平均温差在 75℃，第五层和第四层温差达 100℃左右，因此，随着排烟速度的增大，沿横向烟气的分层现象更加明显，其横向温度分布分为三个区域：上部热烟气层、中部中温层和下部冷空气层。

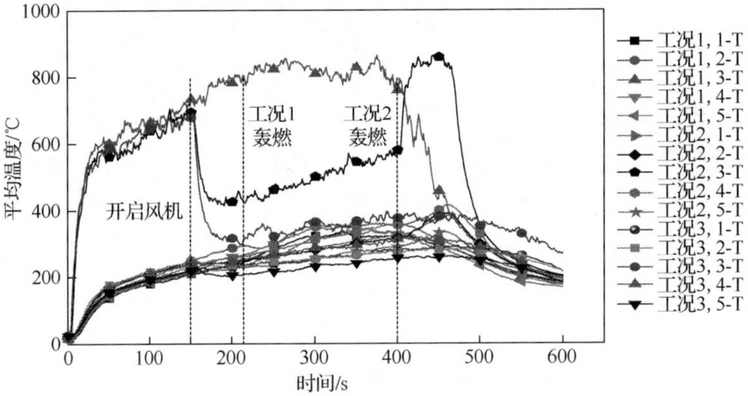

图 2.62　不同通风条件下纵向温度对比

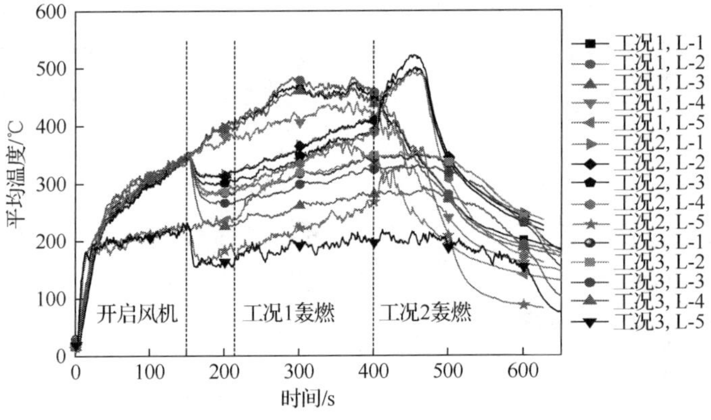

图 2.63　不同通风条件下横向温度对比

从图 2.62 中 3-T 热电偶树平均温度的变化可以看出，在点火后 150s 开启机械排烟使火焰温度产生了明显的变化。随着排烟速度的不同，其影响也有所不同。

0.5m/s 排烟风速条件下，排烟造成烟气热损失增大，烟气向火源的辐射热通量反馈减小；虽然排烟的同时，一定程度上补充了完全燃烧所需的氧气，但总体上排烟热损失大于燃烧的促进作用，火焰平均温度首先呈现急剧下降的趋势，之后缓慢有所提升；同时，地面接收到的辐射热通量的增加趋势也急剧减缓，导致柴油的引燃时间由自然通风条件下的 214s 延迟至 400s，轰燃现象受到一定的抑制作用。当排烟风速继续增加到 1m/s 风速时，排烟热损失的作用远远超过了通风条件改善对燃烧的促进作用，火焰温度一直处于较低水平，地面接收到的辐射热通量始终处于较低的水平，柴油未能被引燃，轰燃现象完全被抑制住。

2.4　本 章 小 结

本章通过现场实测，分析了活塞风影响下地铁车站速度场的特点；利用小尺寸模型实验，分析了活塞风影响下受限空间遮挡火发展和烟气蔓延的机制，以及不同通风条件下受限空间不同燃料火灾轰燃发生的临界热力学条件，得出以下几条主要结论：

（1）单向列车进站时站台风速的波动比双向列车进站时大，站台工作区最大风速约 2.2m/s；双向列车进站时活塞风对站台的影响的持续时间最长，约 220s。列车进站阶段楼梯口处活塞风最大，风速可达到 1.4m/s；当列车完全出站约 40s 后，断面风速骤然增大在 1.2～1.7m/s，呈周期性振荡的现象，振幅逐渐衰减，持续时间为 40s 左右，平均风速可达到 1.3m/s。

（2）活塞风影响下，油盆壁面对池火的遮挡效应虽然受到削弱，受遮挡池火逐渐由通风控制的燃烧变化为燃料控制的燃烧状态。随着活塞风速的进一步增大，活塞风对燃烧的促进作用超过了排烟热损失的影响，上部热烟气层平均温度越高，火灾进入旺盛阶段的时间进一步提前，火焰旺盛阶段持续时间延长。

（3）在一定的受限空间中，通风条件、地面接收到的辐射热通量、燃料发烟特性对轰燃的影响最为显著，针对本实验模型而言，轰燃发生的判据为辐射热通量高于 15.87kW/m^2。通风对轰燃的影响体现在通风口处温升速率，本实验条件下轰燃发生时刻通风口处温升速率峰值均高于 1.355℃/s。

（4）机械排烟导致热烟气层对地面的辐射热通量大幅下降，能够对轰燃起到抑制作用。须根据开口位置确定是否利用机械排烟来减小火灾的危害，减小轰燃发生的可能性。

第3章　细水雾与受限空间火灾的相互作用及影响因素

本章主要从细水雾的灭火机理、细水雾和烟气相互作用的动力学、细水雾抑制轰燃机理这三个方面来研究细水雾控制火灾的动力学和传热学机理。

3.1　细水雾灭火的主导机理

3.1.1　传热学作用

细水雾的灭火机理比较复杂，其灭火过程往往是一种或多种机理耦合作用的结果。目前国内外公认的细水雾灭火机理主要表现为火焰冷却、燃料表面冷却、衰减辐射热、窒息作用和动力学作用等[59-63,134-137]。

如图 3.1 所示，利用双区域模型，假定受限空间顶部的烟气层混合均匀，温度为 T_g，烟气层下方的壁面温度为 T_w，建立细水雾作用下的火焰区能量平衡方程[138]，如下式所示：

$$Q_{\text{fire}} = Q_g + Q_w + Q_v + Q_d \tag{3.1}$$

式中，Q_{fire}——火焰区的热增益，见式（3.2）：

$$Q_{\text{fire}} = \chi \dot{m}_f \Delta H_c \tag{3.2}$$

其中，χ 为燃烧热效率；$\dot{m}_f$ 为燃料的质量损失速率，kg/s；ΔH_c 为燃料的热值，kJ/kg。

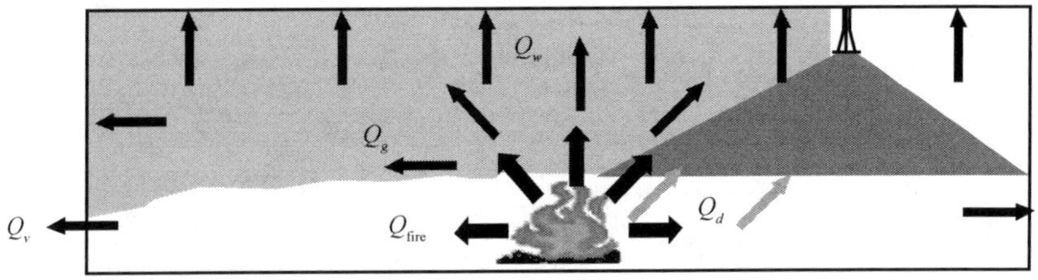

图 3.1　火焰和周围环境的热传递模型

Q_g——加热燃料挥发气体、卷吸的空气的热损失以及火焰向烟气的辐射换热损失，见式（3.3）：

$$Q_g = \dot{m}_f c_f \left(T_g - T_{\mathrm{fs}}\right) + \hbar \dot{m}_f c_a \left(T_g - T_a\right) + \varepsilon_f C_{\mathrm{fg}} A_f \left(T_g^4 - T_f^4\right) \tag{3.3}$$

其中，c_f 为燃料挥发气体的比热容，kJ/(kg·℃)；c_a 为空气的比热容，kJ/(kg·℃)；T_g 为烟气温度，K；T_{fs} 为燃料温度，K；$\hbar$ 为卷吸空气量与质量燃烧速率 $\dot{m}_f$ 的比值；T_a 为空气温度，K；T_f 为火焰温度，K；ε_f 为火焰的辐射率；C_{fg} 为火焰对烟气的辐射形状因子，W/(m^2·K^4)；A_f 为火焰表面积，m^2。

Q_w——火羽流通过辐射热和对流换热传递给受限空间围护结构的换热量，kW：

$$Q_w = \hbar \dot{m}_f c_f \left(T_f - T_w\right) + \varepsilon_f C_{\mathrm{fw}} A_f \left(T_f^4 - T_w^4\right) \tag{3.4}$$

其中，T_w 为壁面温度，K；C_{fw} 为火焰对围护结构的辐射形状因子，W/(m^2·K^4)。

Q_v——烟气经通风口的换热损失，与单开口受限空间对比，Q_v 显著增加，是灭火效率显著提高的主要原因，见式（3.5）：

$$Q_v = \int_{\mathrm{out}} \rho_g u_g c_g T_g \mathrm{d}S - \int_{\mathrm{in}} \rho_0 u_0 c_a T_0 \mathrm{d}S \tag{3.5}$$

其中，ρ_g 为烟气密度，kg/m^3；c_g 为烟气的比热容，kJ/(kg·℃)；u_g 为烟气出流的速度，m/s；ρ_0 为空气密度，kg/m^3；u_0 为空气流入的速度，m/s；T_0 为空气温度，K；S 为通风口面积。

Q_d——细水雾雾滴显热换热、汽化潜热换热量，以及火焰和烟气对雾滴的辐射热损失：

$$Q_d = x m_{\mathrm{wa}} \left[H_{\mathrm{wa}} + c_{\mathrm{wa}} \left(T_{\mathrm{wf}} - T_{\mathrm{wa}}\right) + c_{\mathrm{wv}} \left(T_g - T_{\mathrm{wv}}\right)\right] + \varepsilon_f C_{\mathrm{fs}} A_f \left(T_f^4 - T_d^4\right) + \varepsilon_g C_{\mathrm{gs}} A_g \left(T_g^4 - T_d^4\right) \tag{3.6}$$

其中，c_{wa} 为水的比热容，kJ/(kg·℃)；c_{wv} 为水蒸气的比热容，并假定它们都不随温度发生变化，kJ/(kg·℃)；T_{wa} 为水的温度，K；T_{wf} 为细水雾的蒸发温度，K；T_{wv} 为水蒸气的初始温度，K；T_d 为液滴的温度，K；C_{gs} 为烟气对雾滴的辐射形状因子，W/(m^2·K^4)；C_{fs} 为火焰对雾滴的辐射形状因子，W/(m^2·K^4)；H_{wa} 为水的蒸发潜热，kJ/kg；ε_g 为烟气的辐射率；A_g 为烟气表面积，m^2；m_{wa} 为水的质量流量，kg/s；x 为水的雾化率。

当细水雾雾滴与火焰接触时，由于雾滴的比表面积大，雾滴迅速汽化，大量的汽化潜热会降低火焰区及气相燃料的温度，从而达到冷却火焰的效果。假定细水雾通过喷射作用进入火焰燃烧区后，有质量为 xm_w 的雾滴在火焰辐射热和热对流的作用下被蒸发，其他$(1-x)m_w$的雾滴穿过火羽流而到达燃料表面。如果有足够量的细水雾进入火焰燃烧区后部分或完全蒸发，并且细水雾雾滴在火焰燃烧区的汽化潜热和升温所需吸收的热量能够将火焰燃烧区的温度降低至燃烧所需的临界值以下时，火焰即会熄灭，此即为细水雾的火焰冷却机理。一般而言，理论上要单纯通过火焰冷却达到灭火效果，则火焰燃烧区的温度必须降低至临界绝热温度以下。实际研究中，经常使用细水雾吸热比率为判据，细水雾吸收的热量超过燃烧产生的热量的 30%～60%时，就有可能通过火焰冷却而达到灭火效果。实际应用中，由于细水雾喷头安装高度、火灾现场通风条件等因素影响，通过火焰冷却直接迅速灭火的情况比较难以实现，往往需要通过较长时间持续施加足够大动量的细水雾。当穿过热烟气层和火羽流到达燃料表面的雾滴能够充分衰减辐射热、冷却上部热烟气层以及冷却燃料表面，降低火焰及周围环境向燃料表面的热反馈，可以最终达到抑制和熄灭火灾的目的。

3.1.2 窒息作用

细水雾的窒息作用主要体现在细水雾雾滴进入火焰附近时，由于受热汽化成水蒸气，体积迅速扩大到原来的 1700～5800 倍，水蒸气迅速地置换火焰附近的氧气，降低氧气和可燃蒸汽的比，同时水蒸气也阻挡新鲜氧气卷吸到火焰附近，从而降低火焰附近氧气的体积分数，达到窒息的目的，起到抑制和熄灭火焰的作用。Liu 等[139]实验研究发现，施加细水雾的瞬间，氧气的体积分数会有一个短时间的回升。Back 等[136]通过大量实验，得到施加细水雾后达到稳态的时刻 t，氧气的体积分数 $c(\mathrm{O_2})_s$ 和火焰附近氧气体积分数变化 $\Delta c(\mathrm{O_2})$ 的经验公式如下：

$$\Delta c(\mathrm{O_2}) = c(\mathrm{O_2})_s\left(1-\mathrm{e}^{-t\tau}\right) \tag{3.7}$$

$$\tau = \frac{\dot{V}}{V_{\mathrm{ol}}} \tag{3.8}$$

式中，τ ——时间系数；

$\dot{V}$ ——受限空间烟气的体积流量，$\mathrm{m^3/s}$；

V_{ol} ——受限空间的体积，$\mathrm{m^3}$。

密闭受限空间内，细水雾的窒息作用比较显著。如果考虑通风环境，细水雾的窒息灭火作用将受到限制。

3.1.3 动力学作用

细水雾与火焰相互作用的动量守恒方程如下：

$$m_{F0}\cdot v_{F0} + m_{s0}\cdot v_{s0} = m_{F1}\cdot v_{F1} + m_{s1}\cdot v_{s1} + m_g\cdot v_g \tag{3.9}$$

式中，m_{F0} ——火羽流的初始质量，kg；

v_{F0} ——火羽流的初始速度，m/s；

m_{s0} ——细水雾雾滴的初始质量，kg；

v_{s0} ——细水雾雾滴的初始速度，m/s；

m_{F1} ——火羽流的最终质量，kg；

v_{F1} ——火羽流的最终速度，m/s；

m_{s1} ——细水雾雾滴的最终质量，kg；

v_{s1} ——细水雾雾滴的最终速度，m/s；

m_g ——细水雾汽化成水蒸气的质量，kg；

v_g ——细水雾汽化成水蒸气的速度，m/s。

液滴通过稳定环境的运动通常可以写成以下两个方程：

$$\frac{\mathrm{d}U}{\mathrm{d}t}=-\frac{3\rho C_D}{4\rho_p}\frac{1}{d}U^2 \tag{3.10}$$

$$\frac{\mathrm{d}V}{\mathrm{d}t}=-\frac{3\rho C_D}{4\rho_p}\frac{1}{d}UV+g \tag{3.11}$$

式中，U——雾滴的水平方向分速度（图 3.2），m/s；

V——雾滴的竖直方向分速度（图 3.2），m/s；

t——时间，s；

C_D——阻力系数；

d——雾滴的粒径，m；

g——重力加速度，m/s^2；

ρ ——空气的密度，kg/m^3；

ρ_p ——雾滴的密度，kg/m^3。

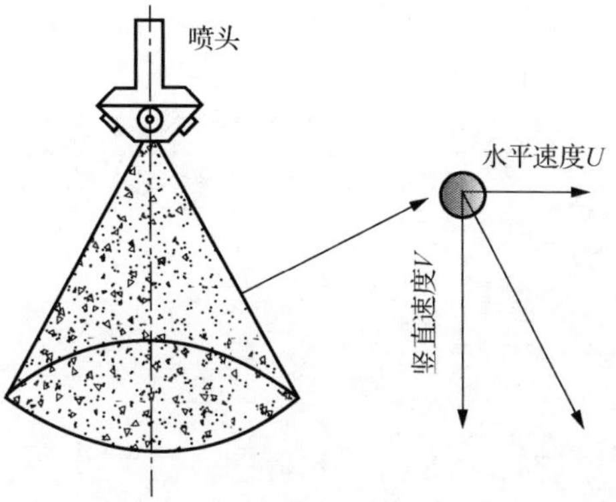

图 3.2　雾滴运动速度示意图

由“d^2-law”公式可以得到雾滴变化关系的方程，见式（3.12）：

$$d^2(t)=d_0^2(t)-k_{ev}t \tag{3.12}$$

式中，k_{ev} ——蒸发常数，见式（3.13）[140]：

$$k_{ev}=\frac{8\lambda_g}{\rho_p C_g}\ln\left[1+\frac{C_g(T-T_w)}{H_{fg}}\right] \tag{3.13}$$

解方程可得

$$U=\left[\frac{3\rho C_D d_0}{2\rho_p k_{ev}}\left(1-\sqrt{1-\frac{k_{ev}}{d_0^2}t}\right)+\frac{1}{U_1}\right]^{-1} \tag{3.14}$$

$$V=\frac{-\frac{2d_0^2}{k_{ev}}g\left(1-\frac{k_{ev}}{d_0^2}t\right)\left(\frac{\alpha}{2}-\frac{1}{3}\sqrt{1-\frac{k_{ev}}{d_0^2}t}\right)+K_d}{\alpha-\sqrt{1-\frac{k_{ev}}{d_0^2}t}} \tag{3.15}$$

式中，

$$K_d=\frac{d_0^2}{k_{ev}}g\alpha+(\alpha-1)V_1 \tag{3.16}$$

$$\alpha=1+\frac{2\rho_p k_{ev}}{3\rho C_D d_0}\frac{1}{U_1} \tag{3.17}$$

其中，U_1、V_1 为雾滴的末速度。

通常用雾滴在烟气层中的停留时间来计算热损失。一般情况下要满足下式：

$$\int_0^{t^1}V(s)\mathrm{d}s<\Delta \tag{3.18}$$

$$\int_0^{t_1}V_1(s)\mathrm{d}s+\int_0^{t_{**}}V_2(s)\mathrm{d}s=\Delta \tag{3.19}$$

式中，Δ ——烟气层的厚度，m；

t_1 ——加热到沸点的时间，s；

t_{**} ——蒸发段所用的时间，s；

$$V_1(s)=\frac{\kappa\left[V_0-(g/2)\kappa\right]}{t+\kappa}+\frac{g}{2}(t+\kappa) \tag{3.20}$$

$$\kappa=\frac{4}{3C_D}\frac{\rho_p}{\rho}\frac{d}{U_0} \tag{3.21}$$

停留时间 t_2 见下式：

$$t_2=t_1+t_{**} \tag{3.22}$$

当不能确定烟气层厚度的时候，停留时间 t_2 见下式：

$$t_2=t_1+t_{ev} \tag{3.23}$$

其中，t_{ev} 代表蒸发时间：

$$t_{\mathrm{ev}} = \frac{d_0^2}{k_{\mathrm{ev}}} \tag{3.24}$$

单个雾滴的热损失 Q_{d_0} 见下式：

$$Q_{d_0} = m_{d_0} c_{p,d} \left(T_w - T_0\right) + H_{\mathrm{fg}} \Delta m_{d_0} \tag{3.25}$$

$$\Delta m_{d_0} = \frac{1}{6} \pi \rho_p \left[d_0^3 - (d_0^2 - k_{\mathrm{ev}} t)^{3/2} \right] \tag{3.26}$$

式中，m_{d_0} ——雾滴的质量，kg；

$c_{p,d}$ ——水的比热容，kJ/(kg·K)；

H_{fg} ——水的汽化潜热，kJ/kg；

Δm_{d_0} ——雾滴的质量变化量，kg。

施加细水雾后热损失速率 $\dot{Q}_{\mathrm{Spr}}$ 如下式：

$$\dot{Q}_{\mathrm{Spr}} = \dot{\Psi} \int_0^{\infty} \left\{ c_p \left(T_w - T_0\right) + H_{\mathrm{fg}} \left[1 - \left(1 - \frac{k_{\mathrm{ev}}}{s^2} \right) t^{**}(s) \right]^{3/2} \right\} f(s) \mathrm{d}s \tag{3.27}$$

$$f(s) = \mathrm{d}F(S) / \mathrm{d}s \tag{3.28}$$

式中，$\dot{\Psi}$ ——喷射速度；

$f(s)$ ——密度分布；

$F(S)$ ——雾滴的密度。

大量的研究结果发现，细水雾与火焰相互作用时，加强了火焰的扰动，产生火焰拉伸扭曲等动力学作用，强化了细水雾雾滴和火焰的热交换及汽化吸热过程，降低了火焰温度，减缓燃烧速率，加速火焰熄灭。

3.2　细水雾雾场特征参数测试

大量相关研究的结果表明，细水雾的雾锥角、雾动量、雾通量、粒径分布、速度分布等直接影响着细水雾与火相互作用的动力学过程，进而影响细水雾的灭火效果。我们利用 TSI 公司的 PIV 设备测试不同压力下的细水雾的场特性[141-143]，以及火灾作用下细水雾动力学参数，分析细水雾与地铁车站火灾相互作用的动力学规律。

3.2.1　测试方案

GXTA5 型号流量系数 K=1.55 系列细水雾喷头一共 7 个出水孔，本节只选取其竖直向下的一个出水孔，分别在 2.5MPa、4MPa、6MPa 三个不同压力下进行实验测试。喷头安装高度距地面 2.05m，PIV 测量区域从喷头出口到距喷头 1.8m 处依次设定 6 个测试区域，具体工况见表 3.1。图 3.3 为 PIV 设备布置示意图，图 3.4 为现场布置图[144]。

表 3.1 **PIV 测试细水雾雾场实验工况**

测试区域	工况	喷雾压力/MPa	距喷头/mm	曝光间隔/μs	打光频率/(帧/s)	像素分辨率/μm
A	A-a	2.5	0～288	40	14	149
	A-b	4		50	14	
	A-c	6		80	14	
B	B-a	2.5	278～558	40	14	145
	B-b	4		50	14	
	B-c	6		80	14	
C	C-a	2.5	528～848	40	14	168
	C-b	4		50	14	
	C-c	6		80	14	
D	D-a	2.5	828～1138	60	14	164
	D-b	4		70	14	
	D-c	6		100	14	
E	E-a	2.5	1128～1478	60	14	187
	E-b	4		70	14	
	E-c	6		100	14	
F	F-a	2.5	1468～1803	60	14	169
	F-b	4		70	14	
	F-c	6		100	14	

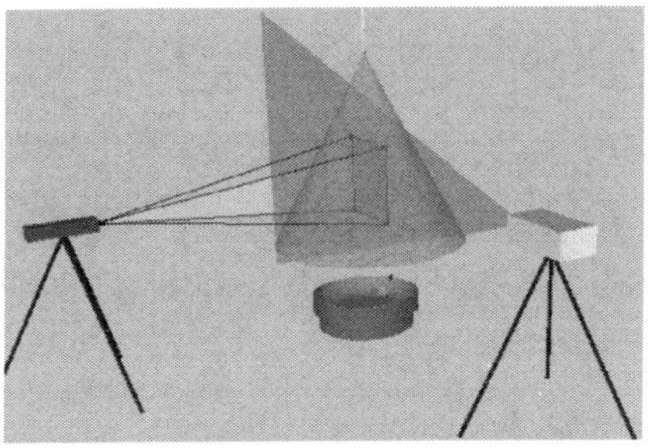

图 3.3 PIV 测试细水雾雾场示意图

图 3.4 PIV 测试现场布置图

3.2.2　雾锥角

雾锥角即以喷口为原点的细水雾喷射的扩张角，它决定了雾滴的空间分布范围，以及细水雾的初始速度和雾动量。因此，该参数又决定了细水雾穿越火焰到达燃料表面的能力以及细水雾的保护半径，进一步影响细水雾灭火系统设计中喷头之间间距的确定。

本实验利用 CCD 相机，每组实验拍 20 张照片，分析发现同种工况每张照片中的雾锥角变化很小。分别取第 5、10、15 张照片，插入 Auto CAD 2010 以喷头喷口圆心为原点，以细水雾雾场边缘为两边，画扇形。利用菜单栏中角度标注工具，对雾锥角进行标注，求雾锥角的平均值。以 2MPa、K=0.5 工况为例，七孔喷嘴和单孔喷嘴的雾形如图 3.5 所示。

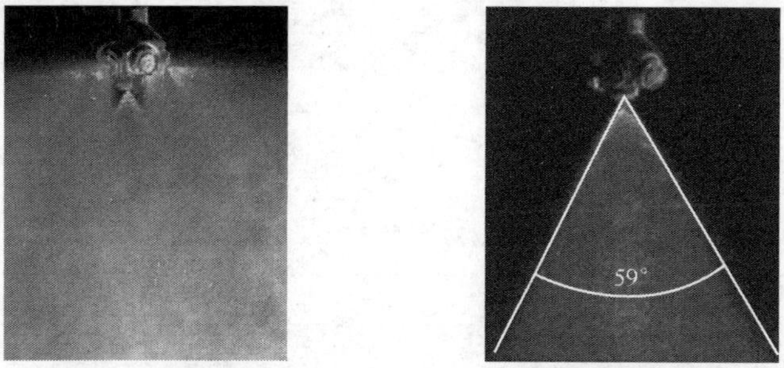

（a）七孔喷嘴雾形　　（b）单孔喷嘴雾形

图 3.5　喷嘴雾形

当 K=0.5 时，细水雾雾锥角随压力变化规律如图 3.6 所示。

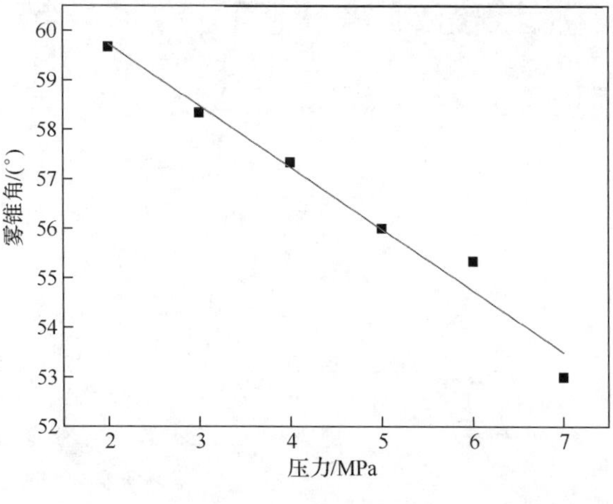

图 3.6　K=0.5 时细水雾雾锥角随压力变化规律

从图 3.6 可以看出，在一定的压力范围内，细水雾的雾锥角与压力呈线性关系，细水雾的雾锥角随压力的增大而减少。

利用 Origin 拟合可得 $y = 62.226 - 1.248x(2 \leqslant x \leqslant 7，R^2 = 0.97191)$。其中 y 为雾锥角，x 为细水雾的压力。

图 3.7 为在不同压力（2.5MPa、4MPa、6MPa）下通过 CCD 相机拍摄的 K=1.55 单孔喷嘴雾锥角的图片，经过多张照片叠加并通过 Insight 4G 软件处理得到三种不同压力下的雾锥角，见表 3.2。

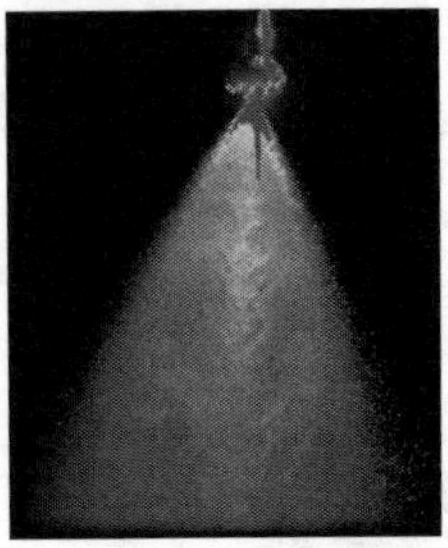
（a）2.5MPa

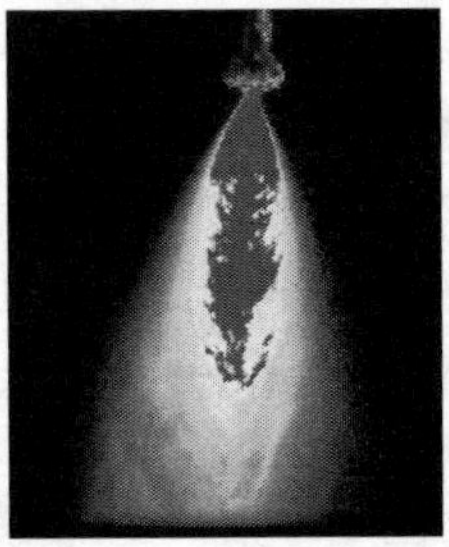
（b）4MPa

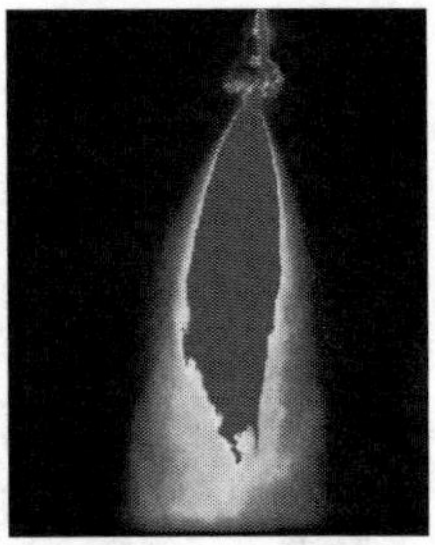
（c）6MPa

图 3.7　不同压力下的雾锥角

表 3.2　各压力下 K=1.55 细水雾雾锥角

细水雾压力/MPa	雾锥角/(°)
2.5	42
4	37
6	33

可见，同样压力下，随着喷头流量系数的增加，喷嘴的雾锥角减小；随着压力的增大，同样喷嘴的雾锥角减小。

3.2.3　有效雾通量

雾通量是指单位时间单位面积上通过水雾的质量或者体积。它反映了细水雾在某个位置雾滴的疏密程度和雾流量的大小，对细水雾与火焰的相互作用过程有着重要的影响。

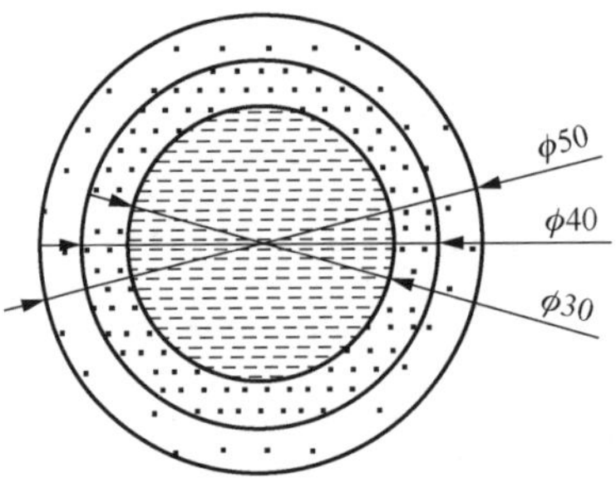

图 3.8　细水雾喷洒区域示意图（单位：cm）

我们将不同直径的油盆分别置于电子天平之上，并在不同压力下收集瞬时喷洒的细水雾[144]，通过单位时间内质量的变化来表征单位时间内到达油盆内部的有效雾通量，见图 3.8 和表 3.3。该种方法的缺点是，由于细水雾有一定的速度，故对电子天平有一定的冲击力，因此在瞬时时间内电子天平的波动较大，需要通过缜密的数据处理得出测量值。

表 3.3　平均有效雾通量

细水雾压力/MPa	测试区域面积/cm^2	平均有效雾通量/[L/(min·m^2)]
2.5	707	15.3
	1257	11.1
	1964	7.6
4	707	22.8
	1257	14.2
	1964	9.5
6	707	29.9
	1257	17.9
	1964	11.8

从表 3.3 可以得出距中心 7.5cm、17.5cm、22.5cm 处的平均有效雾通量，结果见表 3.4。

表 3.4　不同径向距离平均有效雾通量

细水雾压力/MPa	径向距离/cm	平均有效雾通量/[L/(min·m^2)]
2.5	7.5	15.3
	17.5	5.8
	22.5	1.3
4	7.5	22.8
	17.5	3.3
	22.5	1.2
6	7.5	29.9
	17.5	2.5
	22.5	0.8

从表 3.4 可以看出，随着径向距离不断增大，平均雾通量不断减小；相同径向距离条件下，当径向距离小于 7.5cm 时，细水雾压力越大，有效雾通量越大；当径向距离大于等于 17.5cm 时，随着细水雾压力不断增大，有效雾通量越小，这是因为雾锥角随着压力增大而减小的缘故。

3.2.4　不同压力下细水雾速度场分析

利用 Insight 4G 软件对实验测得的诊断区域进行处理计算，并通过 Tecplot 软件对图像及数据进行处理，得到雾场分布的直观图像，实现对细水雾速度场分布的定性和定量分析。图 3.9 为 2.5MPa 细水雾雾场六个区域的速度场分布图。可以看出，随着与喷头距离的增加，雾滴速度越来越小。距离喷头 250mm 以外，整个雾场从圆锥形变为圆柱形，主流速度和周围流场速度差逐渐减小。从图中可以看出，细水雾主流明显偏离中心线 5cm 左右，而主流左侧的速度明显高于右侧速度，这是实验区域有从右向左的纵向风（0.2m/s）使得雾形向左侧偏移，因此在主流两侧相同距离的情况下，左侧的雾滴速度更大。随着距离增加，主流速度区越来越大。

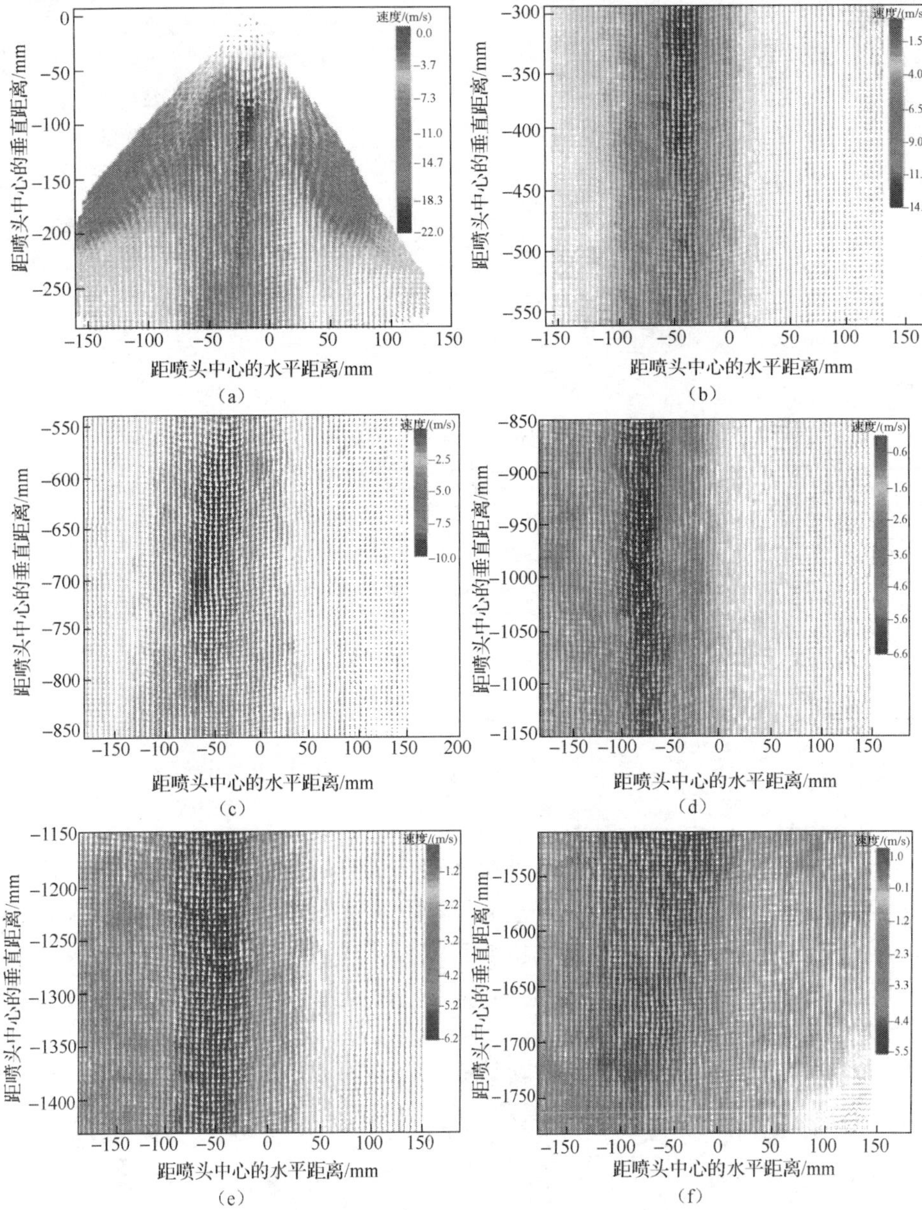

图 3.9　2.5MPa 细水雾速度场变化趋势

图 3.10、图 3.11 分别为 4MPa、6MPa 压力下细水雾速度场分布图。从整体的变化趋势看，这两种压力与 2.5MPa 情况基本一致。从图中可以看出，压力越大其雾锥角越小，细水雾越集中，其初始速度也更大。而随着压力的增大，其涡量也随着增大，这是因为主流速度越大，细水雾经喷头喷出后与空气碰撞后卷吸空气的能力更强，因此在速度变化较大的主流速度两侧，细水雾压力越大其涡量也越大。

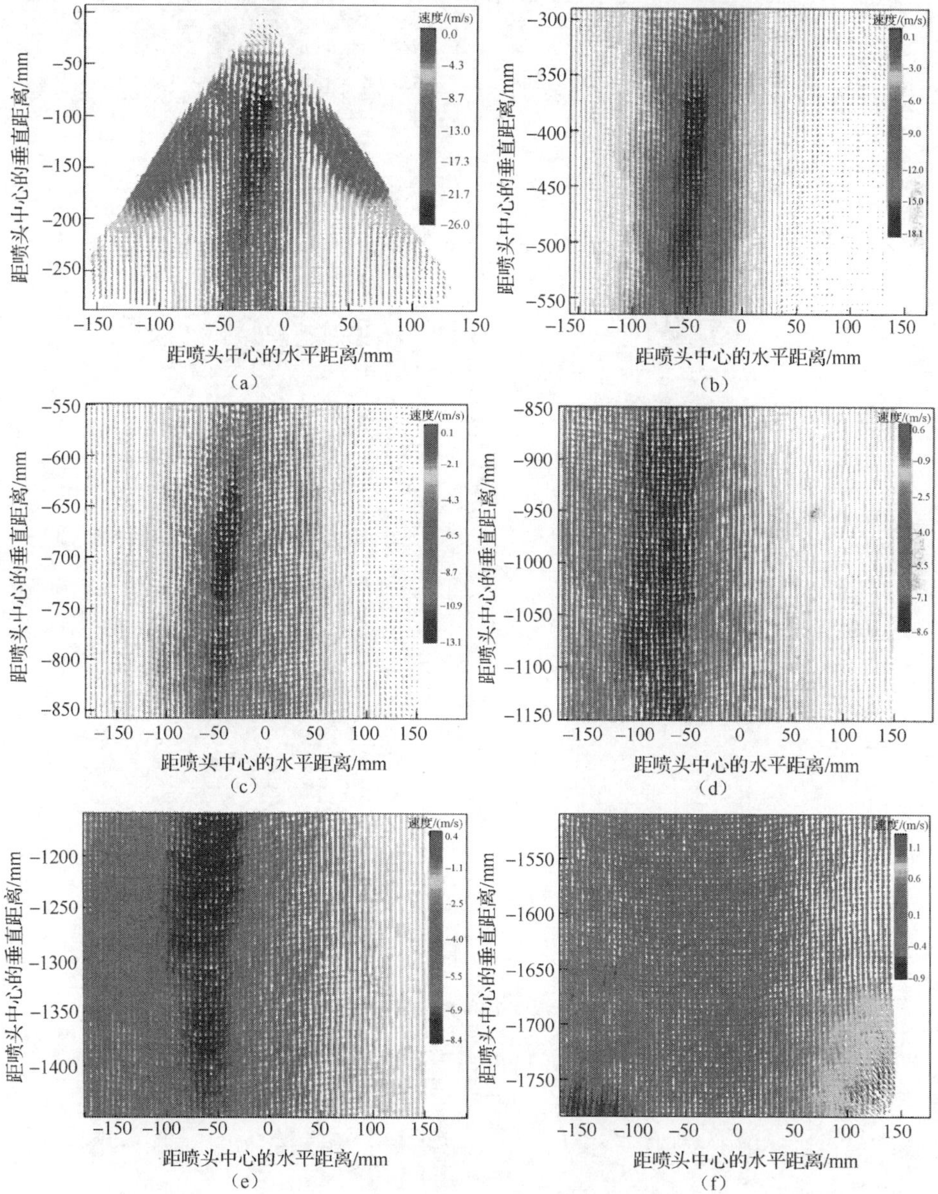

图 3.10　4MPa 细水雾速度场变化趋势

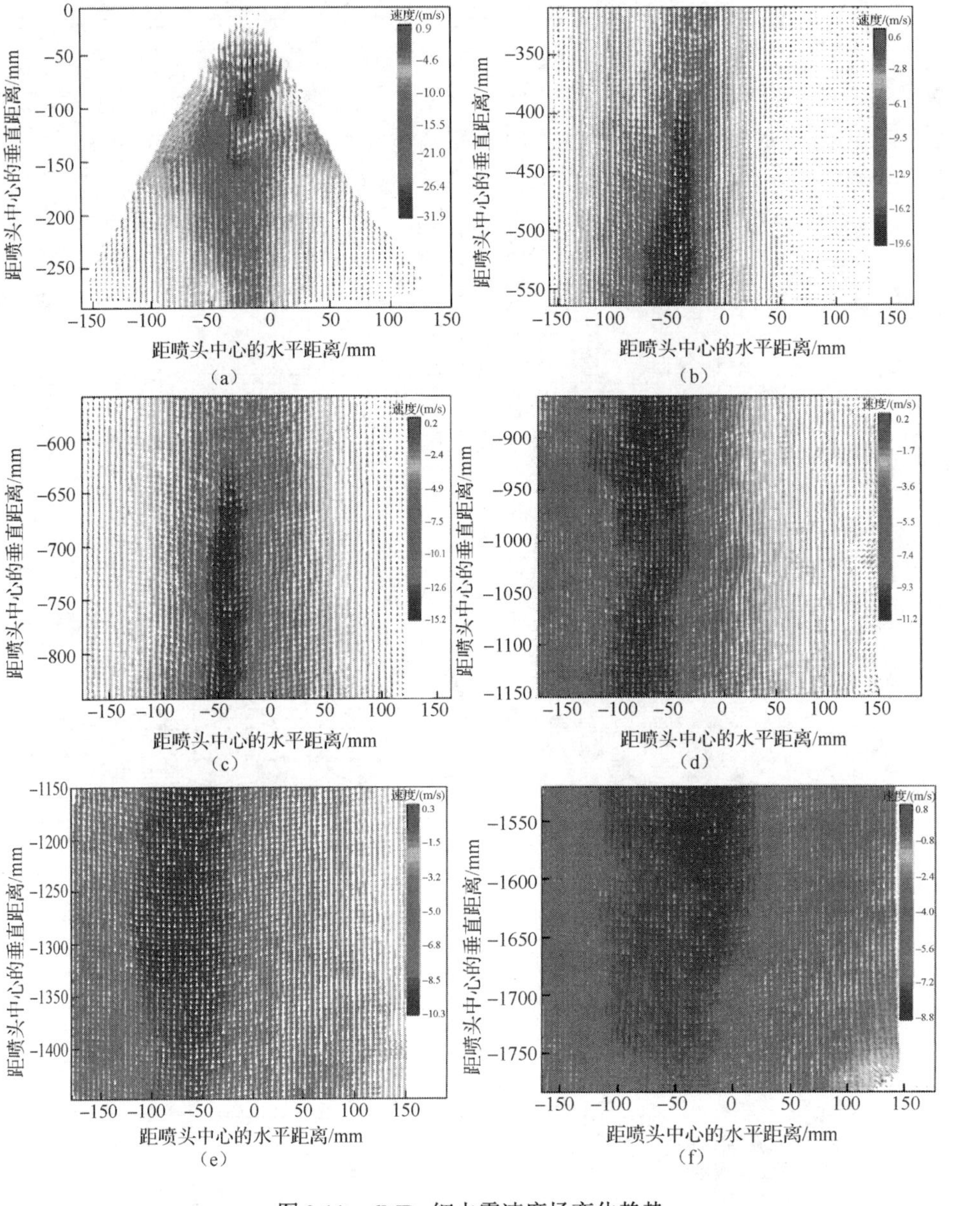

图 3.11　6MPa 细水雾速度场变化趋势

在理想状态下，雾滴从细水雾喷头喷出后，在空气阻力以及自身重力的共同作用下，运动一段时间后，雾滴受到的空气阻力与自身重力相等，从而达到一个平衡状态，因此随着喷射的距离增加，细水雾的主流速度会趋于恒定。图 3.12 表示不同压力下细水雾主流速度随距离的变化。

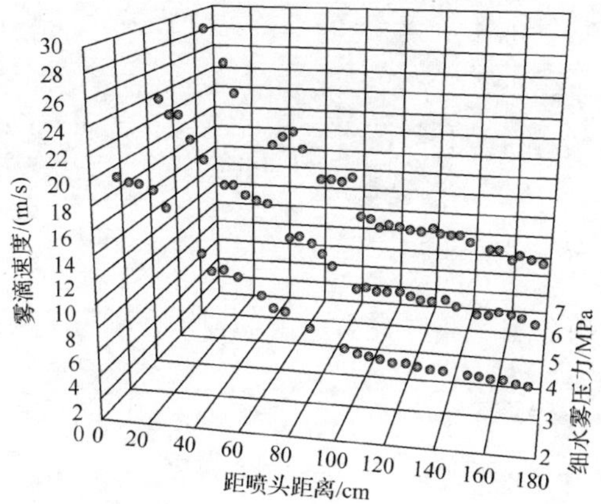

图 3.12　不同压力下细水雾主流速度散点图

从图 3.12 中可以看出，2.5MPa 下细水雾的初始主流速度为 20m/s 左右，而到达距离喷头 180cm 处为 4.6m/s 左右；4MPa 细水雾的初始主流速度为 24m/s 左右，距离喷头 180cm 处为 6.2m/s 左右；6MPa 细水雾的初始主流速度为 29m/s 左右，距离喷头 180cm 处为 7.2m/s 左右。

为了更加准确地获得不同压力、不同距离下的雾滴速度，通过 Origin 软件对数据进行拟合，得到了拟合公式（3.29）：

$$V_m = \frac{13.32 - 4.12x + 18.83y + 5.65y^2 - 1.54xy}{1 - 0.2x + 0.77y - 0.008x^2 + 0.14y^2 - 0.007xy} \tag{3.29}$$

式中，V_m ——雾滴的主流速度，$\mathrm{m/s}$；

x ——距喷头距离，cm；

y ——细水雾压力，MPa。

3.2.5　不同高度的速度变化分析

由于细水雾雾滴粒径小于 1000μm，因此，细水雾雾滴在空气中运动时受到的通风状态的影响不能忽视。雾滴运动方程主要包括雾滴轨迹方程、雾滴运动速度方程以及雾滴终端速度方程，本节将结合 PIV 测试结果对雾滴运动方程进行推导。

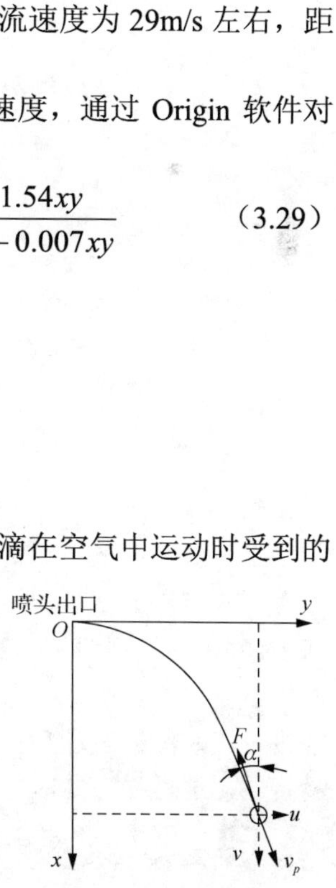

图 3.13　雾滴运动轨迹示意图

在建立方程前做如下假设：①液滴为球形；②液滴在运动过程中质量保持不变；③ $\rho_0 \ll \rho_p$（ρ_p 为雾滴密度，ρ_0 为空气密度）。雾滴从喷头喷出，同时受到重力和空气阻力的作用，其运动轨迹如图 3.13 所示。

在任意时刻 t，空气中质量为 m_p 的雾滴，其在水平和竖直方向的运动满足牛顿第二定律，见式（3.30）：

$$\begin{cases} m_p \dfrac{\mathrm{d}u}{\mathrm{d}t} = -F\sin\alpha \\ m_p \dfrac{\mathrm{d}v}{\mathrm{d}t} = -F\cos\alpha + m_p g \end{cases} \tag{3.30}$$

式中，u、v ——雾滴在水平和竖直方向上的速度，m/s；

F ——空气阻力，kN；

g ——重力加速度，m/s²。

空气阻力 F 可由下式得到：

$$F = \frac{\rho C_D A_p V_p^2}{2} \tag{3.31}$$

式中，V_p ——雾滴的运动速度，m/s；

A_p ——雾滴的横截面积，m²；

C_D ——运动阻力系数。

基于对雾滴速度的测试结果，选取 Schiller 和 Naumann 的阻力系数公式：

$$C_D = \frac{24}{Re}\left(1 + 0.150Re^{0.687}\right) \tag{3.32}$$

虽然雾滴喷射时存在锥角，但由于在运动过程中其主流速度为竖直向下，因此假设雾滴在水平方向的速度为 0，则液滴的运动方程可简化为

$$\frac{\mathrm{d}v_p}{\mathrm{d}t} = g - \frac{3\rho}{8r\rho_p} C_D V_p^2 \tag{3.33}$$

式中，r ——雾滴半径，m；

ρ_p ——雾滴密度，kg/m³。

将式（3.32）代入式（3.33）得到

$$\frac{\mathrm{d}V_p}{\mathrm{d}t} = g - 4.5\frac{\mu_s}{r^2\rho_p}V_p - 1.09\frac{{\mu_s}^{0.313}\rho^{0.687}}{r^{1.313}\rho_p}V_p^{1.687} \tag{3.34}$$

式中，μ_s ——空气的动力黏性系数，kg/m·s。

从式（3.30）可以看出，雾滴所受的空气阻力与雾滴运动速度的平方成正比。经过一段时间的运动后，雾滴受到的阻力和自身的重力相等，此时加速度为 0，雾滴将做匀速运动，此时的速度称为终端速度。

因此当式（3.34）中 $\dfrac{\mathrm{d}v_p}{\mathrm{d}t}$ 为 0 时，雾滴终端速度 v_t 满足式（3.35）：

$$g - 4.5\frac{\mu_s}{r^2\rho_p}v_t - 1.09\frac{{\mu_s}^{0.313}\rho^{0.687}}{r^{1.313}\rho_p}{v_t}^{1.687} = 0 \tag{3.35}$$

从上式可以看出，理想状态下，终端速度 v_t 是雾滴半径 r 的函数，与初始速度以及运动时间无关。

实验中，每个高度截面取 20 个测试点，求平均值，得到距喷头 0.1m、1.0m、1.8m 高度的速度，见图 3.14～图 3.16。可以看出，在同一压力的细水雾雾滴下降的过程中，其速度逐渐减小；随着雾滴运动的距离加大，整个雾场的速度逐渐趋近于一个恒定的值，这与理论分析中得出的终端速度的结论是一致的。并且，细水雾压力越大，同一高度处雾滴的速度越大。

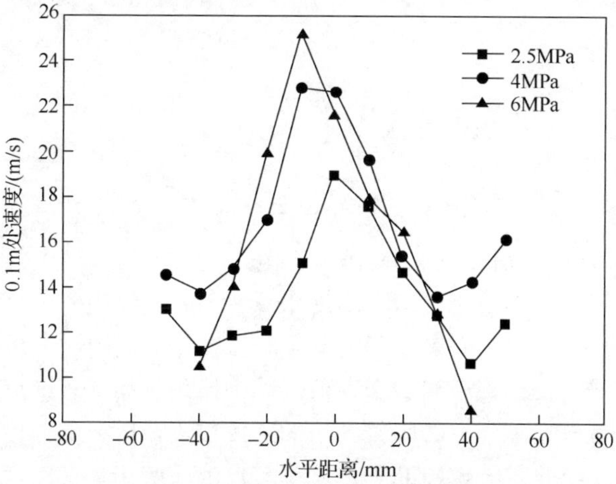

图 3.14　距喷头 0.1m 处速度变化

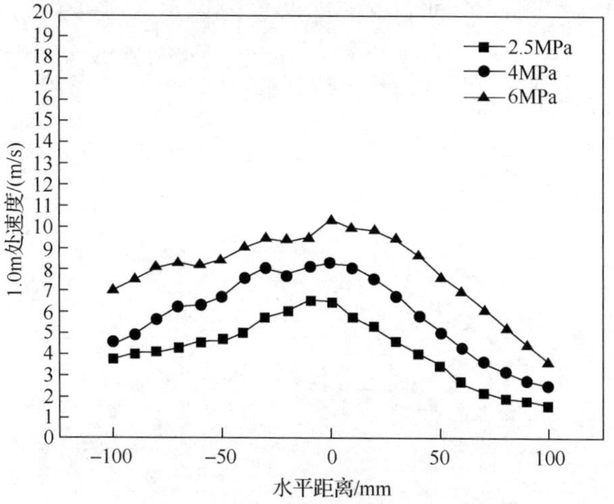

图 3.15　距喷头 1.0m 处速度变化

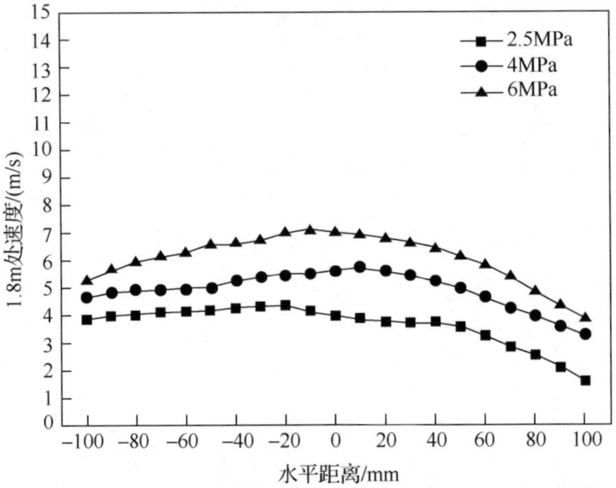

图 3.16　距喷头 1.8m 处速度变化

图 3.17～图 3.19 分别表示 2.5MPa、4MPa、6MPa 细水雾压力作用下各高度速度变化趋势。从图中可以看出，当距离细水雾喷头 1m 以内时，主流速度变化梯度较大，而当距离大于 1m 时其速度变化梯度明显减小。我们进一步通过细水雾速度场变化示意图（图 3.20）来说明这个现象，图中线段长短代表速度大小。由图 3.20 可知，细水雾从喷口喷出后，其竖直向下的速度最大，因此其速度变化梯度要明显高于周围的雾滴。而非主流方向的细水雾雾滴自喷头喷出后在空气阻力及重力作用下做平抛运动，随着速度的减小，其速度不足以维持细水雾喷头的雾锥角，因此最终细水雾雾场趋近于圆柱体向下运动，并最终使得整个雾场的速度趋于相等。

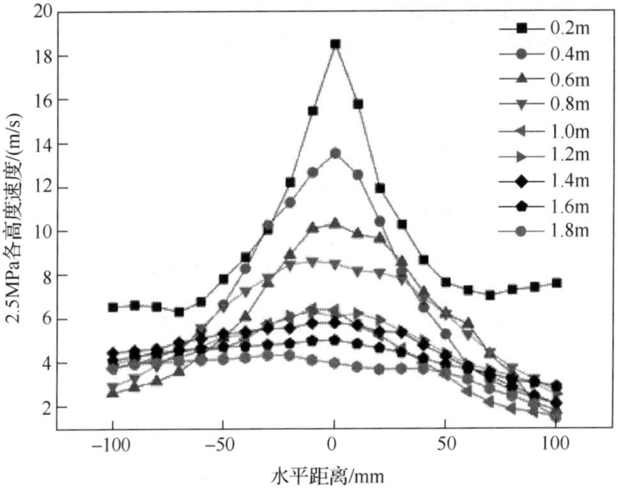

图 3.17　2.5MPa 各高度速度变化

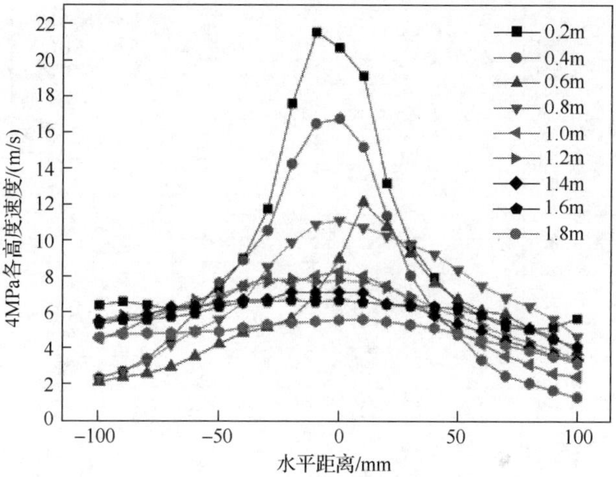

图 3.18　4MPa 各高度速度变化

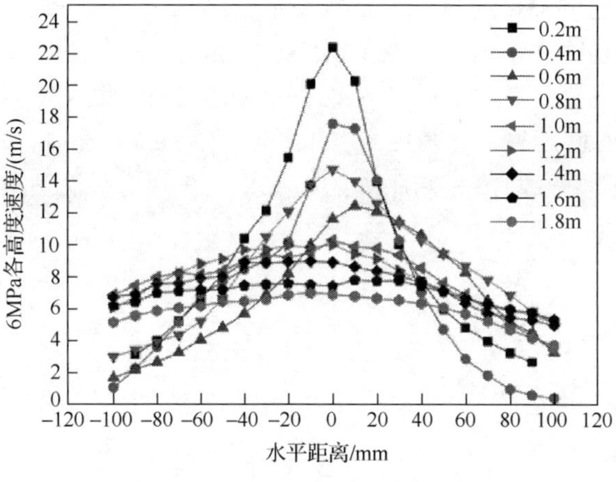

图 3.19　6MPa 各高度速度变化

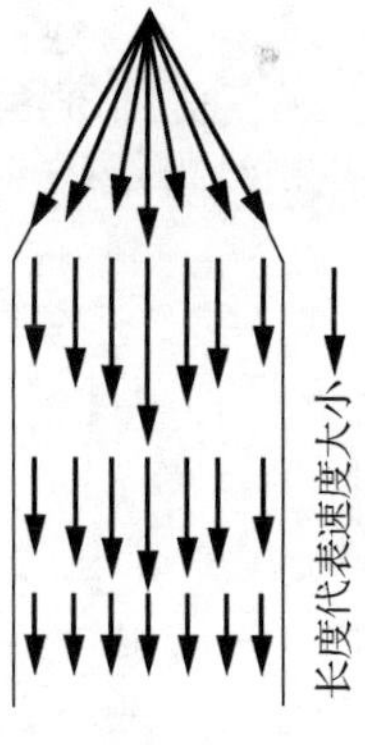

图 3.20　细水雾速度场变化示意图

对于这种现象，也可以通过加速度的变化规律来表示。实验中将 0.2～1.8m 分段，每段长 0.2m，将 0.2m 内的雾滴运动视为匀减速运动，因此根据运动方程求出每段距离内竖直向下的平均加速度，如图 3.21 所示。从图中可以看出，细水雾压力越大，其加速度越大，这是由于细水雾压力越大，雾滴受到向下的推动力越大，因此其加速度越大。当与细水雾喷头距离在 1m 以内时，雾滴加速度由 $500m/s^2$ 急剧下降至 $100m/s^2$ 以下，速度变化梯度明显。当与细水雾喷头距离大于 1m 时，雾滴加速度变化基本可以忽略。

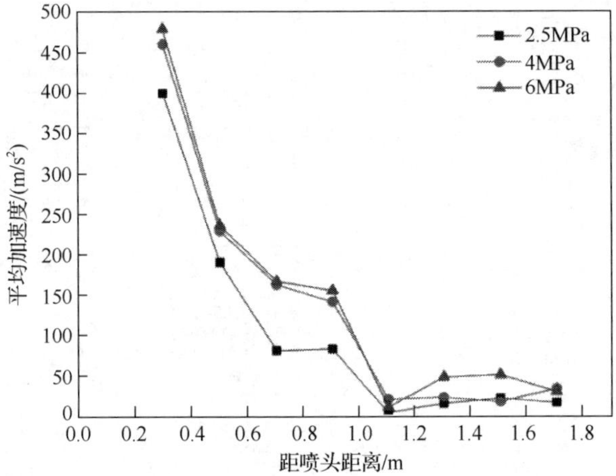

图 3.21　细水雾雾场加速度的变化

图 3.22～图 3.24 分别表示不同压力下主流速度（X=0m）及主流速度左右两侧 0.1m（X_L=0.1m、X_R=0.1m）处的速度变化趋势。由于实验数据由六个区域拼接而成，因此在连接点处的速度变化连续性不太好，但不影响整体趋势。同样的，主流速度下降的同时逐渐与左右两侧速度趋同，而主流两侧 0.1m 处的速度基本恒定，而主流左侧的速度明显高于右侧速度，这是由于实验区域有从右向左的自然风，使得雾形向左侧偏移，因此在主流两侧相同距离的情况下，左侧的雾滴速度更大。

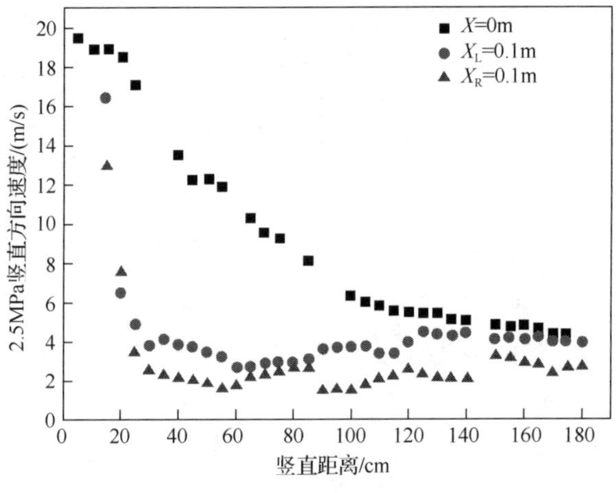

图 3.22　2.5MPa 竖直方向速度

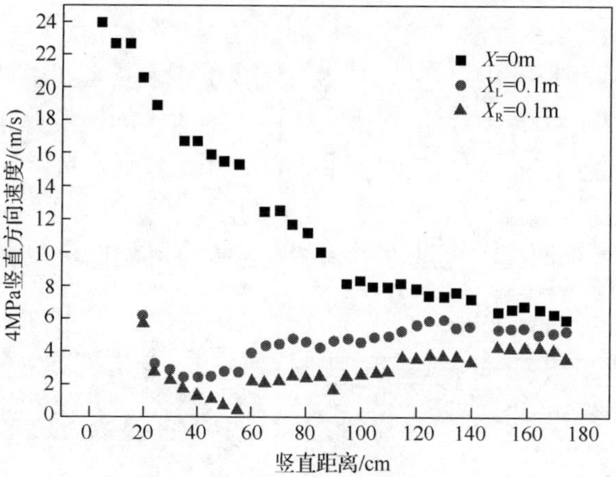

图 3.23　4MPa 竖直方向速度

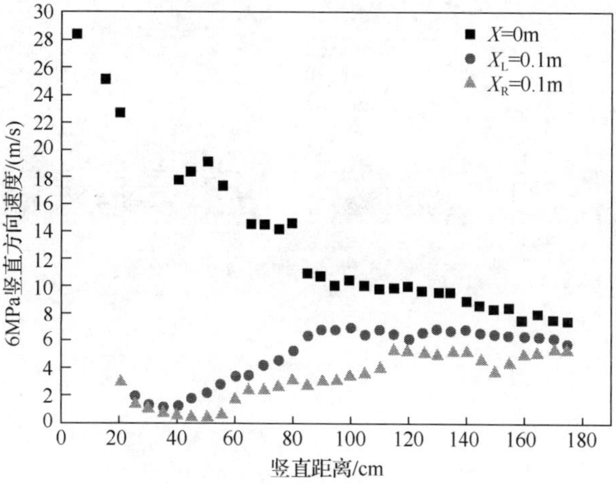

图 3.24　6MPa 竖直方向速度

3.3　自然通风条件下细水雾灭火机理的实验分析

3.3.1　实验设计

自然通风条件下细水雾与池火相互作用研究的实验平台长、宽、高尺寸为 18m、7.5m、2.9m，顶部为圆拱形，由 7 根尺寸 18m×0.6m×2.05m 的大支柱支撑顶棚，分为三跨，并互为联通状态。细水雾喷头距离地板的高度可调，分别为 2.5m、1.5m 和 1.0m，如图 3.25 所示。

采用直径分别为 30cm、40cm、50cm 的铸铁圆盆作为燃烧油盆，其边壁高度分别为 3cm、4cm、5cm，油盆表面距地面高度为 25cm。点火后 120s 施加水温为 22.5℃，压力分别为 2.5MPa、4MPa 以及 6MPa 的细水雾。利用 PIV 系统，测试池火火源表面上方 0～400mm 范围内火灾作用下细水雾的速度分布。此外，在油盆酒精表面、酒精池火焰心、油盆上方 35cm、55cm 分别设置了四根ϕ1.0mm 的 K 型铠装热电偶，用以监测火焰的温度变化。同时，在距离油面 2m 处布置热像仪，用以监测细水雾熄灭酒精池火过程中火盆及其周围环境的温度变化。实验现场布置示意图见图 3.26，具体工况见表 3.5。

图 3.25　地下工程细水雾灭火实验平台

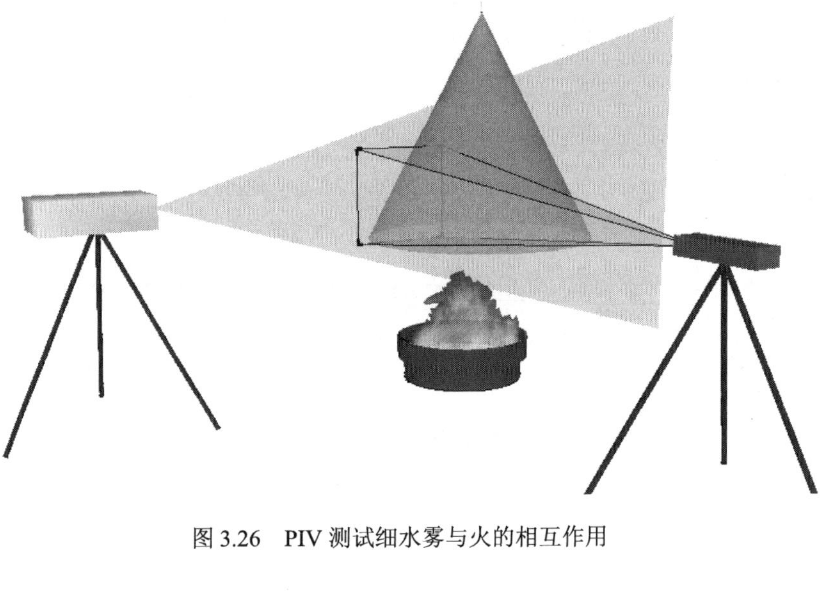

图 3.26　PIV 测试细水雾与火的相互作用

表 3.5　细水雾灭火实验工况

油盆直径/cm	工况	喷雾压力/MPa	测试范围/mm		曝光间隔/μm	打光频率/(帧/s)	像素分辨率/μm
			距喷嘴	距油盆			
30	S-1	2.5	1498～1803	35～340	60	14	153
	S-2	4			70	14	
	S-3	6			100	14	
40	M-1	2.5	1498～1803	45～350	60	14	153
	M-2	4			70	14	
	M-3	6			100	14	
50	L-1	2.5	1498～1803	55～360	60	14	153
	L-2	4			70	14	
	L-3	6			100	14	

通过改变油盆的尺寸来改变火源热释放速率的大小。通过对电子天平测试数据拟合得出，在燃烧旺盛阶段三种直径（30cm、40cm、50cm）油盆中酒精的质量损失速率分别为 0.84g/s、1.48g/s、2.22g/s。为了更好地类比，进一步分析三种直径池火火源的单位面积质量损失速率，如图 3.27 所示。从图中我们可以看出，三种直径油盆单位面积质量损失速率在 $0.0085\sim0.015\,\text{kg}/(\text{m}^2\cdot\text{s})$ 变化，平均值为 $0.012\,\text{kg}/(\text{m}^2\cdot\text{s})$ 。

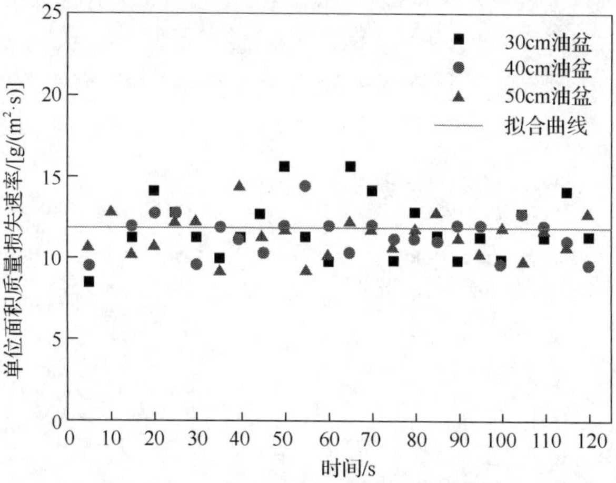

图 3.27　单位面积质量损失速率

Babrauskas[145]经过研究发现，在开放空间内，单位面积燃料质量损失速率可以由下式计算：

$$\dot{m}_{f,a}=\dot{m}_{\infty}\left(1-\mathrm{e}^{-k\beta_f d}\right) \tag{3.36}$$

式中，$\dot{m}_{f,a}$ ——单位面积燃料质量损失速率；

$\dot{m}_{\infty}$ ——油池面积区趋于无穷大时的单位面积燃料质量损失速率；

k、β_f ——与油池直径相关的系数，对于不同燃料，其 k、β 值不同。

当燃料为酒精时，且油盆直径 d>0.2m 时，$\dot{m}_f$ 与 $\dot{m}_{\infty}$ 近似相等，即在开放空间内，当酒精池直径大于 0.2m 以后，酒精燃烧速率基本保持不变，其值约为(0.015±0.001) $kg/(m^2 \cdot s)$。由于我们的实验油盆直径分别为 0.3m、0.4m、0.5m，均大于 0.2m，我们的实验结果相对 Babrauskas 的结果[145]存在一定的偏差，这是由于我们使用的酒精体积分数为 95%的工业酒精，比无水酒精的燃烧速率偏小。

我们采用质量损失速率法［式（3.37)］计算池火的热释放速率：

$$Q = \chi \cdot h_c \cdot m_{\text{fu}} \tag{3.37}$$

式中，Q ——酒精池火的热释放速率，kW；

χ ——酒精的燃烧效率，考虑到本实验通风环境良好，取 0.97；

m_{fu} ——燃料的质量损失速率，kg/s；

h_c ——酒精燃烧热，30.0×10^3kJ/kg。

经计算，三种直径油盆的热释放速率分别为 24.4kW、43.1kW、64.6kW。

3.3.2 池火作用下细水雾雾场的特征参数

图 3.28 为无火工况及不同直径酒精池火时，油盆上方 30cm×30cm 区域内 2.5MPa 细水雾的速度场分布图。从图中可以直观地看出，火羽流对细水雾雾场具有强烈的干扰作用。随着火源热释放率增大，火羽流对外辐射热及卷吸空气的能力越强，对细水雾的速度大小及方向影响也越大，细水雾主流运动方向越不清晰。

图 3.29～图 3.31 分别表示 2.5MPa、4MPa、6MPa 压力下不同火源上方 10cm 处细水雾雾滴竖直方向速度的变化，图中速度为负，代表其运动方向竖直向下。

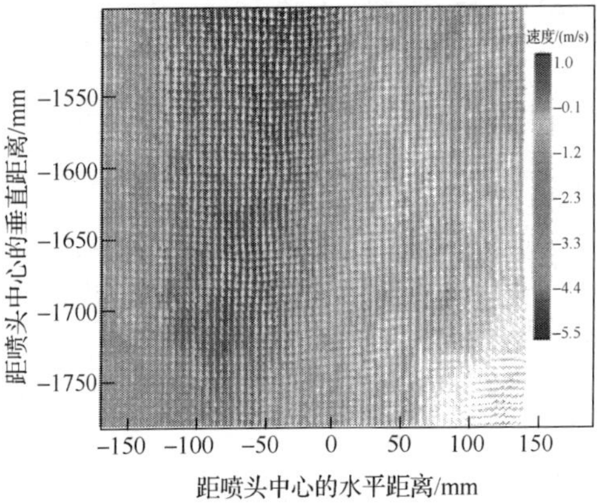

（a）无火

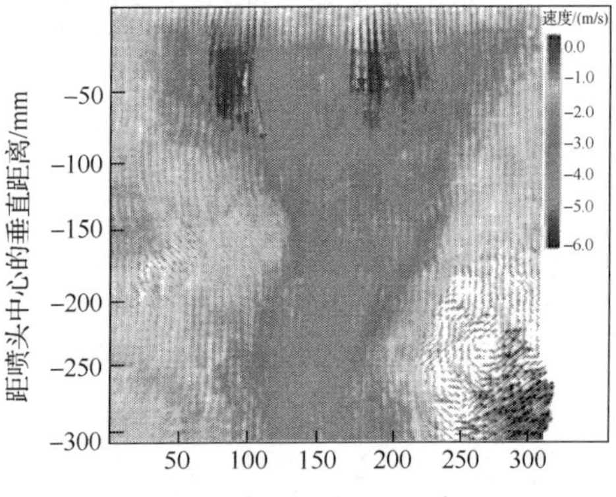

（b）30cm油盆

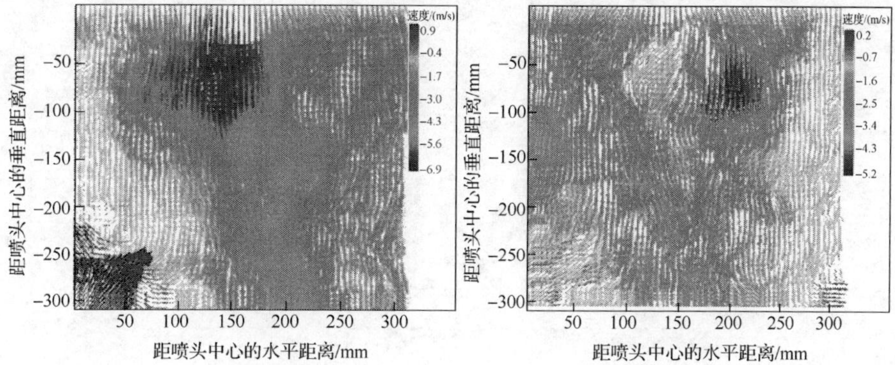

（c）40cm油盆　　（d）50cm油盆

图 3.28　不同火源上方细水雾速度场分布（2.5MPa）

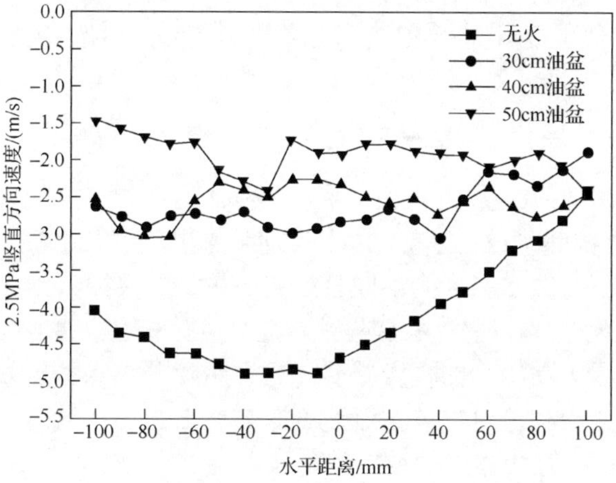

图 3.29　2.5MPa 下不同火源上方的竖直方向速度

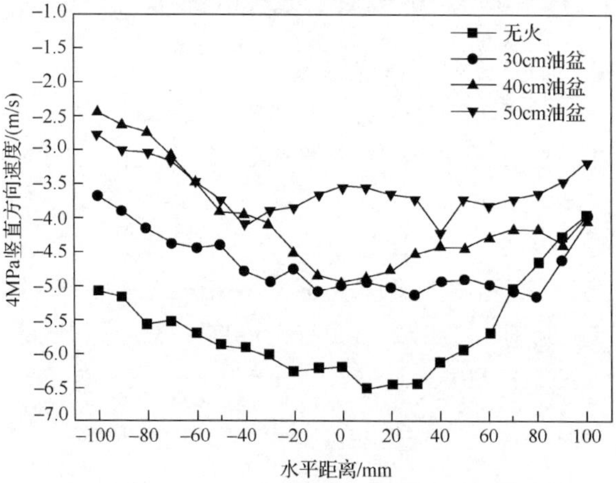

图 3.30　4MPa 下不同火源上方的竖直方向速度

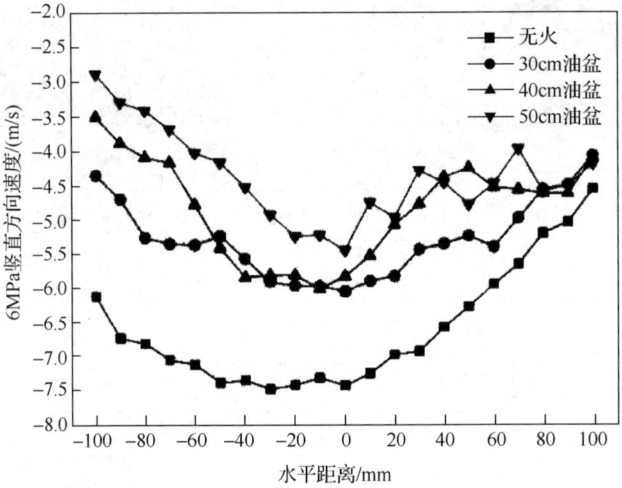

图 3.31　6MPa 下不同火源上方的竖直方向速度

从图 3.29～图 3.31 可以看出，火羽流对细水雾竖直方向速度大小有明显的抑制作用，且随着火源热释放速率的增大，其抑制作用越大。当细水雾压力为 2.5MPa 时，在池火作用下，细水雾雾滴沿竖直方向的主流速度随着池火火源直径的增大而减小；当细水雾压力升高到 6MPa 时，细水雾雾滴沿竖直方向的主流速度随着池火火源直径的增大而减小的幅度减弱。这说明随着细水雾压力的增大，细水雾向下的推力越大，火羽流对雾场主流速度影响逐渐减小，这是细水雾向下的推力与火羽流向上的浮力互相作用的结果。

3.3.3　细水雾作用下池火火场温度的分布规律

在理论模型中，轴对称的湍流火焰可分为三个区域：连续火焰区、间歇火焰区以及浮升羽流区。本节通过对火源上方 10cm、35cm、55cm 处火焰温度的监测表征连续火焰区、间歇火焰区和浮升羽流区火焰的温度随时间的演变，见图 3.32～图 3.34。

从图 3.32～图 3.34 中可以看出，三种直径油盆火源上 10cm 处连续火燃区的火焰温度最高，火焰最高温度的平均值分别为 610℃、720℃、810℃；三种直径油盆的间歇火焰区温度分别为 240℃、350℃、450℃；三种直径油盆的浮升羽流区温度分别为 120℃、170℃、230℃。

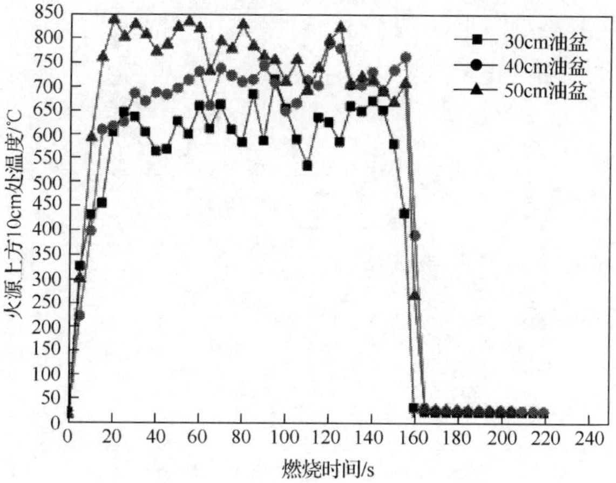

图 3.32　火焰上方 10cm 处温度

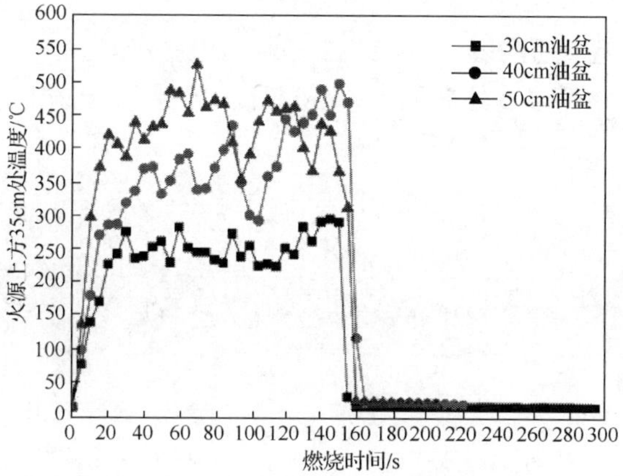

图 3.33　火源上方 35cm 处温度

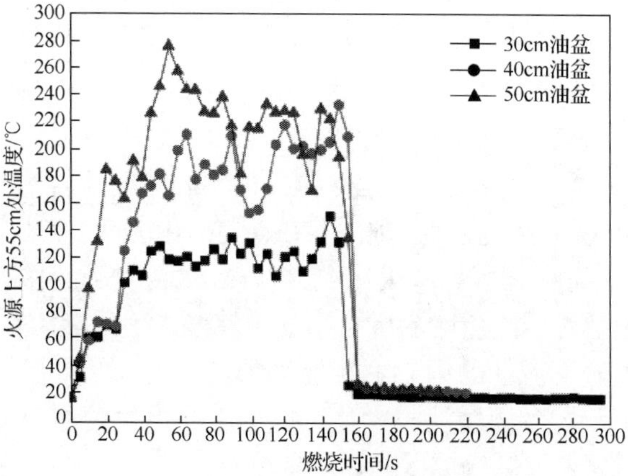

图 3.34　火源上方 55cm 处温度

采用 Heskestad 模型[146]进行理论分析。该模型对火羽流中心温度的预测公式见下式：

$$T_z = T_\infty + 9.1\left(\frac{T_\infty}{g{c_p}^2{\rho_0}^2}\right)^{\frac{1}{3}}\frac{Q_c^{\frac{2}{3}}}{\left(z-z_0\right)^{\frac{5}{3}}} \tag{3.38}$$

式中，T_z ——高度 z 处测量点的温度，K；

T_∞ ——环境温度；

g ——重力加速度；

c_p ——空气的定压比热容；

ρ_0 ——环境空气密度；

Q_c ——热释放速率；

z_0 ——虚火源点位置；

z ——距离燃烧面高度。

距离燃烧面任意高度 z 处火羽流中心温度与周围环境的温差ΔT为

$$\Delta T = 9.1\left(\frac{T_\infty}{gc_p^2\rho_0^2}\right)^{\frac{1}{3}}\frac{Q_c^{\frac{2}{3}}}{\left(z-z_0\right)^{\frac{5}{3}}} \tag{3.39}$$

从式（3.39）中可以看出，与ΔT相关的参数只有Q_c以及z_0，其中z_0的计算公式为

$$z_0 = 0.083Q_c^{2/5} - 1.02D \tag{3.40}$$

经过计算得到三种直径油盆酒精池火的虚火源点z_0相差极小，可以认为不同功率火源条件下$\left(z-z_0\right)^{5/3}$的值相等。因此与ΔT相关的只有Q_c，我们可以简化该模型并使用无量纲分析。即在该模型中，$\Delta T / Q_c^{2/3}$应为相同的常数。三种不同直径油盆燃烧时在不同区域（连续火焰区、间歇火焰区、浮升羽流区）测点$\Delta T / Q_c^{2/3}$无量纲比值如表 3.6～表 3.8 所示。

从表 3.6 中可以看出，在连续火焰区测点处不同直径油盆的无量纲比值差别较大，说明该模型对火焰焰心温度的预测存在误差。由表 3.7 和表 3.8 可以看出，在火源上方 35cm（间歇火焰区）和火源上方 55cm（浮升羽流区）的无量纲比值相差较小，说明该模型对该测点的温度预测效果较好。因此，Heskestad 模型对于预测间歇火焰区及浮升羽流区的中心羽流温度预测结果很好，但对连续火焰区温度的预测效果一般。在实际酒精池火中，可以运用该模型对烟羽流温度进行预测，从而采取措施控制火焰及烟气的蔓延。

表 3.6　连续火焰区 $\Delta T / Q_c^{2/3}$ 值

油盆直径/cm	ΔT	Q_c	$\Delta T / Q_c^{2/3}$
30	595	17.1	89.6
40	705	30.2	72.7
50	795	45.2	62.6

表 3.7　火源上方 35cm 处 $\Delta T / Q_c^{2/3}$ 值

油盆直径/cm	ΔT	Q_c	$\Delta T / Q_c^{2/3}$
30	225	17.1	33.9
40	335	30.2	34.5
50	435	45.2	34.2

表 3.8　火源上方 55cm 处 $\Delta T / Q_c^{2/3}$ 值

油盆直径/cm	ΔT	Q_c	$\Delta T / Q_c^{2/3}$
30	105	17.1	15.8
40	155	30.2	16.0
50	215	45.2	16.9

3.3.4　细水雾灭火的传热学与动力学机制

当大量雾滴同时喷洒时，前面关于单个雾滴理想状态下的运动方程的适用性较小。这是因为当细水雾喷洒时，率先喷洒的细水雾雾滴将与周围气流进行动量转化，随后喷洒的雾滴所受到的空气或者火灾烟气的阻力将远小于按照单个雾滴运动方程计算得到的阻力值。有些学者认为，大量细水雾雾滴的穿透能力与单个雾滴的穿透能力相比，要大一个数量级左右。

按照 Albert 对火焰上升力的定义[147]，火焰上升力 F_f（kN）为

$$F_f = m_p \cdot v_f \tag{3.41}$$

式中，m_p ——烟羽流的质量流速，kg/s;

v_f ——烟羽流上升的平均速度，m/s。

细水雾向下的推力 F_p（kN）为

$$F_p = q \cdot v_p \tag{3.42}$$

式中，q ——与酒精池火相互作用的细水雾流量，kg/s;

v_p ——与油池火相互作用的雾滴的平均速度，m/s。

q 以及 v_p 在实验中直接测得，因此细水雾向下的推力比可直接求得。m_p 需要通过羽流模型预测，前面已经提到，开放空间内的羽流模型应采用 Heskestad 模型[146]。该模型下，

$$m_p = \left(0.0056Q_c\right)\frac{z}{L} \tag{3.43}$$

式中，m_p——烟羽流的质量流速，kg/s；

Q_c——火灾热释放速率，kW；

z——距离燃烧表面高度，m；

L——平均火焰高度，m。

由于我们观察的作用面为细水雾雾滴与火焰的前锋面，因此可以近似认为 z 与 L 相等，上式变为

$$m_p = 0.0056Q_c \tag{3.44}$$

烟羽流上升的平均速度 v_f 将通过羽流的体积流速来预测：

$$V_{\text{olf}} = \frac{m_p}{\rho_0} + \frac{Q_c}{\rho_0 T_0 c_p} \tag{3.45}$$

式中，V_{olf}——烟羽流的体积流速，m^3/s；

$$v_f = \frac{V}{A_{\text{pm}}} \tag{3.46}$$

式中，A_{pm}——细水雾与酒精池火作用面积，本节取为油盆面积。

表 3.9 为不同直径油盆在不同细水雾压力下的灭火时间。

表 3.9　各工况下细水雾灭火时间

细水雾压力/MPa	油盆直径/cm	灭火时间/s
2.5	30	5
	40	30
	50	48
4	30	1
	40	24
	50	14
6	30	1
	40	12
	50	10

从表 3.9 中可以看出，4MPa 和 6MPa 细水雾可以在 1s 内熄灭直径 30cm 池火，说明细水雾刚开启酒精池火即被扑灭，此工况下，细水雾还未及到达燃料表面即熄灭，此为典型的火焰冷却灭火机理。在油盆直径为 30cm、细水雾压力为 2.5MPa 工况下，灭火时间为 5s，这是由于细水雾压力较小，因此细水雾向下的推动力较小，同时由于其雾锥角较大，有效雾通量能够完全覆盖油盆燃烧表面，当细水雾施加之后，火焰完全处于细水雾控制之下，因此该工况下的池火在细水雾窒息隔氧及燃料表面冷却共同作用下持续一段较短时间后被扑灭。

定义细水雾向下推动力与火焰上升力之比为推力比 α，根据前面所得的实验数值以及模型预测数值得到火焰上升力见表 3.10。

表 3.10　不同直径油盆池火火焰上升力

油盆直径/cm	火焰上升力/N
30	0.172
40	0.3
50	0.425

从实验过程观察可见，在油盆半径为 50cm、细水雾压力为 2.5MPa 工况下，燃料从点燃到熄灭共耗时 198s，而在不施加细水雾直接燃烧工况下，500ml 酒精燃烧时间为 200～210s 左右。因此，该工况可以认为灭火失败。

经过测量，当细水雾与酒精火作用时，火焰沿油盆边壁存在，火焰高度很低，我们根据 PIV 设备测得距离喷头 180cm 处（距油盆上方 5cm 左右）的速度分别为 4.6m/s、6.2m/s、7.1m/s。因此，可以求得细水雾向下的推动力如表 3.11 所示。

表 3.11　各工况下细水雾向下的推动力

细水雾压力/MPa	油盆直径/cm	推动力/N
2.5	30	0.083
	40	0.107
	50	0.114
4	30	0.166
	40	0.184
	50	0.193
6	30	0.249
	40	0.266
	50	0.273

各工况下细水雾灭火的推力比及主导灭火机理见表 3.12。

表 3.12 各工况下细水雾灭火的推力比

细水雾压力/MPa	油盆直径/cm	推力比	灭火时间/s	主导灭火机理
2.5	30	0.48	5	表面冷却
	40	0.36	30	表面冷却
	50	0.27	48	灭火失败
4	30	0.96	1	火焰冷却
	40	0.61	24	表面冷却
	50	0.45	14	表面冷却
6	30	1.45	1	火焰冷却
	40	0.86	12	表面冷却
	50	0.64	10	表面冷却

综上，在本节所属的实验条件下，当推力比 $\alpha \leqslant 0.27$ 时，酒精池火很难被扑灭；当 $0.27 < \alpha \leqslant 0.86$ 时，细水雾熄灭酒精池火的主导机理为燃料表面冷却；当 $\alpha > 0.86$ 时，细水雾未及到达燃料表面酒精池火即被扑灭，其主导机理为火焰冷却。由于推力比分析属于半定量分析，因此在实际灭火系统设计及制定扑灭火灾策略过程中，推力比只能作为其中一项参考依据，还需要综合考虑环境温湿度、通风影响、火源大小及燃料种类、细水雾压力及喷头属性和安装高度等因素，具体分析不同工程条件下细水雾灭火所需的临界推力比及主导灭火机理。

3.4 自然通风条件下细水雾控制火灾轰燃的有效性及机理分析

White 等通过全尺寸实验表明，列车上一旦发生火灾，更容易引起轰燃，并进一步造成火势的迅速扩大和蔓延[148,149]，近年来，针对火灾轰燃的抑制措施引起了国内外研究人员的重视。美国联邦航空管理局和英国民航局、美国海军开展了利用细水雾抑制飞行器客舱、船舶舱室火灾的研究，发现细水雾能有效降低壁面及烟气层温度，抑制轰燃的发生[150,151]。Novozhilov 建立了水喷淋和细水雾抑制轰燃的区域模型和热爆炸理论[152]。游宇航[153]的研究表明，水喷淋的作用可以有效降低小室内烟气温度，抑制轰燃的发生，但是也会产生大量的烟气和水蒸气的混合气。中国科学技术大学的陈吕义建立了边长分别为 0.3m 和 1.2m 的轰燃实验台，分析了 2～9MPa 不同压力细水雾对双开口小室火灾轰燃现象的抑制作用[128] ，但是细水雾施加初期的强化燃烧现象有可能造成轰燃现象严重[129]。

然而，目前大部分学者的研究主要集中在长宽比相当的小型腔室火灾轰燃和抑制机理及技术方面，尤其是大都集中在没有消防设施或者只有单一消防设施作用的情况。对于复杂通风条件下，细水雾能否有效抑制大型地铁车站及隧道火灾轰燃的发生，目前尚缺乏有效的实验数据和理论模型支持，也没有明确的依据可以遵循。研究细水雾耦合通风系统抑制地铁火灾轰燃的机理和有效性具有显著的应用价值。

考虑到实际火灾现场中喷头和火源的距离，以及往往无法实现在火灾初起阶段即时启动喷淋系统的实际情况，本节建立了受限空间火灾实验模型，将 175kW 酒精池火源放置在距喷头 1100mm 位置，点火 8min 后施加细水雾，分析火灾旺盛阶段细水雾抑制受限空间火灾轰燃的有效性和最佳条件[154]，为细水雾在工程上的应用提供技术支持。

3.4.1　实验设计

在图 3.35 所示的实验模型中部放置直径 500mm 的铸铁油盆作为主油盆 M，内部添加 3.5L 纯度 98%的工业酒精作为主燃料。副油盆 S 为直径 200mm 的铸铁盘，内置 140mm×140mm×3mm 合成橡胶作为待引燃燃料，副油盆和主油盆中心距离为 400mm。在受限空间两端各设一个尺寸为 1.5m×0.2m 的通风口，实验模型见图 3.35。

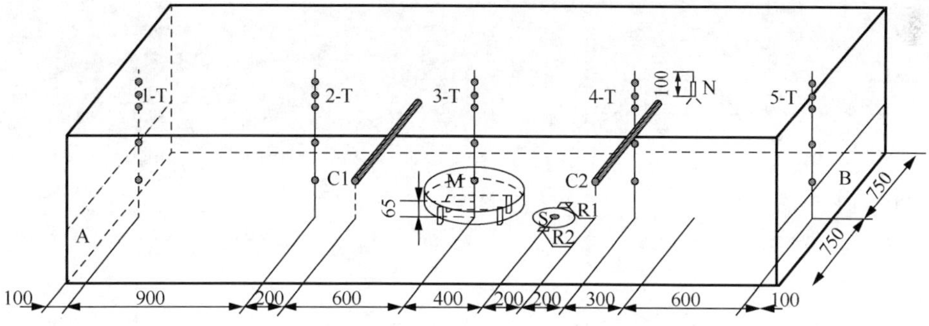

C1、C2—烟气分析仪探头；R1、R2—辐射热流计

图 3.35　实验平台测点布置三维图（单位：mm）

实验采用河南海力特机电制造有限公司 GXTA 型号流量系数为 K=0.5 和 K=1 的开式喷头。喷头 N 布置在受限空间模型的顶部，距主油盆中心距离 1100mm，距副油盆中心 700mm。在不同开口条件下，分别进行了压力为 2MPa、3MPa、4MPa、5MPa、6MPa、7MPa、8MPa、10MPa 及不施加细水雾的 24 种工况的实验，实验工况见表 3.13。

表 3.13　实验工况及记录表

工况	开口情况	压力/MPa	流量系数	室内温度/℃	室内湿度/%	室外温度/℃	室外湿度/%	开口风速/(m/s)
1	A	—	—	19.5	37.0	17.3	30.1	0.02
2	A	2	0.5	13.9	40.1	11.2	28.9	0.03
3	A	3	0.5	15.0	49.1	12.1	30.2	0.01
4	A	4	0.5	15.4	58.7	11.2	27.1	0.02
5	A	5	0.5	15.0	55.0	14.0	43.2	0.03
6	A	6	0.5	12.4	49.0	11.2	27.1	0.01
7	A	7	0.5	15.5	64.2	9.1	25.3	0.01
8	A	8	0.5	16.5	46.3	11.5	28.3	0.08
9	A	10	0.5	18.8	38.8	11.3	29.2	0.04
10	A	2	1	18.5	40.1	16.7	33.1	0.01
11	A	3	1	17.7	57.0	13.6	40.8	0.02
12	A	4	1	15.9	42.5	12.6	36.9	0.01
13	A	5	1	15.2	47.3	13.9	39.5	0.02
14	A	6	1	15.3	47.4	13.4	38.8	0.01
15	A	7	1	15.0	46.7	13.5	39.0	0.03
16	A	8	1	14.3	59.5	12.1	37.9	0.01
17	A	10	1	15.1	44.5	8.9	39.0	0.04
18	A、B	—	—	15.2	47.3	13.9	39.5	0.02
19	A、B	2	1	14.9	46.3	16.7	40.8	0.02
20	A、B	3	1	15.2	38.8	13.6	36.9	0.02
21	A、B	4	1	15.5	40.1	12.6	39.5	0.02
22	A、B	5	1	15.0	57.0	13.9	38.8	0.01
23	A、B	6	1	14.4	42.5	13.4	39.0	0.02
24	A、B	7	1	15.9	47.3	13.5	37.9	0.02

工况 1～17 的实验测点布置见图 3.36。通过对不同压力和不同流量细水雾作用下，雾场特性、火灾温度场、辐射热通量以及烟气成分的监测，分析自然通风环境中，细水雾与火焰烟气和火源表面相互作用的热不稳定性，分析细水雾抑制火灾轰燃的内在机理及临界条件，分析自然通风环境中细水雾抑制熄灭火焰和抑制轰燃的喷雾压力区间，为细水雾灭火技术用于抑制受限空间轰燃提供理论依据和数据支持，从而更为有效地保障受限空间的火灾安全。

实验中，点燃主火源之后(480±2)s 开始施加细水雾。单次实验结束后，进行通风冷却，待受限实验空间内环境温度下降到室温以后，再进行下一组实验，以保证每次实验环境的一致性。每次实验前均对室内外的环境空气温度和湿度，以及自然通风风速进行测试和记录，尽量减少周围环境对本实验的影响。本实验以副油盆中的橡胶是否被引燃作为是否轰燃的判据。

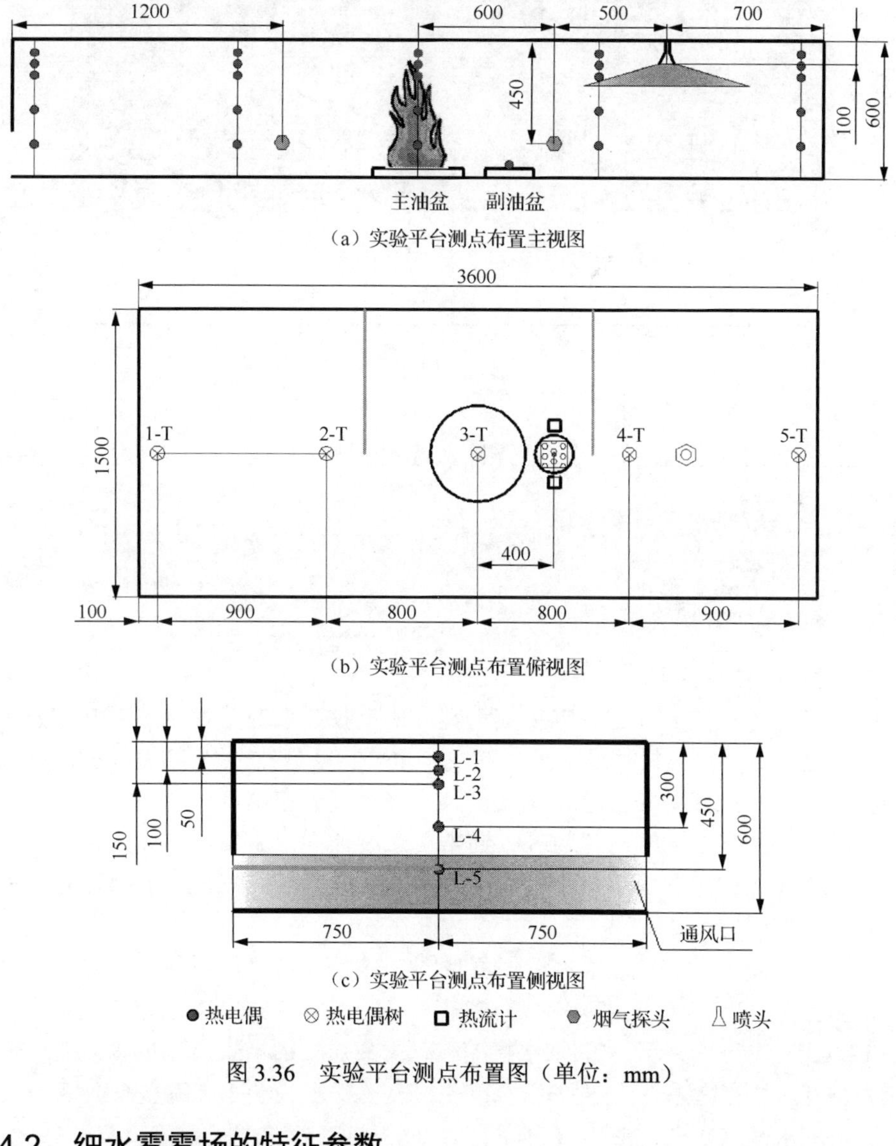

图 3.36　实验平台测点布置图（单位：mm）

3.4.2　细水雾雾场的特征参数

在地下实验室按照模型实验中细水雾喷头和火源的距离和位置，搭建 PIV 测试实验台（图 3.37），进行了流量系数 K=0.5 和 K=1，2MPa、3MPa、4MPa、5MPa、6MPa、7MPa 压力下细水雾速度场的测试实验，利用 PIV 系统测量图 3.38 所示测试区域内细水雾的雾锥角、粒径和速度等雾场特征参数，对比距离喷头中心水平距离 1m、垂直距离 0.5m 区域，池火作用下细水雾雾滴粒径和速度的变化。

图 3.37 PIV 实验测试现场图

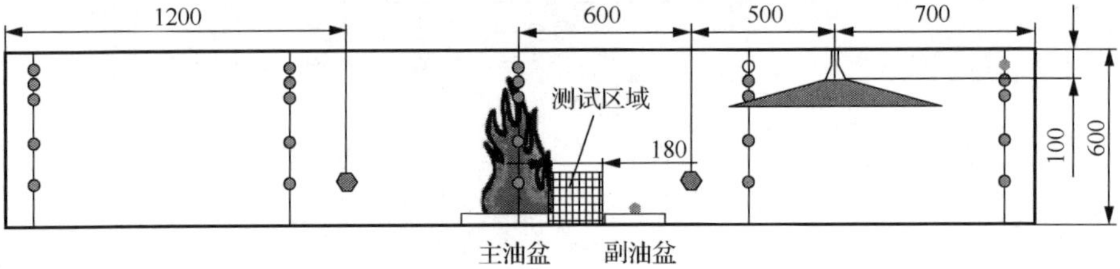

图 3.38 PIV 实验测试区域主视图（单位：mm）

1. 不加火细水雾的雾场特性参数

1）雾滴的粒径分布

细水雾雾滴粒径的分布决定了细水雾汽化吸收热量的能力，并影响火焰流场的结构，是决定其灭火机理及有效性的一个重要特征参数[155]。细水雾雾化形成的雾滴直径的大小虽然不同且分布比较复杂，但是其分布也有一定规律性。为简化分析，从总体上来描述细水雾粒径，通常引入统计学中累积体积分数来代替细水雾粒径。累积体积分数表示小于某一个直径的所有雾滴的体积占全部雾滴体积的百分比，如 $D_{V0.5}$、$D_{V0.9}$[156]。

采用 TSI 公司的 PIV 装置来近似测量图 3.38 所示测试区域的细水雾粒径。当喷头流量系数 K=0.5 以及 K=1 时，粒径 D_{32} 随压力变化规律如图 3.39 所示。由图 3.39 可知，同一喷头产生的细水雾的粒径随着压力的增大而减小。当细水雾施加压力相同时，流量系数 K=1 的喷头产生细水雾的粒径要小于流量系数 K=0.5 的喷头产生细水雾的粒径。由图 3.39 可知，此测试区域的细水雾粒径 D_{32} 主要处于 250～350μm。随着细水雾施加压力 P 和喷头的流量系数 K 的增大，水流撞击的喷头的动量越大，雾化程度越高，雾化的粒径越小。

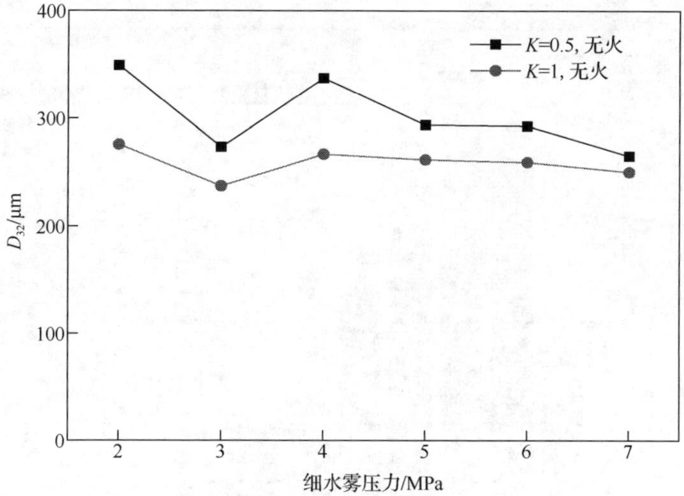

图 3.39　不同压力和流量系数下粒径 D_{32} 的变化

以 2MPa，K=0.5、K=1 为例分析细水雾粒径的分布，如图 3.40 和图 3.41 所示。

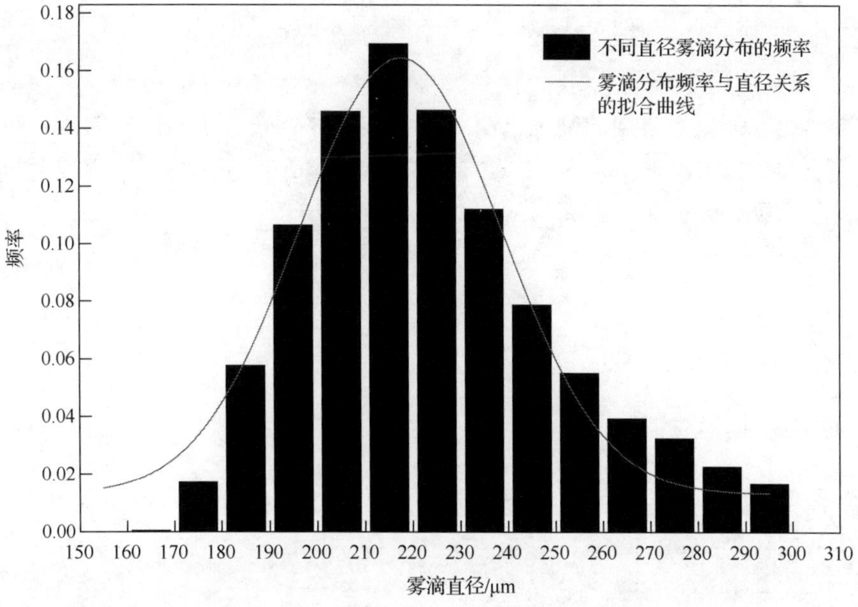

图 3.40　细水雾的粒径分布（2MPa，K=0.5）

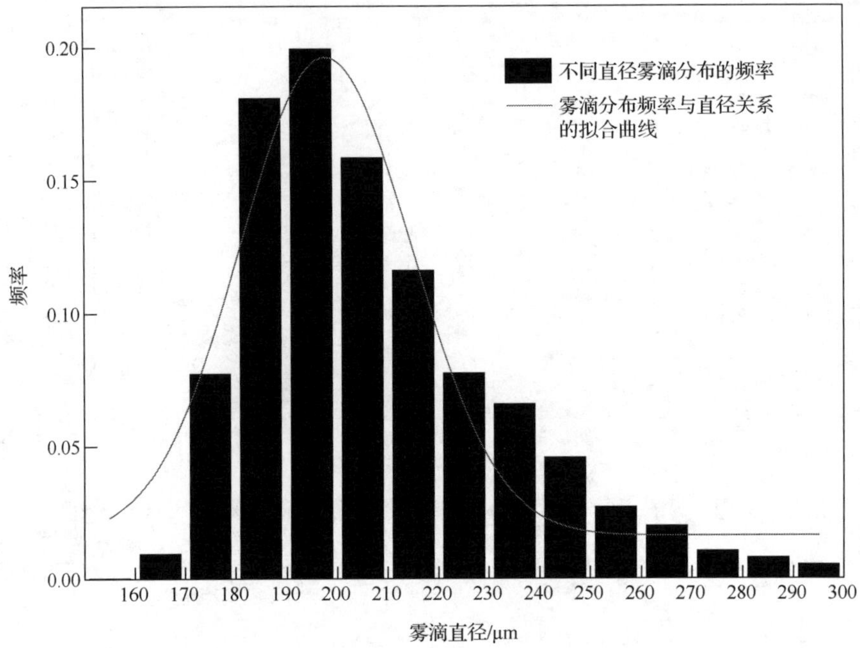

图 3.41　细水雾的粒径分布（2MPa，K=1）

2）雾滴的速度

雾滴速度矢量正方向的确定见图 3.42，以水平向右为水平速度的正方向，以竖直向下为竖直速度的正方向。流量系数 K=0.5、K=1 的喷头在不同压力下的水平速度 U、竖直速度 V 及平均速度如图 3.43 和图 3.44 所示。

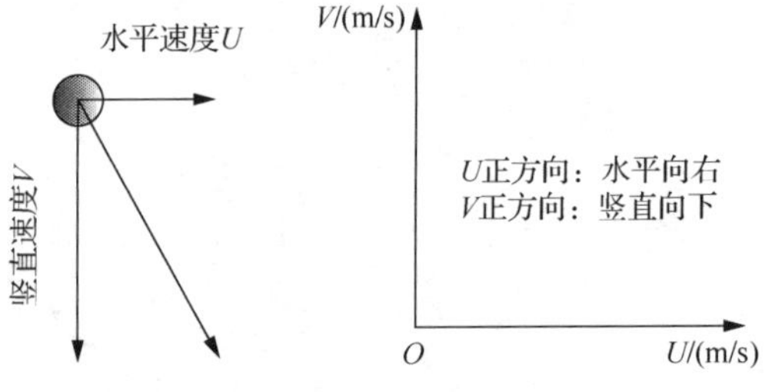

图 3.42　正方向的确定

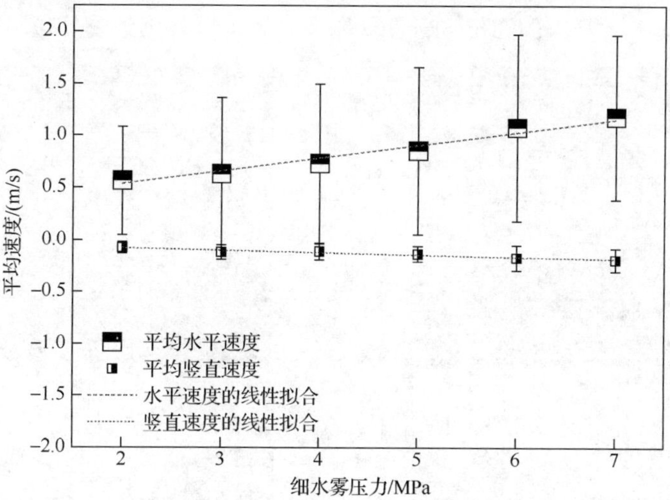

图 3.43　*K*=0.5 不同压力下的平均速度

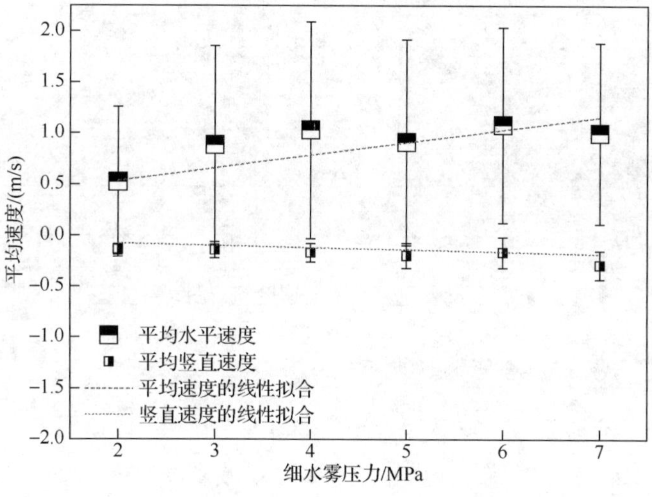

图 3.44　*K*=1 不同压力下的平均速度

可以看出，在距离喷头轴心水平距离 1m、垂直距离 0.5m 区域内，细水雾雾滴速度急剧下降。水平速度 *U* 处在 0.52～1.18m/s；竖直速度 *V* 处在−0.07～−0.29m/s；平均速度处在 0.29～1.43m/s。对于同样流量系数的喷头而言，水平速度 *U*、竖直速度 *V* 及平均速度均随压力的增大而增大；随着流量的加大，细水雾对周围空气的扰动和卷吸作用加强，速度随压力变化的规律不显著。由图 3.43 和图 3.44 中的误差棒可以知道，水平速度的误差比较大，造成这种现象的原因是在底部水流撞击壁面，导致速度向水平方向滑移，使水平速度变大。撞击区和非撞击区速度分布不均匀，致使水平速度平均值的误差值变大。流量系数 *K*=0.5、*K*=1，2MPa 这两种工况的水平和竖直的速度场云图（图 3.45）可以有力地支持以上现象的分析。

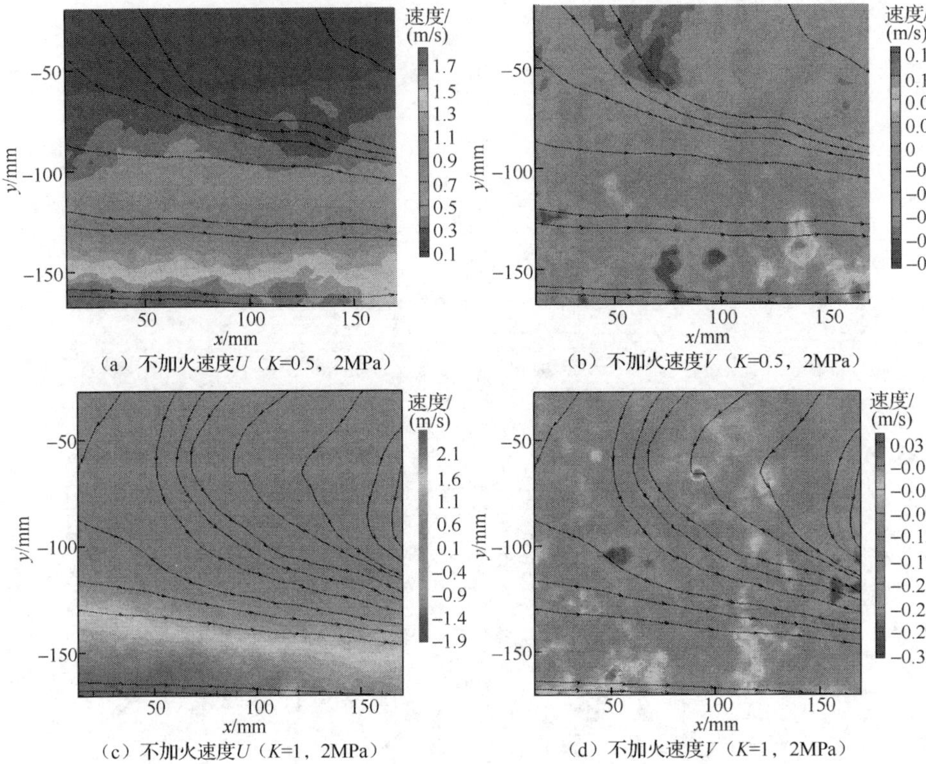

（a）不加火速度U（K=0.5，2MPa）　（b）不加火速度V（K=0.5，2MPa）

（c）不加火速度U（K=1，2MPa）　（d）不加火速度V（K=1，2MPa）

图 3.45　不同流量系数下的速度场云图（不加火）

2. 细水雾与火焰耦合后的速度场

本节进行了流量系数 K=0.5 和 K=1，2MPa、3MPa、4MPa、5MPa、6MPa、7MPa 压力下细水雾与火焰相互耦合的实验。以 K=0.5，2MPa 细水雾加火的工况为例对细水雾与火焰耦合卷吸速度进行分析，见图 3.46。可以看出，施加细水雾后，在火羽流的热浮力作用以及雾滴对火的动力学作用下，雾滴的运动轨迹发生变化，流场变得更加紊乱。

图 3.46（a）是通过 CCD 相机拍摄 20 对照片中的一张照片。对每种工况的 20 对照片求平均，可得图 3.46（b）速度云图及图 3.46（c）速度矢量图。拍摄区域[图 3.46（a）]包含了火焰与雾滴直接接触并相互作用的区域，以及火焰与雾滴没有接触区域。本节主要针对火焰与雾滴直接接触相互作用的区域，如图 3.46（b）所示的闭合曲线内部的区域的流场进行分析。由图 3.46（c）可以看见明显的火焰卷吸现象。

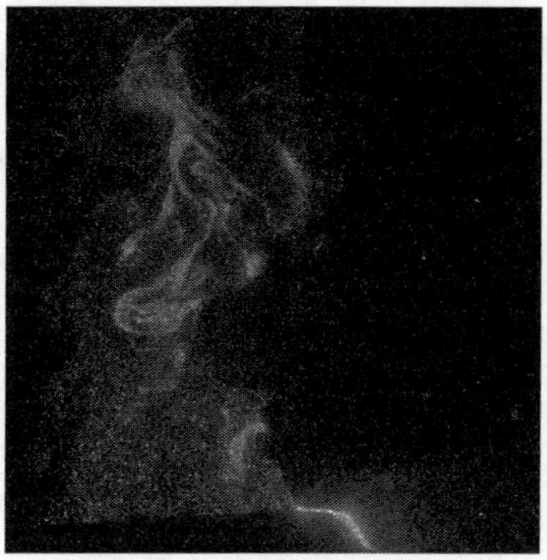

（a）CCD照片图

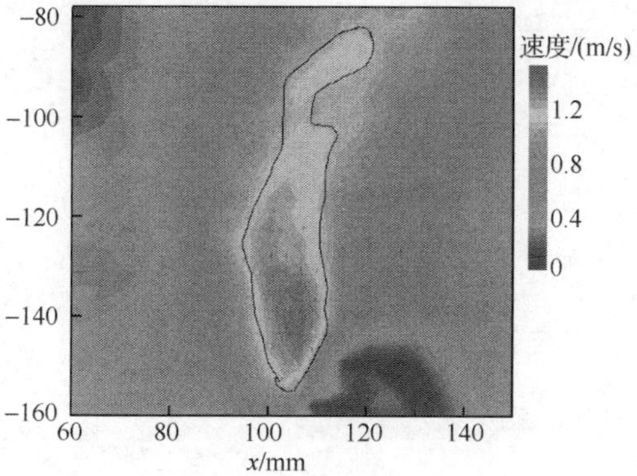

（b）加火速度云图

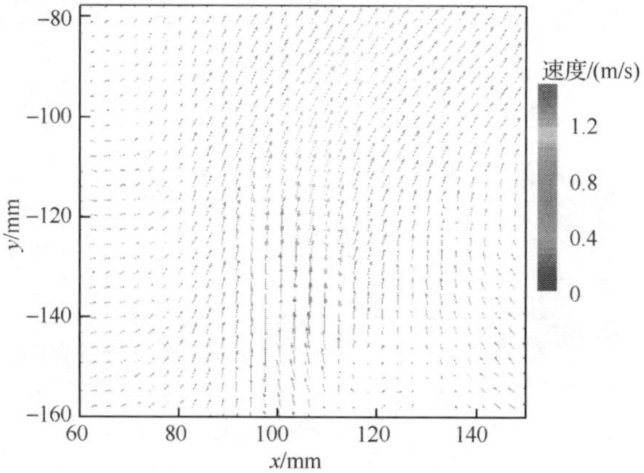

（c）加火速度矢量图

图 3.46　加火的速度场（K=0.5，2MPa）

在卷吸区均匀取 10000 个点，求出这 10000 个点的平均速度，用这个平均速度代表卷吸速度。加火与不加火的水平速度及竖直速度的变化规律，如图 3.47 和图 3.48 所示。加火后，火焰燃烧产生的火羽流将细水雾雾滴卷吸到火焰中，导致雾滴水平运动的速度减少，竖直速度的增大。由图 3.47 可知，当流量系数 K=1 时，当压力大于等于 5MPa，雾滴和火焰卷吸很剧烈，导致水平速度方向发生改变，由水平向左变为水平向右。由图 3.48 可知，无论对于流量系数 K=0.5 还是 K=1 的喷头，细水雾压力为 $2\text{MPa} \leqslant P \leqslant 7\text{MPa}$，竖直速度的方向均发生改变，由竖直向下变为竖直向上。由速度大小和方向的变化，可以有力地反映火焰对雾滴的卷吸作用。并且，随着压力和流量系数的增加，细水雾的雾动量越来越大，穿透火焰的能力越强，与火焰相互作用卷吸越激烈，卷吸速度越大。

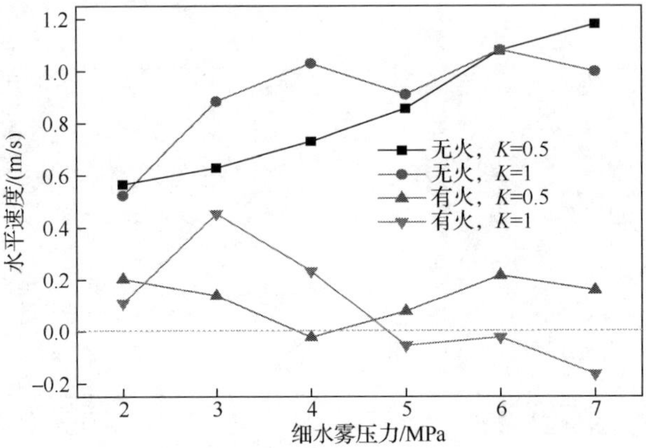

图 3.47　不同流量系数和压力下的水平速度

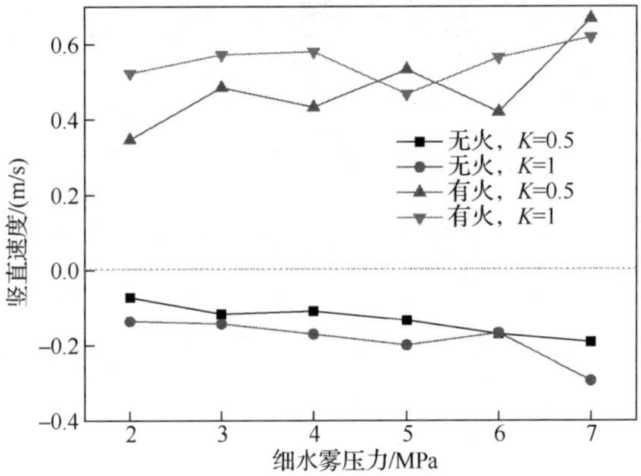

图 3.48　不同流量系数和压力下的竖直速度

3.4.3　细水雾控制单开口受限空间火灾轰燃的有效性

本节利用图 3.35～图 3.36 所示的实验模型，进行细水雾抑制单开口受限空间火灾轰燃的实验。不施加细水雾条件下酒精主燃料的质量损失速率见图 3.49。综合考虑前人的实验经验以及实验中测到的火焰根部附近的氧气体积分数，燃烧效率取其平均值 0.765，得到不施加细水雾条件下火源的热释放速率随时间的变化规律，见图 3.50。

由图 3.49 及图 3.50 可以看出，本实验条件下火灾发展的四个阶段呈现如下特征：

（1）初起阶段（0～60s）：火源的热释放速率增长迅速，但是热释放速率始终小于 60kW；

（2）增长阶段（60～680s）：热释放速率逐渐从 60kW 左右升到 119kW；

（3）旺盛阶段（680～830s）：在 t=680s 发生了轰燃，之后热释放速率迅速上升到最高 182kW，上升幅度达 52.9%；

（4）衰减阶段（830～968s）：在燃料总量一定的条件下，经历旺盛阶段以后，油盆中的燃料量迅速减小，无法充满整个油盘表面，燃料质量损失速率逐渐降低，直至燃料完全燃尽，火焰熄灭。

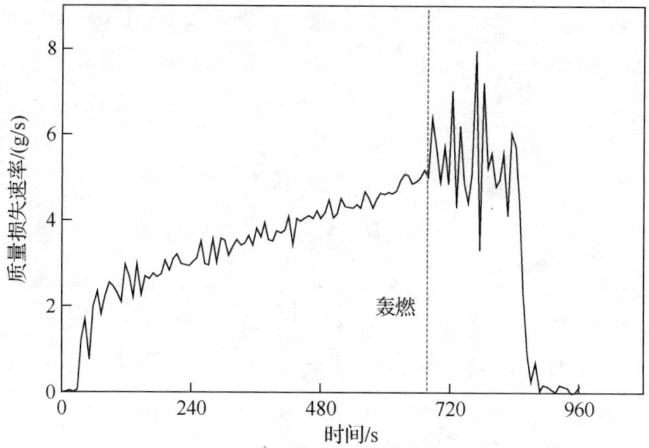

图 3.49　不加雾的质量损失速率

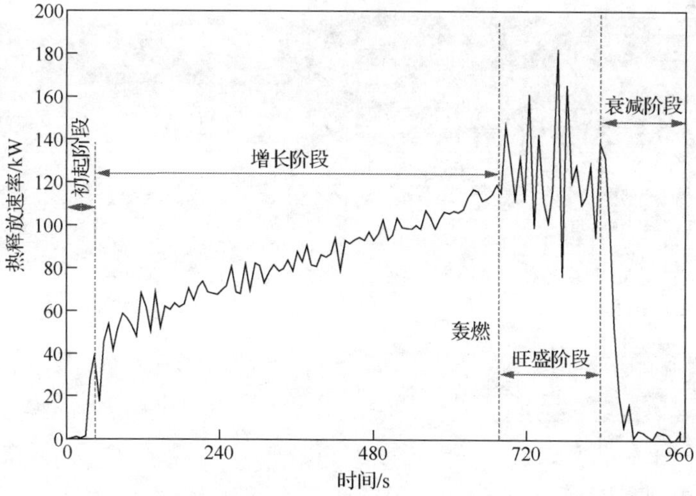

图 3.50　不加雾的热释放速率

1. 细水雾有效抑制轰燃的压力分区

改变细水雾压力和喷头的流量系数进行实验，分析细水雾抑制单开口受限空间火灾轰燃的有效性，实验工况见表 3.14。

表 3.14　细水雾抑制单开口受限空间实验工况

压力/MPa	酒精燃烧时间/s		轰燃（是/否）		轰燃时刻/s		轰燃持续时间/s	
	K=0.5	K=1	K=0.5	K=1	K=0.5	K=1	K=0.5	K=1
0	968	968	是	是	680	680	83	83
2	518	708	是	是	504	500	69	169
3	559	758	是	是	488	485	59	44
4	858	804	是	是	492	503	29	1
5	966	808	是	否	491	—	1	—
6	1054	886	否	否	—	—	—	—
7	1069	590	没有轰燃，但是下层有大量的烟雾混合气，对人员疏散非常不利					
8	1090	605						
10	1160	703						

从实验过程的火焰状态发现，当细水雾的施加压力小于等于 3MPa，无论是对于 K=0.5 的喷头，还是 K=1 的喷头，细水雾作用下受限空间火灾的发展均呈现三个阶段：强化燃烧、加剧轰燃、减弱阶段。因此，施加压力低于 3MPa 的细水雾（2MPa，K=1 细水雾作用下火灾的发展过程见图 3.51），非但不能抑制轰燃，反而造成轰燃更加严重。在相同的压力条件下，雾流量越大，强化轰燃的现象越明显。

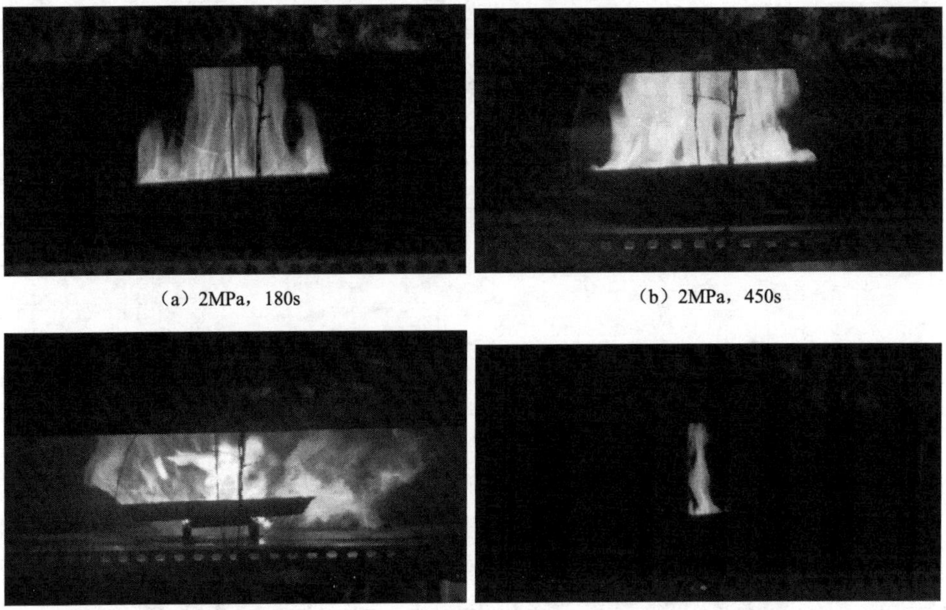

（a）2MPa，180s　（b）2MPa，450s

（c）2MPa，500s　（d）2MPa，690s

图 3.51　细水雾作用下火灾的发展过程（2MPa，K=1）

当施加 4MPa 的细水雾时，如果 K=0.5，施加细水雾 12s 后，可以观察到橡胶被引燃，而且橡胶可以持续燃烧 29s 左右；换成流量系数 K=1 的喷头，主火源附近的橡胶仅发生了闪燃，没有形成持续燃烧。

当压力升高到 5MPa，流量的增加可以改变细水雾对轰燃的抑制效果。对于 K=0.5 的喷头，仍然可以观察到橡胶的闪燃现象，持续施加细水雾情况下，可以使橡胶熄灭；如果将细水雾喷头换成 K=1，在 5MPa 情况下，可以有效抑制轰燃的发生，直到火焰熄灭。因此，将 K=0.5、4MPa 及 5MPa，以及 K=1、4MPa 的工况称为过渡阶段。

当压力升高到 6MPa，对于不同流量的喷头来讲，均可以很好抑制轰燃，见图 3.52。

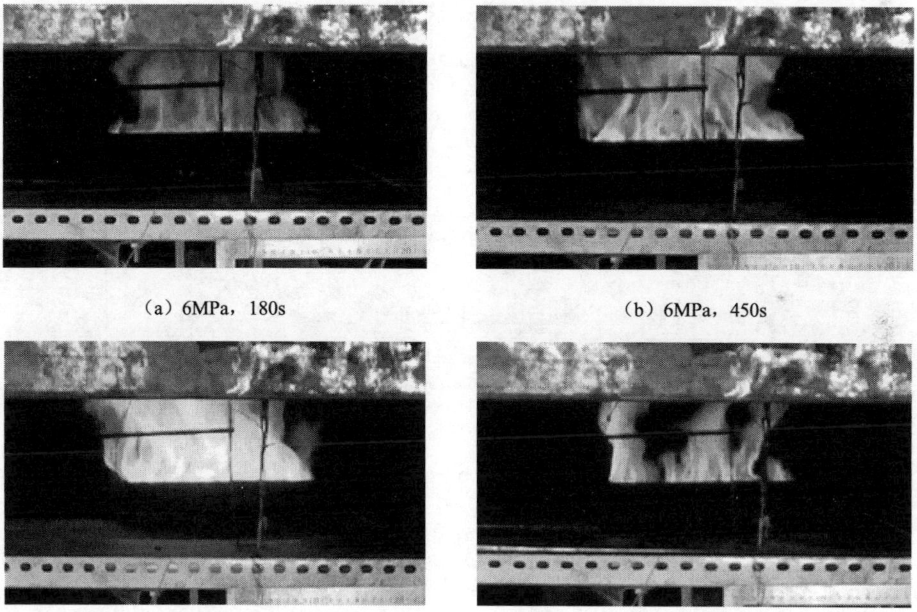

（a）6MPa，180s　（b）6MPa，450s

（c）6MPa，500s　（d）6MPa，690s

图 3.52　细水雾作用下火灾的发展过程（6MPa，K=1）

当压力继续增加到 7MPa 以上，虽然可以很好抑制轰燃，但高度为 600mm 的受限空间的底板以下，出现了厚度约 100mm 的烟气和水蒸气的混合气，对下层空间的安全和人员疏散不利，见图 3.53。

大量的实验现象及分析表明，从细水雾对于轰燃的抑制作用的有效性来看，可以将细水雾的施加压力分为四个区间（图 3.54）：加剧轰燃区、过渡区、抑制轰燃区、加剧烟雾蔓延区。

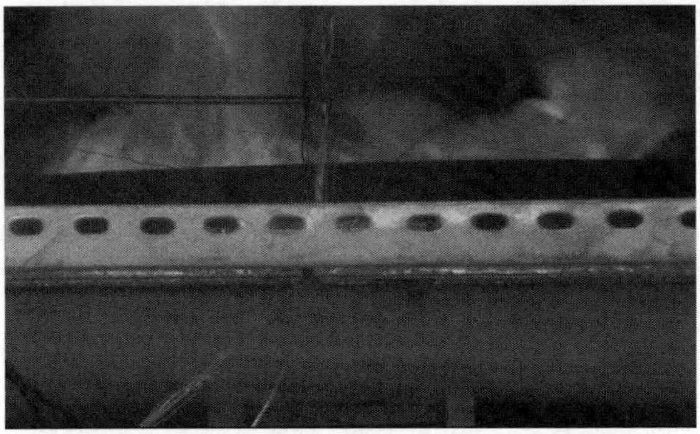

图 3.53　7MPa 细水雾造成烟气和水蒸气的混合气蔓延到了下层空间

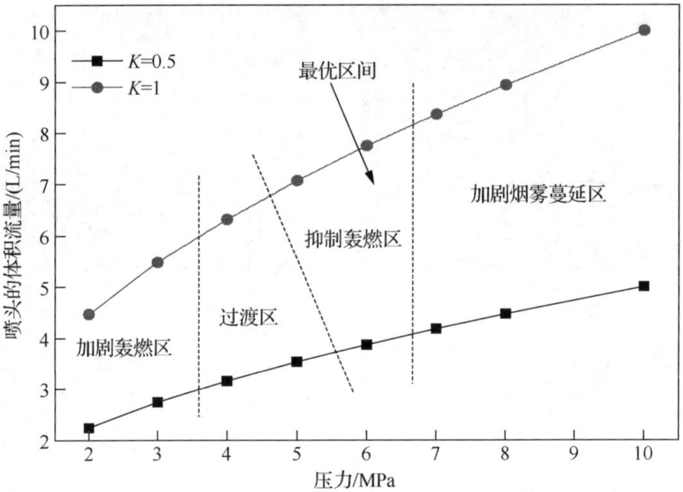

图 3.54　细水雾抑制轰燃有效性的压力分区

在本实验模型条件下，对于流量系数 K=0.5 的喷头，不同区域细水雾施加压力分别为：加剧轰燃区 2～3MPa，过渡区 4～5MPa，抑制轰燃区 6MPa，加剧烟雾蔓延区 7～10MPa。对于流量系数 K=1 的喷头，不同区域细水雾施加压力分别为：加剧轰燃区 2～3MPa，过渡区 3～4MPa，抑制轰燃区 5～6MPa，加剧烟雾蔓延区 7～10MPa。

由于细水雾抑制火灾作用机理的复杂性，不同火源种类以及不同细水雾喷头安装和工作条件下，细水雾抑制轰燃的四个区间的作用压力和流量系数呈现不同的规律性，需要根据具体情况进行性能化实验之后确定最优的系统运行参数。

2. 抑制轰燃的时间参数

对于不施加细水雾的工况，由表 3.14 可见，橡胶在 680s 时发生轰燃，而酒精在 968s 时熄灭。不同压力和流量细水雾作用下轰燃发生时间及酒精燃烧时间见图 3.55。

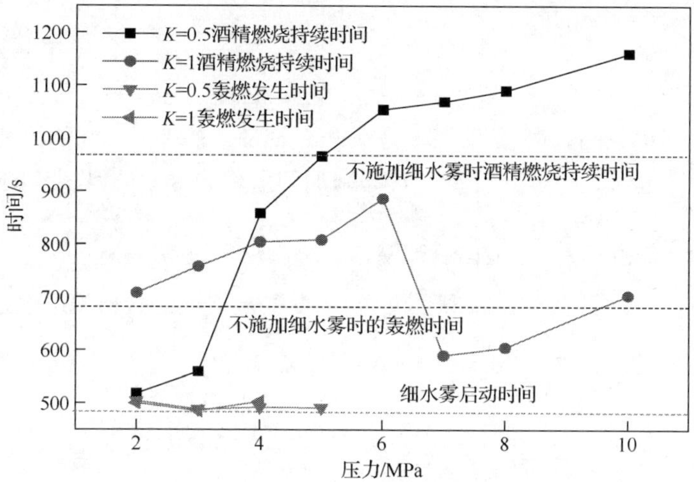

图 3.55　轰燃时间及酒精燃烧时间与压力的关系

如图 3.55 所示，对于流量系数 K=0.5，压力为 2MPa、3MPa、4MPa、5MPa 和流量系数 K=1，压力为 2MPa、3MPa、4MPa 这 7 种工况，均在 480s 施加细水雾后 20s 左右发生轰燃。相对不施加细水雾的工况，轰燃提前了 180s 左右。对于这 7 种工况，在细水雾的动力学作用下，热烟气的高度下降到接近受限空间底部，造成放置在实验模型底板的橡胶接收到的辐射热通量急剧升高，导致橡胶热解加速，使橡胶点燃，从而使轰燃提前将近 180s 左右。轰燃的发生进一步促进了酒精燃料的燃烧，因此，这 7 种工况中酒精的燃烧时间均比不施加细水雾时酒精燃烧的时候要短。而对于剩下的 9 种工况，由于压力的增大，雾动量增大。虽然施加细水雾的瞬间，可以把上部的热烟气打压到底部，但是由于雾滴的雾动量足够大，可以穿过火焰和热烟气层而到达燃料表面，在冷却燃料表面和冷却上部热烟气层效应的共同作用下，有效抑制了轰燃的发生，并进一步抑制了酒精的燃烧。因此，这 9 种工况中，随着压力的增大，酒精燃烧的时间呈现先增长后减少的趋势，并且酒精燃烧时间均比不加雾的时间要短。当压力增加到 7MPa，雾滴的雾动量变得很大了，可以直接把酒精火抑制，直至其熄灭，所以酒精燃烧的时间呈现骤减的趋势。继续增加细水雾压力至 8MPa 和 10MPa，虽然仍可以抑制轰燃的发生，但与 7MPa 相比，高压力和高动量的细水雾卷吸更多的新鲜空气，并有效稀释燃料，酒精燃烧时间不减反增。

综合考虑降温所需的时间 β_1 和降温的幅度 β_2 两个参数，定义抑制轰燃效果因子 β，即单位时间内的温度变化的速率，来分析细水雾抑制轰燃有效性，见式（3.47）～式（3.49）：

$$\beta_1 = \Delta t = t_2 - t_1 \tag{3.47}$$

$$\beta_2 = \Delta T = T_2 - T_1 \tag{3.48}$$

$$\beta = \beta_1 / \beta_2 \tag{3.49}$$

式中，β_1——达到平衡时刻t_2和施加细水雾的时刻t_1的差，表示降温时间参数，s；

β_2——达到平衡时刻的温度T_2和施加细水雾的时刻的温度T_1的差，表示降温幅度参数，℃。

$-\beta$越大，降低烟气层平均温度和抑制轰燃效果越好。

以 6MPa、K=0.5 为例，抑制轰燃效果因子β的计算过程，如图 3.56 所示。

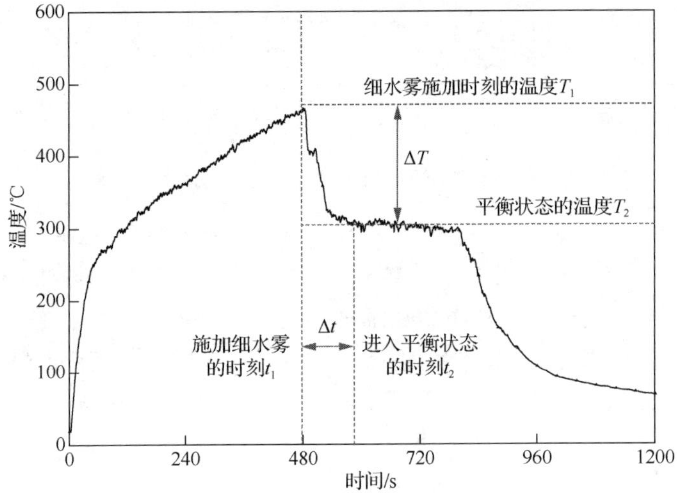

图 3.56　工况中β的计算过程（6MPa，K=0.5）

不同细水雾施加压力P和喷头流量系数K情况下，抑制轰燃效果因子β、β_1、β_2，见图 3.57 及图 3.58。

当施加流量系数K=0.5、K=1，压力为 2MPa、3MPa 细水雾工况的β_1和β_2，见图 3.57。β_2为正，表示施加细水雾后，烟气层平均温度不但没有下降，反而上升，即不但没有抑制轰燃反而强化燃烧。当压力大于等于 7MPa 时，由于下层空间的底板以下出现了厚度约 100mm 的烟气和水蒸气的混合气，对下层空间的安全和人员疏散不利，也不是我们希望发生的状态。故在本书中着重分析压力在 4MPa≤P≤6MPa 区间，流量系数为K=0.5 和K=1 的 6 种工况。由图 3.57 和图 3.58 可知，当压力处于 4MPa≤P≤6MPa 区间内，随着压力的增大，β_1减小，$-\beta_2$和$-\beta$增大，代表降温时间变短，降温幅度增大，降低烟气层平均温度和抑制轰燃效果越好。对比流量系数 K=0.5 和 K=1 的工况，由图 3.57 和图 3.58 可知，相同压力下，流量系数 K=1 的工况降低烟气层平均温度和抑制轰燃效果明显要优于流量系数 K=0.5 的工况。

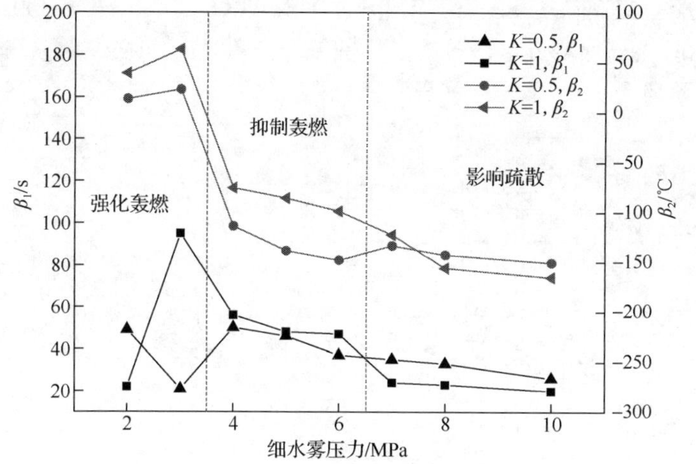

图 3.57　β_1、β_2 和细水雾压力的关系

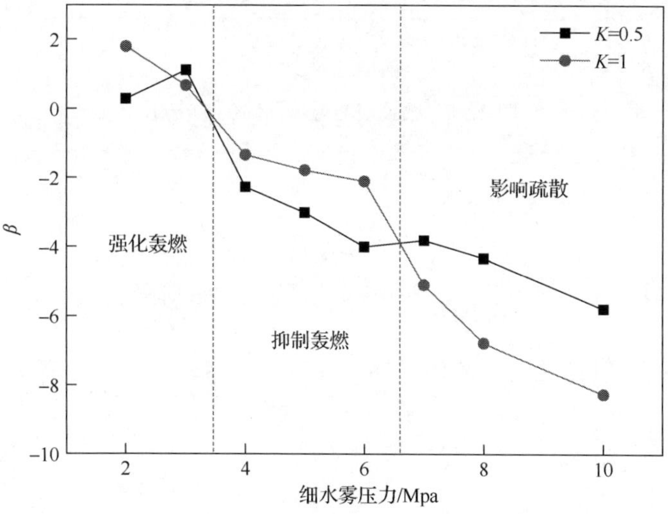

图 3.58　β 和细水雾压力的关系

3．橡胶热解分析

本节以流量系数为 K=1，压力为 2MPa、3MPa、4MPa、5MPa、6MPa、7MPa、8MPa、10MPa 以及不加雾（工况 1，工况 10～17）9 种工况为例，着重讨论施加细水雾之前（0～480s）橡胶的热物理特性，分析施加细水雾后橡胶表面温度随时

间变化的规律。图 3.59 是不同工况施加细水雾前的橡胶表面温度随时间变化的关系图，图 3.60 是对图 3.59 中的 9 种工况橡胶表面温度求平均后得到的橡胶表面平均温度随时间的关系图，图中的曲线上不同长度的竖直线段代表偏差。由图 3.60 可知，在施加细水雾前的 480s，平均温升速率为 43.66℃/min。在 t=300s 温度为(175±6.03)℃时出现一个转折点，转折点后的温升速率明显加快，所以可以把橡胶热解分为两个阶段。

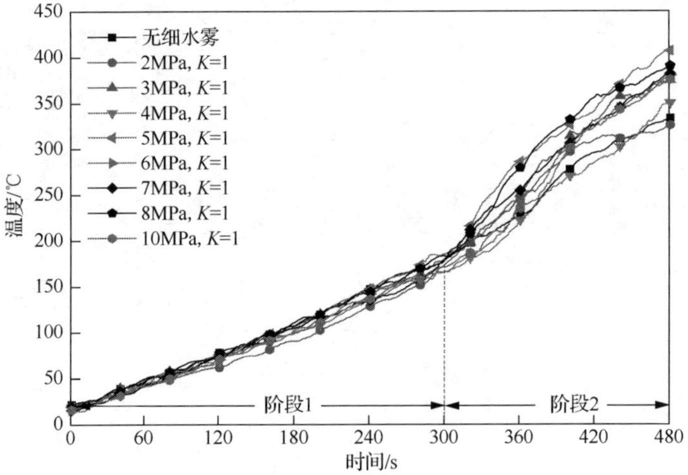

图 3.59　橡胶表面温度随时间的变化

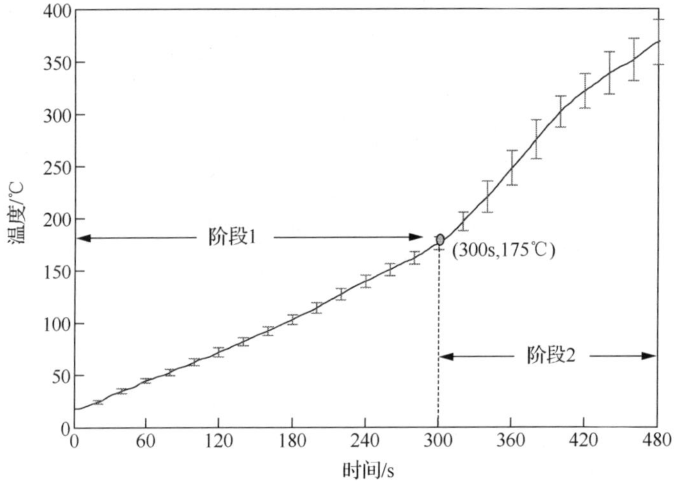

图 3.60　橡胶表面平均温度随时间的变化

阶段 1：缓慢升温阶段（0～300s），在这个阶段，橡胶表面温度随时间基本呈线性关系，通过拟合可得 T=11.20442+0.52916t($0s \leqslant t \leqslant 300s$ ， $R^2=0.99616$)，

其中，T 代表橡胶表面温度，℃；t 代表时间，s。温升速率为(31.7496±0.114)℃/min。

阶段 2：快速热解阶段（300～480s），通过拟合可得 $T=693.80581-6.49319t+0.02212t^2-2.08913\times10^{-5}t^3$（$300\text{s}\leqslant t\leqslant 480\text{s}$，$R^2=0.99899$）。在快速热解阶段橡胶表面的平均温升速率为 63.69℃/min。

借助热重分析，根据第一阶段的裂解分析中温升速率为(31.7±0.1)K/min，采用 30K/min 和 35K/min 的两种温升速率，进行热重实验，得到橡胶的质量分数随温度的变化规律（TG）曲线，如图 3.61 所示。当温升速率为 30K/min 时，发现在 165℃时橡胶开始失重；当温升速率为 35K/min 时，发现在 153℃时橡胶开始失重热解，利用插值法可以近似算出温升速率为 31.7/min。计算公式如下：

$$T_b=T_b+(\frac{\mathrm{d}T_b}{\mathrm{d}t}-\frac{\mathrm{d}T_c}{\mathrm{d}t})\cdot\frac{T_c-T_a}{\frac{\mathrm{d}T_c}{\mathrm{d}t}-\frac{\mathrm{d}T_a}{\mathrm{d}t}} \tag{3.50}$$

式中，T_a、T_b、T_c——三个不同温升速率 $\mathrm{d}T_a/\mathrm{d}t$、$\mathrm{d}T_b/\mathrm{d}t$、$\mathrm{d}T_c/\mathrm{d}t$ 下对应的开始失重的温度，℃。

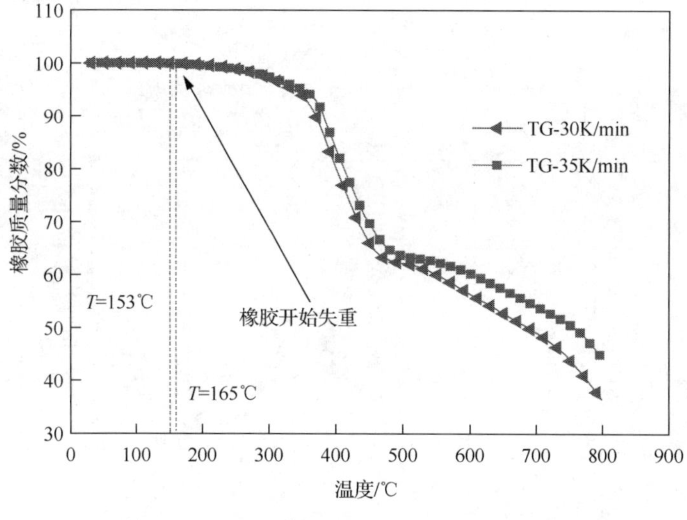

图 3.61　橡胶热重分析的 TG 曲线

利用插值法可以近似算出温升速率为 31.7K/min，开始失重的温度为 162.2℃，比实验实际中(175±6.03)℃高 12.8℃左右。因为做热重分析的橡胶的表面积远小于实验的表面积，还有热重分析仪中的空气中的氧气体积分数也略大于本受限空间内的氧气体积分数，所以热重实验中的橡胶失重温度要略小于实际实验中橡胶失重温度。

根据 BS ISO 11358-2 标准[157]对橡胶进行热重分析，得到温升速率为 30K/min 和 35K/min 的 TG 和 DTG（质量变化率-温度）曲线如图 3.62 和图 3.63 所示。其中，T_A 代表橡胶开始裂解失重的温度，系用失重前的基线与 TG 曲线的切线的交点得到的外推起始温度，具有良好的重复性。T_B 代表第一个阶段的终止温度，本节暂不分析 T_B 这个温度。T_C 代表最大失重速率 $(\mathrm{d}T/\mathrm{d}t)_{max}$ 对应的温度。30K/min、35K/min 及 31.7K/min 对应的 T_A、T_B、T_C、挥发率、含水率、成炭率、DTG 峰值如表 3.15。

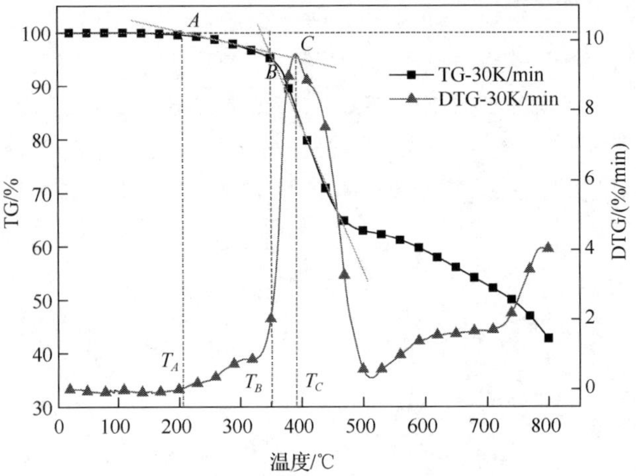

图 3.62　30K/min 时的 TG 和 DTG 曲线

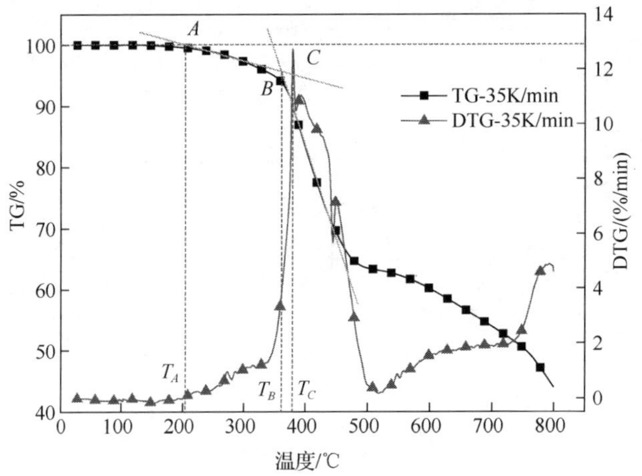

图 3.63　35K/min 时的 TG 和 DTG 曲线

表 3.15　橡胶在空气氛围下的 TG 和 DTG 分析结果

温升速率/(K/min)	T_A/℃	T_B/℃	T_C/℃	挥发率/%	含水率/%	成炭率/%	DTG 峰值/(%/min)
30	203	351	400	50.61	6.63	42.76	9.6
35	202	360	378	49.85	6.08	44.07	12.73
31.7	203	354	392	50.34	6.44	43.22	10.70

以喷头流量系数 K=1 为例来说明不同压力细水雾作用下橡胶热解后的最终状态，见图 3.64。由图 3.64 可以看出，随着压力的增大，雾动量增大，细水雾可以有效地降低热烟气中的温度，从而有效抑制轰燃的发生，橡胶热裂解越来越不充分。

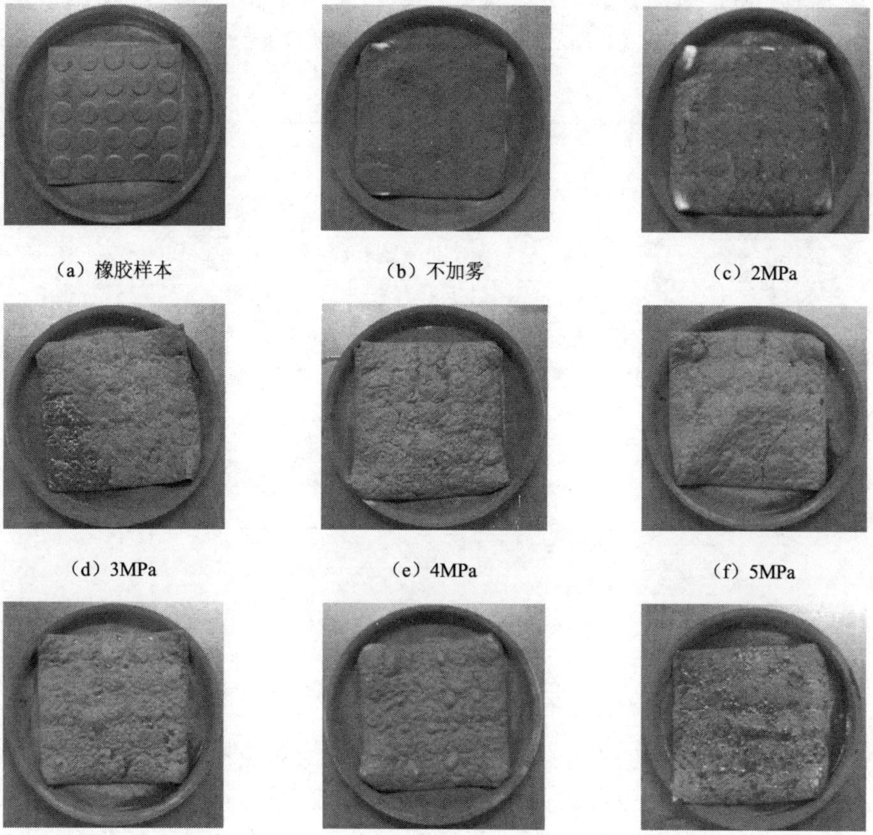

（a）橡胶样本　（b）不加雾　（c）2MPa

（d）3MPa　（e）4MPa　（f）5MPa

（g）6MPa　（h）7MPa　（i）10MPa

图 3.64　不同压力细水雾作用下火熄灭以后橡胶的情况

4. 细水雾强化燃烧现象的原因分析

实验发现，当细水雾压力升高到 2MPa 以上时，细水雾的雾滴汽化产生的水蒸气与橡胶热解出来的气态碳氢化合物，在橡胶表面附近发生了水煤气反应（反应方程式如下式），产生了微量的氢气（图 3.65），导致强化燃烧现象，也是施加 2MPa 细水雾强化轰燃现象的原因之一。

$$C + H_2O = CO + H_2$$

由图 3.65 可以看出，随着细水雾压力的增大，烟气成分中测得的氢气体积分数增加，说明水煤气反应随着压力的增大而呈现增强的趋势。其原因可以归结为：随着细水雾压力的增加，细水雾的雾动量和雾滴的穿透能力增强，从而使更多的雾滴克服火羽流带来的热浮力效应而到达受限空间下部空间，细水雾汽化产生水蒸气与橡胶热解产生的碳氢化合物发生了反应，产生更多的氢气。2MPa 轰燃发生了，燃烧掉一部分的氢气，导致 2MPa 工况的氢气体积分数明显低于其他工况的氢气体积分数。

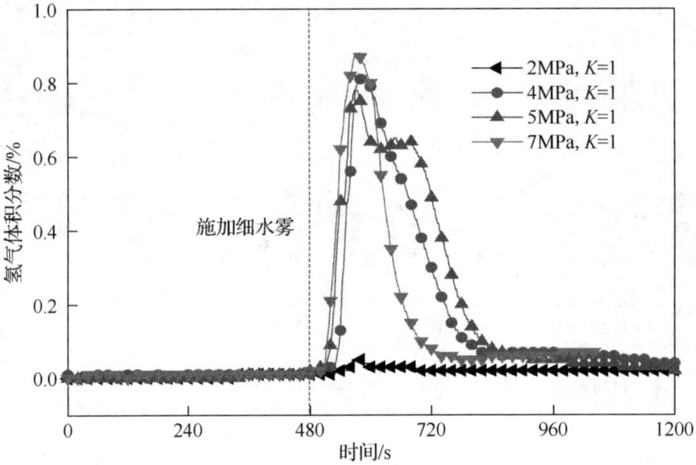

图 3.65　橡胶附近的氢气体积分数

3.4.4　细水雾控制单开口受限空间火灾轰燃的机理

本节着重讨论施加细水雾后，烟气层平均温度、受限空间上部热烟气层温度、受限空间下部冷空气层温度、火焰平均温度、橡胶表面温度、橡胶表面所接收到的辐射热通量以及橡胶附近氧气体积分数的变化，分析细水雾抑制轰燃的机理。

1. 细水雾对烟气层的冷却作用

大量实验研究表明施加细水雾后，可以有效地降低烟气层平均温度，抑制轰燃的发生。本小节以不施加细水雾的工况 1，强化轰燃 K=0.5、2MPa 的工况 2 和抑制轰燃 K=0.5、6MPa 的工况 6 三个典型的工况为例，进行对比，分析不同流量和压力细水雾对烟气层的冷却作用。

通过实验观察可得，热烟气层和冷空气层有个明显的分界面，如图 3.66 所示，大约在通风口上边沿下方 50mm 左右，此位置正是第五层热电偶的高度位置。根据实验观察及图 3.67～图 3.69 中三种典型工况实验的总结和 Graham 等[108]建立的双区域模型，可以把受限空间沿横向分为两个区域：上部热烟气层（L-1、L-2、L-3、L-4）和下部冷空气层（L-5）。

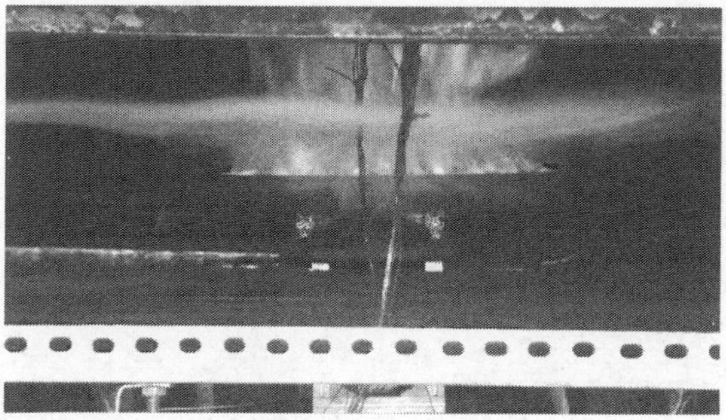

图 3.66　烟气分界面

不施加细水雾时各层烟气的平均温度如图 3.67 所示。可以看出，在发生轰燃时，因为与顶棚最近的 L-1 层通过顶棚大量地散失热量，L-2 层的温度最高，达 586℃；底板上的橡胶被引燃的瞬间，L-5 层的烟气温度骤升。

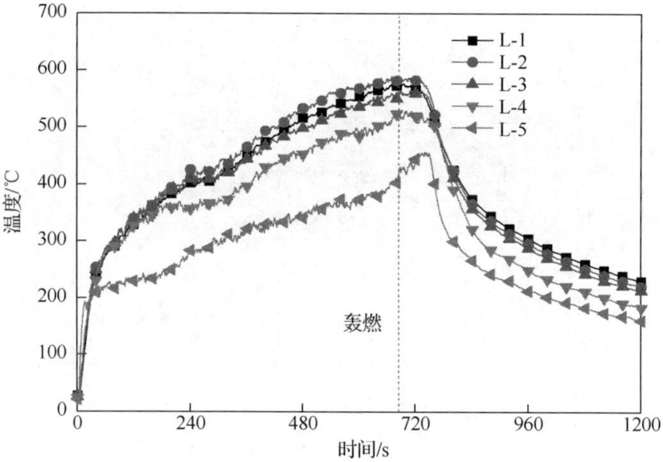

图 3.67　不施加细水雾时各层烟气的平均温度

按照状态平均法，对图 3.68 和图 3.69 中热烟气层（L-1、L-2、L-3、L-4）四层热电偶求平均，可以得到上部热烟气层的平均温度，见图 3.70。

如图 3.70 所示，对于强化轰燃 K=0.5、2MPa 的工况 2，细水雾施加造成的强化燃烧和橡胶轰燃作用与细水雾冷却热烟气层作用达到动态平衡，所以热烟气层平均温度在细水雾施加以后的 120s 内达成了一个短暂的动态平衡。随着细水雾的继续施加，细水雾抑制了橡胶的燃烧，热烟气层温度再次呈现下降的趋势。对于下部烟气层，由于施加 K=0.5、2MPa 的细水雾后，强化轰燃，温度迅速从 362℃

升高至479℃，升温幅度高达117℃，极易造成火焰在底部的蔓延，在此区域可能造成更大的伤害，因此在工程应用上，必须避免这种现象的发生。

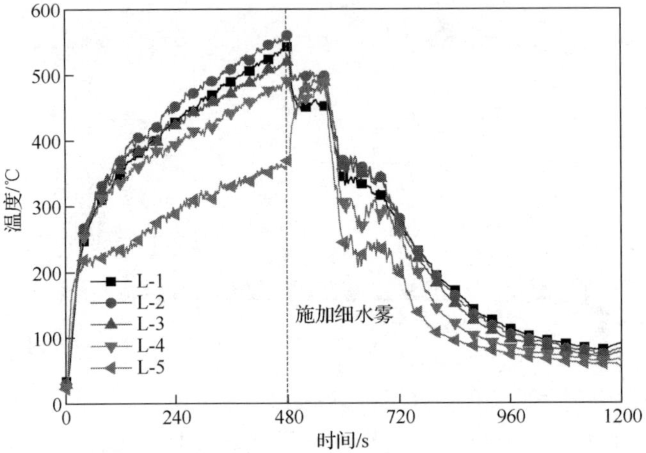

图 3.68　各层烟气的平均温度（K=0.5，2MPa）

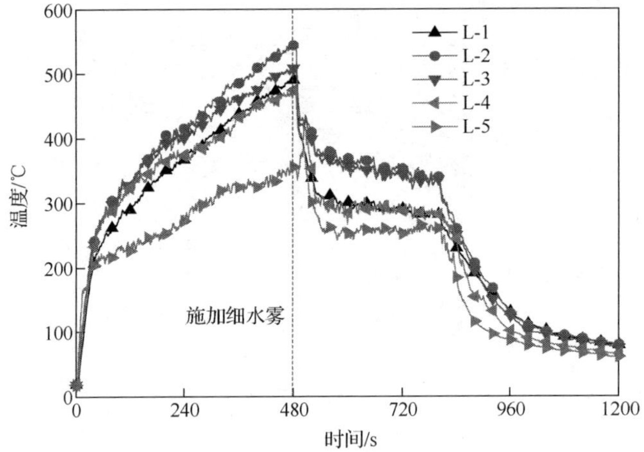

图 3.69　各层烟气的平均温度（K=0.5，6MPa）

对于工况6，由于施加K=0.5、6MPa细水雾后，虽然有效抑制住了轰燃的发生，但未能实现即时灭火，所以热烟气层平均温度首先呈现连续降低的趋势，然后进入平衡状态，直到进入火灾衰减阶段。对比2MPa和6MPa发现，6MPa对热烟气层降温效果明显优于2MPa。

由图3.70可以看出，细水雾对烟气层的降温作用主要表现在细水雾施加以后的480～730s；之后，上部热烟气层温度的降低主要是由于火焰的熄灭和细水雾的冷却及受限空间的散热共同作用造成的。

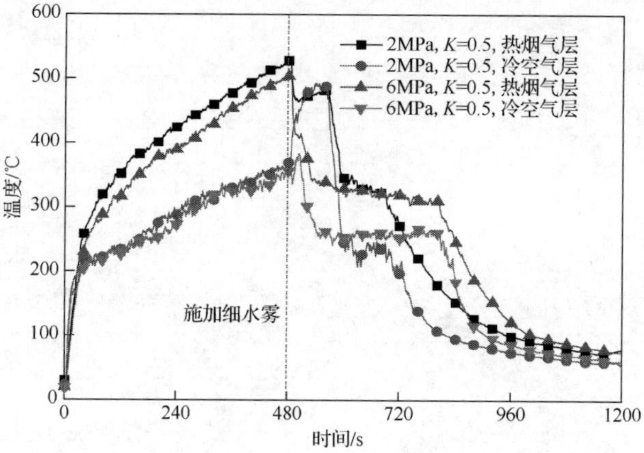

图 3.70　热烟气层和冷空气层的平均温度

文献[158]～[161]均把上部热烟气层平均温度作为轰燃的一个判据，因此研究细水雾抑制上部热烟气层平均温度显得尤为重要。对于流量系数 K=0.5，施加不同压力细水雾下上部热烟气层平均温度随时间的变化规律如图 3.71 所示。

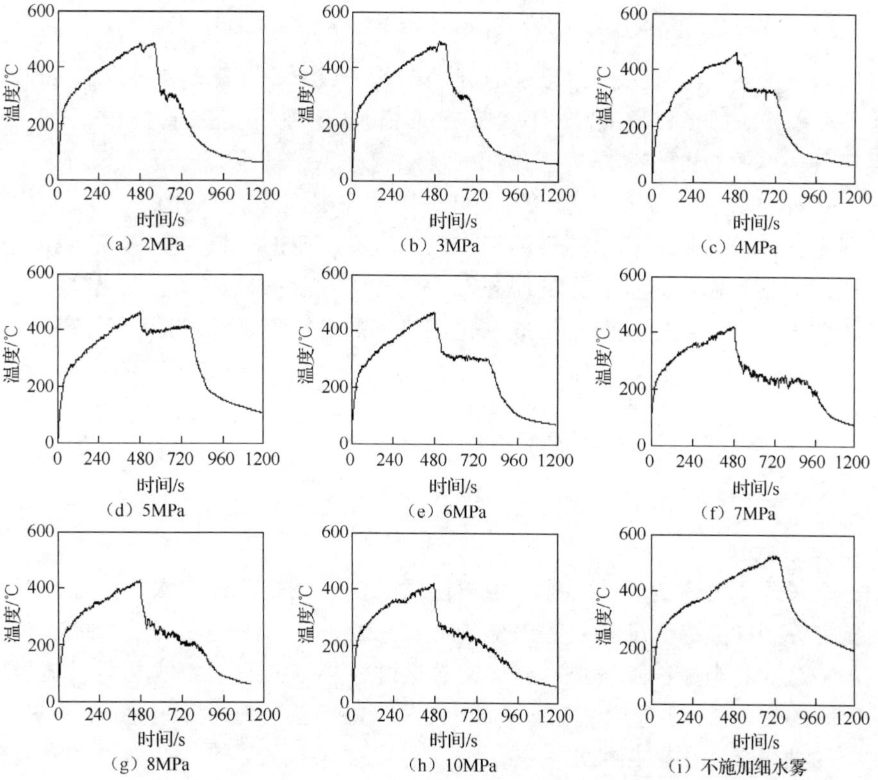

图 3.71　不同压力细水雾作用下上部热烟气层平均温度（K=0.5）

综合考虑不同压力细水雾作用下上部热烟气层平均温度随时间的变化规律和细水雾抑制轰燃有效性的压力分区，挑选流量系数 K=0.5，压力为 2MPa、5MPa、6MPa、7MPa 和不施加细水雾这 5 种典型的工况进行对比，见图 3.72。

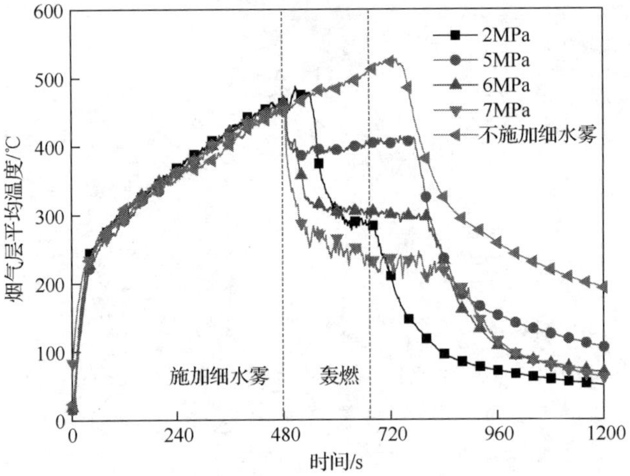

图 3.72　不同压力细水雾作用下上部热烟气层平均温度（K=0.5）

根据上部热烟气层平均温度随时间的趋势可以看出，随着细水雾施加压力的增大，细水雾对热烟气层的冷却作用显著增强。当压力小于等于 3MPa，细水雾施加以后，轰燃的提前发生导致了热烟气层温度会先出现小幅度反弹；当压力大于等于 7MPa 时，细水雾对热烟气层的持续冷却作用，有效抑制了轰燃的发生，直至实现灭火，但是烟气和水蒸气的混合气的大幅沉降对下层空间的安全和人员疏散不利，这是我们不希望看到的现象。因此，工程上必须通过性能化分析，选择合适的细水雾施加压力，防止造成强化燃烧和轰燃，以及烟气层的下降造成不利于人员疏散的情况。

2. 细水雾对火焰的冷却作用

对于流量系数 K=0.5 的喷头，不同压力下火焰平均温度随时间的变化规律如图 3.73 所示。

综合考虑不同压力下火焰平均温度随时间的变化规律和细水雾抑制轰燃有效性的压力分区，挑选流量系数 K=0.5，压力为 2MPa、5MPa、6MPa、7MPa 和不施加细水雾这 5 种典型的工况进行对比，着重讨论 t=480s 施加细水雾后火焰平均温度随时间的变化规律，分析细水雾冷却火焰平均温度，抑制轰燃的机理，见图 3.74。对比施加细水雾和不施加细水雾的工况，可以发现细水雾的施加均可以降低火焰平均温度，但是不同压力细水雾冷却火焰平均温度的趋势不同，当压力小于 7MPa

时，施加细水雾后，火焰温度均出现不同程度的反弹。当压力大于等于 7MPa，随着压力的增大，火焰温度不再反弹，细水雾冷却火焰的效果增强。

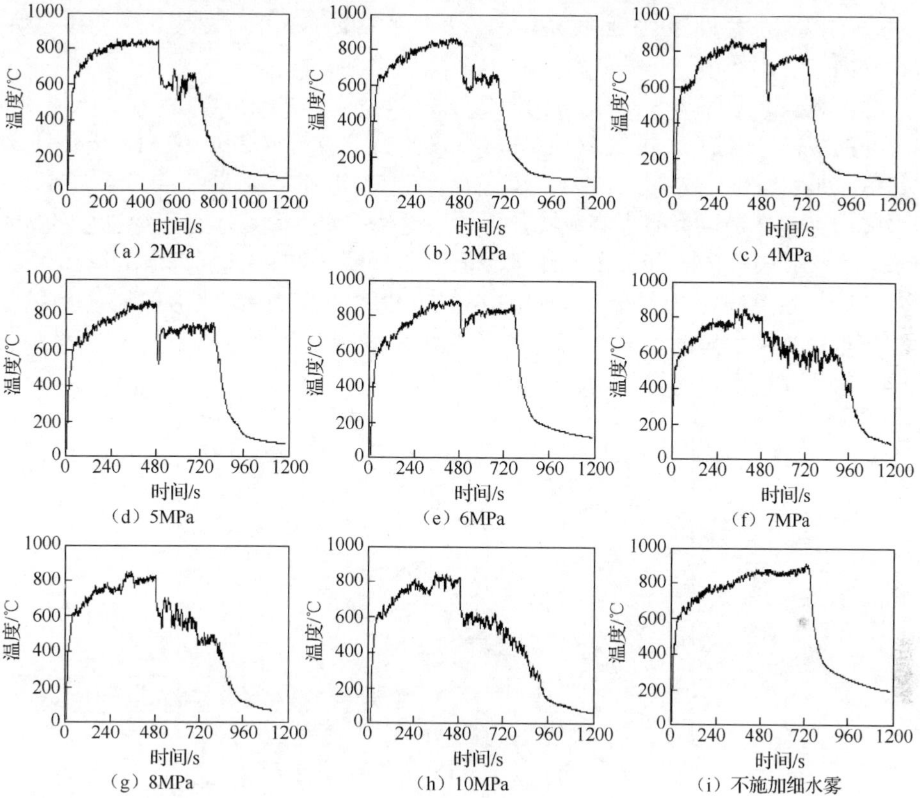

图 3.73　不同压力下火焰平均温度（K=0.5）

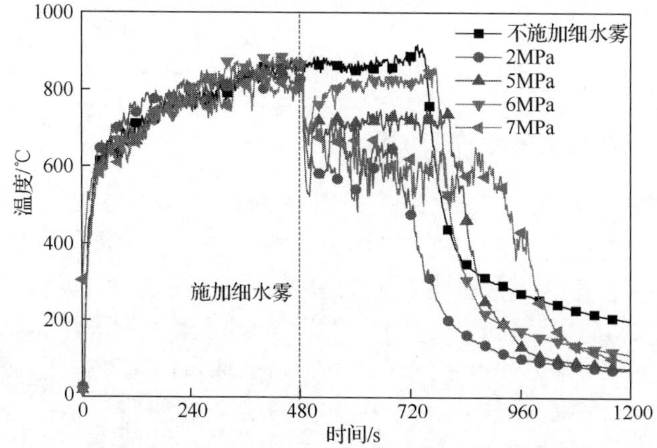

图 3.74　不同压力下火焰平均温度（K=0.5）

3. 细水雾对橡胶表面的冷却作用

根据细水雾抑制轰燃有效性的压力分区，挑选流量系数 K=0.5，压力为 2MPa、5MPa、6MPa、7MPa 和不施加细水雾这 5 种典型的工况进行对比，分析细水雾对橡胶表面的冷却作用，见图 3.75。

对于流量系数 K=0.5 的喷头，由图 3.75 中的局部放大图可以看出，在施加 2MPa 细水雾的瞬间，橡胶表面的温度首先大幅度上升，并持续 3min 之后才开始下降，这是橡胶被引燃的结果。当压力大于或者等于 5MPa 时，随着细水雾压力的升高，细水雾的雾动量足以克服火羽流的热浮力，更多的水雾到达了待引燃橡胶的表面，细水雾对橡胶表面的冷却效果也越来越显著。由图 3.75 中的局部放大图还可以看出，橡胶开始燃烧的温度大约在 420℃左右，与 3.4.3 节中细水雾抑制轰燃有效性橡胶热重分析中求出的 T_c=392℃相差约 20%，考虑到热重分析和实验环境条件的差异，这个误差是可以接受的。

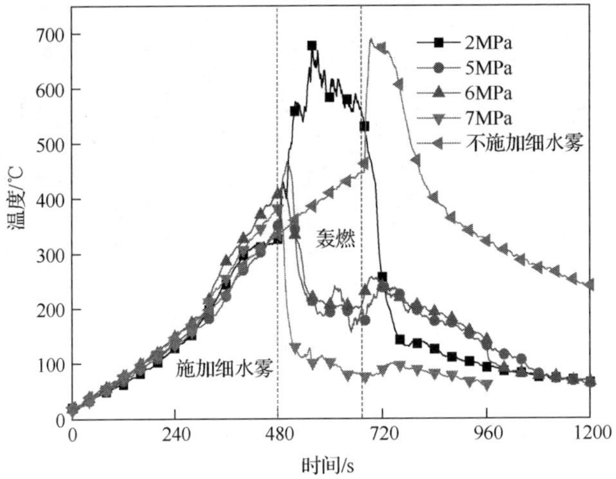

图 3.75　不同压力下橡胶表面温度（K=0.5）

4. 细水雾对辐射热通量的衰减作用

诸多学者通常把地面接收到的辐射热通量达到 20kW/m^2 作为轰燃的一个判据[158-161]，但是由于受限空间结构、热边界条件和通风环境的复杂性，可燃物种类的多样性，这个判据值得针对具体情况进行性能化分析。挑选流量系数 K=0.5，压力为 2MPa、5MPa、6MPa、7MPa 的细水雾工况和不施加细水雾工况，对比分析细水雾抑制轰燃过程中细水雾对辐射热通量的衰减作用，见图 3.76。由图 3.76 可以看出，施加 2MPa 和 5MPa 细水雾后，橡胶附近地面接收到的辐射热通量呈现先上升后下降的趋势，而施加 6MPa 和 7MPa 细水雾后，橡胶附近地面接收到的辐射热通量持续下降的趋势非常明显。以 6MPa 为例，施加 6MPa 细水雾后，在 485～495s 这段时间里，辐射热通量在 8.0～10kW/m^2 之间小幅振荡，之后迅速从 10.0kW/m^2 开始直线下降至 547s 的 4.0kW/m^2，辐射热通量降低速率达 0.115kW/(m^2·s)，降低幅度达 60.0%，说明施加 6MPa 细水雾后，可以有效地衰减橡胶附近地面接收到的辐射热通量，抑制轰燃的发生。

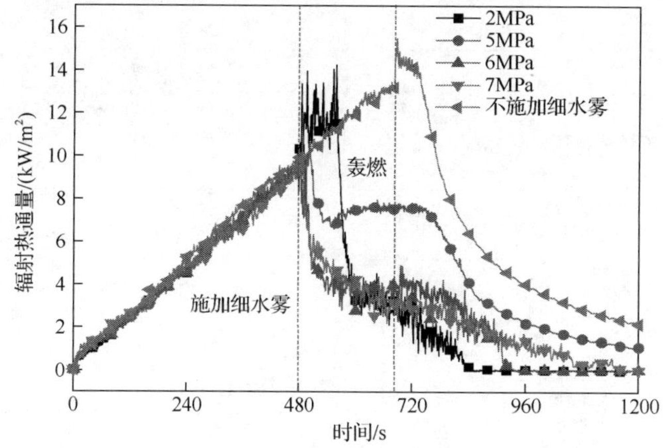

图 3.76　不同压力下辐射热通量（K=0.5）

5. 细水雾的窒息作用

不同工况下燃料附近氧气体积分数的对比见图 3.77。可以看出，施加 7MPa 细水雾之后，橡胶附近氧气体积分数仅降低到 18.5%，之后因为火灾被熄灭而迅速回升，说明 7MPa 细水雾的窒息作用不显著。当细水雾压力低于 7MPa 时，橡胶附近氧气体积分数反而更低，尤其以 2MPa 和 5MPa 工况氧气体积分数最低，这不是由于窒息作用造成的，而是由于细水雾压力小于等于 5MPa 时，无法有效抑制轰燃，反而强化了轰燃，轰燃的发生造成受限空间氧气的消耗。虽然 K=0.5，6MPa 细水雾抑制了轰燃，但酒精火直到 886s 才熄灭。因此可以说，在单开口受限空间内，细水雾抑制轰燃的过程中，其窒息作用不显著。

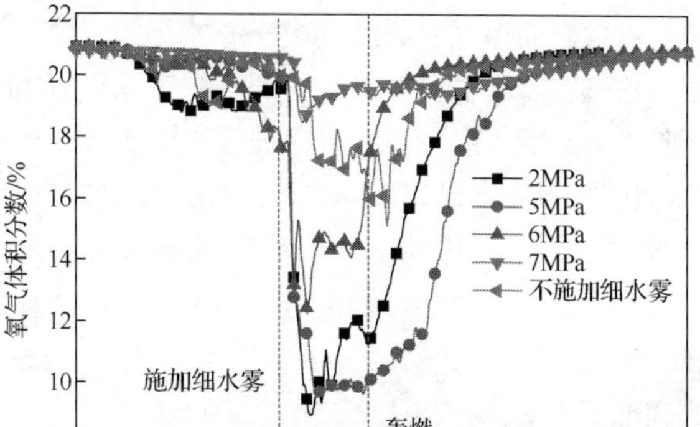

图 3.77　不同压力下氧气体积分数（K=0.5）

6. 各种机理的耦合作用

以 K=0.5、6MPa 的工况 6 为例，细水雾对火焰、上部热烟气层（L-1～L-4）、下部冷空气层（L-5）以及橡胶表面冷却作用的对比见图 3.78。

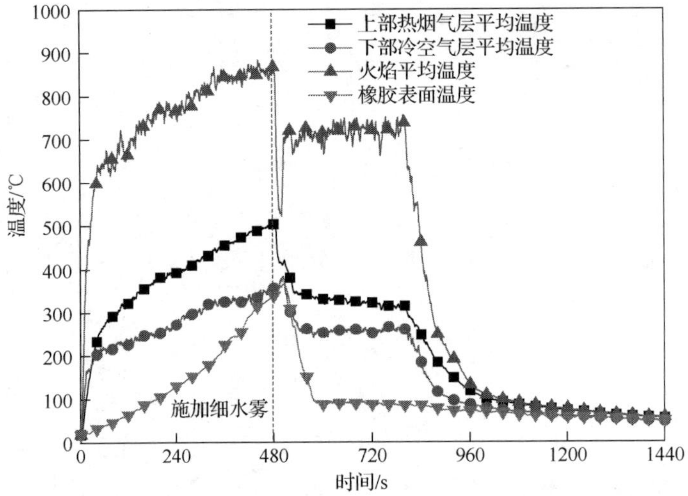

图 3.78　多种机理耦合的冷却作用（K=0.5，6MPa）

由图 3.78 可知，施加细水雾后的瞬间，火焰温度出现较大幅度和较长时间的反弹，6MPa 细水雾对火焰的冷却效果不显著。

上部热烟气层（L-1～L-4）的温度几乎立刻开始下降，而下部冷空气层（L-5）以及橡胶表面温度要延迟 20s 左右才开始下降，说明细水雾穿越及冷却上部热烟气层到达燃料表面需要一段时间。由温度下降的幅度可以看出，K=0.5、6MPa 细水雾冷却上部热烟气层和橡胶表面的效果比冷却火焰和下部冷空气层的效果好。

由图 3.78 可见，K=0.5、6MPa 细水雾作用下，地面接收到的辐射热通量从 10.0kW/m^2 左右开始直线下降至 4.0kW/m^2 左右，辐射热通量降低速率达 0.115kW/(m^2·s)，幅度达 60.0%。随着压力的增高，辐射热通量的衰减作用更加显著。因此，K=0.5、6MPa 细水雾主要通过衰减辐射热通量和冷却燃料表面的作用达到抑制轰燃的作用。

3.4.5　细水雾控制双开口受限空间火灾轰燃的机理

同时开启实验模型左右两端 A、B 两个开口，对比自然通风条件下，不施加细水雾、3～7MPa 不同压力和不同流量细水雾工况下火焰平均温度、上部热烟气层平均温度、地面接收到的辐射热通量、燃料表面温度和燃料附近氧气体积分数，分析细水雾抑制双开口受限空间火灾的机理和有效性[162]，实验现象和结果如表 3.16 所示。可以看出，对于 K=1 的喷头，施加 6MPa 以下的细水雾，虽然可以有效抑制酒精池火引燃橡胶，抑制了轰燃的发生，但与不施加细水雾工况 1 相比，主燃料酒精池火的燃烧时间延长了 40%～50%，说明 6MPa 及以下压力的细水雾无法实现有效灭火。双开口条件下，当在起火后 8min 施加 K=1 及 7MPa 细水雾，可以在 54s 内有效熄灭 175kW 火灾。对比单开口细水雾灭火实验工况 1 可知，同样的火源热释放速率条件下，虽然两种工况灭火所需的雾通量相同，双开口情况下灭火所需时间提前了 56s。

表 3.16　不同压力细水雾对酒精池火作用的工况表

工况	主油盆			副油盆		加雾压力/MPa	橡胶是否引燃	最高/临界辐射热通量/(kW/m²)	临界氧气体积分数/%
	燃料种类	燃料量/L	燃烧时间/s	燃料种类	引燃时间/s				
1	酒精	3.5	808	橡胶	588	—	是	16.78	15.78
2	酒精	3.5	1248	橡胶	—	2	否	9.04	19.12
3	酒精	3.5	1211	橡胶	—	3	否	8.01	20.13
4	酒精	3.5	1183	橡胶	—	4	否	9.91	20.28
5	酒精	3.5	1168	橡胶	—	5	否	8.58	20.04
6	酒精	3.5	739	橡胶	—	6	否	10.04	20.18
7	酒精	3.5	534	橡胶	—	7	否	9.56	20.02

1. 细水雾对上部热烟气层的冷却作用

利用状态平均法进行数据处理，图 3.79 为不同开口条件下，不施加细水雾以及分别施加 3MPa 和 7MPa 细水雾条件下，各烟气层平均温度以及上部热烟气层平均温度的对比。

结合图 3.79（a）以及实验观察发现，不施加细水雾的条件下，双开口受限空间内起火后 t=588s 时副油盆内橡胶表面开始燃烧，说明 588s 时双开口受限空间发生轰燃。轰燃后顶棚下方 50mm 到 300mm 内上部热烟气层温度平均值在（450±50）℃。

从图 3.79（b）～（d）可得，在自然通风环境中，随着压力的增大，上部热烟气层平均温度的温度降低速率也随之增高。起火 8min 开启 3MPa 和 7MPa 细水雾后，上部热烟气层平均温度在 60s 内分别降至 210℃和 160℃，而降温至 100℃

两种工况分别用了400s和80s。3MPa情况下水雾开启40s，上部热烟气层平均温度降幅达到57.2%，温度降低速率达6.84℃/s，而后有小幅的回升，其主要原因是3MPa细水雾的动量不够，无法克服火羽流的浮力而大多滞留在上部，高温热烟气在模型中部聚集，导致烟气层温度小幅回弹，降温速度变缓。7MPa细水雾开启40s后各烟气层温度降幅达到64.6%，温度降低速率达8.5℃/s。因此，7MPa相对于3MPa对上部热烟气层的冷却效果更明显。

结合图3.79（d）关于单双开口受限空间施加7MPa细水雾条件下上部热烟气层平均温度的对比可见，双开口条件下7MPa细水雾对上部热烟气层的冷却作用更显著。

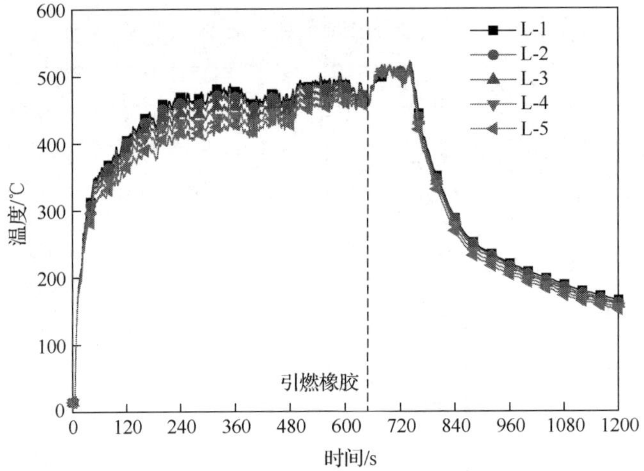

（a）不施加细水雾

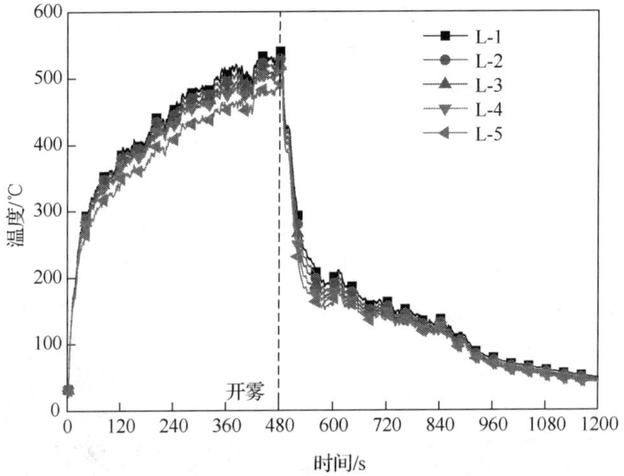

（b）3MPa细水雾

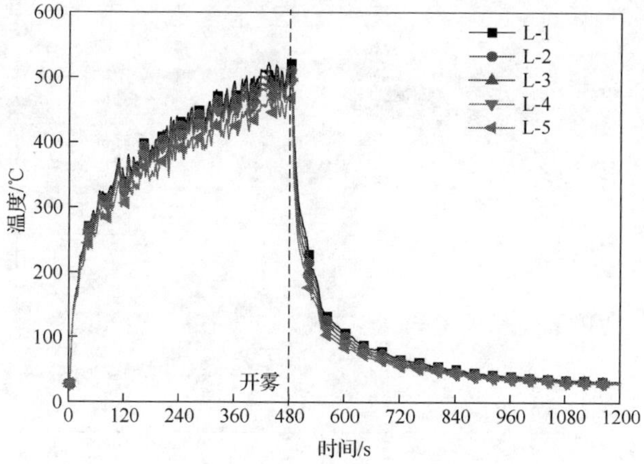

（c）7MPa细水雾

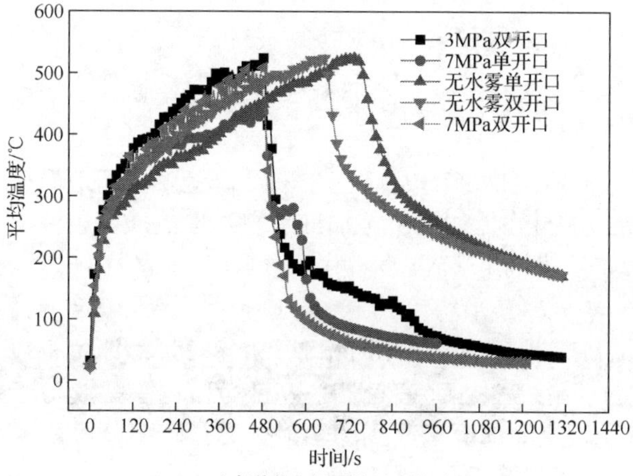

（d）上部热烟气层平均温度的对比

图 3.79　不同工况烟气层温度分布

2. 细水雾对火焰的冷却作用

图 3.80 为不同压力细水雾作用下单双开口受限空间火焰平均温度的对比。可以看出，8min 开启 3MPa 细水雾，施加细水雾 100s 后，火焰温度由 860℃降到 260℃，此后火焰温度回升，在 330℃到 240℃范围内波动。施加 7MPa 细水雾 100s 后，火焰温度降至 134℃；火焰温度降至 90℃两种工况分别用时 440s 和 170s。表明本节实验模型条件下，施加 3MPa 细水雾后，虽然可以抑制轰燃的发生，但酒精池火燃烧时间延长，3MPa 细水雾未能实现有效灭火。压力增加至 7MPa 后，火焰温度迅速下降，可有效灭火。从图 3.80 中 7MPa 细水雾作用下，单双开口受限空间火焰平均温度的对比可见，双开口受限空间中 7MPa 细水雾对火焰的冷却作用更加显著和直接，不会出现单开口情况下的火焰温度反弹现象。

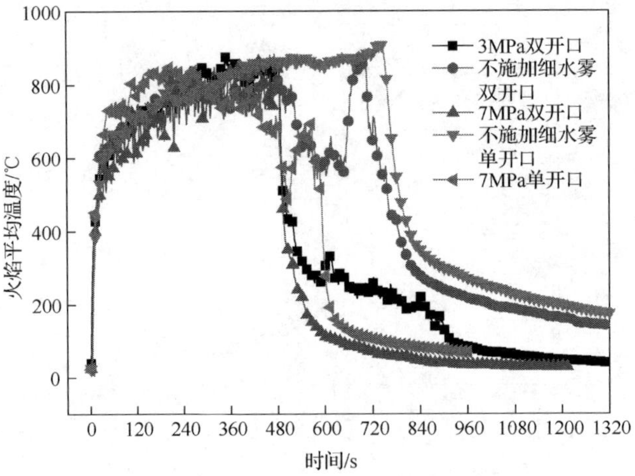

图 3.80　不同压力下火焰平均温度

3. 细水雾对辐射热通量的衰减作用

图 3.81 为不同压力细水雾作用下，单双开口受限空间地面接收到的辐射热通量的对比。由图 3.81 可知，如果不施加细水雾，自然通风条件下双开口受限空间将于 588s 发生轰燃，地面所接收的辐射热通量在 11.3～16.8kW/m^2 范围内波动，最大可达到 16.8kW/m^2，其平均值低于单开口条件。双开口条件下，施加 3MPa 和 7MPa 细水雾对辐射热通量的衰减作用相似，开雾 20s 后即可将地面接收到的辐射热通量降至 4kW/m^2 附近，之后在 4～7kW/m^2 范围内小幅波动。对比 7MPa 细水雾作用下单开口受限空间地面接收到的辐射热通量情况，可知双开口条件下增加细水雾施加压力，对地面辐射热通量的衰减作用不显著。

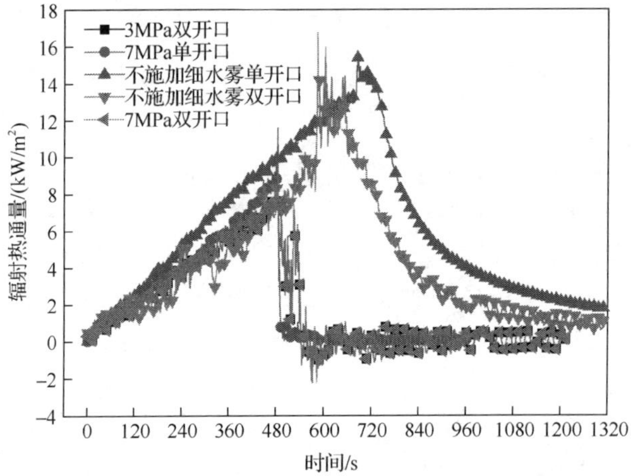

图 3.81　地面接收的辐射热通量对比

4. 细水雾对燃料表面的冷却作用

图 3.82 为不同压力细水雾作用下，单双开口受限空间燃料表面附近温度的对比。由图 3.82 可知，如果不施加细水雾，自然通风条件下双开口受限空间轰燃发生的时间比单开口受限空间提前了 100s 左右，其主要原因可以归结为双开口带来的通风效应。双开口条件下，施加 3MPa 细水雾造成燃料表面附近温度的小幅提升，这主要是由于双开口增强了通风效应，3MPa 细水雾的雾动量更加不足以克服通风影响和火羽流的浮力效应，3MPa 细水雾无法到达燃料表面附近，反而对受限空间流场产生了扰动，导致瞬时的强化燃烧现象。双开口条件下，7MPa 细水雾对燃料表面的冷却作用不及单开口受限空间显著，也可以归结为双开口受限空间通风效应增加的影响。

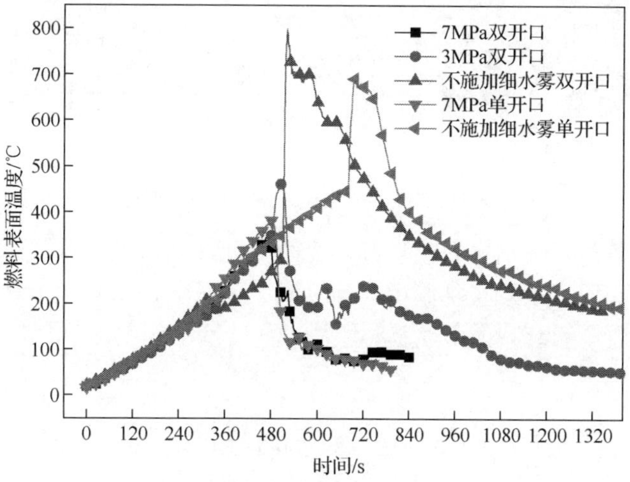

图 3.82 燃料表面附近温度对比

5. 窒息作用

图 3.83 表示不同开口条件和不同细水雾压力情况下火源附近空气中氧气体积分数情况。可以看出，不施加细水雾条件下，单开口受限空间内氧气体积分数最低至 15%，双开口受限空间内氧气体积分数最低为 19%，说明双开口受限空间的通风效应显著；当施加 7MPa 和 3MPa 细水雾时，双开口条件下受限空间内氧气体积分数相差不大，但 7MPa 细水雾作用下，双开口受限空间氧气体积分数远高于单开口工况，说明不同压力细水雾对自然通风条件下受限空间内燃料燃烧的窒息作用不显著。

综上，自然通风条件下，开启受限空间两端下部的两个通风口，对于 K=1 的喷头，施加 6MPa 及以下压力的细水雾，不会引燃作为辅助燃料的橡胶，但主火源酒精燃料的燃烧时间延长了 50%左右，说明细水雾的施加有效抑制了轰燃的发生，但不能实现有效灭火；7MPa 细水雾可以在施加细水雾 54s 后有效实现灭火，与单开口受限空间相比，灭火时间提前了将近 1min。

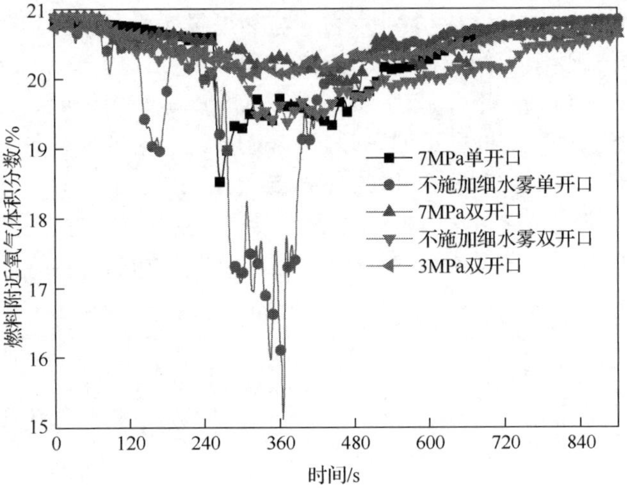

图 3.83　燃料附近氧气体积分数对比

自然通风条件下细水雾熄灭双开口受限空间酒精火的主导机理是对火焰、热烟气层的冷却作用。细水雾抑制单开口受限空间火灾的机理主要体现在对地面接收到的辐射热通量的衰减作用以及对燃料表面的冷却作用。

3.5　通风和细水雾耦合控制受限空间火灾轰燃的机理及有效性

机械通风和细水雾系统耦合控制双开口受限空间火灾的实验模型见图 3.84，实验工况见表 3.17[163]。

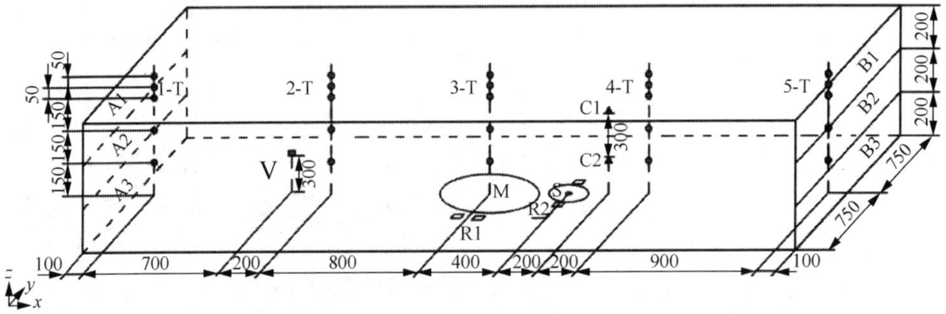

图 3.84　实验布置图（单位：mm）

表 3.17　轰燃实验工况

工况	开口方式		风速 /(m/s)	轰燃时间 /s	熄灭时间 /s	烟气温度 /℃	辐射热通量 /(kW/m²)
1	A3、B1	北下南上	0.1	616	839	455	11
2	A3、B1	北下南上	0.5	584	842	460	11
3	A3、B3	北下南下	0.1	622	827	465	11
4	A3、B3	北下南下	0.5	657	892	470	12
5	A1、B1	北上南上	0.1	—	890	380	9
6	A1、B1	北上南上	0.5	—	860	410	9

3.5.1　不同通风条件下受限空间火灾轰燃的机理

实验后橡胶实物图如图 3.85 所示。

（a）北下南上开口、自然通风　（b）北下南下开口、自然通风　（c）北上南上开口、自然通风

（d）北下南上开口、机械通风　（e）北下南下开口、机械通风　（f）北上南上开口、机械通风

图 3.85　不同通风方式橡胶轰燃后实物图

由表 3.17 和图 3.85 可以看出，与单开口工况相比，北下南上开口条件下，无论是机械通风还是自然通风，橡胶均更早被引燃，说明北下南上开口条件强化了轰燃。尤其是北下南上开口、机械通风条件下，橡胶被引燃的时间最早，轰燃后橡胶燃烧的颗粒更小，说明北下南上开口机械通风条件对抑制轰燃最不利。

北下南下开口、机械通风条件下，橡胶被引燃的时间迟于北下南上开口、自然通风条件，而且橡胶热解的程度亦较自然通风时差，说明北下南下开口、机械通风条件可以在一定程度上抑制轰燃的进程，但不能完全扼制轰燃的发生。

只有在北上南上开口条件下，无论是自然通风或者机械通风，橡胶均未被引燃。但观察橡胶表面热解后产生的气泡等，可以判断，机械通风环境下橡胶热解的程度更剧烈。因此，北上南上开口条件可以有效抑制轰燃的发生。相对自然通风工况而言，北上南上开口、机械通风条件下热烟气层平均温度升高，说明北上南上开口、机械通风对控火不利，在一定程度上加剧了火灾燃烧的剧烈程度。

1. 自然通风条件下不同双开口位置受限空间火灾轰燃规律

图 3.86 为自然通风条件下三种开口地面接收到的辐射热通量，图 3.87 为受限空间上部热烟气层平均温度。

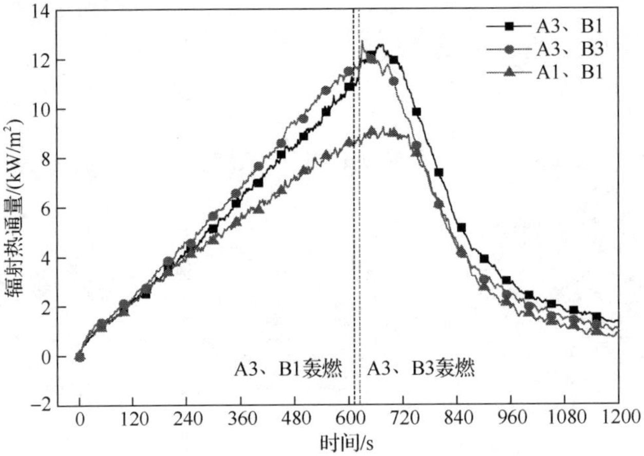

图 3.86　地面接收到的辐射热通量对比

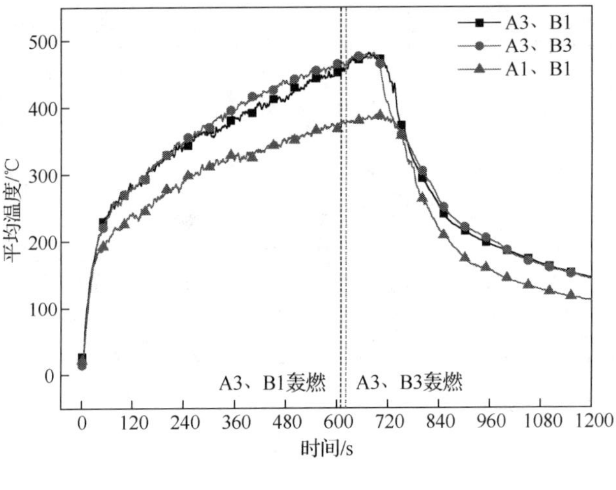

图 3.87　上部热烟气层温度比较

从图 3.86 可以看出，北上南上（A1、B1）开口时，地面所接收到的辐射热通量明显低于其他两种开口，地面所接收到的辐射热通量最大值约为 9kW/m^2，而北下南上（A3、B1）开口与北下南下（A3、B3）开口，橡胶被引燃前，地面接收到的辐射热通量均为 11kW/m^2，二者基本一致。

烟气层温度是空间上部烟气的一个重要参数。由图 3.87 可以看出，北下南上开口（A3、B1）与北下南下开口（A3、B3）烟气层的平均温度相差不大，北下南下略高于北下南上，且两种开口的温度均远大于北上南上开口。热烟气积聚在空间上部，北上南上开口时，烟气散热损失较大，受限空间内部上部热烟气层温度显著降低，所以自然通风条件下在受限空间上部开口对防治轰燃有利。

作为火灾燃烧和轰燃的重要因素，不同双开口受限空间氧气体积分数变化如图 3.88 所示，一氧化碳体积分数如图 3.89 所示。通过比较三者的氧气体积分数，可以得出不同开口下火灾的发展情况。三种开口的燃料相同，燃料量也相同，氧气的消耗量为北下南下开口>北下南上开口>北上南上开口。北下南下开口氧气的消耗量最大，氧气体积分数最低到 8%，氧气的供应量不足。所以尽管北下南下开口地面接收到的辐射热通量以及烟气层的平均温度稍高于北下南上，但是由于氧气量的不足，北下南下橡胶轰燃的时间要晚于北下南上开口。而北上南上开口的氧气量充足，最低值为 16%。通过之前火焰温度以及烟气层温度的比较，北上南上开口时，酒精燃烧相较其他两种开口，燃烧并不旺盛，消耗氧气量少。

北下南上开口与北下南下开口条件下，上部烟气层中的一氧化碳体积分数在橡胶轰燃时没有立即突升，过了 40s 后体积分数突然升高。三者的一氧化碳体积分数由高到低是北下南下开口>北下南上开口>北上南上开口。通过比较不同开口的气体情况，可以看出，本实验条件下，北下南上开口的受限空间内燃烧速率小于北下南下开口，而远大于北上南上开口的燃烧速度。

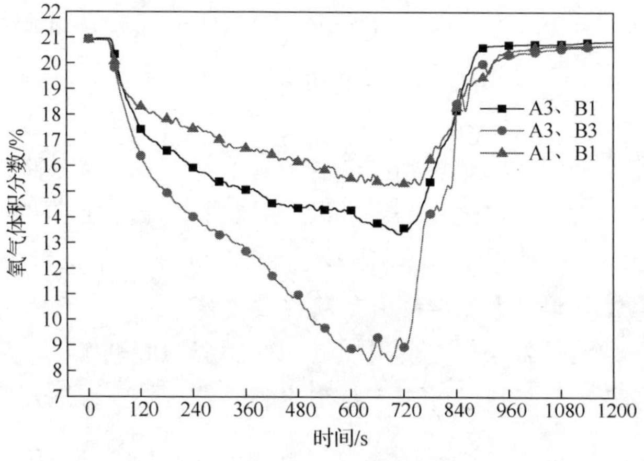

图 3.88　橡胶附近氧气体积分数

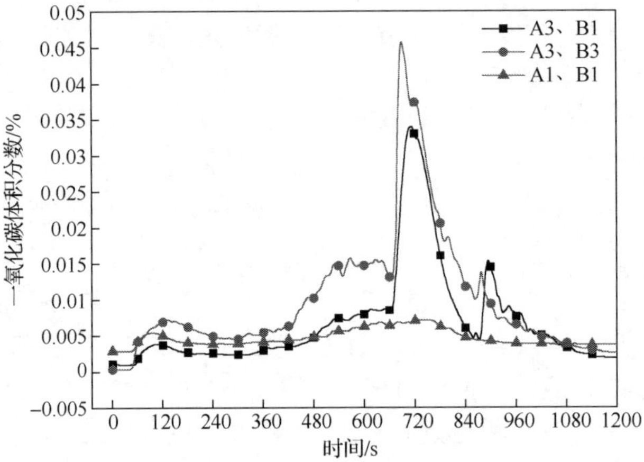

图 3.89　上部烟气层一氧化碳体积分数

2. 机械通风条件下不同双开口受限空间火灾轰燃规律

图 3.90 为机械通风时三种开口受限空间地面接收到的辐射热通量。在北上南上开口、机械通风条件下橡胶没有被引燃。北下南上开口，橡胶表面接收到的辐射热通量达到 11kW/m^2 时，发生轰燃，最高的辐射热通量是 14kW/m^2，持续时间为 120s。而北下南下开口，橡胶表面接收到的辐射热通量达到 12kW/m^2 时，发生轰燃，最高的辐射热通量为 14.3kW/m^2，持续时间为 70s 左右，相比于北下南上开口，持续的时间较短。在机械通风时，北下南下开口橡胶轰燃时间比北下南上开口时橡胶轰燃的晚，而辐射热通量与总热流的值很接近，需要比较火场中的其他参数。

比较烟气层的平均温度（图 3.91），可以看出，0.5m/s 机械通风条件下，北下南上开口的烟气层温度最高，北下南下开口的烟气层温度次之，北上南上开口的烟气层的温度最低。

机械通风带走受限空间热量的同时也带来了新鲜的氧气，氧气带来的增强燃烧的效果对室内物体的影响也极大。机械通风后，火源附近的氧气体积分数如图 3.92 所示，上部热烟气层一氧化碳体积分数如图 3.93 所示。

可见北下南上开口与北下南下开口均比北上南上开口更易轰燃，是因为北下南上开口条件下，通风效果更好，机械通风对燃烧的促进作用比排烟热损失的作用更显著。所以在机械通风条件下，防治轰燃的最有效的通风开口方式是开启受限空间上部（北上南上）通风口。

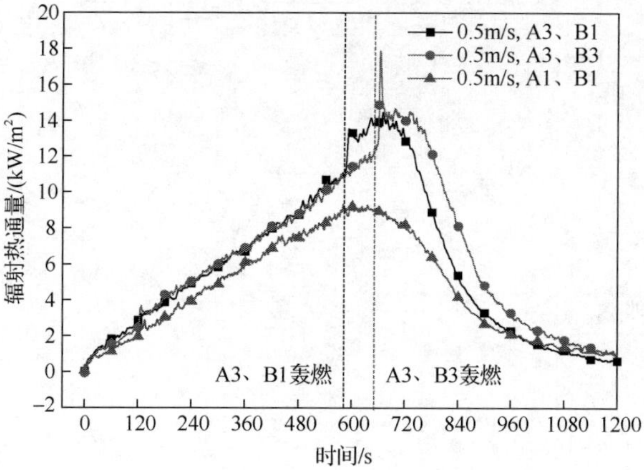

图 3.90　机械通风地面接收到的辐射热通量

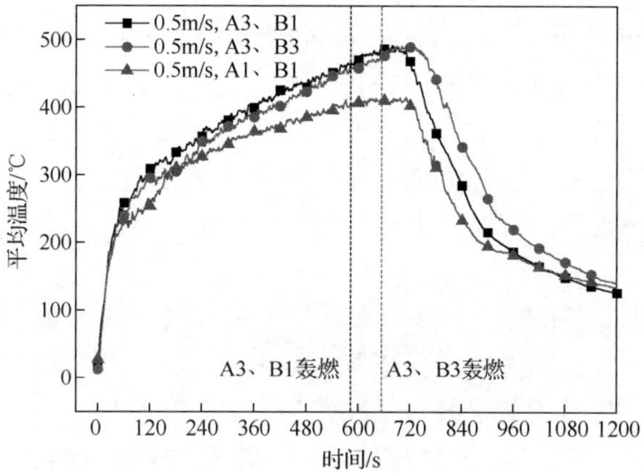

图 3.91　上部烟气层平均温度比较

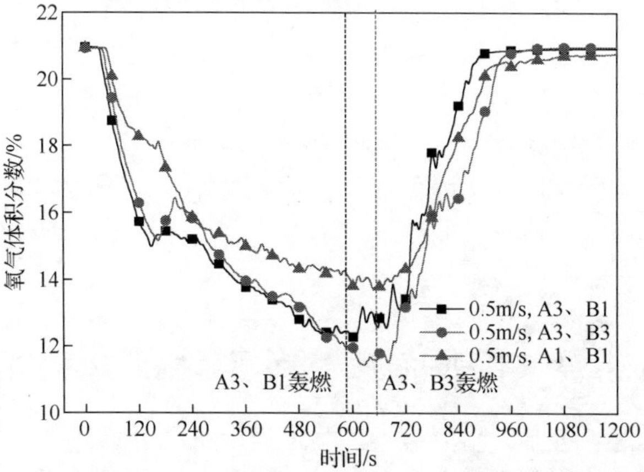

图 3.92　机械通风橡胶附近氧气体积分数比较

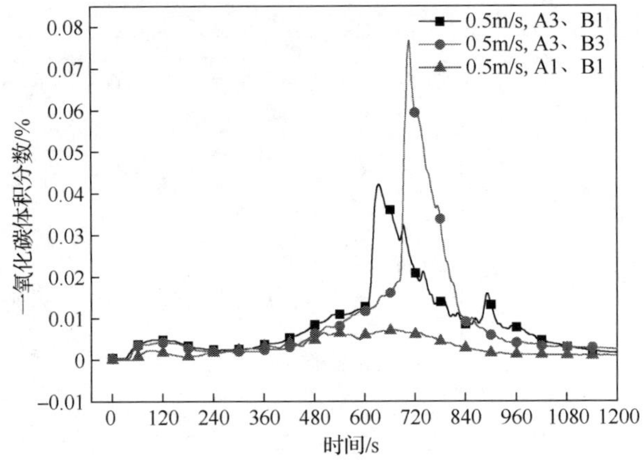

图 3.93 机械通风一氧化碳体积分数

从图 3.92 中可以看出，在 120s 开启机械通风后，橡胶附近氧气体积分数有小幅回升，之后才开始继续下降，橡胶轰燃前，氧气体积分数降到最低。北下南下开口的氧气体积分数最低，北上南上开口的氧气体积分数最高。其次，比较空间在三种开口下，氧气从轰燃后到恢复至正常水平所用的时间，北下南上开口，空间上部氧气体积分数最快恢复到正常水平，说明此种开口，最有利于氧气的进入，酒精燃烧最旺盛。

燃烧开始后，北下南上开口，一氧化碳增加较快，在 120s 开启机械通风后，二氧化碳的体积分数先上升后小幅下降后继续上升。一氧化碳的体积分数在机械通风后稍有下降，之后缓慢上升，橡胶发生轰燃后，受限空间内的一氧化碳的体积分数突升，北下南上开口，一氧化碳体积分数最大值达 0.042%，北下南下开口，一氧化碳体积分数的最大值高达 0.076%。北上南上开口的二氧化碳与一氧化碳体积分数最低，也就说明此种开口时有毒气体对受限空间内的人员危害最小。

综上，北下南上开口条件对轰燃的抑制和火灾的控制最为不利，北上南上开口条件可以有效抑制轰燃的发生。在双开口条件下，机械通风在有效排除烟气热量的同时，其对受限空间氧气供应的补充作用增强，因此，机械通风对轰燃的抑制作用须根据开口条件进行性能化评价。在本实验中，橡胶表面接收到的辐射热通量达到 $11kW/m^2$ 时，橡胶发生轰燃。尽管北上南上开口条件可以抑制轰燃的发生，但机械通风均对控火不利。

3.5.2 机械通风条件下不同时间开启细水雾控制火灾轰燃的机理及有效性

本节将针对北下南上、北下南下、北上南上三种开口条件，通过细水雾和不同通风系统耦合作用的对比实验，分析细水雾+机械通风耦合系统对不同开口条件下受限空间火灾轰燃的抑制作用，工况如表 3.18。

表 3.18　自然通风/机械通风条件下细水雾灭火有效性的对比

工况	开口方式		通风方式	喷雾时间/s	喷头流量/(L/min)	喷雾压力/MPa	燃烧时间/s
1	A3、B1	北下南上	自然通风	120	10.04	7	668
2	A3、B1	北下南上	自然通风	480	10.04	7	537
3	A3、B1	北下南上	机械通风	120	10.04	7	1043
4	A3、B1	北下南上	机械通风	480	10.04	7	890
5	A3、B3	北下南下	自然通风	120	10.04	7	1550
6	A3、B3	北下南下	自然通风	480	10.04	7	530
7	A1、B1	北上南上	自然通风	120	10.04	7	1532
8	A1、B1	北上南上	自然通风	480	10.04	7	1488
9	A1、B1	北上南上	自然通风	480	10.73	8	1224
10	A1、B1	北上南上	自然通风	480	12	10	578

由表 3.18 的实验结果可见，对于北下南上和北下南下开口的受限空间而言，自然通风条件下，480s 施加 7MPa、10.04L/min 细水雾均可以实现在 1min 内有效灭火，橡胶不会被引燃；120s 施加 7MPa、10.04L/min 细水雾，橡胶均不会被引燃，说明 7MPa、10.04L/min 细水雾有效抑制了轰燃的发生，但自然通风条件下 7MPa、10.04L/min 细水雾无法有效熄灭北下南下开口受限空间火灾。

对于轰燃最强烈的北下南上开口受限空间而言，机械通风条件下，480s 施加 7MPa、10.04L/min 细水雾可以抑制轰燃，但无法实现有效灭火，主火源持续燃烧了 890s 才熄灭。

对于北上南上开口的受限空间而言，自然通风条件下，只有在起火后 480s 施加 10MPa、12L/min 细水雾才可以有效灭火。

以下将以北下南上开口自然通风和机械通风与细水雾耦合系统为例，对比分析不同时间开启细水雾+机械通风耦合系统抑制火灾轰燃的机理。

1. 上部热烟气层平均温度的对比

不同时间开启细水雾、不同通风条件下，北下南上开口受限空间上部热烟气层平均温度的对比见图 3.94。

由图 3.94 可以看出，在自然通风条件下，在 120s 与 480s 开启细水雾后，上部热烟气层的温度瞬间降低。在机械通风条件下，120s 开启细水雾后，烟气层温度亦瞬时下降，但下降幅度远小于自然通风工况，热烟气层平均温度维持在 225℃左右，远高于自然通风时的烟气层的平均温度；在 480s 开启细水雾时，热烟气层平均温度维持在275℃左右，较高温度的热烟气层通过辐射热等方式和燃料及周围环境进行热反馈，是造成机械通风条件下细水雾灭火失败的主要原因之一。

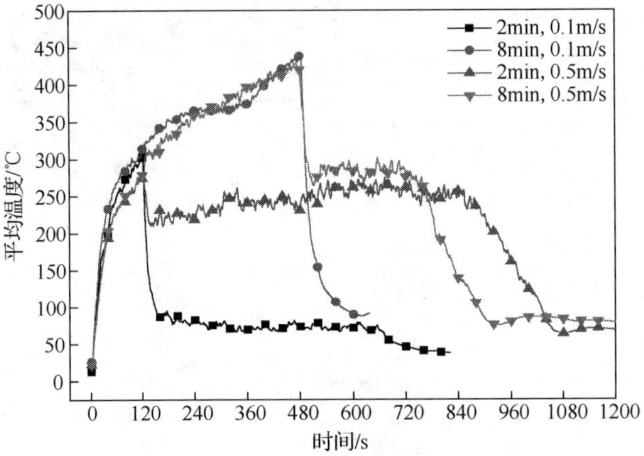

图 3.94　上部热烟气层平均温度的对比

2. 火焰温度的对比

不同时间开启细水雾、不同通风条件下，北下南上开口受限空间火焰温度的对比见图 3.95。

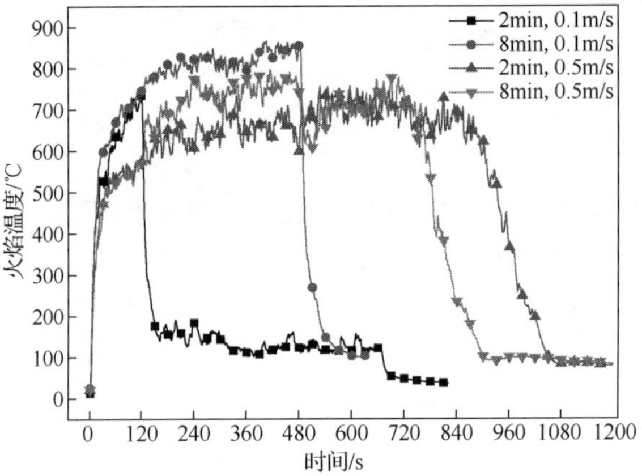

图 3.95　火焰温度的对比

由图 3.95 可以看出，自然通风条件下，120s 开启细水雾时，火焰温度瞬间直线下降至 120～150℃；480s 开启细水雾时，火焰温度亦是瞬间直线下降至 100℃左右，火焰于 537s 熄灭，细水雾有效抑制了轰燃的发生和火源的燃烧。

在机械通风条件下，在 120s 开启细水雾时，火焰温度不降反升，一直到 900s

左右才开始由于燃料逐渐减少而进入衰减阶段；在 8min 开启细水雾时，火焰温度在细水雾施加后的 1min 内直线下降至 550℃后，又迅速反弹至 650℃左右，与自然通风相比，细水雾+机械通风耦合系统作用下，火焰温度持续保持在 650℃的较高状态下，一直到 800s 左右，由于燃料的逐渐燃尽才开始下降。因此，对于北下南上开口受限空间而言，细水雾+自然通风耦合系统可以实现有效抑制火灾轰燃和高效灭火，细水雾+机械通风耦合系统虽然有效抑制了轰燃，但耦合系统控火的有效性受到机械通风的不利影响。相对而言，8min 开启细水雾+机械通风耦合系统控火的效果优于 2min 开启细水雾的工况。

3. 氧气体积分数的比较

不同时间开启细水雾、不同通风条件下，北下南上开口受限空间内氧气体积分数比较见图 3.96。

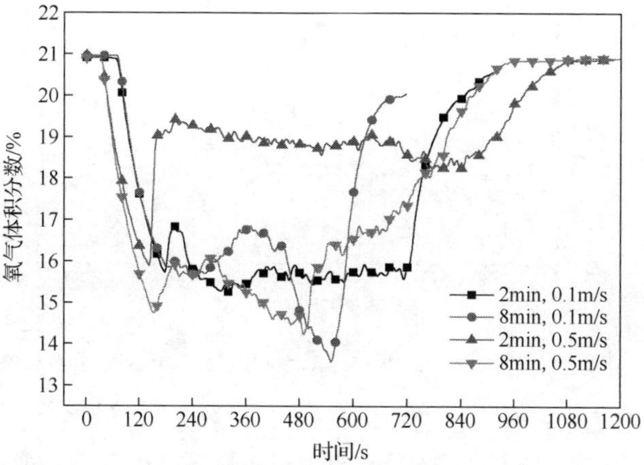

图 3.96　机械通风+细水雾橡胶附近氧气体积分数对比

由图 3.96 可以看出，北下南上开口条件、自然通风条件下，120s 开启细水雾以后，氧气体积分数直线下降，并持续维持在 15.5%左右；机械通风条件下 120s 开启细水雾后，氧气体积分数大幅回升并持续维持在 19%左右，直至火灾进入衰减阶段。自然通风条件下 480s 开启细水雾，氧气体积分数没有回升，而是继续下降一直到火焰熄灭，细水雾起到了隔氧作用；而机械通风 480s 开启细水雾后，氧气体积分数立即回升，机械通风在排除烟气余热的同时，其补氧效应削弱了细水雾对火灾的抑制作用，亦是造成火焰温度和上部热烟气层温度反弹的直接原因。

4. 橡胶表面温度的比较

不同时间开启细水雾、不同通风条件下，北下南上开口受限空间内橡胶表面温度的比较见图 3.97。可以看出，对于北下南上开口的受限空间，在自然通风条件下 120s 开启细水雾时，橡胶表面温度会突然升高，在细水雾施加初期的 2min 内大幅振荡，原因是施加细水雾后，在细水雾的动力学作用下，火焰发生了倾斜和拉伸，火焰最前端可能达到橡胶附近，所以会使温度升高；而机械通风条件下 120s 开启细水雾时，由于通风的影响，细水雾雾滴的速度降低，穿透能力减弱，火焰卷吸的细水雾较少，二者相互作用较弱，火焰没有达到橡胶表面附近，所以温度没有突然升高，而是首先直线下降后，又缓慢升高，原因是酒精持续燃烧，橡胶表面接收到的辐射热通量逐渐增多，且机械通风时，上部热烟气层和火焰的温度较高，橡胶表面接收的来自热烟气层和火焰的辐射热通量亦呈现升高的趋势。

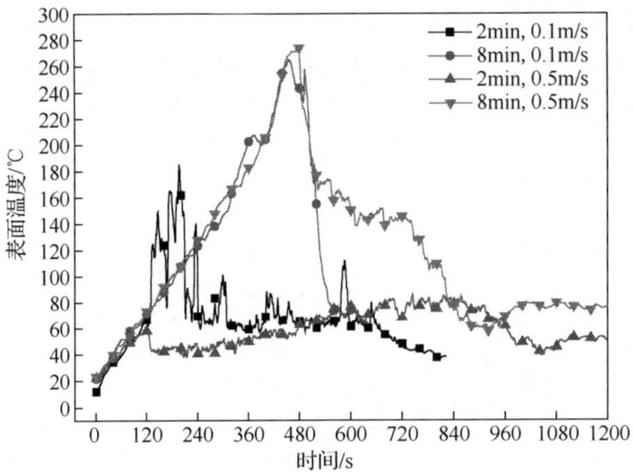

图 3.97　机械通风+细水雾橡胶附近橡胶表面温度对比

在 480s 开启细水雾时，自然通风条件下，橡胶表面的温度在 1min 内直线下降至 60℃左右，说明自然通风条件下 480s 开启细水雾可以有效抑制轰燃的发生和有效控制火灾的蔓延；而机械通风条件下，橡胶附近气流温度突降至 180℃后缓慢下降，这也与上面提到的烟气层温度与火焰温度有关。

综上，机械通风在有效排除烟气热量的同时，其对细水雾雾形的改变及卷吸空气强化燃烧的作用，导致不能有效地发挥耦合系统隔氧窒息的灭火机理。

3.6　本 章 小 结

在本章的实验条件下，当推力比 $\alpha \leqslant 0.27$ 时，酒精池火很难被扑灭；当 $0.27 < \alpha \leqslant 0.86$ 时，细水雾熄灭酒精池火的主导机理为燃料表面冷却；当 $\alpha > 0.86$ 时，细水雾未及到达燃料表面酒精池火即被扑灭，其主导机理为火焰冷却。但是推力比不能成为设计细水雾灭火系统及制定细水雾灭火策略的唯一依据，还需要综合考虑环境温湿度、通风影响、火源大小及燃料种类、细水雾压力及喷头属性和安装高度等因素，具体分析不同工程条件下细水雾灭火所需的临界推力比及主导灭火机理。

从细水雾抑制轰燃的有效性的角度，可以将细水雾抑制轰燃的施加压力分为四个区间：加剧轰燃区、过渡区、抑制轰燃区、加剧烟雾蔓延区。应根据实际工程情况进行性能化分析，选用足够大的喷雾压力，有效防治较低压力的细水雾对轰燃的强化作用，抑制轰燃的发生。施加细水雾后，由于细水雾的雾滴汽化产生的水蒸气与橡胶热解出来的碳氢化合物，在橡胶表面附近发生了水煤气反应，产生了大量的氢气，是导致细水雾强化轰燃的主要原因之一。

针对本章所建的实验模型而言，在自然通风条件下，北下南上开口受限空间火灾轰燃发生的时间最早，说明这种开口形成的自然通风条件强化了轰燃的发生，对于抑制轰燃最为不利；北下南下开口可以延迟轰燃发生时间，一定程度上起到了抑制轰燃的效果；北上南上开口可以完全遏制橡胶的引燃，此种开口对于防治轰燃最有效。机械通风条件下，三种开口条件下火灾燃烧的旺盛程度依次是北下南上>北下南下>北上南上。北下南上开口与北下南下开口火灾燃烧均加剧，北下南上开口橡胶发生轰燃的时间甚至早于自然通风条件，因此如果受限空间内形成了自下向上的气流通道，应慎用机械排烟形式。通过在受限空间上部破拆形成双开口的气流通道，并借助机械排烟，可以有效抑制轰燃的发生。

在自然通风条件下，120s 开启 7MPa、10.04L/min 的细水雾，可以明显降低北下南上开口受限空间内的辐射热通量及热烟气层温度，但不能有效灭火。480s 施加 7MPa、10.04L/min 细水雾，扑灭北下南上开口受限空间火灾用时 57s；扑灭北下南下开口火灾用时 50s，灭火更快。北上南上开口、自然通风条件下，需要更高压力（10MPa，12L/min）的细水雾才可以将火扑灭（578s）。机械通风条件下开启 7MPa、10.04L/min 细水雾，可以抑制北下南上开口受限空间火灾轰燃，但不能有效灭火。

第4章　细水雾与通风耦合系统对隧道火灾的控制作用

细水雾与火焰的相互作用是一个三维、多相、多尺度、非定常、非线性的动力学过程，其中涉及物质、动量、能量、组分和相态在复杂多变的环境条件下的相互作用。隧道通风包括纵向通风、横向通风、活塞风等多种形式，更是增加了细水雾与火焰相互作用的复杂性[164-173]。本章通过隧道模型实验和数值模拟，着重分析不同模式通风和细水雾系统耦合作用下，隧道火灾烟气的温度、CO 及 CO_2 体积分数、烟气能见度以及火焰辐射热的变化规律，重点从传热学角度分析耦合系统对隧道火灾的控制作用及灭火机理。

4.1　不同通风模式下隧道池火热传递过程的实验研究

4.1.1　实验设计

隧道火灾实验模型的主体尺寸为6m×1.5m×2m，见图4.1（a）。在直径为0.5m的油盆内放置1L、纯度为95%的酒精作为燃料。在油盆中心布置了一束热电偶树F以测量油池火火焰温度的演变；在油盆中心南侧和北侧，间隔0.75m和1.5m的位置，共布置了三束热电偶树，编号分别为N-1和S-1、S-2，用于分析不同通风条件下隧道内火场温度的变化，热电偶测点布置见图4.1（b）[174,175]。

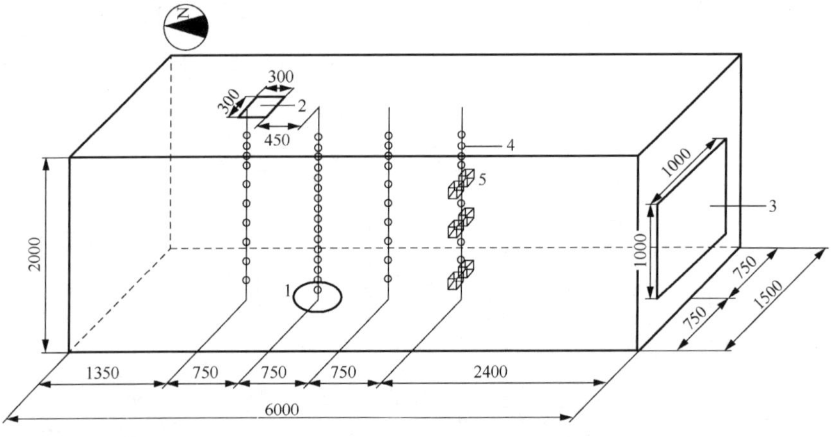

1-油盆及天平；2-顶部排烟口；3-纵向排烟口；4-热电偶测点；5-辐射热通量测点

（a）实验布置轴测图

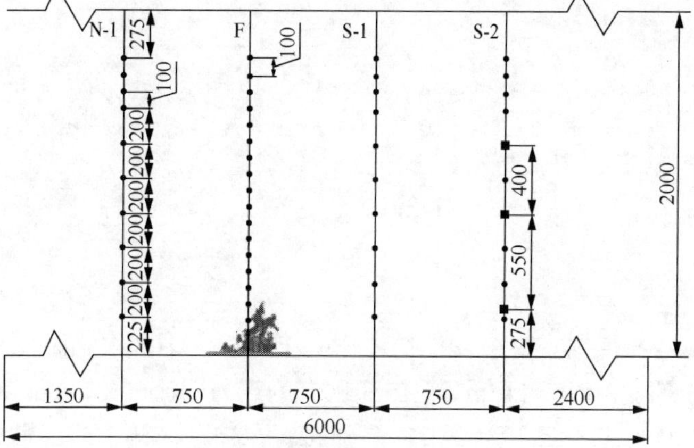

（b）实验布置主视图

图 4.1　实验布置图（单位：mm）

首先在自然通风情况下进行池火实验，利用电子天平测量燃料质量的实时变化，得到自然通风条件下池火旺盛阶段酒精的质量损失速率平均值为 2.7g/s，见图 4.2。

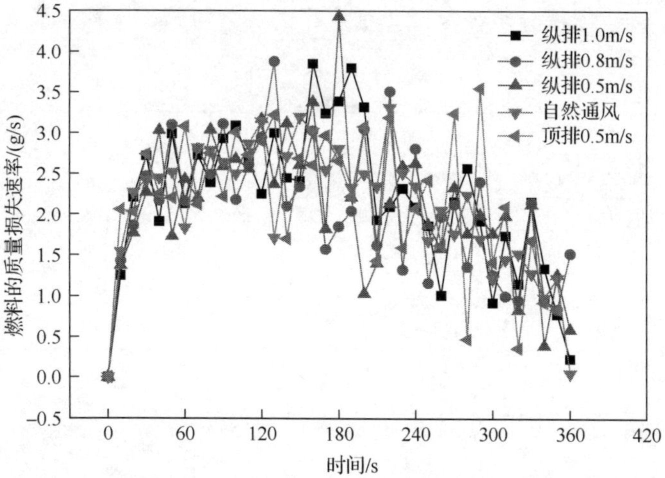

图 4.2　不同通风方式下火源的质量损失速率

由式（3.37）计算得到自然通风条件下本实验酒精池火的热释放速率：

$$Q = \chi \cdot h_c \cdot m_{\text{fu}} = 78.57\text{kW} \tag{4.1}$$

根据 McCaffrey[176]的经典火焰理论模型，自然通风环境中池火火焰可以分为连续火焰区、间歇火焰区和浮力羽流区，各不同区域火焰的高度 z 和火灾的热释放速率 Q 满足式（4.2）：

$$\begin{cases} \dfrac{z}{Q^{2/5}} \leqslant 0.08, & \text{连续火焰区} \\ 0.08 < \dfrac{z}{Q^{2/5}} \leqslant 0.2, & \text{间歇火焰区} \\ \dfrac{z}{Q^{2/5}} > 0.2, & \text{浮力羽流区} \end{cases} \tag{4.2}$$

根据式（4.2）得到本节中自然通风情况下连续火焰区火焰高度 0～0.46m，间歇火焰区火焰高度 0.46～1.15m，1.15m 以上为浮力羽流区。因此，将测量火焰辐射热和全热流的热流计两个为一组，分别布置在油盆南侧、距油盆中心水平距离 1.5m，地面以上 0.25m、0.8m 和 1.2m 位置，以测量连续火焰区、间歇火焰区、浮力羽流区三个区域火焰与周围环境的辐射热和全热流。具体的实验测量布置方案见图 4.1（b）。

调整变频风机的频率，分别得到纵向排烟断面平均风速 0.5m/s、0.8m/s 和 1.0m/s，以及顶部排烟断面平均风速 0.5m/s 四个工况。点火后 120s 启动机械排烟，实验工况设计见表 4.1。每次实验之后进行强制排风降温，等待实验模型内温度降至环境温度、氧气体积分数恢复至正常水平之后方可开始下次实验。

表 4.1　实验工况表

序号	通风方式	风速/(m/s)	开风时间/s	燃烧完成时间/s
1	自然通风	<0.2	—	425
2	纵向通风	0.5	120	437
3	纵向通风	0.8	120	428
4	纵向通风	1.0	120	426
5	顶部排烟	0.5	120	428

4.1.2　不同通风条件下燃料的质量损失速率

不同通风条件下火源的质量损失速率见图 4.2。从图 4.2 可以清晰地看出，点火后 60s，火灾进入旺盛阶段，质量损失速率平均值约为 2.7g/s；120s 开启机械排烟后，0.5m/s 的纵向排烟显著增强了火源质量损失速率的波动幅度，最大达到了 4.5g/s，其他排烟工况对火源质量损失速率的影响并不显著。从表 4.1 各工况燃烧完成的时间也可以看出，除 0.5m/s 纵向排烟方式下燃烧持续时间稍长之外，其他不同通风方式并无太大差异。火源质量损失速率的变化充分说明了 0.5m/s 纵向排烟不利于对火灾的控制，相反起到了一定的促进作用。其他排烟条件下，排烟卷吸新鲜空气对燃烧的促进作用不显著。

4.1.3　通风方式对池火和周围环境热交换过程的影响

火焰和周围环境之间相互的热交换是一个十分复杂的过程。不同的通风条件下，火焰形态的改变以及热烟气的蔓延具有不同的特点，通风对新鲜空气的卷吸作用，以及排烟热损失的耦合影响，增强了引燃初始火源周围其他可燃物的不确定性。

1. 自然通风条件下不同区域火焰热流量

图 4.3 是自然通风情况下不同区域火焰和周围环境之间辐射热通量与对流换热热通量的变化曲线。图例中下、中、上分别代表连续火焰区、间歇火焰区和浮力羽流区。由图 4.3（a）可见，自然通风条件下点火后 60s 火灾进入旺盛阶段，连续火焰区火焰辐射热通量最大，其平均值保持在 1.0kW/m^2 左右，连续火焰区的辐射热通量约占总热通量的 85%；随着火焰高度的增加，火焰辐射热通量显著下降，间歇火焰区和浮力羽流区辐射热通量占总热通量的比例分别下降为 45%和 30%左右。由图 4.3（b）可见，间歇火焰区和浮力羽流区对流换热量近似相等，间歇火焰区对流换热量波动最大，连续火焰区对流换热量最小，仅为间歇火焰区和浮力羽流区火焰对流换热热通量的 30%左右。

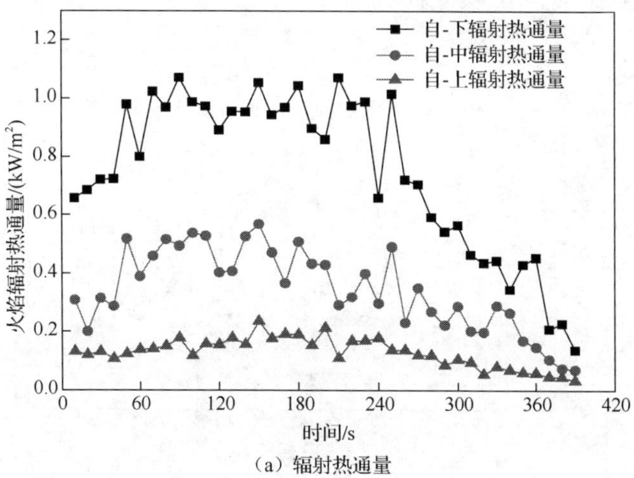

（a）辐射热通量

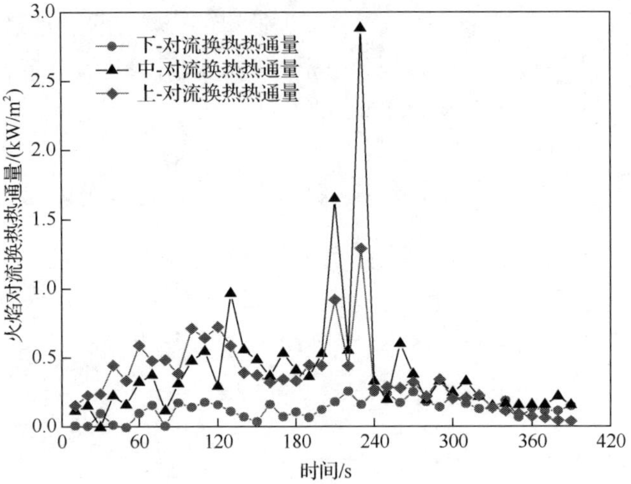

（b）对流换热热通量

图 4.3　自然通风条件下不同区域火焰热通量

2. 纵向排烟对池火火焰热流量的影响

图 4.4 为 0.5m/s 纵向排烟条件下连续火焰区、间歇火焰区以及浮力羽流区三部分火焰的辐射热通量随时间的变化情况。通过和图 4.3（a）的对比可见，120s 启动 0.5m/s 纵向排烟条件以后，间歇火焰区和浮力羽流区火焰的辐射热通量开始衰减，其平均值与自然通风条件差别不大，但连续火焰区火焰辐射热通量在 120s 以后显著增加，峰值最大达到了 $1.9kW/m^2$，平均值增加到 $1.2kW/m^2$，比自然通风条件增加了 30%左右，说明 0.5m/s 纵向排烟工况对火势的发展起到了促进作用，是应急救援过程中应该避免出现的情况。

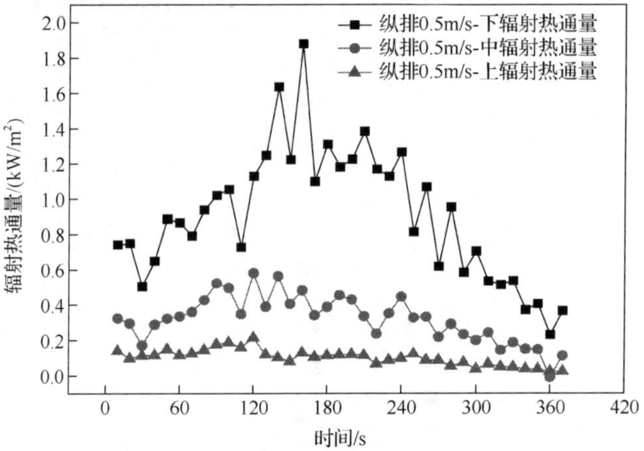

图 4.4　火焰辐射热通量对比

当继续增加纵向排烟风速至 0.8m/s、1.0m/s 时，虽然连续火焰区火焰的辐射热通量比自然通风工况有所增加，但与 0.5m/s 纵向排烟工况相比，0.8m/s 以上纵向排烟条件下连续火焰区火焰的辐射热通量（图 4.5）的波动幅度减小，峰值大大降低，其平均值变化不大。这是由于随着排烟速度的增加，间歇火焰区和浮力羽流区火焰与周围环境的对流换热损失显著增大（图 4.6），其对燃烧的抑制作用超过了排烟卷吸空气对燃烧的促进作用。因此，火灾应急救援过程中，应合理控制纵向排烟的速度，本实验条件下，纵向排烟速度应保持在 0.8m/s 以上，以实现对火焰辐射热的有效控制，最大程度控制火势的蔓延。

3. 顶部排烟对池火火焰热通量的影响

图 4.5 是 0.5m/s 顶部排烟情况下连续火焰区火焰辐射热通量和不同风速纵向排烟以及自然通风情况的对比。可见 0.5m/s 顶部排烟条件下连续火焰区辐射热通量比 0.5m/s 纵向排烟工况减少了 50%左右，比自然通风条件下连续火焰区辐射热通量亦减少了 30%左右。这主要是由于相比自然通风方式，0.5m/s 顶部排烟使得对流换热占据主要地位的间歇火焰区和浮力羽流区火焰的对流换热均显著增强，而 0.5m/s 纵向排烟仅使得间歇火焰区火焰的对流换热增强（图 4.6）。0.5m/s 顶部排烟方式下，连续火焰区火焰辐射换热量的降低，有利于有效抑制火势的蔓延和轰燃的发生，建议在应急救援过程中优先采用顶部排烟方式。

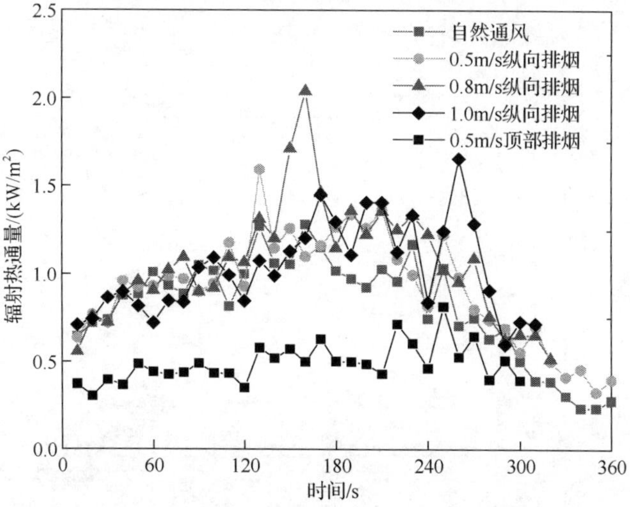

图 4.5　连续火焰区火焰的辐射热通量

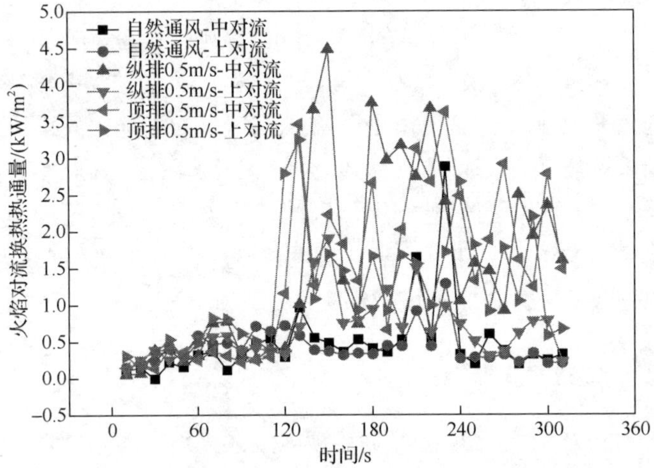

图 4.6　间歇火焰区和浮力羽流区对流换热热通量

4.1.4　通风方式对隧道火灾温度场的影响

图 4.7 是不同通风方式下火焰最高温度的对比。可以看出，相比自然通风，120s 开启机械排烟，均造成了火焰最高温度的降低，这显然是排烟使得火焰与周围环境的对流热交换加强造成的（图 4.6）。与 0.5m/s 纵向排烟工况相比，0.5m/s 顶部排烟工况下火焰最高温度略大，但其火焰燃烧最早进入衰减阶段。0.5m/s 和 1.0m/s 纵向排烟条件下火灾进入衰减阶段时间较晚。0.8m/s 纵向排烟条件下火焰温度最低，进入衰减阶段迟于顶部排烟工况。

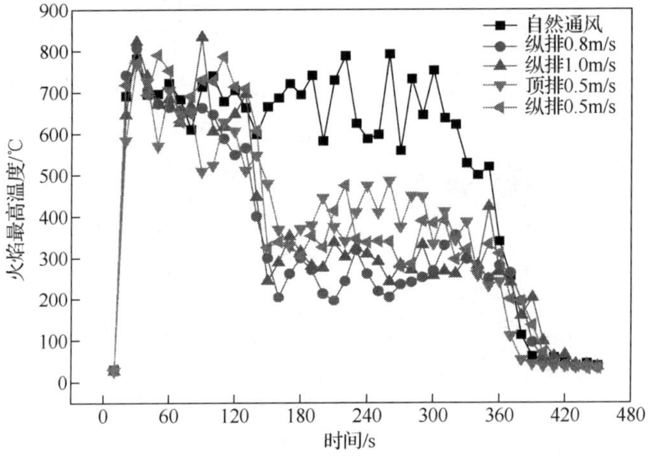

图 4.7　不同通风方式下火焰的最高温度

油盆上方 1.5m 隧道烟气层的平均温度如图 4.8 所示。由图 4.8 可见，0.5m/s 的纵向排烟对上部热烟气层的冷却效果最差；0.5m/s 顶部排烟对上部热烟气层的散热效果好于 0.5m/s 纵向排烟，上部热烟气层温度进入旺盛阶段的时间最晚，但较早进入衰减阶段。纵向排烟速度的增加对上部热烟气层的散热效果更显著：1.0m/s 的纵向排烟条件下，上部热烟气层温度的衰减梯度最大；0.8m/s 纵向排烟对上部热烟气层的排热效果差于 1.0m/s 纵向排烟。

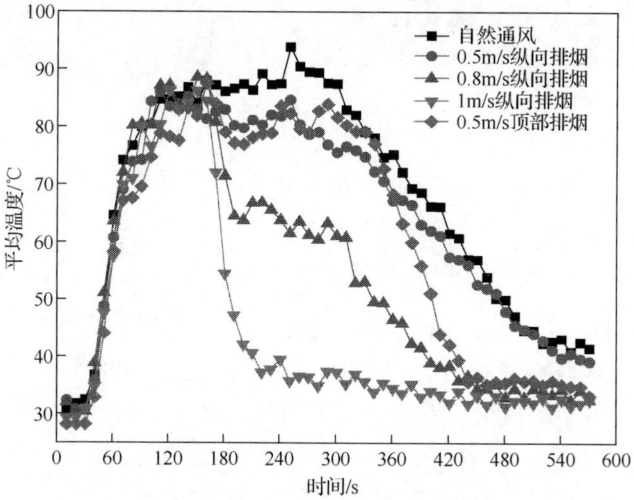

图 4.8　油盆上方 1.5m 测点平均温度

油盆上方 0.4m 隧道下部热烟气层平均温度如图 4.9 所示。0.5m/s 的纵向排烟工况下部烟气层平均温度峰值出现的时间早于顶部排烟约 90s，其峰值略高；0.5m/s 顶部排烟工况下部烟气层温度进入衰减阶段最早，对人员疏散更加有利。0.8m/s 和 1.0m/s 的纵向排烟造成下部烟气层温度略有升高，其幅度小于 0.5m/s 纵向排烟和顶部排烟工况，但进入衰减阶段较晚。

综上，自然通风条件下连续火焰区的辐射热通量最大，约占总热通量的 85%；间歇火焰区和浮力羽流区辐射热通量占总热通量的比例分别下降为 45%和 30%左右。自然通风条件下间歇火焰区对流换热量最大。

0.5m/s 纵向排烟条件下，旺盛阶段连续火焰区火焰辐射热通量峰值比自然通风条件增加了 30%左右。同时，0.5m/s 纵向排烟导致下部烟气层温度的大幅度上升，对人员疏散和火势控制不利。当纵向排烟速度继续增加至 0.8m/s、1.0m/s 时，旺盛阶段连续火焰区火焰辐射热通量的平均值变化不大，其波动幅度减小，峰值大大降低，而且上部热烟气层温度降低显著。因此，火灾应急救援过程中，应合理控制纵向排烟的速度，本实验条件下，纵向排烟速度应保持在 0.8m/s 以上，以实现对火焰辐射热的有效控制，最大程度控制火势的蔓延。

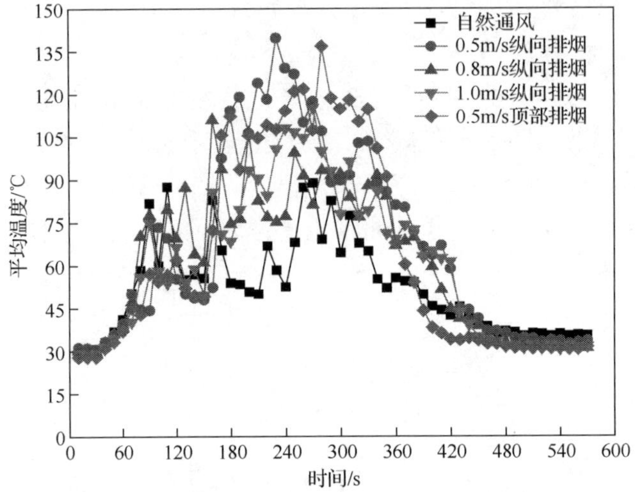

图 4.9　油盆上方 0.4m 测点平均温度

0.5m/s 顶部排烟对于连续火焰区火焰的辐射热通量有显著的降低作用，上部热烟气层温度进入旺盛阶段的时间最晚，且较早进入衰减阶段；下部烟气层温度峰值较小，且最晚达到峰值，其进入衰减阶段也最早。0.5m/s 顶部排烟对防止火势蔓延和人员疏散更加有利，是本节所讨论的隧道燃料控制型火灾中最佳的排烟形式。

4.2　细水雾与顶部排烟耦合系统对火灾的控制作用

4.2.1　实验设计

细水雾与火灾烟气相互作用的车站隧道实验模型主体尺寸为 6m×1.5m×2m，隧道长度方向内侧壁面（6m×2m）由双层 1.0mm 厚镀锌钢板+内置 30mm 保温棉夹层组成，外侧壁面由 6 块 1m×2m 防火玻璃构成，以方便实验过程的观察。隧道顶部结构与内侧壁面相同。隧道两端开口，外侧开口连接调频排烟风机。该隧道模型共设置了五个排烟风口，分别为纵向排烟、顶部排烟和侧面排烟，其中顶部排烟口 2 个，尺寸均为 0.3m×0.3m，设在实验平台的顶部中心线上，距离隧道中心均为 1.5m。在实验平台的末端设有 1m×1m 的纵向排烟风口，考虑到风量在风管中的损失，变频风机的最大风量为 22000m^3/h，通过变频器可以实现风量 0～22000m^3/h 的变化。每个风口可单独开闭，实现实验过程所需要的通风方式。此外细水雾喷头顶部中心线上一共设置三个喷头，隧道中心以及两侧距隧道中心 1.9m 处各一个，距离地面高度均为 1.8m。本实验选用 GXTA10 型号细水雾喷头，该喷头在 6MPa 压力下保护半径为 1.5m，流量系数为 1.25，雾滴直径为 80～200μm。实验油盘为直径 205mm、深度 15mm 的铸铁盘，置于隧道中央、细水雾喷头正下方。实物图如图 4.10 所示。

图 4.10　隧道模型

采用ϕ1mm 的 K 型铠装热电偶对油面、火源上方及实验火场中 1.5m、1.8m 高度的 14 个测点烟气温度进行测量。采用分布式气体分布测试仪测量隧道壁面距地面 1.5m 以及隧道中部距地面 1.8m 等 6 个测点处的 O_2、CO_2、CO 体积分数。采用梅特勒公司的 PL4002 电子天平对燃料的质量变化进行实时监测。测点具体布置见图 4.11、图 4.12。通过 DSL-1000 型连续式不透明度测试仪测得火场中央 1.5m 高度烟气的不透明度，该仪器由一个传输探头（TX）和一个接收探头（RX）以及操作界面（OI）组成，探头之间的间隔为 6m。图 4.13 为含能见度测试的隧道细水雾灭火实验现场布置图。本实验分为 8 种工况，每种工况进行五次重复实验，具体工况见表 4.2。

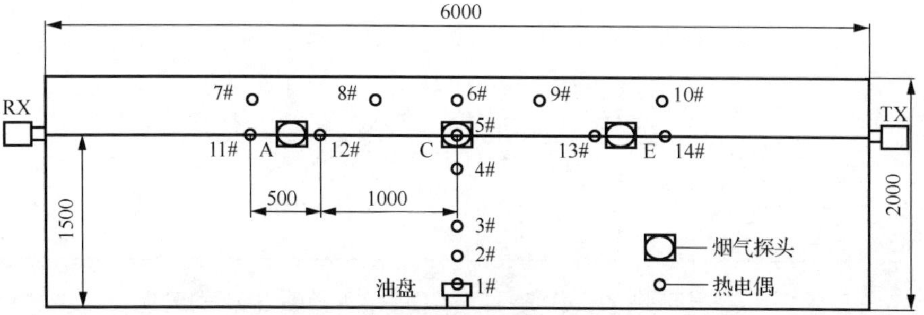

图 4.11　实验隧道模型侧面布置图（单位：mm）

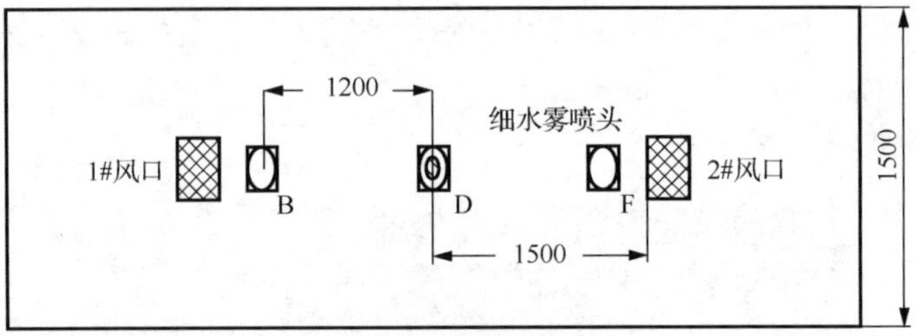

图 4.12　实验隧道模型顶部布置图（单位：mm）

图 4.13　含能见度测试的隧道细水雾灭火实验现场布置图

表 4.2　实验工况表

序号	顶部排烟启动时间/s	风速/(m/s)	喷雾启动时间/s	压力/MPa
1	—	0.1	—	—
2	—	0.1	120	6
3	50	0.8	—	—
4	90	0.8	—	—
5	120	0.8	—	—
6	50	0.8	50	6
7	90	0.8	90	6
8	120	0.8	120	6

实验开始前，测量环境的温湿度，采用加野四通道热球式风速仪 KA12 对隧道空间各断面及排烟口风速进行测试，自然通风条件下断面平均风速为 0.1m/s，顶部排烟开启情况下断面平均风速为 0.8m/s。在天平校准后向直径 205mm、深度 15mm 的铸铁油盆中加入 50ml 0# 柴油，并加入 3ml 汽油，使用点火器将其引燃。

4.2.2　细水雾与顶部排烟耦合作用下火源的热释放速率

采用质量损失速率法近似计算热释放速率。从自然通风条件下柴油的质量损失速率（图 4.14）可以看出，60～160s 近似为稳定燃烧阶段。柴油的热释放速率可以通过式（4.1）得到，其中，柴油的燃烧效率一般为 0.68～0.85，考虑本实验的通风条件，取 0.8；柴油燃烧热取 42.9×10^3kJ/kg。经计算，在自然通风条件下柴油热释放速率 Q 约为 8kW。

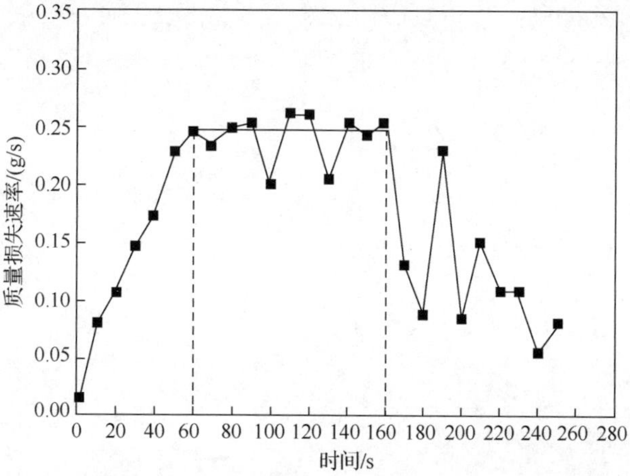

图 4.14　自然通风条件下柴油质量损失速率

图 4.15 表示自然通风和不同时间开启顶部排烟风机条件下燃料的质量损失速率（工况 1、3、4、5）。由图 4.15 可以看出，在 90s 开启顶部排烟时，质量损失

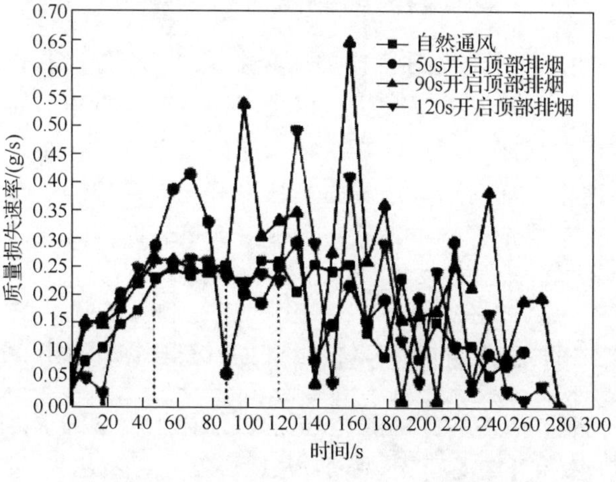

图 4.15　不同排烟条件下柴油质量损失速率

速率最快，波动最大，燃烧最为剧烈。此时燃烧进入充分发展阶段，火焰最高温度达到700℃以上，燃料迅速蒸发，卷吸进来的新鲜空气促进了燃料蒸汽与氧气的充分混合，加速了燃烧过程。在火灾增长阶段（50s）以及火灾减弱阶段（120s），火焰温度低于500℃，此时开启顶部排烟，其作用更多地体现为加快了烟气的对流换热散失，排烟对燃烧过程的影响表现不明显。

4.2.3 细水雾与顶部排烟耦合系统的冷却作用

图4.16为自然通风、单独施加细水雾或顶部排烟、顶部排烟耦合细水雾作用下（工况1、2、5、8）1.8m高度热烟气层平均温度、火焰最高温度的变化规律。

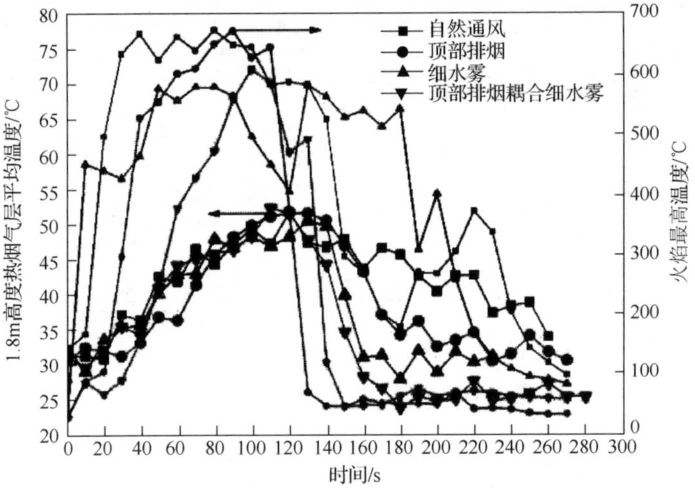

图4.16　热烟气层和火焰温度

由图4.16可知，细水雾与顶部排烟耦合系统对烟气层冷却作用最明显，而单独施加细水雾对于火焰冷却效果最优。这是因为当细水雾与顶部排烟耦合系统开启后，烟气层中水蒸气迅速饱和，雾滴与悬浮的烟气粒子凝结吸热，顶部排烟进一步提高了散热速率。而对于火焰表面，细水雾与顶部排烟耦合系统开启时，由于细水雾粒子在顶部排烟影响下不能完全覆盖火焰表面，因此其对火焰表面的冷却效果不及单独施加细水雾的工况。

4.2.4 细水雾与顶部排烟耦合系统对CO体积分数的影响

图4.17为自然通风以及在不同时间开启顶部排烟耦合细水雾系统条件下，隧道1.5m高度CO体积分数的变化规律。从图4.17可以看出，当细水雾开启10～30s以后，CO体积分数出现一个突跳，其峰值明显高于自然通风时CO的体积分

数。这是因为在细水雾喷洒的瞬间，雾滴与燃料挥发产生的可燃性碳氢化合物发生水煤气反应生成大量的 CO，此外，细水雾的施加导致烟气层下降，这也在一定程度上使得 CO 体积分数升高。其中，当在火灾的充分发展阶段（90s）加入细水雾，CO 体积分数会在细水雾喷洒的瞬间迅速飙升至 0.05%左右，为其他工况下 CO 体积分数峰值的 5～10 倍，表明此工况下细水雾施加初期的火焰强化现象最为明显，且极易引起沸溢及轰燃[115,116]。由此可以得出，在火灾的充分发展阶段，加入顶部排烟耦合细水雾效果不佳，极易发生沸溢、轰燃以及 CO 体积分数急剧升高等现象。同时可以看出，CO 突然增加的现象持续时间很短，之后，CO 体积分数即迅速下降到 0.005%以下，CO 体积分数下降的速度远远高于自然通风或者单独施加顶部排烟的工况。而且，顶部排烟及细水雾开启时间越早，对 CO 体积分数的抑制效果越明显。这是由于随着细水雾的施加，火灾的燃烧反应受到抑制造成的。

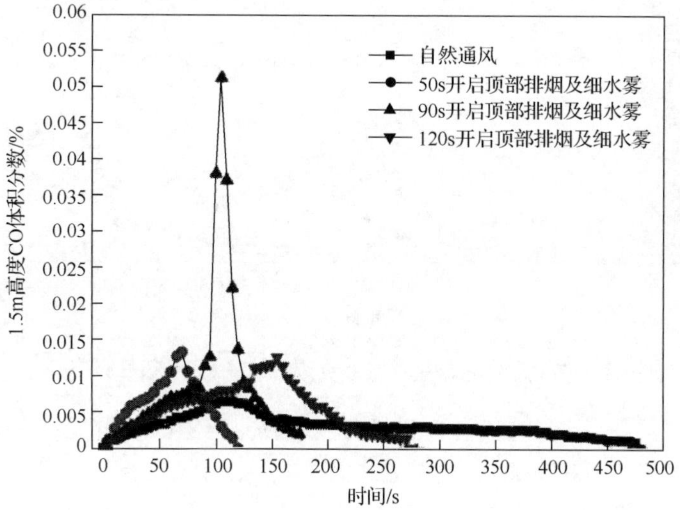

图 4.17　1.5m 高度 CO 体积分数

4.2.5　细水雾与顶部排烟耦合系统对能见度的影响

实验仪器所测得的数值为烟气的不透明度，能见度与不透明度的关系如下式：

$$S = \frac{2.52}{\ln\left(\frac{1}{1-T}\right)} \tag{4.3}$$

式中，S——能见度；

T——不透明度。

图 4.18 为自然通风、顶部排烟、顶部排烟耦合细水雾作用下的能见度及不透明度。

当能见度下降到 2m 以下，对安全逃生非常不利。从图 4.18 可以看出，能见度 2m 时对应的不透明度为 70%。当油盆被点燃后，烟气的产生使得烟羽流中的能见度迅速下降，在 45s 时能见度降低至 2m，降到最低点时仅为 0.35m。

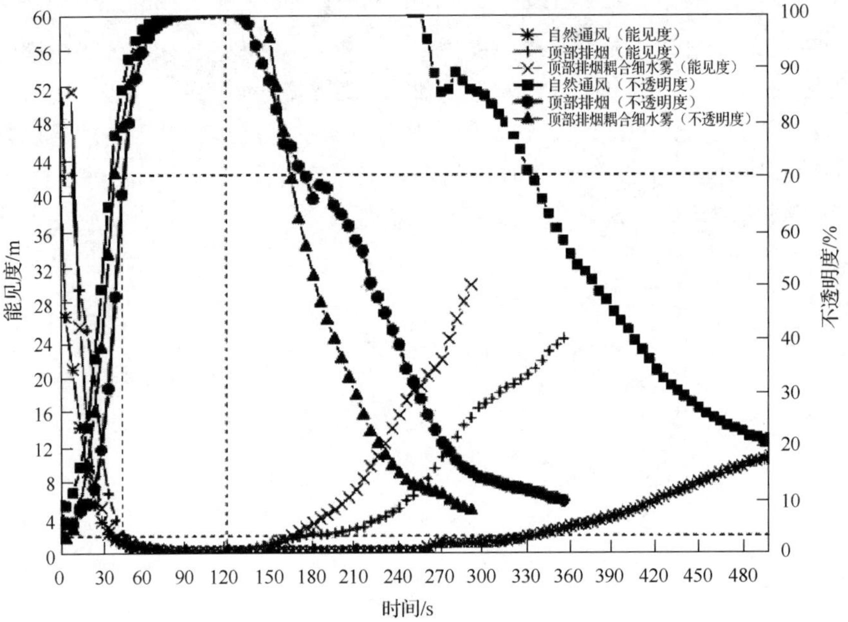

图 4.18　不同条件下能见度、不透明度的变化

在自然通风条件下，255s 时能见度开始增加，至 330s 时能见度提升至 2m，能见度提高梯度为 0.022m/s。

在 120s 单独开启顶部排烟（工况 5）条件下，130s 时能见度开始提升，175s 时能见度提升至 2m，能见度提高梯度约为 0.037m/s。这是由于当 120s 单独开启顶部排烟时，新风卷吸烟气粒子从排烟口排出，同时稀释作用使得烟气粒子体积分数快速下降，使得能见度升高。

在 120s 同时开启顶部排烟及细水雾（工况 8）条件下，140s 时火焰熄灭同时关闭细水雾，145s 以后能见度开始急剧增加，160s 时能见度提升至 2m，能见度提高梯度约为 0.11m/s。结合图 4.18 中的不透明度曲线可以看出，当顶部排烟耦合细水雾系统于 120s 启动后，烟羽流的不透明度维持在 99.9%的时间较单独开启顶部排烟时延长 15s 左右，这个现象说明在相同的排烟条件下，细水雾的开启使得能见度在瞬间有下降的趋势。这是由于细水雾施加后迅速蒸发，使烟气区域水蒸气迅速饱和，雾滴粒子的体积分数也迅速增加至最高值。随着雾滴粒子的体积分数不断增加，粒子的消光系数不断增大，使得火场能见度不断减小。同时，在细水雾关闭后 5s 左右，烟气的不透明度随着顶部排烟作用迅速降低，环境的能见度开始急剧增加，这也从另一个方面说明了施加细水雾对于火场能见度降低的负面作用，但是顶部排烟耦合细水雾系统可以很好弥补这一负面作用。并且，细水雾具有较好的冷却作用，施加后快速抑制燃烧反应，有效降低烟气层对火焰的辐射热反馈，使得烟气生成速率快速下降，因此，细水雾与顶部排烟耦合系统中能见度提升到 2m 的时间也提前到了 160s，比单独施加顶部排烟提前了 15s。

综上所述，虽然细水雾施加时其雾滴使得能见度进一步降低，但是在相同的排烟条件下，细水雾作用后烟气的能见度提高得更快[177]。

4.3　细水雾与纵向通风耦合系统对火灾的控制作用

4.3.1　单喷头细水雾与纵向通风耦合系统灭火有效性和影响因素分析

隧道火灾实验平台的主体尺寸为 6m×1.5m×2m，细水雾喷头位于实验平台的中央，距离地面高度 1.8m，工作压力为 0～15MPa 可调，流量系数 K 为 1.55，额定工作压力下细水雾保护半径为 1.55m，粒径分布为 60～400μm。油盘位置根据实验的需要进行调整，距离地面高度始终保持 200mm。实验用油盆尺寸为 25cm×20cm×5cm，为了保证实验安全，实验前先向油盆中加入 250ml 水作为防护层，再加入 100ml 0#柴油，最后加入 5ml 93#汽油用以引燃柴油。为防止柴油喷溅引燃其他物品，仪器的线路采用耐热管进行保护，油盆与天平间放置隔热板，以保护天平不受损伤。

烟气分析仪探头距离火源高度 100mm，监测实验过程中火焰燃烧区的 O_2 体积分数、CO 体积分数和 CO_2 体积分数的变化。将直径 1mm K 型铠装热电偶分为 2 排，其中 1#、3#、5#热电偶和 7#热电偶距离地面的距离为 700mm，2#、4#和 6#热电偶距离地面的距离为 1700mm。在火源正上方布置了一束热电偶树，从上至下依次为 8#、9#、5#和 10#热电偶，其中 10#热电偶距离火源 100mm，9#热电偶距离火源 1000mm，8#热电偶距离火源 1500mm。总热流流量计和辐射流量计并排放置在距离火源 1m 处。开启纵向排烟模式，根据每组实验目的不同，选择不同的火源位置、排烟风量以及工作压力，风量与风速可通过控制柜进行调节。隧道实验平台测点的布置情况如图 4.19 所示，具体实验安排如表 4.3 所示。

每次开始实验前，测量并记录实验平台内的温湿度，校正各个热电偶、风速仪探头和流量计的位置，对天平进行调零和校准。启动等各监测系统后将油盆点燃，当预燃时间达到 90s 时，根据实验工况选择开启不同通风排烟模式及风速，同时开启细水雾灭火系统进行灭火。

在细水雾熄灭火焰后继续喷雾 10s 来降温、降尘，然后停止喷雾并开启排烟。为保证各组实验间的相互独立性，每次实验后最少通风 15min，等实验平台内温度、湿度以及氧气体积分数恢复至与周围环境相应参数一致时，方可开始下次实验，以确保实验平台内的环境不会受到上组实验的干扰。为了保证实验结果的重复性与可靠性，每组实验做三次进行对比，若三次实验相差较大，则重复的次数将更多。

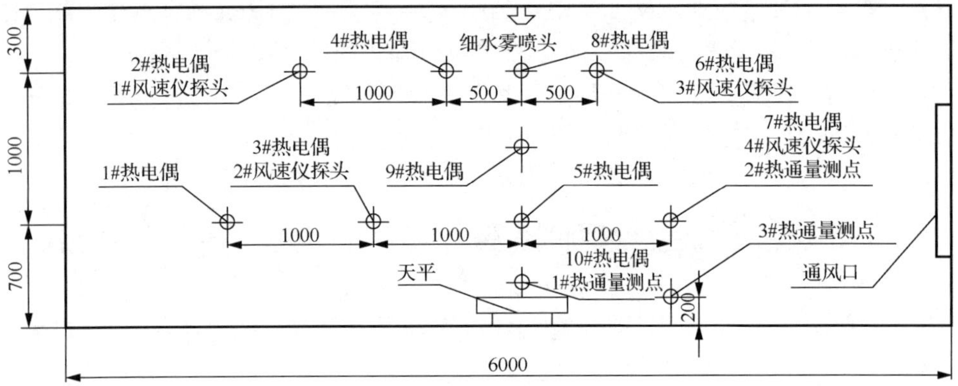

图 4.19　实验测点布置（单位：mm）

表 4.3　实验工况表

序号	通风模式	火源断面风速/(m/s)	细水雾压力/MPa	通风开启时间/s	细水雾开启时间/s
1	自然通风	0.1	无	无	无
2	自然通风	0.1	6	无	90
3	自然通风	0.1	10	无	90
4	自然通风	0.1	15	无	90
5	纵向通风	0.5	无	90	无
6	纵向通风	1.0	无	90	无
7	纵向通风	1.5	无	90	无
8	纵向通风	0.5	6	90	90
9	纵向通风	1.0	6	90	90
10	纵向通风	1.5	6	90	90
11	纵向通风	0.5	10	90	90
12	纵向通风	1.0	10	90	90
13	纵向通风	1.5	10	90	90
14	纵向通风	0.5	15	90	90
15	纵向通风	1.0	15	90	90
16	纵向通风	1.5	15	90	90

图 4.20 为不同风速条件下，细水雾与纵向通风耦合系统抑制熄灭柴油池火实

验中火源上方 5#测点的温度变化。从图 4.20 中可以看出，风速越大，细水雾对于火源燃烧区的降温效果滞后时间越长，这是因为风速会改变细水雾的雾形，细水雾中粒径较小的雾滴未能与火羽流充分作用。随着风速的不断增加，细水雾雾形的改变也不断增大，导致其不能有效地降低燃烧区的温度，但是细水雾对于整个实验平台内温度场的发展还是起到了明显的抑制作用。

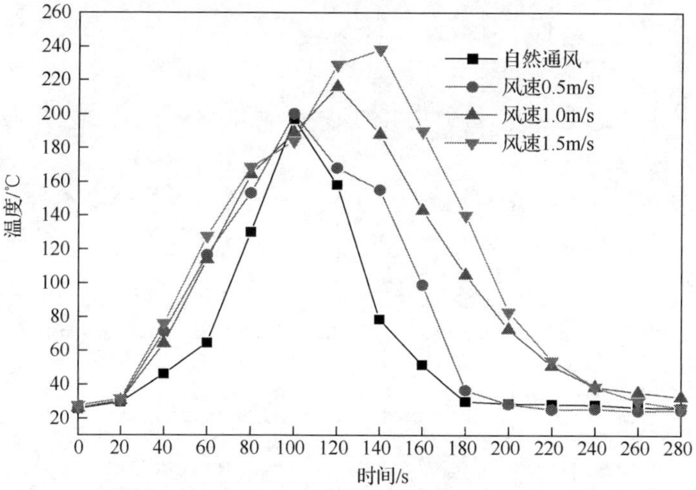

图 4.20　6MPa 压力各风速下 5#测点温度变化

不同风速条件下通风与细水雾耦合作用灭火过程中，3#测点处辐射热通量的变化如图 4.21 所示。

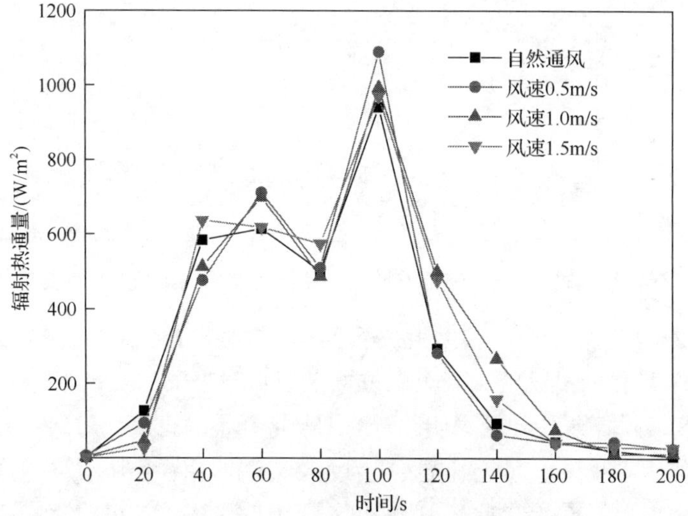

图 4.21　6MPa 压力各风速下 3#测点辐射热通量变化

从图 4.21 不难发现，当施加了细水雾后，火焰的辐射热通量迅速降低，这对于控制火势的发展是极为有利的。纵向通风与细水雾耦合作用时，通风对细水雾衰减辐射热的灭火机理影响较小。

通风条件会改变细水雾的雾形，导致其不能更有效地保护其作用范围，并且这种作用随着风速的增加而越发明显。在通风环境增加烟气对流换热损失的同时，卷吸大量新鲜空气，因而不能有效地发挥细水雾隔氧窒息的灭火机理。对于通风情况良好的火焰，细水雾必须具有足够的初始喷雾动量将雾滴推入火焰燃烧区，并将在火焰区产生的水蒸气推向燃料表面，也就是说必须在喷头和细水雾动力学特性方面有所补偿。

由于本节选用的喷头在 10MPa 压力下，细水雾的保护半径约为 80cm，因此，改变火源的位置，相对喷头正下方位置而言，在距离喷头正下方的水平距离均为 80cm 的上风侧与下风侧布置火源，测试分析风速为 1.0m/s，工作压力为 10MPa，火源在细水雾喷头不同位置时，通风与细水雾耦合作用下火源上方 10cm 处火焰温度的变化情况见图 4.22。

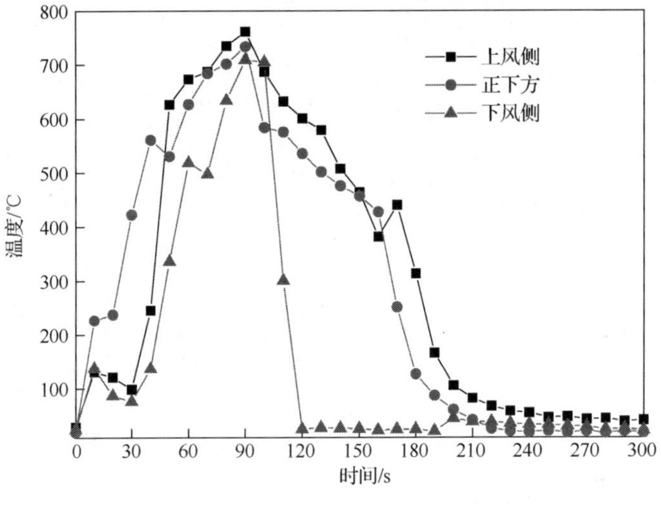

图 4.22　通风与细水雾耦合作用下不同火源位置火焰的温度变化

从图 4.22 中可以看出，当火源处于不同位置时，通风与细水雾的耦合作用对于灭火的影响是显而易见的。当火源位置在细水雾喷头的上风侧时，施加细水雾之后温度的降低非常缓慢，这说明此时的细水雾并不是直接喷射到火焰燃烧区，而是依靠卷吸作用卷吸进入火焰燃烧区，因而与火焰的相互作用缓慢，温度下降的也比较缓慢；当火源位置处于细水雾喷头的正下方时，由于通风的影响，细水雾雾形会有一定程度的偏移，因此只有部分的细水雾能够直接喷射到火焰燃烧区，因此对于温度的控制作用也不是非常明显；当火源处于细水雾喷头的下风侧的时候，通风与细水雾的耦合作用刚好可以让细水雾的雾形偏移至火源上方，在其保护范围之内，大部分水雾都可以直接喷射入火焰燃烧区，因此温度的降低非常迅速。

图 4.23 为不同纵向通风风速条件下，火源位置不同时，10MPa 细水雾的平均灭火时间。

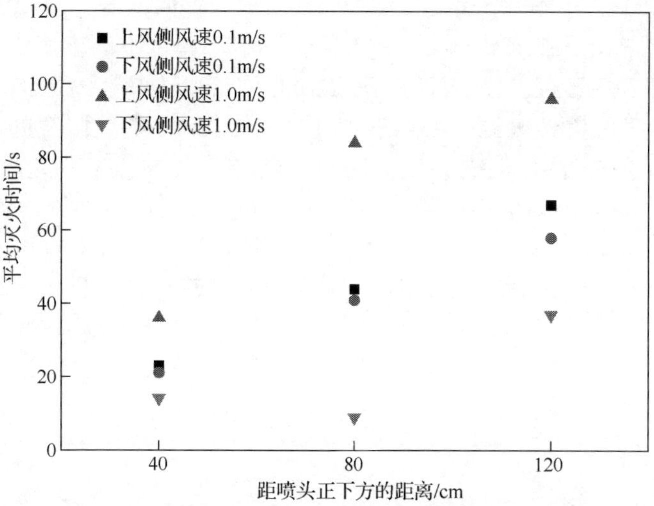

图 4.23　距喷头正下方不同距离时的平均灭火时间

从图 4.23 中我们不难发现，在 0.1m/s 自然通风条件下，细水雾的平均灭火时间随着火源距离喷头正下方距离的增加而增大，此时火源位于细水雾喷头的上风侧与下风侧的影响不大，平均灭火时间相差不到 5s。当纵向通风风速增加到 1.0m/s 时，火源位置处于细水雾喷头的上风侧与下风侧的差别非常明显，并且随着火源距离细水雾喷头正下方距离的增加，灭火时间的差距也随之增大。但是我们可以看到，当纵向通风风速为 1.0m/s 时，火源处于细水雾喷头正下方下风侧 80cm 时的灭火时间最短，效果最好，原因是 1.0m/s 纵向通风导致细水雾雾形偏移，偏移量取决于细水雾的工作压力和通风的耦合作用。工作压力越大，偏移量越小；风速越大，偏移量越大。当火源距离喷头距离进一步增大到 120cm 的时候，灭火时间又开始增长，说明在 10MPa 工作压力下，1.0m/s 的风速会使雾形偏移约 80cm，因而下风侧 80cm 处的平均灭火时间最短，效果最优。

综上所述，喷头的布置方式及其与火源的相对位置会影响细水雾的灭火效果[178]。因此，在细水雾灭火系统的设计时应充分考虑通风因素的影响，合理设计细水雾喷头间距，保证有足够量的细水雾喷射进入火焰区域。

4.3.2 双喷头细水雾与纵向通风耦合系统抑制池火的实验研究

1. 实验模型构建

以东北大学地下工程火灾实验室为原型，按照 1∶4 的比例，搭建长×宽×高为 4.5m×1.8m×0.75m 的受限空间实验模型，在实验模型的两端分别设置边长 300mm 的通风口，顶部设置细水雾喷头，进行纵向通风环境中不同压力单双喷头细水雾抑制ϕ600mm、体积分数为 95%的工业酒精池火的对比实验。火源置于受限空间底部中间位置，喷头置于火源中心两侧水平距离 550mm 的受限空间顶部。采用垂直间距 100mm、ϕ1mm K 型铠装热电偶测试火焰及火场温度的演变，利用 Gardon 水冷式热流计测量火焰总热流与辐射热流通量，利用 HS-30B 及 TS-30 热流计测试地面接收到的总热流与辐射热流通量，对比分析不同压力和流量单双喷头细水雾和 0.5m/s 纵向通风耦合系统抑制酒精池火的热传递机制、隔氧窒息作用及灭火有效性。热电偶的短期工作温度为 1200℃，长期工作温度为 900℃，误差一般在 0.67%t～0.89%t。热流计的准确度均优于 3%。实验模型及测点布置见图 4.24。

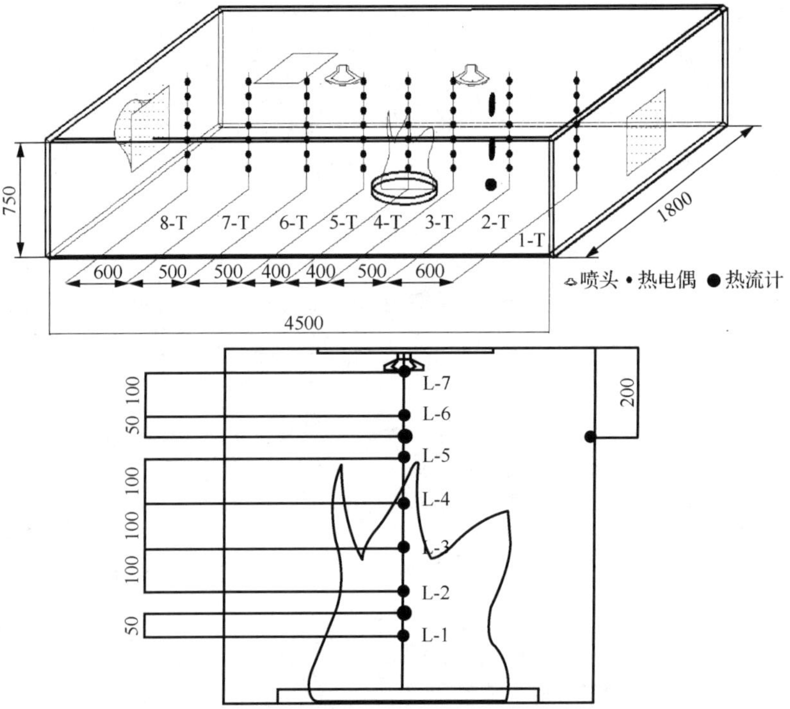

图 4.24　实验模型和测点布置图（单位：mm）

2. 单双喷头细水雾灭火有效性和临界参数

利用 GX-30K 电子天平（精度为 0.01g、最大量程为 31kg），首先进行双开口 0.5m/s 纵向通风条件下火源质量损失速率的实时监测，采样间隔为 1s，见图 4.25。双开口纵向通风条件下氧气供应充足，燃料燃烧的热效率取值为 85%，得到火灾热释放速率曲线见图 4.26。可见本实验条件下，双开口 0.5m/s 纵向通风条件下 ϕ600mm 酒精池火旺盛阶段热释放速率最大可达 120kW。

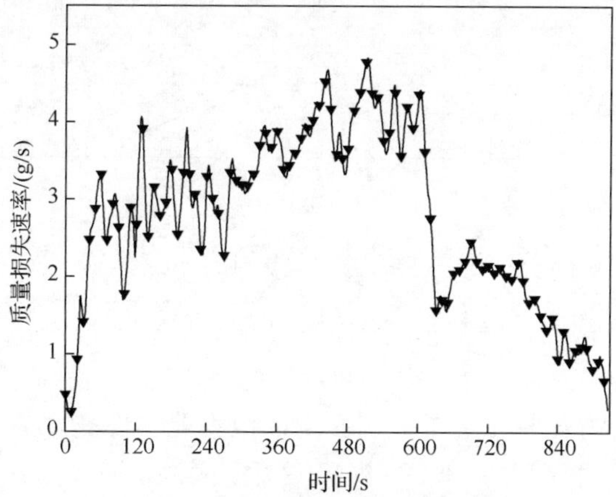

图 4.25　质量损失速率

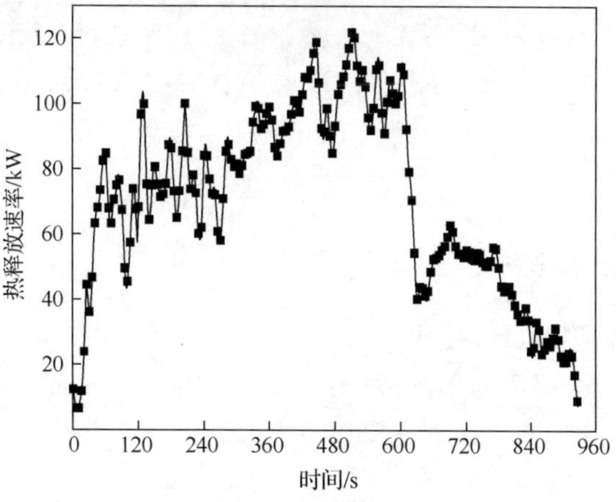

图 4.26　火灾热释放速率

调整排烟风机频率，使实验模型断面平均风速达到 0.5m/s。点火后 120s 开启排烟风机，点火后 480s 分别启动不同压力 K=1.2 单喷头和 K=0.5 双喷头细水雾，不同工况下酒精池火的灭火时间如图 4.27 所示。

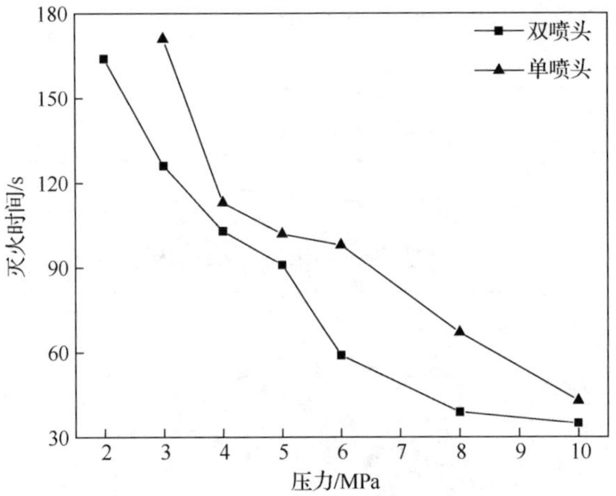

图 4.27 灭火时间

由图 4.27 可以得到，当细水雾压力小于等于 5MPa 时，虽然双喷头细水雾工况灭火时间低于单喷头细水雾灭火时间，但两种情况下灭火时间均需要 90s 以上，说明细水雾对火灾的发展起到了抑制作用，但不能实现高效灭火。当压力增加到 6MPa 时，双喷头细水雾可以在 60s 内实现有效灭火，单喷头 6MPa 细水雾灭火时间则需要 105s。继续增加压力，当工作压力增加到 8MPa 以后，K=0.5 双喷头细水雾灭火效率提高的幅度减小，K=1.2 单喷头细水雾的灭火时间仍成倍缩短。综合以上考虑，在点火后 480s 开启单个 K=1.2 细水雾喷头熄灭 120kW 酒精池火的最佳工作压力为 10MPa（图 4.27），所需雾通量为 12L/min，所需灭火时间 43s；480s 开启 2 个 K=0.5 细水雾喷头灭火的最佳工作压力为 8MPa，所需雾通量为 8.94L/min，所需灭火时间 35s。

3. 单双喷头细水雾灭火机理的对比分析

1）细水雾对火焰的冷却作用

图 4.28 为 0.5m/s 纵向通风环境中，点火后 480s 分别施加 8MPa、K=0.5 双喷头和 K=1.2 单喷头细水雾情况下，420～640s 的火焰最高温度的演变过程。从图中可以发现，480s 施加 K=0.5 双喷头细水雾后火焰温度呈直线急速下降到 60℃以下。双喷头细水雾直接快速冷却并熄灭火焰，说明双喷头细水雾对火焰的冷却作用在灭火过程中起到了重要的作用。在开启 K=1.2 单喷头细水雾后火焰最高温度在整体趋势上呈减小状态，但是，火焰温度分别在 510～540s 和 570～600s 出现了两次大幅度上升，说明火焰出现了复燃现象。

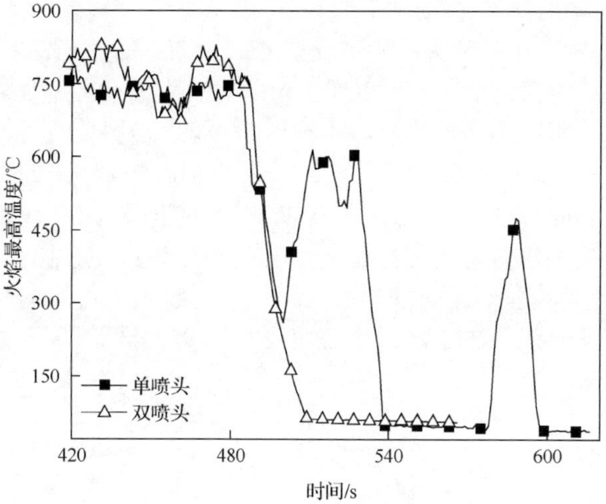

图 4.28　火焰最高温度的对比

2）细水雾稀释氧气作用

单双喷头细水雾作用下燃料附近氧气体积分数的变化情况见图 4.29。可以看出，双喷头细水雾作用的瞬间，燃料附近氧气体积分数直线降低到了 13%以下，细水雾起到了窒息隔绝氧气的作用。在双喷头细水雾窒息隔绝氧气作用的促进下，燃烧得到了进一步的抑制，火焰温度受到了急剧的冷却。而单喷头细水雾施加的瞬间，燃料附近氧气体积分数非降反升，瞬间提高到了 18%左右，这是单喷头细水雾的加入对新鲜空气产生卷吸作用，促进了燃烧，并造成火焰复燃和温度间歇提高的现象。

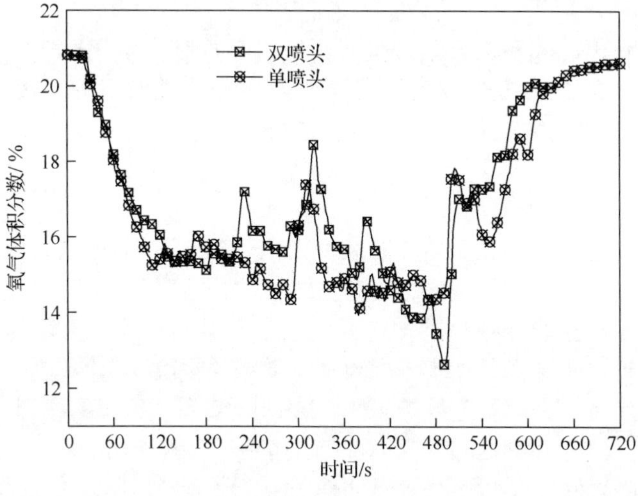

图 4.29　燃料附近氧气体积分数的变化

3）细水雾对辐射热通量的衰减作用

图 4.30 为单喷头和双喷头两种工况下 420～580s 的火焰辐射热通量和地面接收到的辐射热通量的变化情况。可以看出，单双喷头细水雾施加后 30s，连续火焰区与间歇火焰区的辐射热通量均衰减了 85%～95%，两种工况的差别不大，说明单双喷头细水雾对火焰辐射热通量的衰减作用相当。K=0.5 双喷头细水雾施加后的 15s 内，地面接收到的辐射热通量从 3.7kW/m^2 直线下降到 0.7kW/m^2，衰减了 81%左右，说明双喷头细水雾对地面接收到的辐射热通量产生了强烈的衰减作用。在 K=1.2 单喷头细水雾施加后的 15s 左右，地面接收到的辐射热通量首先下降了 45%左右，之后迅速反弹，并在 30s 时出现第 2 次辐射热通量的反弹现象，这可能是火焰的复燃现象造成的。

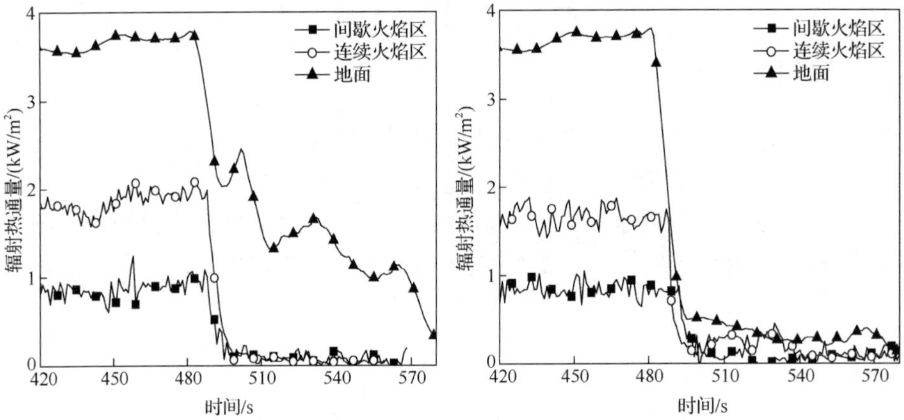

（a）K=1.2单喷头　　（b）K=0.5双喷头

图 4.30　单双喷头细水雾对辐射热通量的衰减作用

综上可以看出，喷头数量的改变对于细水雾抑制火焰辐射热衰减机理并没有发生太大变化。单喷头细水雾对于地面接收到的辐射热通量的衰减作用相对较弱，细水雾对地面接收到的辐射热通量的衰减机理在双喷头工况下发挥了更为重要的作用。

4）细水雾对燃料表面的冷却作用

单双喷头作用下燃料表面温度的演变如图 4.31 所示。可以看出，双喷头细水雾施加后 35s 左右，火焰即被熄灭，但燃料表面温度仍处于相对较高水平，火焰熄灭后，燃料表面温度才逐渐冷却，说明细水雾对酒精池火火焰的冷却作用是其灭火的主导机理。单喷头细水雾施加初期，燃料表面温度下降缓慢，但随着细水雾的持续施加，燃料表面温度持续下降，并最终起到了灭火的作用。

综上所述，单喷头细水雾对新鲜空气的卷吸作用，一定程度上促进了燃烧，出现了火焰温度瞬间提高和火焰复燃的现象[179,180]。单喷头细水雾灭火的主导机理为对燃料表面的冷却作用。

双喷头细水雾作用的瞬间，燃料附近氧气体积分数直线降低到了 13%以下，燃烧得到了有效的抑制，火焰温度受到了急剧的冷却。双喷头细水雾对火焰的冷却作用、窒息作用和对地面接收到的辐射热通量的衰减机理在双喷头细水雾灭火过程中起到了重要的作用。

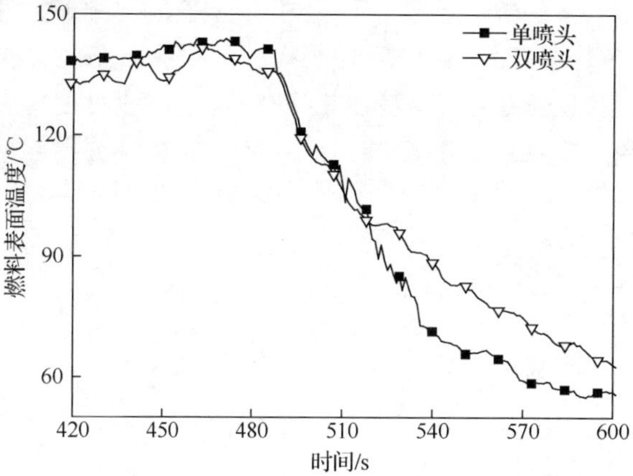

图 4.31　燃料表面的冷却作用

4.4　细水雾与不同排烟模式耦合系统灭火的有效性及主导机理

利用图 4.24 所示的实验模型，按照同样的测点布置，开启顶部排烟模式，选择不同的排烟风量以及细水雾工作压力，进行细水雾与顶部排烟耦合系统灭火实验（表 4.4），并与表 4.3 所示的细水雾与纵向排烟耦合系统的实验结果进行对比，分析不同排烟模式和细水雾耦合系统灭火的有效性及主导机理。

表 4.4　实验工况表

序号	通风模式	火源断面风速/(m/s)	细水雾压力/MPa	通风开启时间/s	细水雾开启时间/s
1	顶部排烟	0.5	无	90	无
2	顶部排烟	1.0	无	90	无
3	顶部排烟	0.5	6	90	90
4	顶部排烟	1.0	6	90	90
5	顶部排烟	0.5	10	90	90
6	顶部排烟	1.0	10	90	90
7	顶部排烟	0.5	15	90	90
8	顶部排烟	1.0	15	90	90

4.4.1 细水雾与不同排烟模式耦合系统灭火效果的对比

图 4.32 为 0.5m/s 风速不同排烟模式与 6MPa 细水雾耦合作用下柴油池火火源正上方 5#测点温度的变化。由图 4.32 可以看出，在 0.5m/s 纵向排烟与 6MPa 细水雾耦合作用时火源上方的温度下降速度要明显缓于顶部排烟。这是纵向排烟导致细水雾雾形偏移，对其正下方保护区域的控火效果大打折扣。虽然顶部排烟加强了火羽流的曳力，致使施加细水雾初期雾滴穿越火羽流难度增大，但是随着细水雾的持续施加，当火焰燃烧区的温度明显降低，细水雾雾滴能够穿越火羽流而直接作用于火源表面时，其对火焰的控制效果就显得尤为明显。

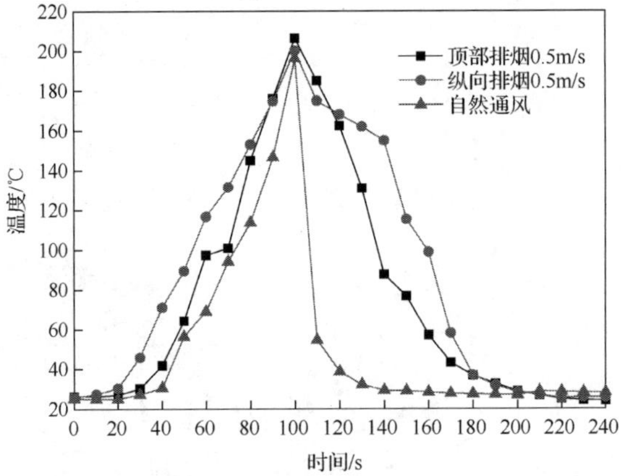

图 4.32 不同排烟模式与 6MPa 细水雾耦合作用下 5#测点温度变化

保持 0.5m/s 排烟风速不变，提高细水雾压力至 10MPa 和 15MPa，耦合系统作用下 5#测点的温度变化见图 4.33 和图 4.34。

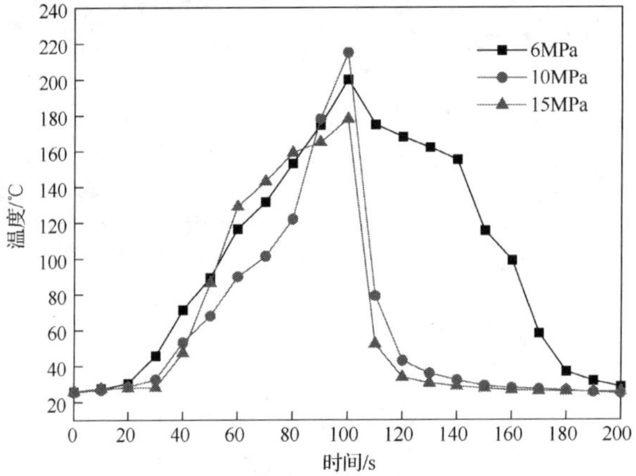

图 4.33 0.5m/s 纵向排烟与不同压力细水雾耦合降温作用

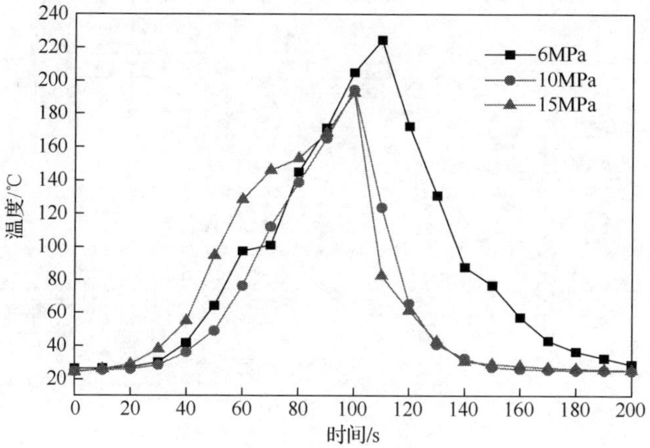

图 4.34　顶部排烟与不同压力细水雾耦合作用对温度影响

从图 4.33 和图 4.34 可以看出，当细水雾工作压力较小时，两种通风排烟模式对细水雾冷却火焰作用的影响均比较大。随着细水雾工作压力的增加，灭火效果有所提高。当压力增大到 15MPa 时，细水雾初始动量增大，纵向排烟导致的雾形偏移对灭火效果的影响可以忽略不计，顶部排烟导致的火羽流曳力增大的作用虽然逐渐被削弱，但其影响仍然存在。

图 4.35 为 0.5m/s 风速不同排烟模式与 6MPa 细水雾耦合作用下柴油池火火焰辐射热通量的变化。图 4.36、图 4.37 分别为 0.5m/s 风速纵向排烟和顶部排烟与不同工作压力细水雾耦合作用下，柴油池火火焰辐射热通量的变化趋势。由图 4.35～图 4.37 可以看出，与耦合系统对火源温度的影响效应相似，相同风速下，顶部排烟与细水雾耦合系统衰减辐射热的作用要大于纵向排烟，随着细水雾工作压力的增加，通风排烟对于细水雾衰减辐射热的负面影响逐渐减小。

图 4.38 为不同排烟模式和不同压力细水雾耦合作用下的平均灭火时间。当工作压力为 6MPa 时，纵向排烟耦合系统的灭火时间明显长于顶部排烟耦合系统。风速的增加并没有大幅度增加顶部排烟模式下的灭火时间：当压力增长到 10MPa 时，顶部排烟和纵向排烟灭火时间差别缩小，误差范围不超过 10s；当压力增长到 15MPa 时，不同排烟模式与细水雾耦合作用的灭火时间都能控制在 10s 以内，误差范围不超过 3s。当工作压力超过 10MPa 时，工作压力的增加对于细水雾灭火效果的提升非常有限，因此 10MPa 是最优选择，既可以保证灭火的有效性，又可以满足系统设计的经济性。

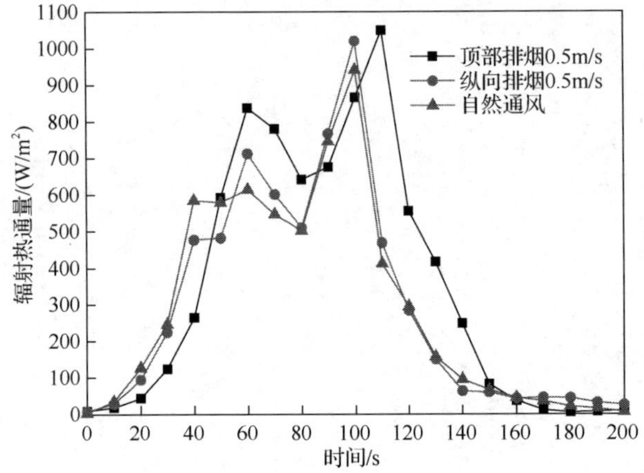

图 4.35　不同排烟模式与 6MPa 细水雾耦合作用下辐射热通量的变化

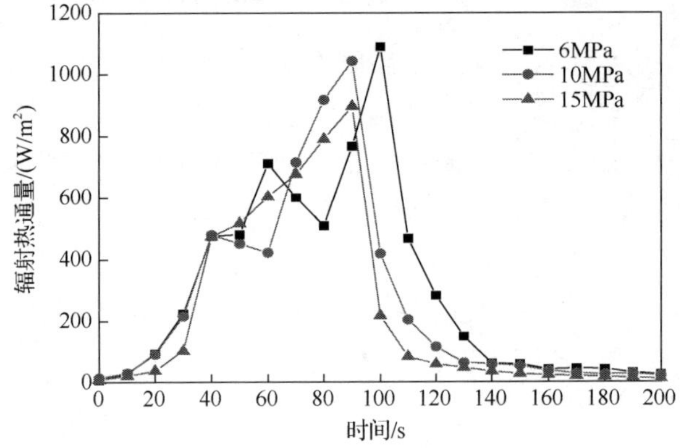

图 4.36　纵向排烟与不同压力细水雾耦合作用对火焰辐射热通量的影响

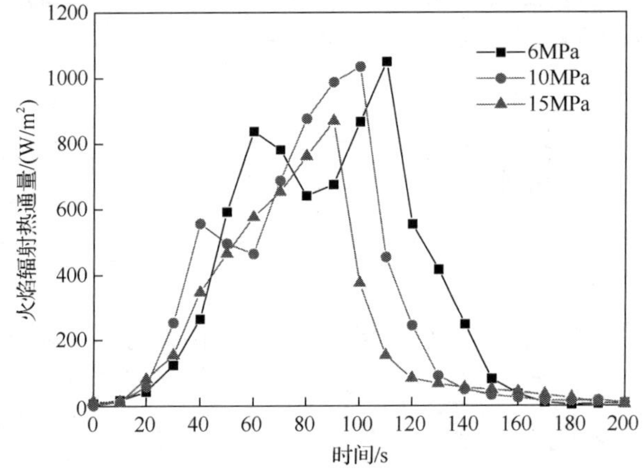

图 4.37　顶部排烟与不同压力细水雾耦合作用对火焰辐射热通量的影响

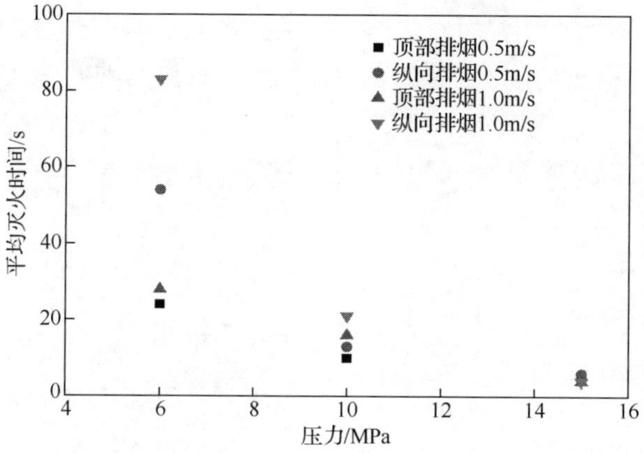

图 4.38　不同排烟模式和不同压力细水雾耦合作用下的平均灭火时间

综上，不同的通风排烟模式对于细水雾灭火的影响较大。在通风与细水雾耦合系统灭火的过程中，通风对于细水雾灭火带来的不利影响可以通过提高细水雾工作压力的办法得到缓解。实验证明随着细水雾工作压力的增加，细水雾灭火的效率是逐渐提高的。当细水雾的工作压力提高到一定程度，工作压力的增加对于细水雾灭火效果的提升效果非常有限。因此，在细水雾灭火系统的设计中应根据实际需要选用适当的细水雾工作压力，以保证兼顾灭火效果与细水雾系统设计的经济性。

4.4.2　细水雾与不同排烟模式耦合系统灭火的主导机理

本节所讨论的实验在通风环境下进行，通过氧气体积分数的变化曲线可以确定实验平台内新鲜空气的补给充足。施加细水雾时一氧化碳体积分数有所增加的原因是雾滴汽化的水蒸气与燃烧产物的炭黑发生水煤气反应，同时细水雾的作用使得烟气层下降。因此，在通风与细水雾耦合作用时，氧气供给比较充足，细水雾雾滴汽化膨胀稀释氧气和隔氧窒息作用是十分微弱的。

火源上方热电偶树的温度变化表明，在施加细水雾的初期，只有少量的粒径较大的细水雾雾滴能够穿过火羽流，因而细水雾无法立即对燃料进行有效的表面冷却。随着细水雾的持续施加，细水雾雾滴与火羽流接触时，粒径较小的雾滴立即汽化吸热，导致火源上方羽流区的温度立即下降，火焰区的温度大幅度降低，才有更多的细水雾雾滴能够到达火源表面实施表面冷却。同时，由于通风会造成细水雾雾形整体偏斜，对细水雾灭火效果产生不利影响。随着细水雾工作压力的增大，可以补偿通风造成的雾形偏移对于细水雾灭火的不利影响。

在通风与细水雾耦合作用的情况下，池火火焰的拉伸现象更加明显。图 4.39 为通风与细水雾耦合作用下火焰的红外热像图。从图 4.39 发现，通风与细水雾的耦合作用下，火焰形态始终处于拉伸扭曲的状态，火焰根部与油面连接的直径逐渐缩小。到 98s 时可以明显发现火焰根部的直径明显缩小，整个火焰区呈倒三角形，在 100s 时，在通风与细水雾的耦合作用下，火焰与油面的连接被撕扯开，火焰熄灭。

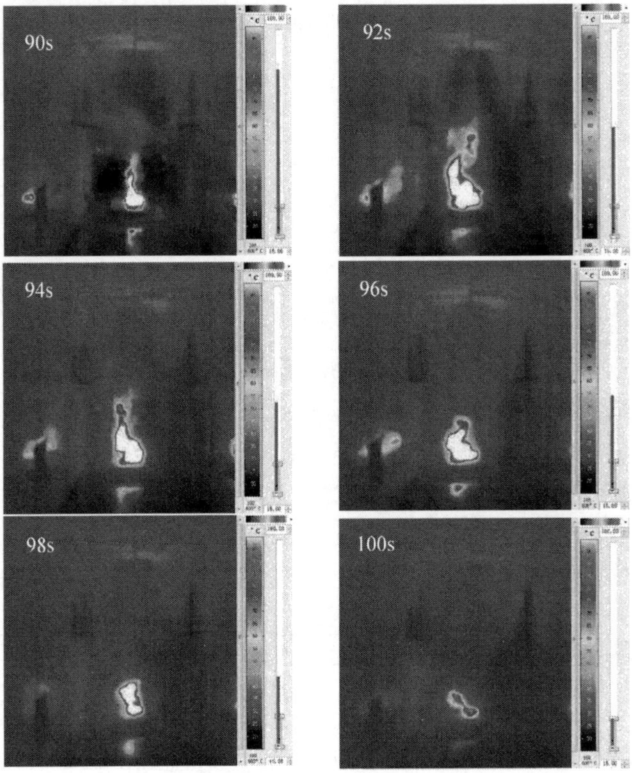

图 4.39 火焰的红外热像图

在 92s 火焰的红外热像图中，可以观测到细水雾施加的瞬间火焰加强的现象。由辐射热通量的数据可以发现，辐射热通量在细水雾施加初期会由于火焰加强现象而出现短暂的急剧增加，之后会迅速降低，直至火焰熄灭。由此可以判断通风与细水雾耦合作用对于衰减辐射热的影响很小。作为细水雾灭火的主要机理之一，细水雾通过衰减火焰辐射热大大降低了火灾蔓延的速度，能够有效地避免轰燃现象的出现，通风和细水雾耦合作用下衰减辐射热仍然是细水雾灭火的重要手段。

综上所述，我们可以将通风与细水雾耦合作用下灭火的过程分为三个阶段，即强化燃烧阶段、控制阶段和熄灭阶段。不同阶段通风与细水雾耦合作用下灭火的主导机理也是不同的。

1）强化燃烧阶段

在细水雾施加的初期，可以观察到火焰的尺度和规模明显增大，这一阶段为火焰强化阶段，该阶段的持续时间较短，一般在 5s 以内。火焰强化阶段，由于细水雾雾滴的喷雾动量无法克服火羽流曳力和通风的影响，水雾很难穿过羽流到达火焰根部，其灭火主导机理为火焰冷却和衰减辐射热。

2）控制阶段

随着细水雾的持续施加，在细水雾雾滴汽化吸热、稀释氧气、衰减辐射热等作用的影响下，火势逐渐得到控制，通风与细水雾的耦合作用使得火焰被拉伸压缩，尺度明显缩小，甚至被压缩到油盆的角落。并且通风与细水雾的耦合作用大大降低了火羽流区的温度，使得大多数粒径的细水雾雾滴都可以穿过火羽流直接作用于火焰根部，此时灭火的主导机理为表面冷却和衰减辐射热。

3）熄灭阶段

随着细水雾的不断施加，在通风和细水雾的耦合作用下，当火焰被拉伸压缩到油盆角落，在动力学作用和表面冷却的共同作用下，火焰被进一步拉伸，火焰根部与油面连接的直径逐渐缩小，呈现类似倒三角形，最后火焰根部被切断，悬浮在油盘上方，缺少了持续的可燃蒸气的供应，火焰被熄灭。该阶段的主导机理为细水雾动力学作用和表面冷却。

通风与细水雾耦合作用下灭火时，衰减辐射热始终发挥着重要作用，并且风速越大，细水雾灭火依靠火焰冷却和衰减辐射热通量作用阶段的时间越长。由于实验始终处于通风环境，燃烧区域氧气补给充足，因此隔氧窒息作用不明显。

4.5 通风与细水雾耦合作用的尺度模拟分析

本节根据小尺度的实验结果，按照尺度关系的相似准则，确定了大尺度空间几何结构、空气流动、火源特性以及细水雾粒径等参数，采用 FDS 进行了大尺度空间实验的模拟，对比大尺度空间的模拟数据与小尺度的实验数据，对 Heskestad[146]提出的经验尺度公式进行验证，并根据实际情况进行了修正。

4.5.1 尺度模拟模型的建立

在尺度模拟中，对于实验空间首先应做到几何相似。对于受限空间内通风与细水雾耦合作用下灭火的尺度模拟，可以选取空间高度、喷头与可燃物火焰面的垂直距离等作为尺度模拟的特征尺寸。

模拟实验按照与实验平台的相似比为 3∶1 建立，即在 18m×4.5m×6m 的空间内进行。模拟空间与实验平台严格保持几何相似。火源断面为 750mm×600mm。根据总结的尺度关系，确定模拟实验的主要参数如表 4.5 所示。

表 4.5　模拟实验的主要参数

变量	小尺寸实验	比例关系	尺度模拟
火源单位面积热释放速率	200kW/m^2	$Q \propto L^{5/2}$	3.12MW/m^2
风速	0.5m/s	$v \propto L^{1/2}$	0.87m/s
时间	90s	$t \propto L^{1/2}$	156s
压力	6MPa	$p \propto L$	18MPa
雾滴粒径	100～300μm	$D_l \propto L^{1/2}$	173～519μm
雾滴速度	9.64m/s	$v_t \propto L^{1/2}$	16.7m/s

模拟实验的测点的布置遵循相似比按照实验平台的位置布置，通风口的位置与数量也按照几何相似设置，具体位置如图 4.40 所示。

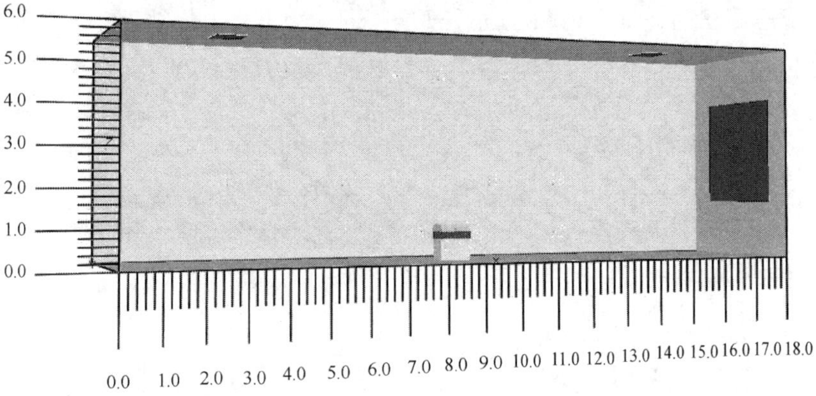

图 4.40　数值模拟模型（单位：m）

模拟火源与实验火源一致，均采用柴油池火，通风方式采用抽出式的纵向排烟。为了与实验中细水雾工作压力 6MPa、纵向通风风速 0.5m/s 的工况进行对比，火源热释放速率取 3.12MW/m^2，风速设置为 0.87m/s。细水雾采用单相水介质，初始温度为 25℃，密度为 1000kg/m^3，比热容为 4.186J/(g·℃)，蒸发潜热为 2259.1kJ/kg，细水雾喷头的雾锥角为 80°，安装高度为 6m。雾滴粒径为 173～519μm，平均粒径为 260μm，细水雾的工作压力为 18MPa，细水雾初始喷出速度为 16.7m/s，雾滴生存时间为 60s，粒径分布函数取 Rosin-Rammler 分布函数，γ=2.4，$\sigma = 0.6$。由于不同尺度下时间的尺度关系遵循 $t \propto L^{1/2}$，因此模拟中细水雾与通风的开启时间均设置为 156s。

4.5.2　尺度模拟的验证

由于灭火环境的复杂性，模拟实验过程的影响因素也千变万化，实际的模拟实验结果也可能与尺度关系存在差距，有些模拟实验结果甚至会与尺度关系偏差较大，根据前人的研究结果，可选取空间内温度场的变化、燃料质量损失速率等参数用于尺度模拟验证。本节选取了具有代表性的通风与细水雾耦合作用的工况进行对比分析，进而验证尺度关系可靠性。

实验空间不同位置的热电偶的测试数据和模拟结果的对比见图 4.41。

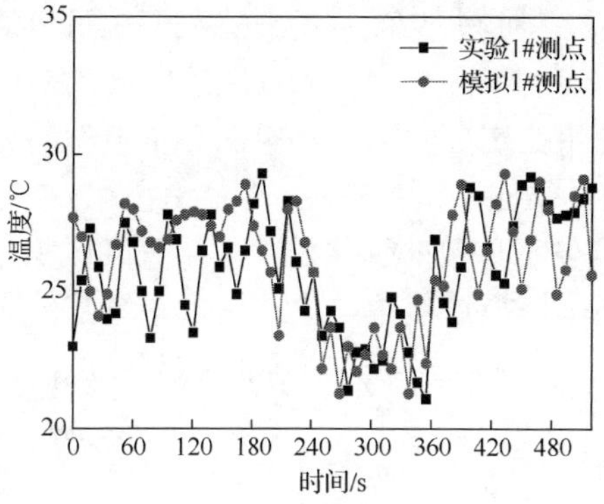

（a）1#测点

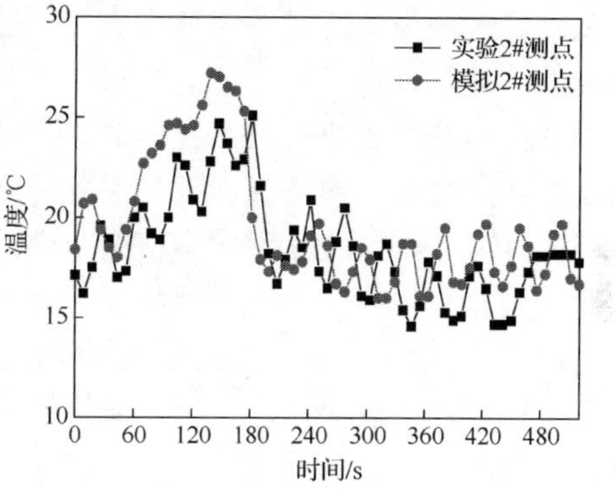

（b）2#测点

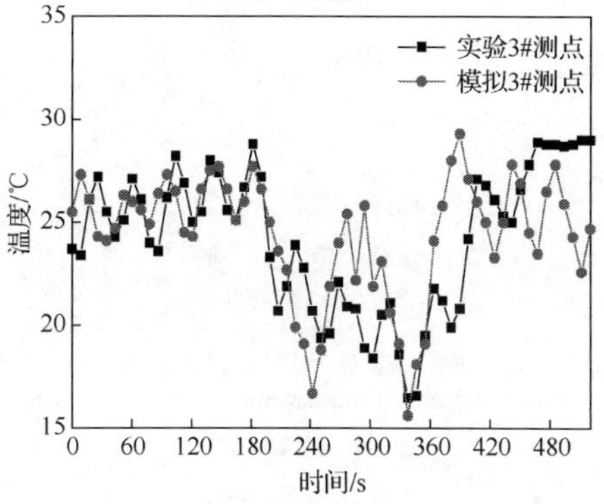

（c）3#测点

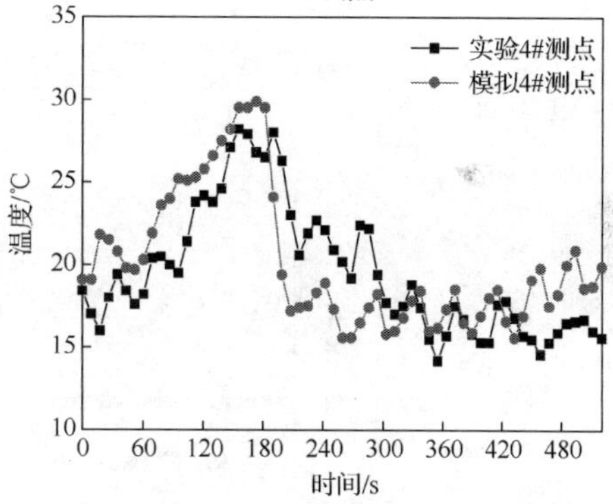

（d）4#测点

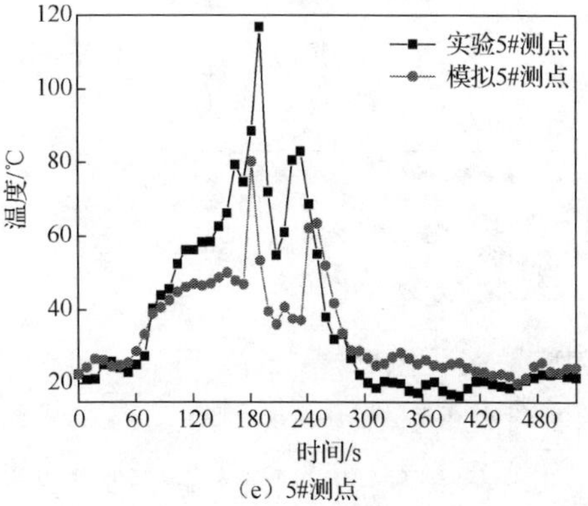

（e）5#测点

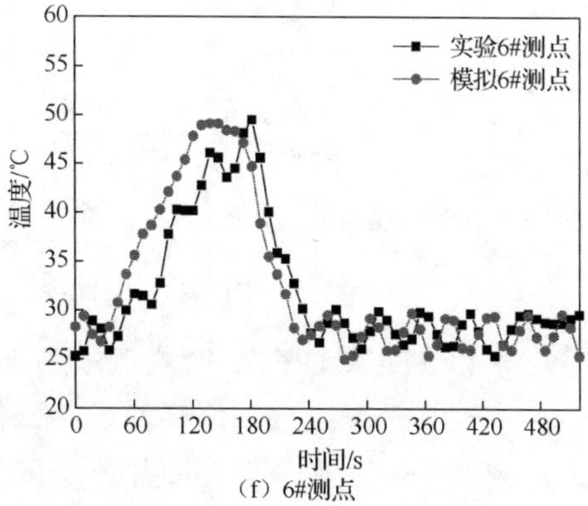

（f）6#测点

图 4.41　实验与模拟温度场发展对比

可以看出，随着测点与火源距离的增加，温度曲线的拟合度逐渐增高。这是由于燃烧区域的湍流度较大，燃烧状态不稳定，因而区域内的温度变化大。但是就总体而言，尺度模拟实验中温度场的发展与小尺寸实验空间内的温度场的发展规律基本一致。模拟实验数据与真实实验数据的拟合度较高，说明本节中所选取和应用的相似尺度关系是可靠的，对于火灾的预测效果与真实情况吻合度较高，可以用以预测类似工况下的细水雾灭火过程。通过 5#测点的对比我们也可以清楚地发现，施加细水雾后，实验中各测点温度的下降是存在一段滞后时间的，而模拟中各测点温度的下降几乎是瞬时的，说明在实际实验中热电偶测量温度的时候确实存在延时滞后的情况，因此在分析的时候应予以考虑。

图 4.42 为实验过程中火源附近的氧气体积分数的变化过程。从氧气体积分数的变化过程可以看出，无论是实验过程还是模拟过程中，火源附近的氧气体积分数均保持在 20%以上，由此可以判断，由于空间处于自由通风的状态，空间内的氧气供应充足，燃烧阶段的氧气体积分数基本不会出现下降。当施加细水雾时，由于同时开启了通风排烟系统，空间内氧气的体积分数会由于细水雾的汽化稀释作用而出现小幅度的下降，但仍能保持在 20%以上，远不能达到隔氧窒息作用所需的 16%以下。因此，在通风与细水雾耦合作用时，隔氧窒息并不是细水雾灭火的主要机理。

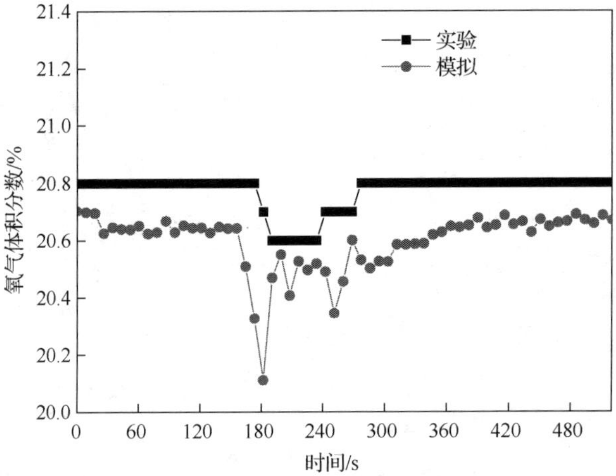

图 4.42 实验与模拟氧气体积分数变化

图 4.43 为实验过程中 3#测点总热流热通量的变化过程。

从实验与模拟过程热流热通量的变化过程不难发现，实验过程中热流热通量的变化幅度要小于模拟过程中热流热通量的变化过程，并且模拟中热流热通量的峰值也高于实验中的数值，其原因是模拟中的辐射模型忽略了氧气、氮气等双原子气体的辐射作用；同时由于灰分粒子直径远小于辐射波长，所以也忽略了柴油燃烧产生的灰分的散射作用。尽管做了诸多的假设，但是实验过程与模拟过程的热流热通量的变化规律拟合度还是较好的，在一定程度上反映出了火场空间中热流热通量的变化趋势。无论是实验过程还是模拟过程，在细水雾施加的初期，热流热通量都是先急剧增加然后急剧下降的趋势，这再一次验证了细水雾施加初期与火羽流接触时会产生短暂的火焰加强现象。不同的是，模拟中的热流热通量的变化仍然是提前于实验中热流热通量的变化，其原因是仪器测试数据、处理数据、传输数据会导致一定时间的延迟。

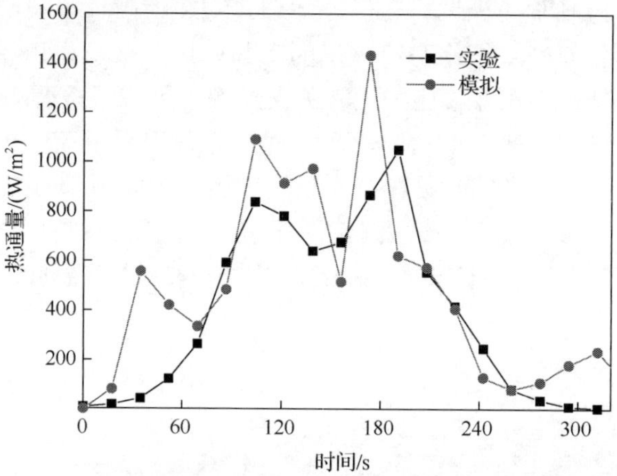

图 4.43　3#测点实验与模拟过程热流热通量对比

尺度模拟和实验结果的对比验证表明，FDS 模拟的通风与细水雾灭火的实验数据与真实的实验数据吻合度较好，本节中应用的相似关系是可靠的，可以将 FDS 模拟的结果应用于大尺度空间火灾发展和细水雾灭火有效性的性能化评价。

4.6 本章小结

自然通风条件下连续火焰区的辐射热通量最大，约占总热通量的 85%；火灾应急救援过程中，应合理控制纵向排烟的速度，以实现对火焰辐射热的有效控制，最大程度控制火势的蔓延。本章所建立的实验模型条件下，0.5m/s 顶部排烟对防止火势蔓延和人员疏散更加有利，是本章所讨论的隧道燃料控制型火灾中最佳的排烟形式。

细水雾虽然能有效地控制烟气及火势蔓延甚至能够高效实现灭火，但是其雾滴会使得火灾环境的能见度进一步降低。顶部排烟耦合细水雾作用能够有效提高能见度。在火灾增长阶段（本实验为 50s），细水雾和顶部排烟同时开启对于烟气控制效果最优；在火灾充分发展阶段（本实验为 90s），细水雾和顶部排烟同时开启对于烟气控制效果最差。

从耦合系统的控火效果来看，顶部排烟模式与细水雾的耦合作用效果优于纵向排烟模式。细水雾工作压力的增加可以有效补偿通风对细水雾灭火效果的不利影响。细水雾喷头的安装间距应小于等于环境风速导致的细水雾偏移量。

机械通风与细水雾耦合作用下柴油池火的发展过程分为三个阶段，即强化阶段、控制阶段和熄灭阶段。从灭火机理来看，强化阶段主要表现为火焰冷却和衰减辐射热通量；控制阶段为燃料表面冷却和衰减辐射热通量；熄灭阶段为动力学作用和表面冷却。双喷头细水雾对火焰的冷却作用、窒息作用和对地面接收到的辐射热通量的衰减机理在双喷头细水雾灭火过程中起到了重要的作用。

本章基于隧道实验平台的实验结果及对耦合作用系统灭火过程的尺度分析，建立了隧道工程大尺度空间数值模拟模型，应用火灾动力学模拟软件 FDS 进行了数值模拟。实验与模拟的对比结果表明，相应的尺度关系是可靠的，小尺度实验结果可以适用于大尺度空间通风环境中细水雾控制隧道柴油池火的性能化分析。

第 5 章　地铁站防排烟技术的实验和数值模拟

5.1　地铁站空气幕耦合机械通风技术的性能化分析

对于地铁工程的防排烟系统设计和火灾事故中应急排烟系统的运行控制，通常的方法是，当站台层发生火灾时，通过站台排烟和站厅层送风，一方面使着火区域处于负压，另一方面使站厅的楼梯口处形成 1.5m/s 以上的向下气流，以保障人员的安全疏散。随着地铁埋深的不断增加，站台起火时站厅送风的垂直距离较高，送风风速较大，容易造成火势进一步蔓延。早在 20 世纪 80 年代，日本防灾设施研究会即使用防烟空气幕阻挡烟气的蔓延，法国巴黎的 A13 与 A86 地下隧道相接处使用了空气幕作为烟控手段[181]。但是，考虑到复杂通风条件和空气幕的耦合作用对火源释热速率的影响，防烟空气幕在高层建筑、隧道等复杂通风条件的应用仍需进行深入的性能化分析。Sakurai 等[182]指出空气幕的效率依赖于空气幕释放的气流速度和隧道高度与空气幕宽度之比。Jung 等[183]采用外推法建立了高度 0.2～1.44m 的气幕设计的关系式。胡隆华等[184,185]利用小尺寸模型实验和 FDS 数值模拟相结合的方法，分析了空气幕在狭长通道内的烟气控制效果。西南交通大学的黄冬梅等分析了空气幕的最佳送风速度和送风角度[186,187]。何嘉鹏等[188]和李兆文等[189]对高层建筑火灾防烟空气幕进行了实验研究，提出了空气幕与烟气的最佳流量比。我们利用模型实验和数值模拟相结合的方法，分析在隧道端部以及深埋地铁车站楼梯口设置空气幕，空气幕与加压送风相结合等不同送风排烟模式控制火灾烟气蔓延的有效性。

5.1.1　空气幕防烟的理论模型

在地铁站台楼梯口或车站隧道设置空气幕，其中以楼梯口处竖直方向为 x 轴，以垂直于楼梯口处的方向为 y 轴，以楼梯口顶部为原点，建立直角坐标系。根据文献[188]提出的防烟空气幕模型，火灾烟气蔓延的流场 φ_1 与空气幕流场 φ_2 进行叠加生成流场 φ，实现对烟气蔓延的控制，见图 5.1。

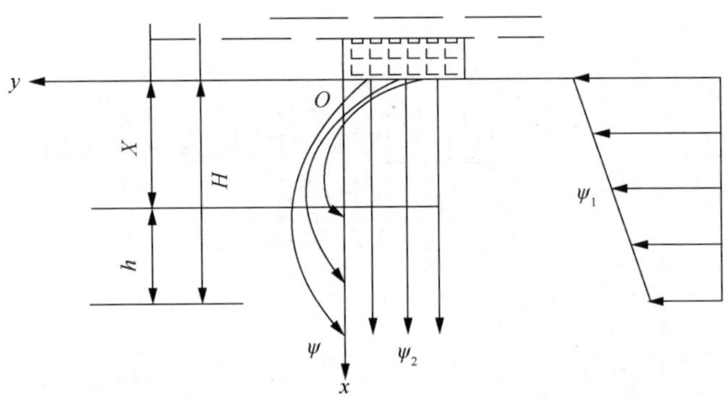

图 5.1　流场分布图

计算烟气流动的沿程阻力损失，首先确定过烟断面的当量水力直径 D：

$$D=\frac{4A}{w}=\frac{2cd}{c+d} \tag{5.1}$$

式中，D——当量水力直径，m；

w——湿周，m；

A——过烟断面的截面积，m^2；

c——过烟断面的宽度，m；

d——过烟断面的高度，m。

雷诺数的计算公式：

$$Re=v_yD/\mu \tag{5.2}$$

式中，v_y——烟气在 y 方向的流动速度，m/s；

μ——烟气的运动黏度，m^2/s。

一般认为烟气的流动是紊流流动，根据尼古拉兹实验公式，沿程阻力系数λ计算公式为

$$\lambda=0.3164/Re^{0.25} \tag{5.3}$$

空气幕的过烟断面内外的热压ΔP_1见式（5.4）：

$$\Delta P_1=k_1g\left(\rho_g-\rho_0\right)\left(h_0-h\right) \tag{5.4}$$

式中，k_1——烟气热膨胀对热压的影响系数，取 k_1=1.05；

ρ_0——温度为 t_0 的室外空气密度，kg/m^3；

ρ_g——烟气的密度，kg/m^3；

h——计算面距地面的高度，m；

h_0——从地面起到中性面的高度，m。

设火源到过烟断面的距离为 L，则烟气流动到楼梯口处时压强损失为ΔP_2：

$$\Delta P_2=\rho_g\lambda\frac{L-y}{D}\frac{v_y^2}{2} \tag{5.5}$$

则总压差为

$$\Delta P = \Delta P_1 - \Delta P_2 \tag{5.6}$$

动静压之间的转换为

$$\Delta P = \frac{1}{2}\rho_g \xi v_y^2 \tag{5.7}$$

式中，ξ——动静压转换系数。

根据式（5.4）～式（5.7）得到

$$v_y^2 = \frac{\left|k_1 g\left(\rho_g - \rho_0\right)\left(h_0 - h_i + x\right)\right|}{\rho_g \lambda \frac{L-y}{2D} + \frac{\rho_g}{2}\xi} \tag{5.8}$$

式中，h_i——空气幕顶部到地面的高度，m。

设

$$f(x) = \left[\left|k_1 g\left(\rho_g - \rho_0\right)\left(h_0 - h_i + x\right)\right|\right]^{\frac{1}{2}}，\quad g(y) = \left(\rho_g \lambda \frac{L-y}{2D} + \frac{\rho_g}{2}\xi\right)^{\frac{1}{2}}$$

由于 v_y 与坐标轴反向，所以有

$$v_y = -\frac{f(x)}{g(y)} \tag{5.9}$$

当烟气的流动当作二维定常流动时，流体的连续性方程为

$$\frac{\partial v_x}{\partial x} + \frac{\partial v_y}{\partial y} = 0 \tag{5.10}$$

把式（5.9）代入式（5.10）中得出

$$\frac{\partial v_x}{\partial x} = f(x) \cdot \frac{\partial g(y)}{\partial y} \tag{5.11}$$

在边界中，x=0，v_x=0，得到

$$v_x = \int_0^x \frac{\partial g(y)}{\partial y} f(x)\mathrm{d}x \tag{5.12}$$

对于不可压缩烟气的平面流动，建立流函数（坐标系见图 5.1）：

$$\mathrm{d}\psi_1 = v_y \mathrm{d}x - v_x \mathrm{d}y \tag{5.13}$$

把式（5.12）和式（5.13）代入式（5.9）并积分：

$$\begin{aligned}\psi_1 &= -\int_0^x f(x)g(y) - \int_L^y \int_0^x g'(y) f(x)\mathrm{d}x\mathrm{d}y \\ &= -\int_0^x f(x)\mathrm{d}x\left[2g(y) - g(L)\right]\end{aligned} \tag{5.14}$$

当 $y=L$ 时，把式（5.14）整理成

$$\psi_1=-\left\{2\left[\frac{\rho_g}{2}\left(\lambda\frac{L-y}{D}+\xi\right)\right]^{-\frac{1}{2}}-\left(\frac{\rho_g}{2}\xi\right)^{-\frac{1}{2}}\right\}\int_0^x f(x)\mathrm{d}x \tag{5.15}$$

同理，空气幕的平面射流基本段的流函数为

$$\psi_2=-\frac{\sqrt{3}}{2}v_0\left(\frac{ab_0x}{\cos\alpha}\right)^{\frac{1}{2}}\mathrm{th}\left[\frac{\cos^2\alpha}{ax}(y-x\tan\alpha)\right] \tag{5.16}$$

式中，v_0——射流的出口角度，m/s；

b_0——吹风口的宽度，m；

a——紊流系数；

α——射流轴线与 x 轴的角度。

得到过烟断面处综合流函数为

$$\psi=\psi_1+\psi_2=-\left\{2\left[\frac{\rho_g}{2}\left(\lambda\frac{L-y}{D}+\xi\right)\right]^{-\frac{1}{2}}-\left(\frac{\rho_g}{2}\xi\right)^{-\frac{1}{2}}\right\}\int_0^x f(x)\mathrm{d}x$$
$$-\frac{\sqrt{3}}{2}v_0\left(\frac{ab_0x}{\cos\alpha}\right)^{\frac{1}{2}}\mathrm{th}\left[\frac{\cos^2\alpha}{ax}(y-x\tan\alpha)\right] \tag{5.17}$$

两条流线的差值即为以两条流线为边界的体积流量，即

$$\mathrm{Vol_f}=B(\psi_H-\psi_0)=-B\left\{2\left[\frac{\rho_g}{2}\left(\lambda\frac{L}{D}+\xi\right)\right]^{-\frac{1}{2}}-\left(\frac{\rho_g\xi}{2}\right)^{-\frac{1}{2}}\right\}\int_0^H f(x)\mathrm{d}x$$
$$+\frac{\sqrt{3}}{2}v_0B\left(\frac{ab_0H}{\cos\alpha}\right)^{\frac{1}{2}}\mathrm{th}\left(\frac{\sin\alpha\cos\alpha}{a}\right) \tag{5.18}$$

式中，ψ_H 和 ψ_0 ——x=H 和 x=0 时的流函数；

H——过烟断面的高度，m；

B——过烟断面的宽度，m。

在空气幕没有运行时，在过烟断面处只是靠压差作用下通过楼梯口处的烟气的流量，即

$$\mathrm{Vol}_p=B\left\{2\left[\frac{\rho_g}{2}\left(\lambda\frac{L}{D}+\xi\right)\right]^{-\frac{1}{2}}-\left(\frac{\rho_g\xi}{2}\right)^{-\frac{1}{2}}\right\}\int_0^H f(x)\mathrm{d}x \tag{5.19}$$

空气幕的流量计算公式为

$$\mathrm{Vol}_0=Bv_0b_0 \tag{5.20}$$

令

$$e=\frac{\sqrt{3}}{2}\left(\frac{a}{\cos\alpha}\right)^{\frac{1}{2}}\mathrm{th}\left(\frac{\sin\alpha\cos\alpha}{a}\right)$$

则

$$\mathrm{Vol}=-\mathrm{Vol}_p+\mathrm{Vol}_0\cdot e\left(\frac{H}{b_0}\right)^{\frac{1}{2}} \tag{5.21}$$

可见空气幕送风角度α与通过楼梯口处的烟气流量 Vol 之间呈现复杂的非线性关系。我们在下面的内容中，通过实验和数值模拟的方法，进一步分析特定的火灾场景下，空气幕和机械通风耦合系统的隔热防烟效果。

5.1.2　空气幕耦合机械排烟系统控烟实验研究和优化分析

1. 空气幕耦合机械排烟系统控烟效应的实验研究

在 6m×1.5m×2m 隧道模型的左端顶部安装空气幕（图 5.2），在模型隧道地面距空气幕水平距离 2m 位置放置两个底面长×宽尺寸为 400mm×600mm 的长方形铸铁盘作为油盘，内部添加 2L 的酒精作为火源燃料。在空气幕左侧距空气幕 0.5m 处，在高度 0.3m 和地面分别放置辐射热流计，以测量空气幕保护侧接收的辐射热通量。自模型顶部以下 50mm 开始，共布置了 2 束（1-T、2-T）热电偶树。通过改变机械通风方式、空气幕开闭状态，测试实验模型空气幕保护侧的烟气温度、辐射热以及火焰温度的演变，对比分析不同机械通风条件下空气幕的隔热防烟效果，以及空气幕+机械通风耦合作用下火灾的演变过程[190]，实验模型及测点布置见图 5.3，实验工况见表 5.1。

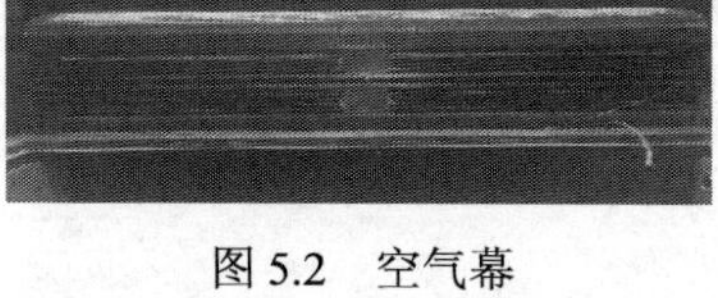

图 5.2　空气幕

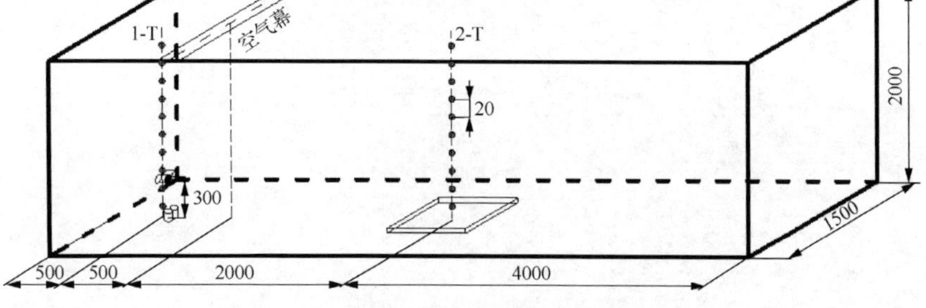

图 5.3　实验模型及测点布置（单位：mm）

表 5.1　实验工况表

序号	通风方式	风速/(m/s)	是否开空气幕
1	自然通风	—	否
2	自然通风	—	是
3	纵向排烟	1	否
4	纵向排烟	1	是
5	纵向排烟	2	否
6	纵向排烟	2	是
7	顶部排烟	1	否
8	顶部排烟	1	是
9	顶部排烟	2	否
10	顶部排烟	2	是

在自然通风条件下，点火后 2min 开启空气幕，与未开启空气幕相比，空气幕保护侧（远离火源，空气幕左侧 0.5m）最高温度明显下降，如图 5.4（a）所示，空气幕保护侧接收到的火焰辐射热通量略有降低［图 5.4（b）］，但地面接收到的辐射热通量［图 5.4（c）］和火焰最高温度［图 5.4（d）］变化不大，说明自然通风条件下单独开启空气幕的隔热效应不是很显著。

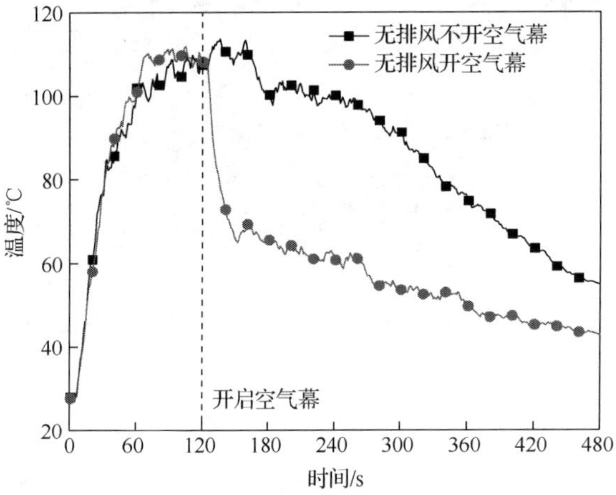

（a）空气幕保护侧最高温度

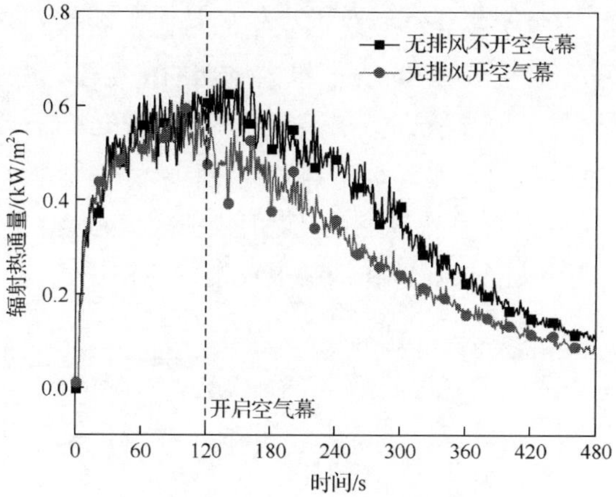

（b）火焰辐射热通量的衰减

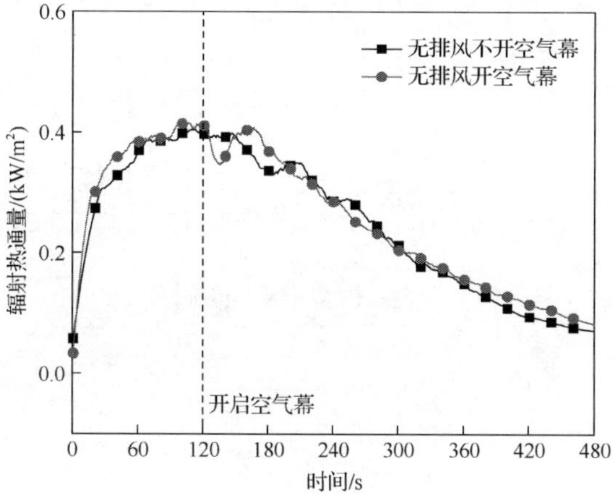

（c）地面接收到的辐射热通量

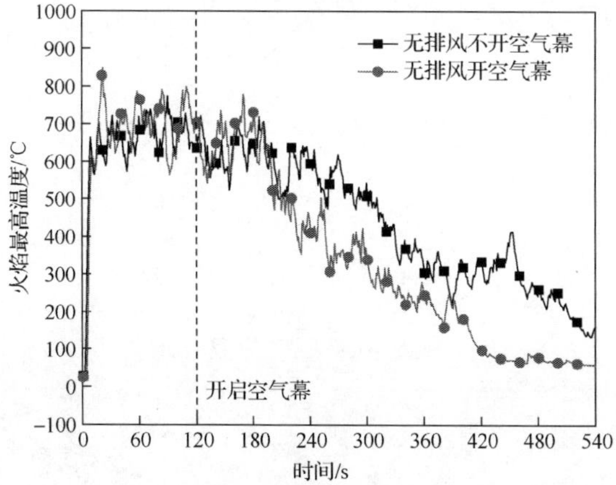

（d）火焰最高温度

图 5.4　单独开启空气幕隔热效果对比

1m/s 纵向排烟+空气幕耦合隔热隔烟效果的对比如图 5.5 所示。从图 5.5 可以看出，点火后 2min 开启空气幕和 1m/s 纵向排烟的情况下，空气幕保护侧的最高温度和火焰辐射热通量下降显著，但在耦合系统开启 2min 后，地面接收到的辐射热通量才开始呈现衰减趋势，尤其是火焰温度在耦合系统施加伊始的 2min 内，火焰温度不降反升，说明耦合系统施加的初始阶段反而起到了强化燃烧的作用，耦合系统尚待改善以增强其隔热隔烟和抑制火灾发展的作用。

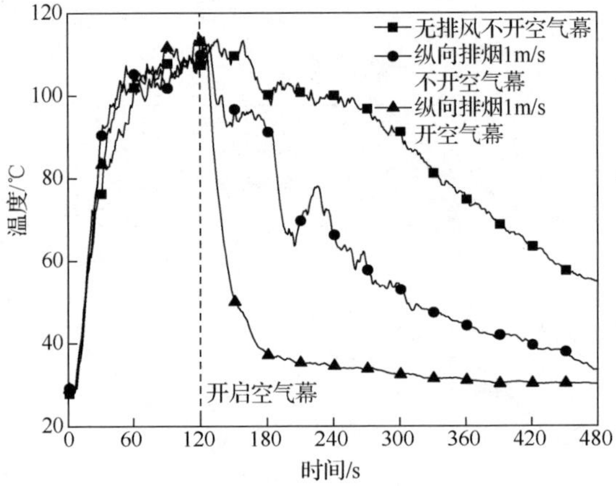

（a）空气幕保护侧最高温度

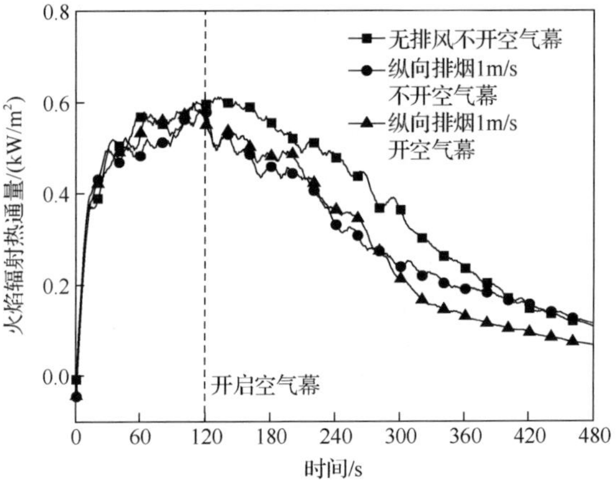

（b）火焰辐射热通量的衰减

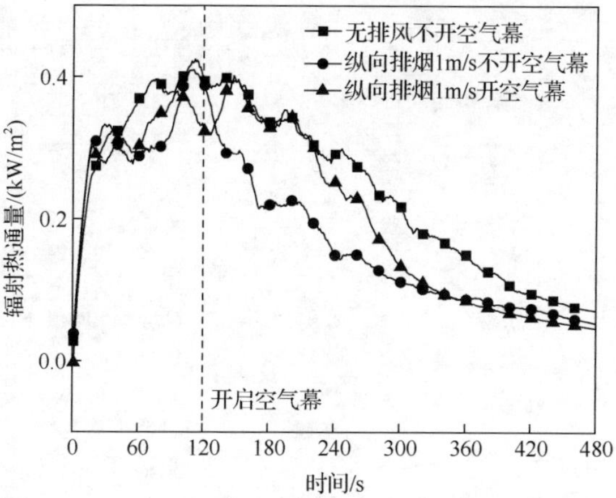

（c）地面接收到的辐射热通量的衰减

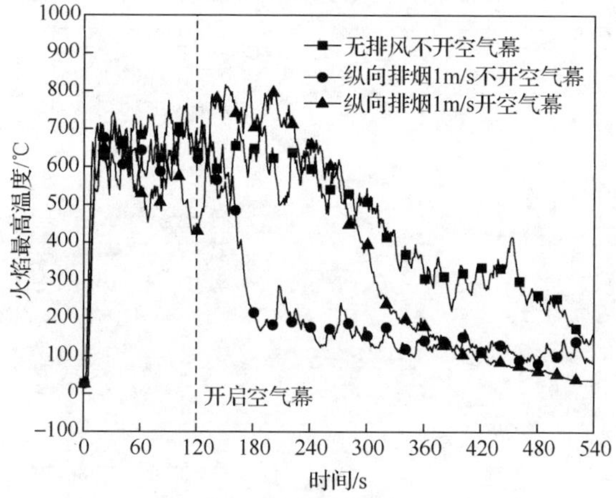

（d）火焰最高温度

图 5.5　空气幕耦合 1m/s 纵向排烟隔热隔烟对比

在保持空气幕出口风速一定的前提下，增加纵向排烟速度至 2m/s，耦合系统隔热隔烟效果的对比如图 5.6 所示。从图 5.6 可以看出，2m/s 纵向排烟+空气幕耦合作用下，空气幕保护侧最高温度［图 5.6（a)］、火焰辐射热通量［图 5.6（b)］以及空气幕保护侧接收到的地面辐射热通量［图 5.6（c)］均显著下降，尤其是 2m/s 纵向排烟+空气幕耦合系统施加的瞬间，火焰温度即可开始下降，没有出现 1m/s 纵向排烟+空气幕耦合系统施加初期的强化燃烧现象。综上，开启空气幕的同时，提高纵向排烟速度至 2m/s，该耦合系统冷却热烟气、衰减辐射热通量和抑制燃烧的效果显著。

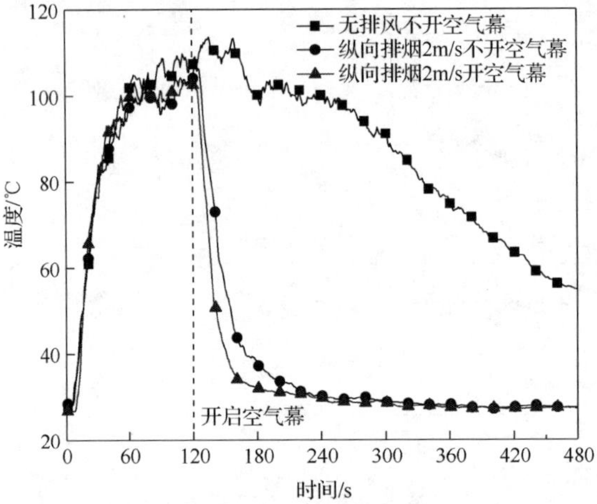

（a）空气幕保护侧最高温度

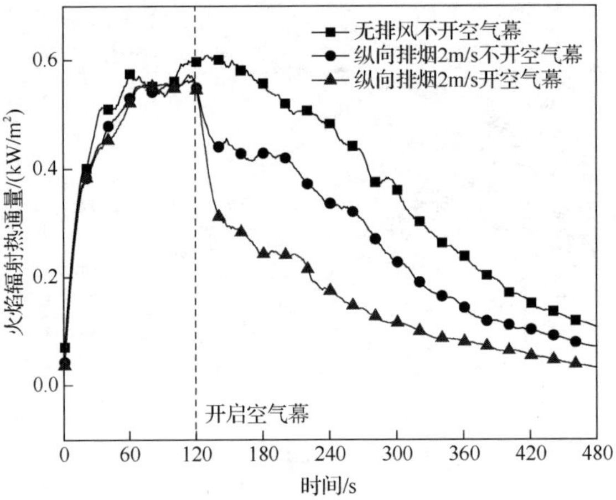

（b）火焰辐射热通量的衰减

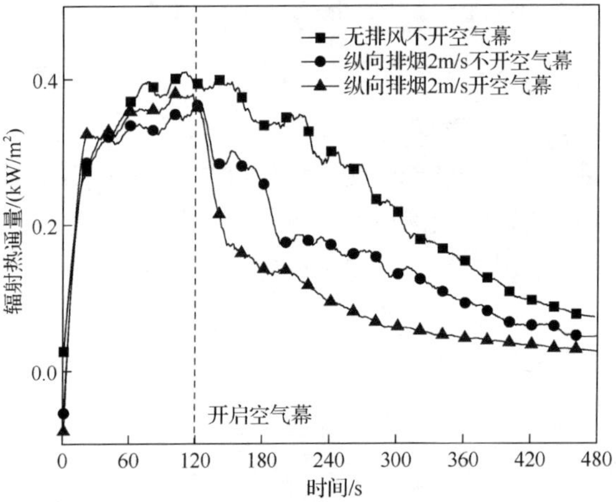

（c）地面接收到的辐射热通量的衰减

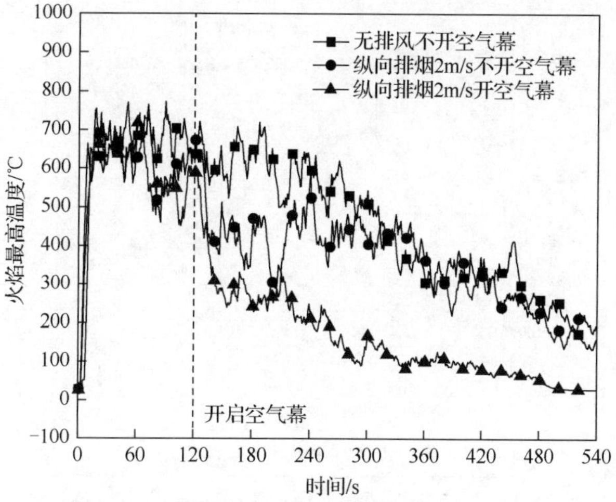

（d）火焰最高温度

图 5.6　空气幕耦合 2m/s 纵向排烟隔热隔烟对比

1m/s 顶部排烟+空气幕耦合隔热隔烟效果的对比如图 5.7 所示。可以看出，与只开启 1m/s 顶部排烟系统相比，1m/s 顶部排烟+空气幕耦合作用下，空气幕保护侧烟气层的最高温度下降显著［图 5.7（a)］，对火焰辐射热通量［图 5.7（b)］和地面接收到的辐射热通量［图 5.7（c)］影响不大。从火焰温度的对比可以看出［图 5.7（d)］，1m/s 顶部排烟+空气幕耦合系统对燃烧的抑制作用远远超过了单独顶部排烟的工况，说明 1m/s 顶部排烟+空气幕耦合系统对火灾的抑制作用显著。

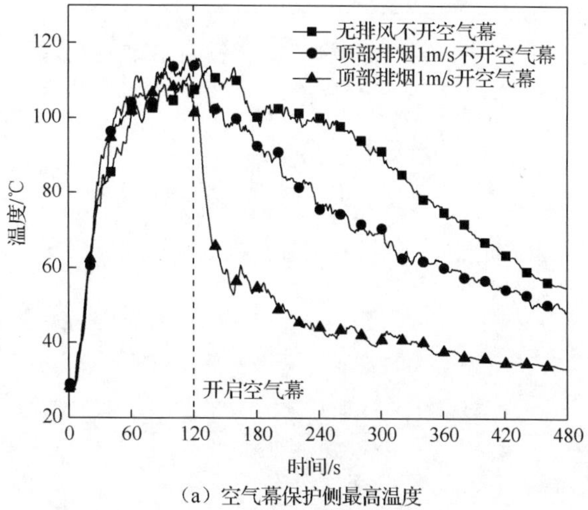

（a）空气幕保护侧最高温度

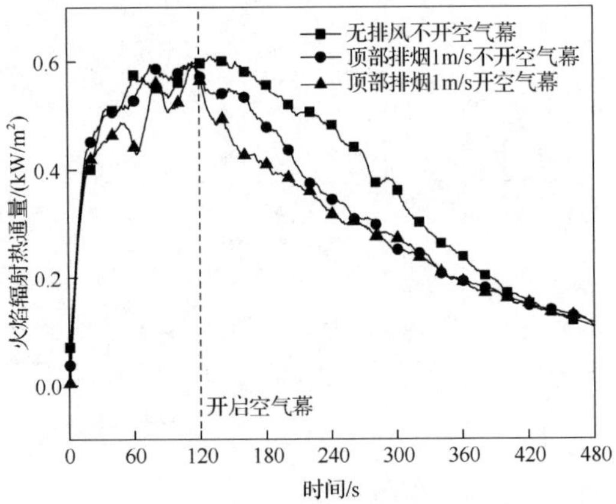

（b）火焰辐射热通量的衰减

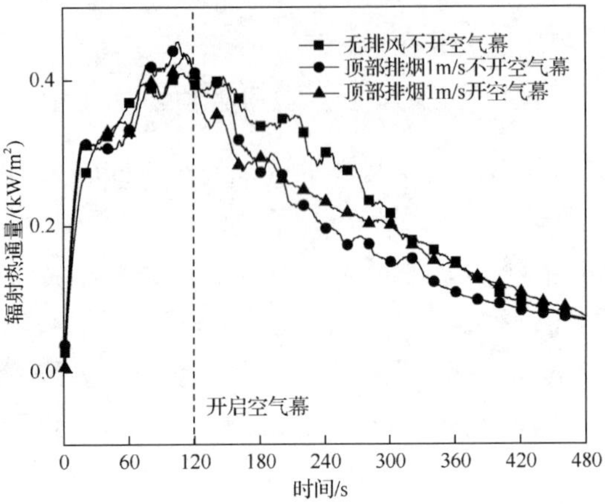

（c）地面接收到辐射热通量的衰减

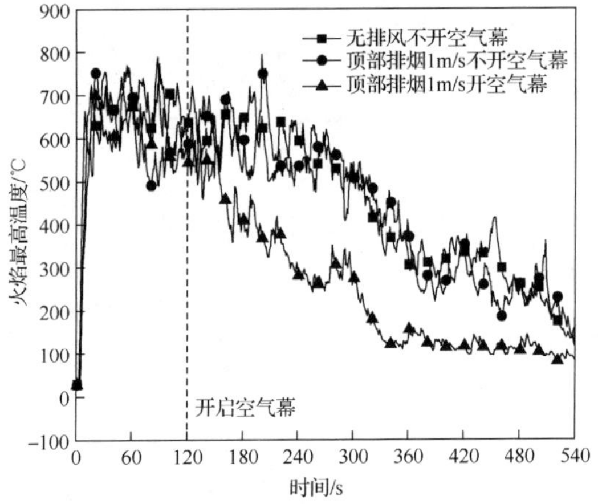

（d）火焰最高温度

图 5.7　1m/s 顶部排烟+空气幕耦合隔热隔烟效果对比

2m/s 顶部排烟+空气幕耦合隔热隔烟效果的对比见图 5.8。可以看出，2m/s 顶部排烟+空气幕耦合系统对空气幕保护侧烟气层［图 5.8（a）］的冷却效应及其衰减火焰辐射热通量［图 5.8（b）］、地面接收到的辐射热通量［图 5.8（c）］、抑制火源燃烧的效应显著。

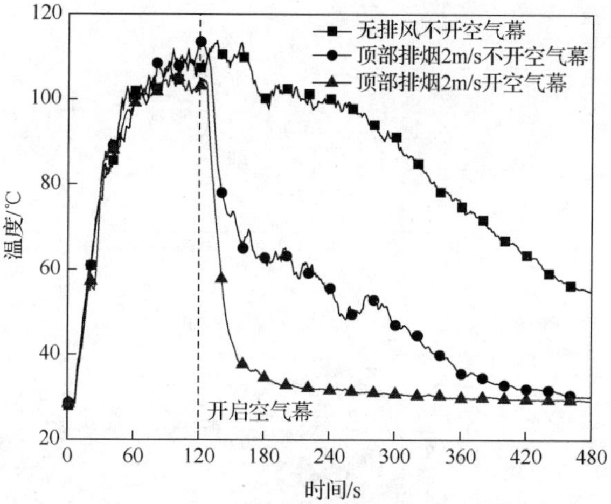

（a）空气幕保护侧最高温度

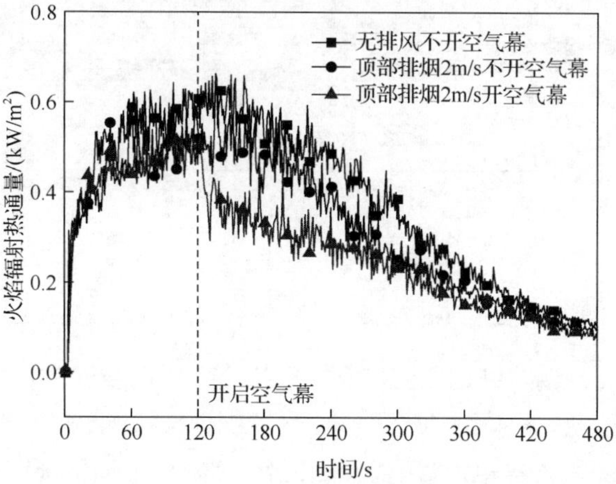

（b）火焰辐射热通量的衰减

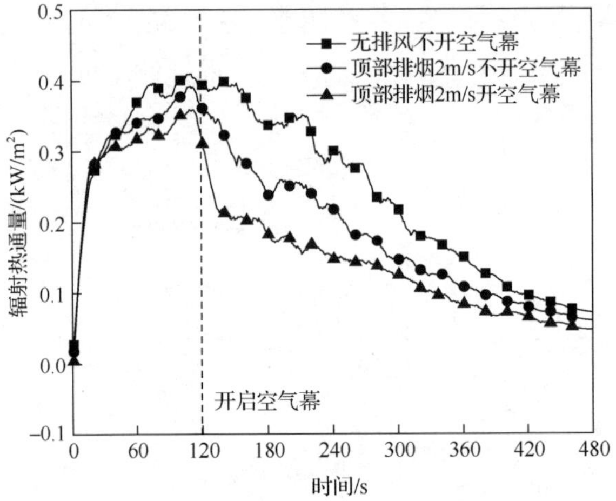

（c）地面接收到辐射热通量的衰减

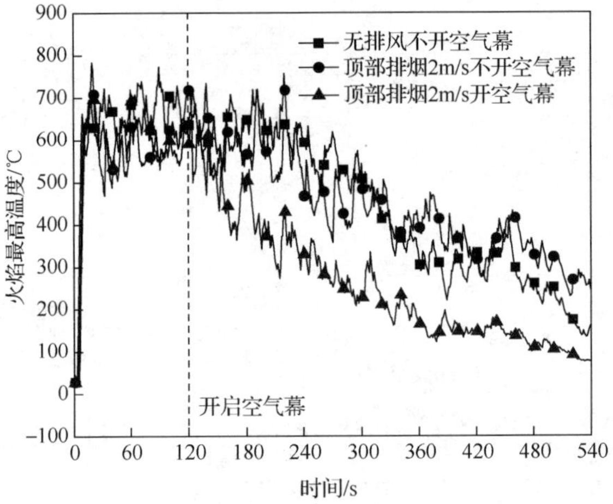

（d）火焰最高温度

图 5.8 2m/s 顶部排烟+空气幕耦合隔热隔烟效果对比

如图 5.9 所示，纵向排烟 2m/s+空气幕与顶部排烟 2m/s+空气幕均能有效阻隔热烟气和火焰辐射热，纵向排烟 2m/s+空气幕比顶部排烟 2m/s+空气幕对辐射热的衰减以及抑制燃烧的效果更加显著，可以充分控制火灾烟气的蔓延和火源的燃烧。究其原因，虽然纵向排烟亦会造成空气幕流场的偏移，但顶部排烟和火羽流热浮力效应的共同作用下，空气幕的气流流场受到了更大的影响，卷吸大量的新鲜空气，使得 2m/s 顶部排烟+空气幕的隔烟和控火的效果受到抑制。

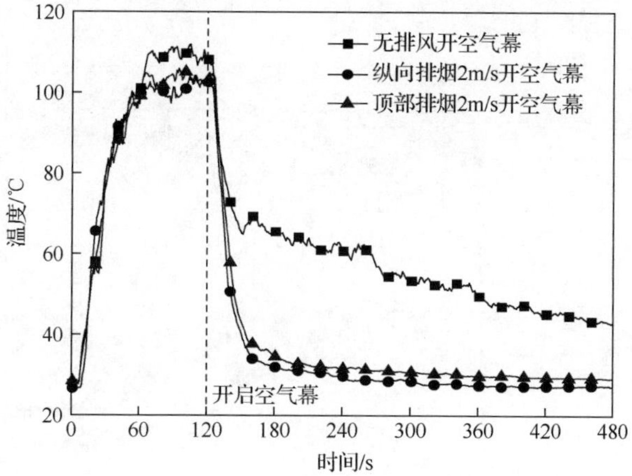

（a）空气幕保护侧最高温度

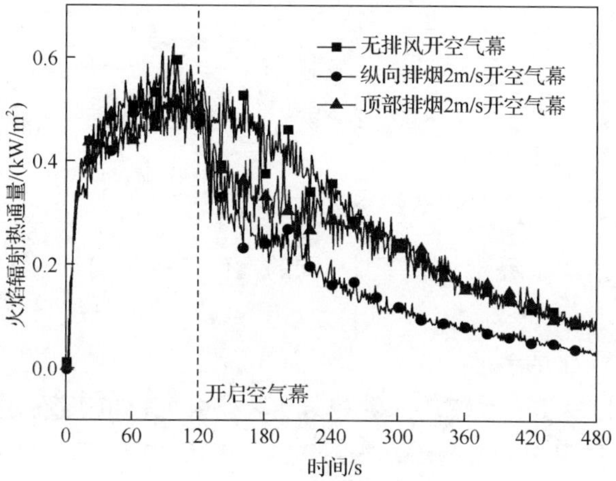

（b）火焰辐射热通量的衰减

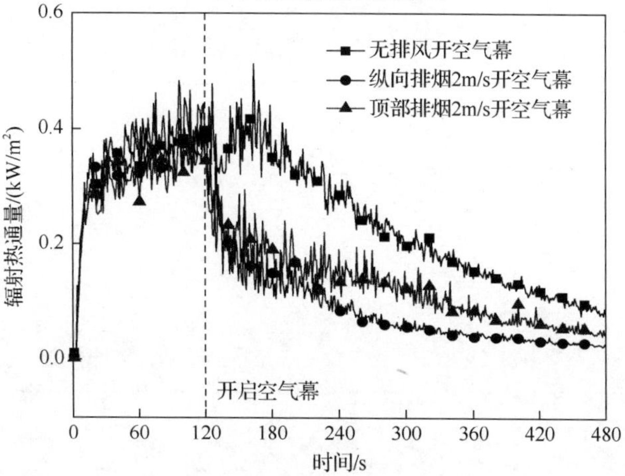

（c）地面接收到辐射热通量的衰减

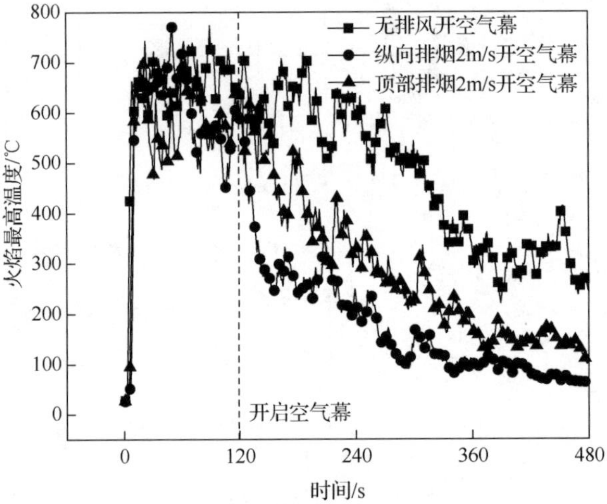

（d）火焰最高温度

图 5.9　2m/s 纵向排烟/顶部排烟+空气幕隔热隔烟效果对比

2. 空气幕+机械排烟耦合系统参数优化的模拟分析

按照与上节所述小尺寸实验模型相同的几何尺寸和边界条件，建立 FDS 数值模拟模型，进行空气幕+机械排烟耦合系统参数优化分析。

首先保持纵向排烟风速 2m/s，改变空气幕送风口风速，进行不同送风风速空气幕+2m/s 纵向排烟耦合系统的防烟控火实验研究。模拟工况设置见表 5.2。耦合系统作用下空气幕保护侧烟气最高温度、火焰辐射热通量、地面接收到的辐射热通量见图 5.10。

表 5.2　2m/s 纵向排烟+空气幕耦合系统优化工况设置

序号	空气幕送风风速/(m/s)	环境温度/℃	环境相对湿度/%
1	3	24.5	66.5
2	4		
3	5		
4	6		
5	7		
6	8.4		

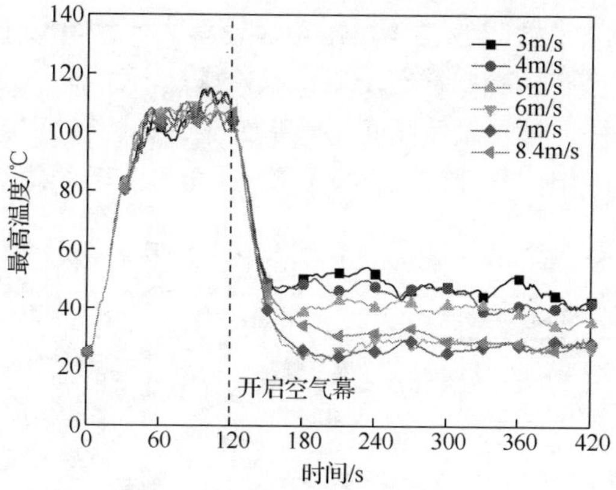

(a) 空气幕保护侧最高温度

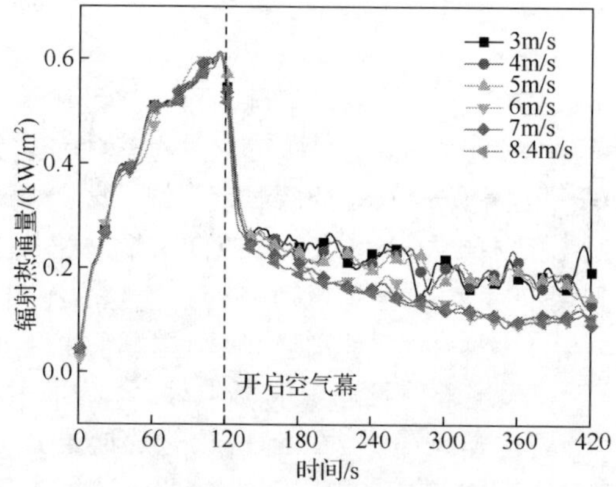

(b) 地面接收到辐射热通量的衰减

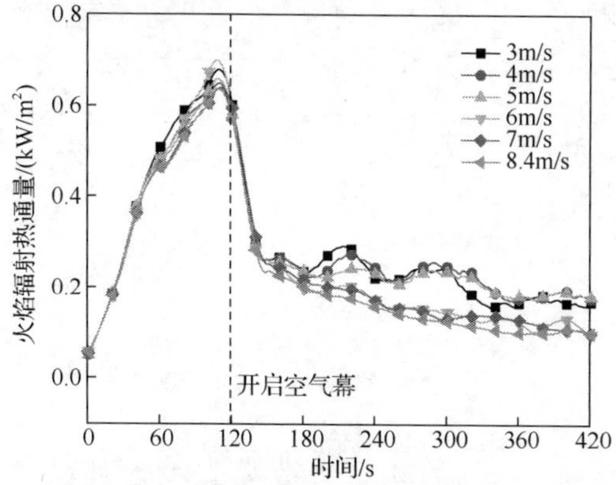

(c) 火焰辐射热通量的衰减

图 5.10　2m/s 纵向排烟+空气幕耦合系统优化分析

通过对比分析发现，随着出口风速的增大空气幕挡烟隔热效果先增强后减弱，出口风速 6m/s 时空气幕保护侧最高温度降幅最大，效果最好。出口风速从 6m/s

增大到 7m/s 时温度降幅无明显变化，出口风速增大到 8.4m/s 时降幅反而减小。

保持空气幕出口风速 6m/s 不变，调整纵向排烟断面风速，分析在 6m/s 空气幕送风+不同速度纵向排烟耦合系统的防烟控火效果。模拟工况设置见表 5.3。耦合系统作用下保护侧烟气温度、火焰辐射热通量、地面接收到的辐射热通量见图 5.11。

表 5.3 机械排烟风速优化模拟工况设置

序号	纵向通风风速/(m/s)	空气幕出口风速/(m/s)	环境温度/℃	环境湿度/%
1	1.2	6	24.5	66.5
2	1.4			
3	1.6			
4	1.8			
5	2			
6	2.2			

如图 5.11（a）所示，空气幕耦合纵排情况下不同排烟风速对空气幕保护侧最高温度的影响对比，不同排烟风速下最高温度变化过程一致，点火后温度快速上升维持在 105℃左右，120s 开启空气幕和排烟后温度大幅下降。从对比图上可以看出，随着纵向排烟风速增大温度降幅逐渐增大，当纵向排烟风速从 1.6m/s 增大到 2.2m/s 降幅变化不明显，说明纵向 1.6m/s 排烟风速+6m/s 空气幕送风的防烟效果最优。

图 5.11（b）和图 5.11（c）为空气幕耦合纵向排烟情况下不同排烟风速对空气幕后方地面辐射热通量和火焰辐射热通量的影响对比。从图中可以发现，120s 开启空气幕和排烟后，随着排烟风速增大，地面辐射热通量和火焰辐射热通量的衰减均呈现先增大后减小的规律，这是由于随着排烟风速增大，空气幕风流偏斜现象越来越明显，火羽流卷吸上风向和空气幕的新鲜空气量越大，火源燃烧越旺盛，上风向地面辐射热通量和火焰辐射热通量衰减的梯度减小。

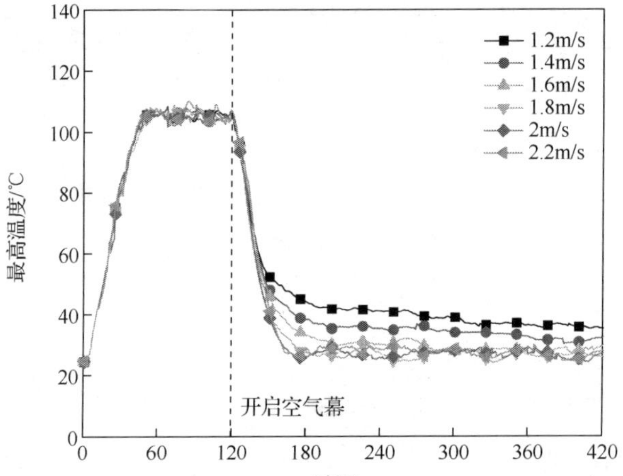

（a）空气幕保护侧最高温度

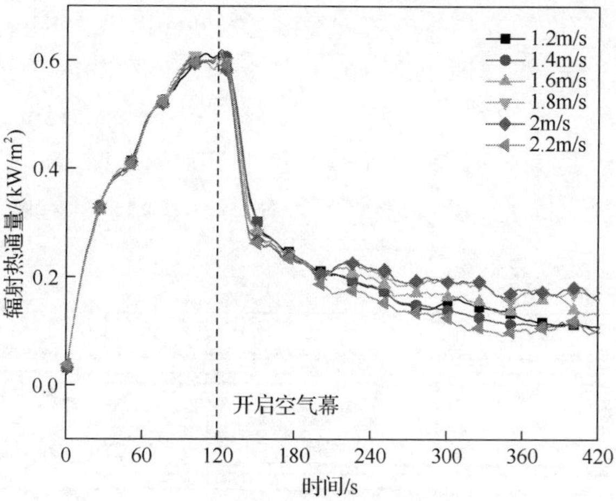

（b）地面接收到的辐射热通量

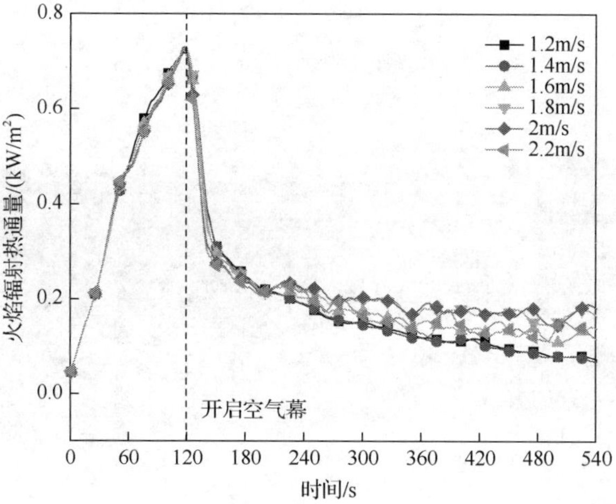

（c）火焰辐射热通量

图 5.11　不同风速纵向排烟+6m/s 空气幕耦合系统优化分析

综上，6m/s 空气幕送风+1.6m/s 纵向排烟耦合系统的防烟控火效应最优。

5.1.3　深埋地铁站台空气幕耦合机械排烟系统的性能化分析

如图 5.12 和图 5.13 所示，某深埋地铁车站为地上一层和地下五层结构，地上一层为站厅层，地下二层至地下四层为设备层，地下五层为站台层和隧道，每层高度均为 4.2m，站台的宽度为 12m，有效长度为 76m。站台层与站厅之间通过两组扶梯连接，其开口连接部位的长×宽净空尺寸为 2.5m×2m。同时在站台一侧设计有疏散楼梯间。站台的边缘设有屏蔽门系统，总的高度为 3.05m，其中玻璃部分高度是 2.2m，上部 0.85m 为钢结构，屏蔽门的长度是 67.72m，屏蔽门的活动门布置为：对应列车头、尾的第一个屏蔽门尺寸为 1.6m×2.15m，其他屏蔽门为 2.0m×2.15m。站台上有一个楼梯和两个扶梯，分别为楼梯 1#、扶梯 2#、扶梯 3#，其中楼梯 1# 和扶梯 2# 距火源距离相等，扶梯 3#在站台的右侧。

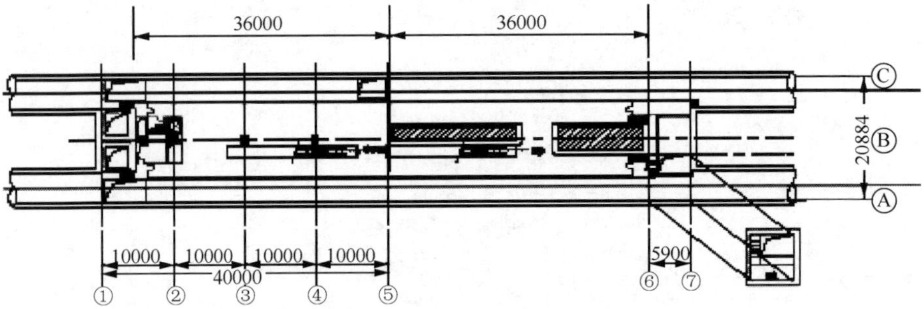

图 5.12　深埋地铁几何尺寸（单位：mm）

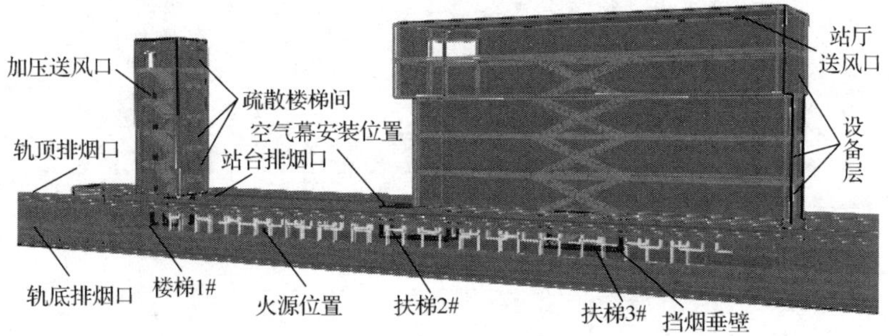

图 5.13　深埋地铁模型

以该深埋地铁车站作为研究对象，在地铁站台楼梯口处布置空气幕（图 5.13 及图 5.14），利用火灾动力学软件 FDS，建立数值模拟模型，在站台中部设置火灾功率为 7.5MW 的火源，对车站站台火源附近、楼梯口、扶梯口处的速度场、CO_2 体积分数场及温度场变化规律进行数值模拟（测点的分布见图 5.15 及表 5.4），实现对于活塞风影响下深埋地铁站台空气幕+机械排烟系统的性能化分析[191]。数值模拟工况见表 5.5。

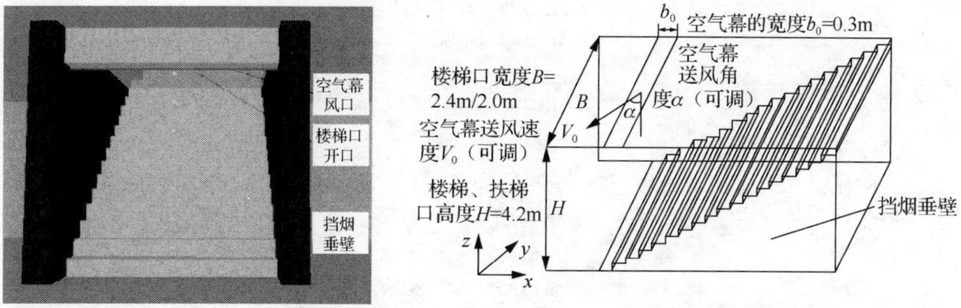

图 5.14　空气幕的安装位置及几何模型

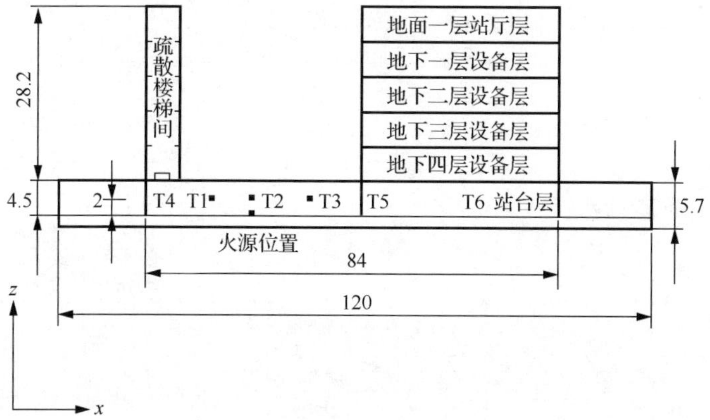

（a）测点布置主视图

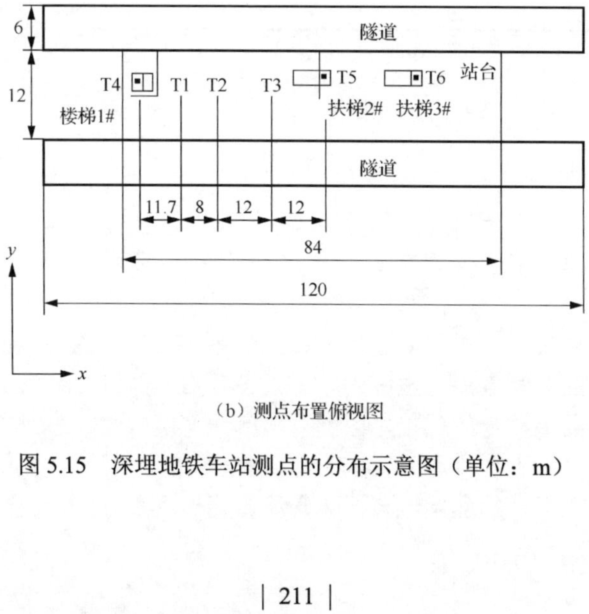

（b）测点布置俯视图

图 5.15　深埋地铁车站测点的分布示意图（单位：m）

表 5.4 测点的分布说明

测点名称	具体位置及测试值
测点 T1	火源左侧 12m（高度 2m）处的温度值
测点 T2	火源上方（高度 2m）处温度值
测点 T3	火源右侧 8m（高度 2m）处的温度值
测点 T4	楼梯 1#上开口（高度 4.5m）中心处温度值
测点 T5	扶梯 2#上开口（高度 4.5m）中心处温度值
测点 T6	扶梯 3#上开口（高度 4.5m）中心处温度值

表 5.5 各种工况的具体说明

工况	自然排烟	机械排烟	挡烟垂壁	加压送风/(m/s)	空气幕	
					送风速度/(m/s)	送风角度/(°)
1	√	×	×	×	0	0
2	×	√	×	×	0	0
3	×	√	√	×	4	0
4	×	√	√	×	6	0
5	×	√	√	×	8	0
6	×	√	√	×	10	0
7	×	√	√	×	12	0
8	×	√	√	×	4	30
9	×	√	√	×	4	45
10	×	√	√	×	4	60
11	×	√	√	3.5	4	60

注：“√”代表开启；“×”代表关闭。

1. 空气幕送风速度的优化分析

打开机械排烟，关闭站厅的送风，放下在扶梯、楼梯两侧的挡烟垂壁，开启空气幕送风，空气幕的送风角度保持不变α=0°，送风风速为 4m/s、6m/s、8m/s、10m/s、12m/s，观察整个车站的速度场、CO_2体积分数场、温度场的变化规律。

图 5.16 及图 5.17 分别为当空气幕的送风速度为 4m/s 和 6m/s 时，各个扶梯、楼梯口处的速度场矢量图。可以看出，当空气幕的送风速度为 4m/s 时，楼梯 1#附近能形成向下的新鲜气流，速度为 1.27m/s 左右。扶梯 3#附近速度场没有明显变化，没有烟气向上蔓延的现象，但向下的气流速度较小。扶梯 2#附近控制烟气效果不佳，形成了向上的流速 0.90m/s。当空气幕的送风速度为 6m/s 时，楼梯 1#附近没有烟气向上蔓延的现象，向下的气流速度接近 1.5m/s。扶梯 2#、扶梯 3#均有少量烟气向上蔓延。

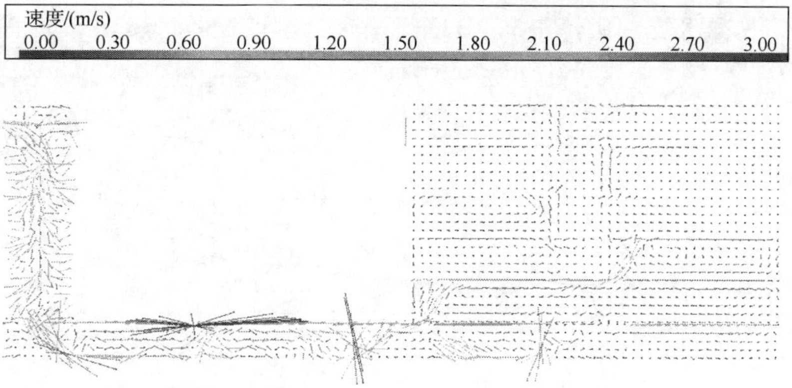

图 5.16　空气幕送风速度为 4m/s 时各个扶梯、楼梯口处速度场分布

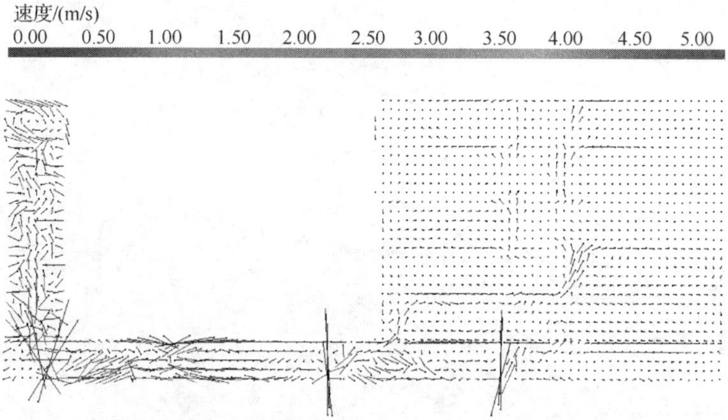

图 5.17　空气幕送风速度为 6m/s 时各个扶梯、楼梯口处速度场分布

图 5.18～图 5.20 分别为当改变空气幕的送风速度时，楼梯 1#、扶梯 2#、扶梯 3#处上开口中心温度变化图。

从图 5.18～图 5.20 可以看出，当空气幕的送风速度为 4m/s 时，楼梯 1#测点 T4 附近温度保持下降趋势，最终维持在 19.16℃，说明对楼梯 1#控烟效果很好；扶梯 2#测点 T5 附近温度在 180s 之后均有上升，但始终在 30～35℃，说明有少量烟气通过；扶梯 3#测点 T6 附近的温度维持较低状态，温度最终维持在 30℃左右。当空气幕的送风速度为 6m/s 时，能够使温度保持不变，效果较好。对扶梯 2#测点 T5 附近的温度场的趋势与其他角度相近，温度最终维持在 30～35℃。扶梯 3#测点 T6 附近的温度场有明显上升趋势，不过幅度不大，温度最终维持在 30℃左右。继续增加空气幕送风速度，楼梯 1#测点 T4 附近的温度有明显的上升趋势，温度最终维持在 42℃（8m/s）、40℃（10m/s）、38℃（12m/s）。从扶梯 2#测点 T5 附近的温度场的趋势上看，无论怎样改变空气幕的送风速度，对扶梯 2#控制烟气的效果没有太大变化，温度最终维持在 30～35℃。扶梯 3#测点 T6 附近的温度场有明显上升的趋势，温度基本维持在 30℃左右。

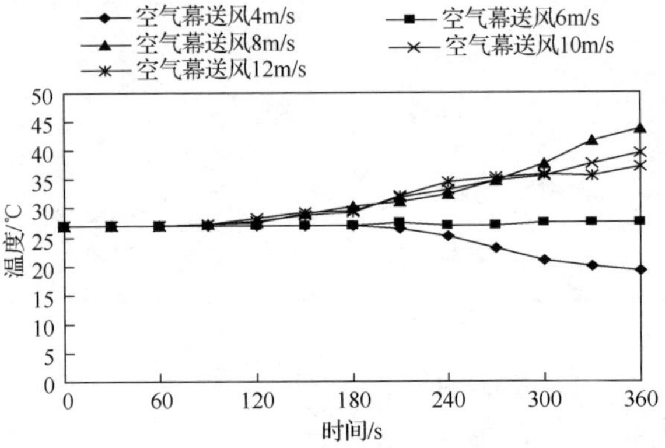

图 5.18　楼梯 1#测点 T4 温度变化

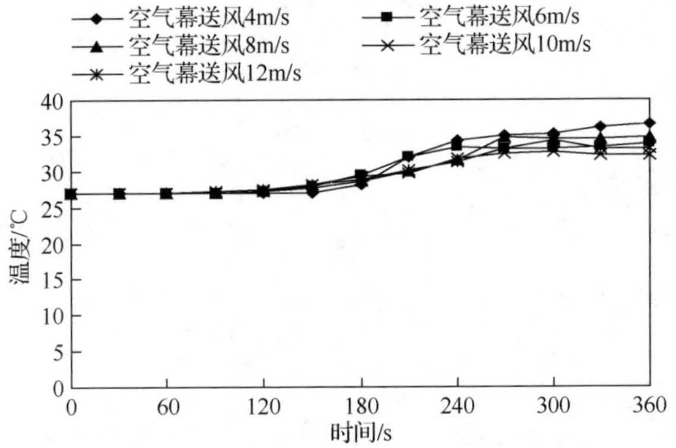

图 5.19　扶梯 2#测点 T5 温度变化

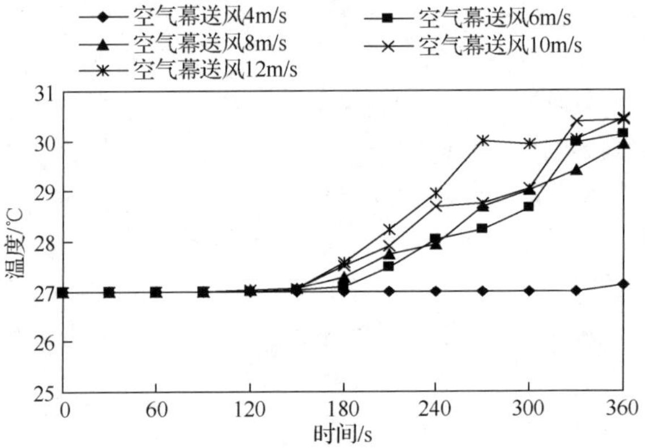

图 5.20　扶梯 3#测点 T6 温度变化

2. 空气幕送风角度的优化分析

保持火源热释放速率不变，打开机械排烟，关闭站厅的送风，放下在扶梯、楼梯两侧的挡烟垂壁，开启空气幕，空气幕的送风速度保持 6m/s 不变，调整送风角度至 30°、45°、60°，观察整个车站的速度场、CO_2 体积分数场、温度场的变化规律。在空气幕的速度为 6m/s 的基础上调整空气的送风角度，对空气幕送风的防排烟措施进行优化分析。

结果表明：

（1）无论空气幕的速度角度怎么改变，均会使扶梯 1#附近形成向下的风速，控制速度场的效果较好，其向下的气流速度分别为 1.75m/s、1.78m/s、2.00m/s 左右，均能满足《建筑设计防火规范》（GB 50016—2014）（2018 年版）的要求。对于扶梯 2#，无论空气幕的速度角度怎么改变，均没有很好地控制烟气的向上蔓延，均有部分烟气通过扶梯 2#附近向上蔓延。对于扶梯 3#，无论空气幕的速度角度怎么改变，扶梯 3#附近的速度场没有明显的变化，控制效果较好。空气幕的送风角度为 45° 时，对火源处的速度场影响较大。幕的送风角度在 60° 时，楼梯 1#向下的空气流速能够满足《建筑设计防火规范》（GB 50016—2014）（2018 年版）的要求，对扶梯 3#控制烟气的效果较好。但扶梯 2#仍有部分烟气向上的气流，不过向上蔓延的速度较低，见图 5.21。

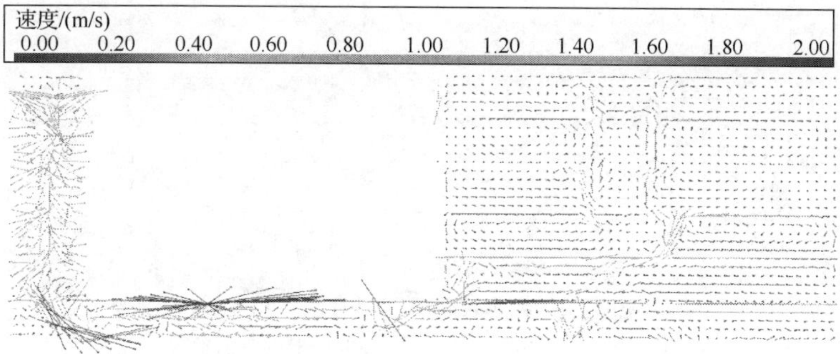

图 5.21　空气幕送风角度为 60° 时各个扶梯楼梯口处速度场分布

（2）图 5.22～图 5.24 分别为当改变空气幕的送风角度时，楼梯 1#、扶梯 2#、扶梯 3#处上开口中心温度变化图。

从图 5.22 和图 5.23 可以看出，楼梯 1#，当改变空气幕的送风角度时，温度均有下降的趋势，说明扶梯 1#附近有向下的空气流，可以有效降低楼梯间温度，对人员逃生有利。对扶梯 2#而言，空气幕送风角度的改变在前 150s 对温度场效果影响较小；在 150s 之后，扶梯 2#间温度均显著上升，当空气幕的送风角度为 60° 时，扶梯间温度在 180～270s 期间上升最快，之后和其他送风角度工况趋于一致，并保持在 37℃、38℃左右，能够满足安全疏散的要求。扶梯 3#，无论空气幕的送风角度怎么改变，温度场基本都没有明显的变化，说明没有烟气通过，控制烟气的效果较好。

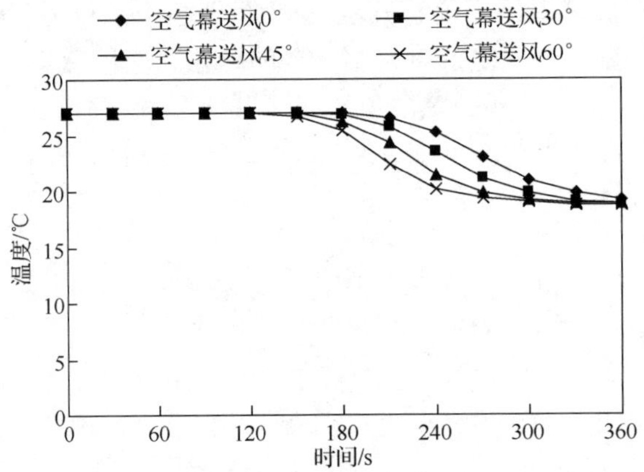

图 5.22　楼梯 1#测点 T4 温度变化

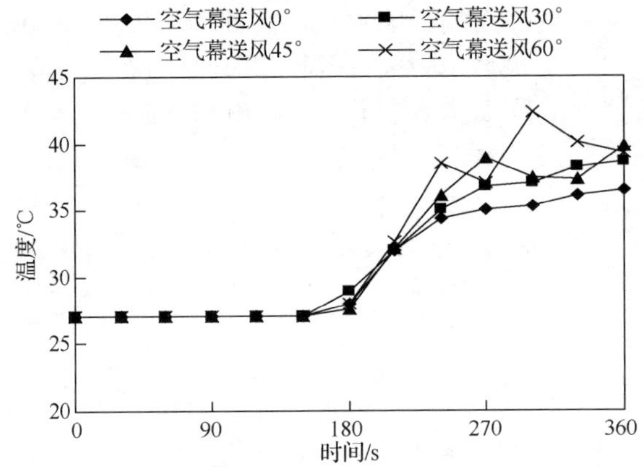

图 5.23　扶梯 2#测点 T5 温度变化

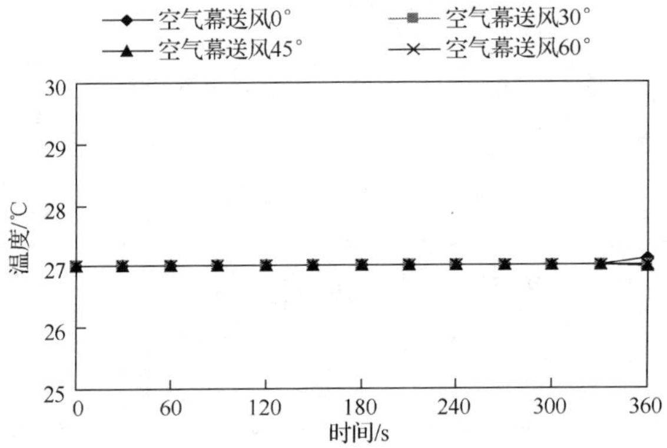

图 5.24　扶梯 3#测点 T6 温度变化

综上，从速度场和温度场的演变来看，6m/s 送风速度和 60° 送风角度为空气幕的最优送风参数。但是在站台中部的扶梯 2#附近，仅仅依靠空气幕送风控制烟气蔓延的效果不理想。

3. 楼梯间加压送风+空气幕+机械排烟耦合系统对烟气的控制作用

如上所述，空气幕+机械排烟模式对扶梯 2#附近速度场的控制效果不佳，没有达到《建筑设计防火规范》（GB 50016—2014）（2018 年版）的要求。本节讨论利用空气幕+加压送风+机械排烟相结合的方式，对站台火灾的速度场和温度场进行分析。《建筑设计防火规范》（GB 50016—2014）（2018 年版）指出，建筑物的封闭式疏散楼梯间应靠外墙，并采用自然通风方式，当不能采用自然通风方式下，应采用机械加压送风方式。所以在疏散楼梯间（-1～-4 层）的左外墙设置加压送风口，风口的尺寸为 1000mm×900mm，风速为 3.5m/s。同时开启站厅层的送风口。在空气幕送风速度为 6m/s，送风角度为 60° 与加压送风和机械排烟相结合的防排烟模式，观察速度场和温度场的变化规律。

图 5.25 为当空气幕+加压送风+机械排烟相结合的防排烟模式时，各个扶梯、楼梯口处的速度场矢量图。从图 5.25 可以看出，站台上的楼梯 1#、扶梯 2#、扶梯 3#三处都能够形成向下的空气流速，并且向下流速大于 1.5m/s，其速度分别为 1.67m/s、1.57m/s、1.50m/s。从楼梯 1#和扶梯 2#向下形成的气流对火源附近的速度场有一定的影响。站厅层由于送风口送入的空气速度较大，对站厅层的速度场造成一定的影响，但是对人员的疏散不会造成影响。在整个设备层内的扶梯口均能满足《建筑设计防火规范》（GB 50016—2014）（2018 年版）中的 1.5m/s 的向下速度的要求。

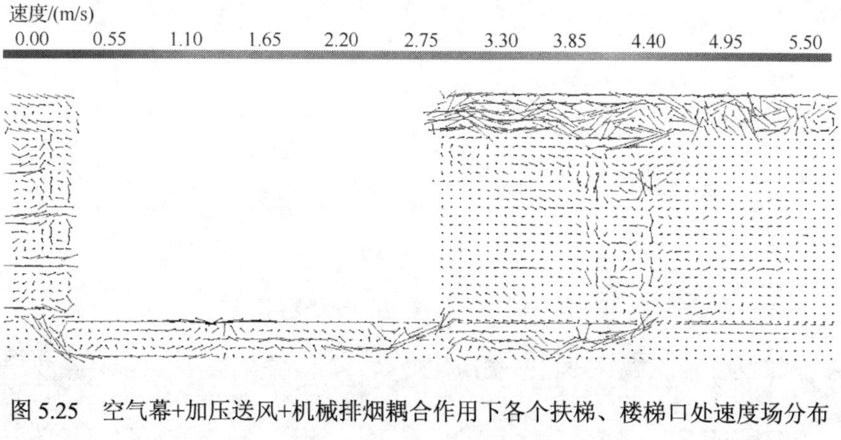

图 5.25　空气幕+加压送风+机械排烟耦合作用下各个扶梯、楼梯口处速度场分布

图 5.26 为采用不同送风角度空气幕+加压送风+机械排烟相结合的防排烟模式时，楼梯 1#、扶梯 2#、扶梯 3#处上开口中心温度变化图。从图中可以看出，在三处扶梯、楼梯的上开口处，其温度均没有明显的变化，解决了仅仅单独设置空气幕对扶梯 2#附近温度场控制效果不理想的现状。

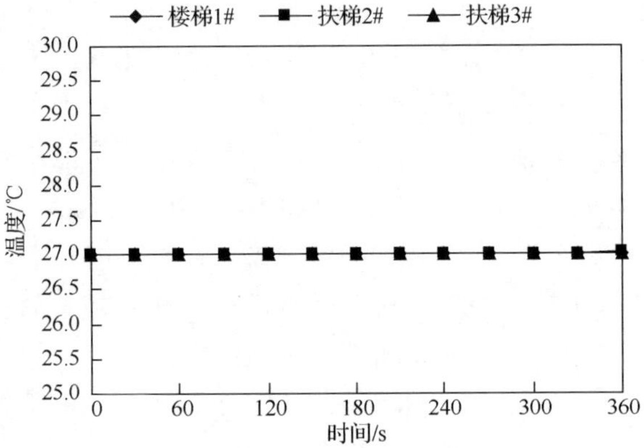

图 5.26　楼梯 1#、扶梯 2#、扶梯 3#处测点的温度变化

4. 活塞风影响下地铁站台防排烟系统的优化

通过三种工况车站温度场、CO_2 体积分数、速度场的模拟，对活塞风影响[192]（图 5.27）下深埋地铁车站火灾防排烟措施进行性能化分析。工况 1 为自然排烟，工况 2 为机械排烟，工况 3 为空气幕（6m/s，60°）+加压送风+机械排烟相结合方式，即上节分析得到的最优防排烟模式。

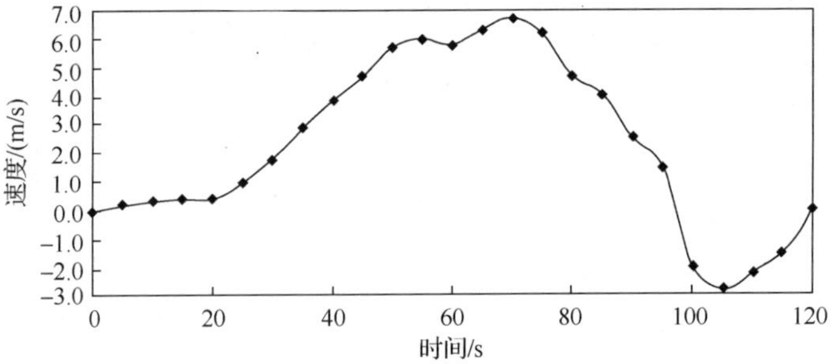

图 5.27　活塞风速度随时间的变化规律

图 5.28 为当有活塞风时，最优防排烟模式下，各个扶梯、楼梯口处速度场矢量图。

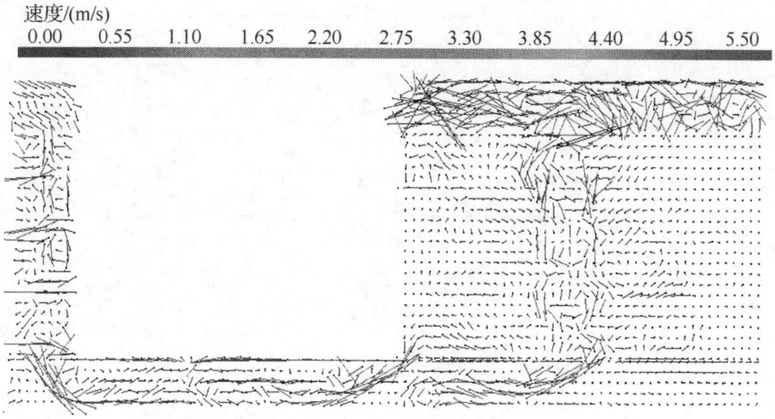

图 5.28　有活塞风时空气幕+加压送风+机械排烟系统作用下各个扶梯、楼梯口处速度场分布

从图 5.28 可以看出，当实施空气幕+加压送风+机械排烟相结合的烟气控制措施时，能够在整个车站形成向下的气流，并且能够保证 1.5m/s 的向下流速，楼梯 1#的向下气流为 2m/s，扶梯 2#的向下气流为 2.1m/s，扶梯 3#的向下气流为 1.75m/s，控制烟气蔓延的效果最佳。

图 5.29～图 5.31 分别为当活塞风作用时，自然排烟、机械排烟、空气幕+加压送风相结合三种防排烟模式下，楼梯 1#、扶梯 2#、扶梯 3#处上开口中心温度变化图。可以看出，当空气幕送风与加压送风相结合时，在三处扶梯、楼梯附近的温度场没有明显的变化，均能保持室温状态，能够满足人员安全疏散的要求。

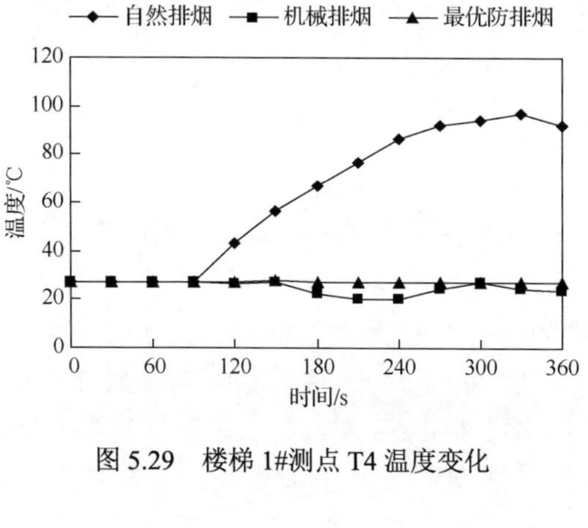

图 5.29　楼梯 1#测点 T4 温度变化

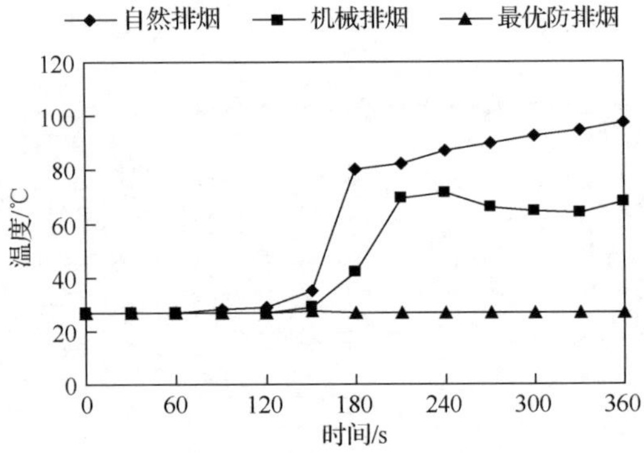

图 5.30　扶梯 2#测点 T5 温度变化

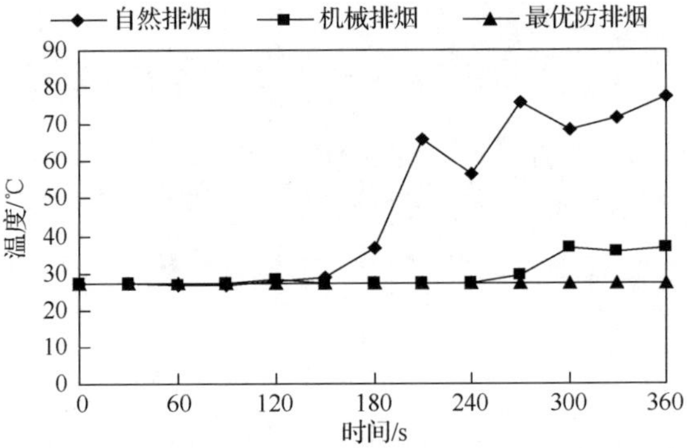

图 5.31　扶梯 3#测点 T6 温度变化

综上，虽然活塞风对火灾烟气态势发展有一定的影响，但是 6m/s 送风速度和送风角度 60°的空气幕送风与加压送风和机械排烟相结合的方式可以实现对地铁火灾烟气的有效控制，在各个扶梯、楼梯口附近均能形成向下 1.5m/s 以上的新鲜气流，能够满足人员安全疏散和地铁设计《建筑设计防火规范》（GB 50016—2014）（2018 年版）的要求，是最优的防排烟模式。

5.2　地铁站细水雾雾幕防烟的性能化分析

屏蔽门以及传统的防火隔烟措施诸如防火门、防火卷帘等一定程度上会影响疏散通道的通过效率[193,194]，而细水雾雾幕可以有效弥补传统防火隔烟措施的不足[195-197]。我们通过小尺寸模型实验和数值模拟分析相结合的方法，分析细水雾雾幕的隔热防烟性能及活塞风影响下细水雾雾幕对地铁站台火灾蔓延的控制作用[198]。

5.2.1　细水雾雾幕防烟性能的实验测试

本节搭建了主体尺寸 3.6m×1.2m×1.4m 的小尺寸实验模型（图 5.32），以直径 600mm 的工业酒精为火源，距油盆中心距离 600mm，在模型的顶部布置河南海力特机电制造有限公司生产流量系数为 K=1.5 的细水雾雾幕喷头，喷头的实物图及开启细水雾后雾幕的雾形图如图 5.33 所示。改变通风方式、风速以及细水雾雾幕的压力，通过对不同工况下的火焰最高温度、雾幕保护侧的平均温度、烟气层的平均温度以及辐射热的测试，分析细水雾雾幕和机械排烟耦合作用系统的隔热防烟性能[198]。测点布置见图 5.34。

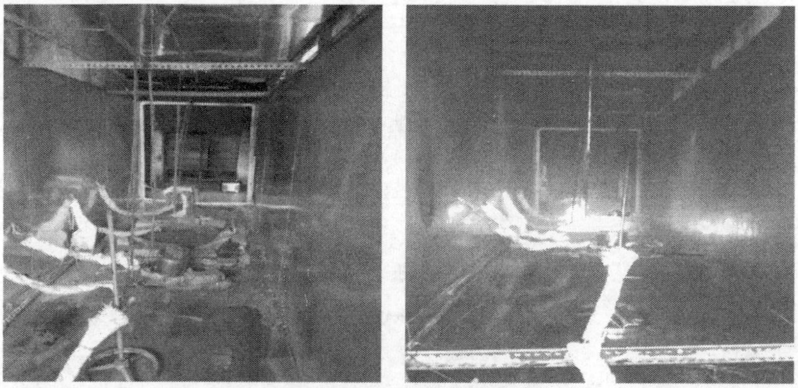

图 5.32　实验平台布置实物图

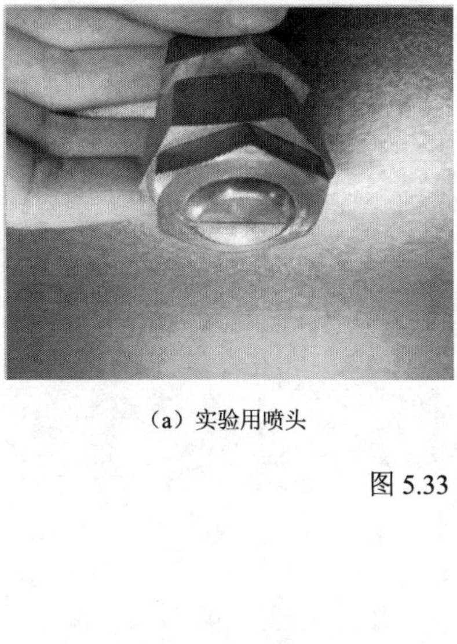

（a）实验用喷头

（b）雾形图（5MPa）

图 5.33　细水雾雾幕喷头及雾形

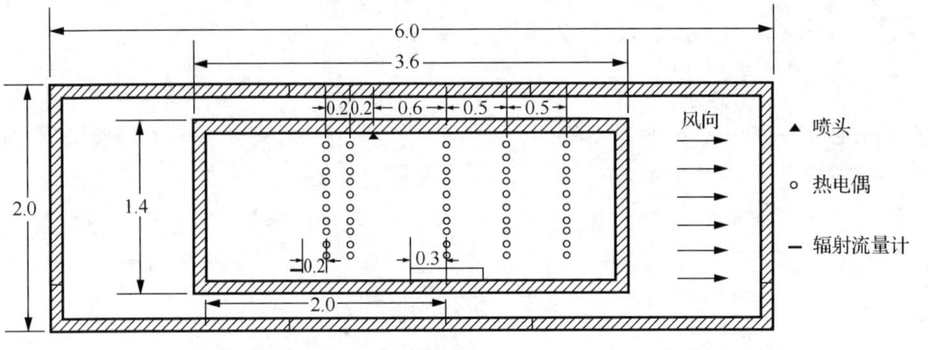

（a）各测点分布主视图

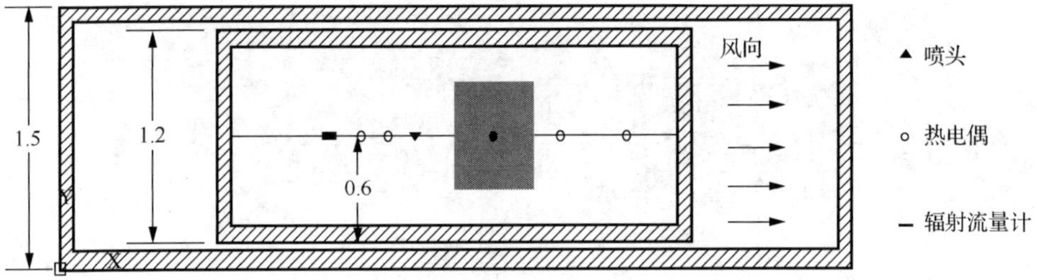

（b）各测点分布俯视图

图 5.34　测点布置图（单位：m）

3MPa细水雾雾幕和纵向排烟、顶部排烟耦合系统对烟气的控制效果见图5.35～图5.38。

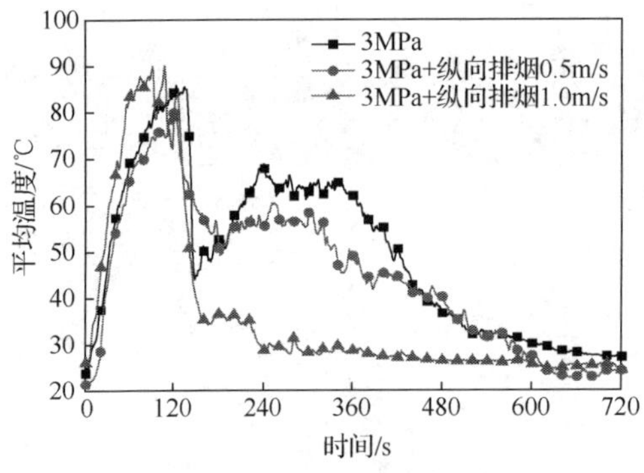

（a）与纵向排烟耦合作用

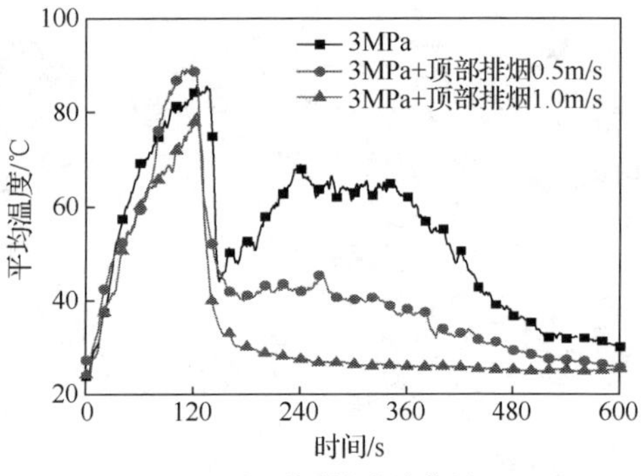

（b）与顶部排烟耦合作用

图 5.35　上部热烟气层平均温度

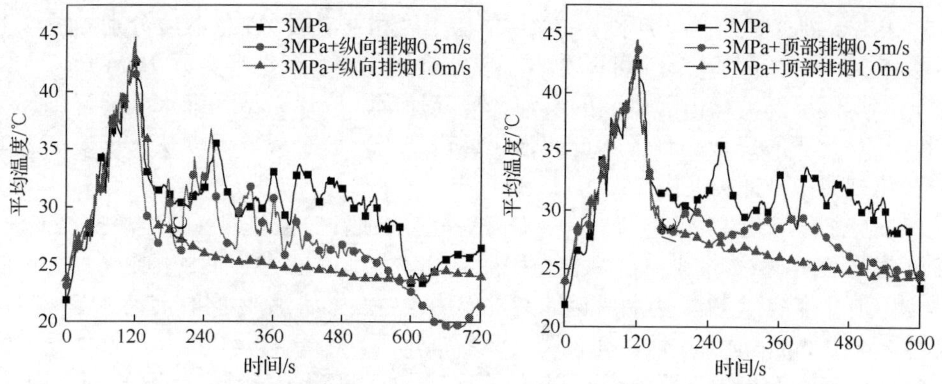

（a）与纵向排烟耦合作用　　（b）与顶部排烟耦合作用

图 5.36　下部热烟气层平均温度

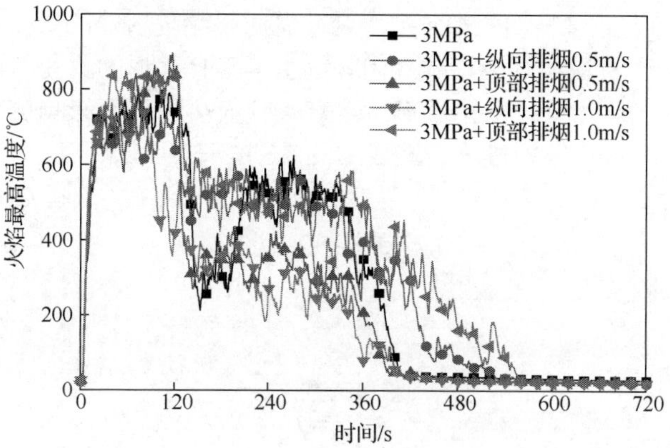

图 5.37　3MPa 细水雾雾幕的控火效应

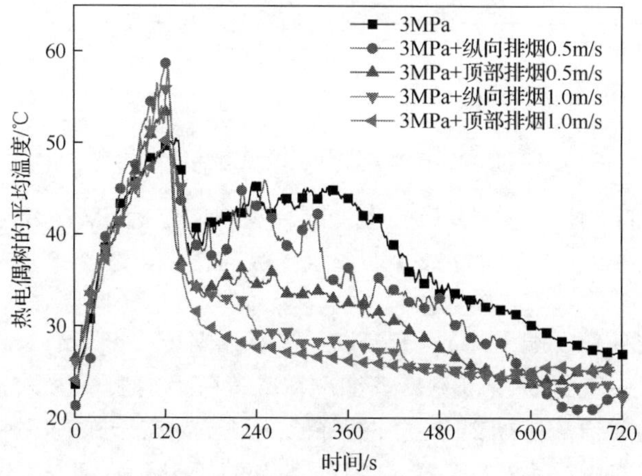

图 5.38　3MPa 细水雾雾幕的隔热效应

3MPa 细水雾雾幕保护下上部热烟气层温度和下部烟气层的温度分别如图 5.35 和图 5.36 所示。从图 5.35 可以看出，单独施加 3MPa 细水雾雾幕 2min 后，上部和下部烟气层温度均出现剧烈的反弹，究其原因，应该归结为细水雾雾幕施加初期，其对空气的扰动起到了一定的强化燃烧作用，这个现象可以从火焰最高温度的演化规律得到证实（图 5.37）。

在施加细水雾雾幕的同时，机械排烟系统的开启加强了烟气的对流换热损失，细水雾雾幕+机械排烟系统的耦合作用受到细水雾雾幕压力和机械排烟方式（纵向排烟、顶部排烟），以及排烟风速的共同作用。当点火后 120s 同时启动 3MPa 细水雾雾幕与 1.0m/s 顶部排烟，在该耦合系统作用下，上部热烟气层和下部烟气层的温度降低速率均最大，降温效果明显且烟气层的温度状态稳定，不会出现反弹。

从图 5.38 可以看出，当 3MPa 细水雾雾幕与 1.0m/s 顶部排烟耦合作用时，对雾幕保护侧平均温度的控制最佳。但是，从对于受雾幕保护侧接收到的辐射热通量分析可知（图 5.39），只施加 3MPa 细水雾雾幕时隔绝辐射热的效果最好；当排烟风速大于 0.5m/s 时，机械排烟会造成 3MPa 细水雾雾幕雾形的改变，造成耦合系统隔绝辐射热的效果变差，且顶部排烟对雾幕衰减辐射热的负面影响更大。究其原因，可以归结为细水雾雾幕压力较小，造成雾滴雾动量不足以克服排烟系统的影响。

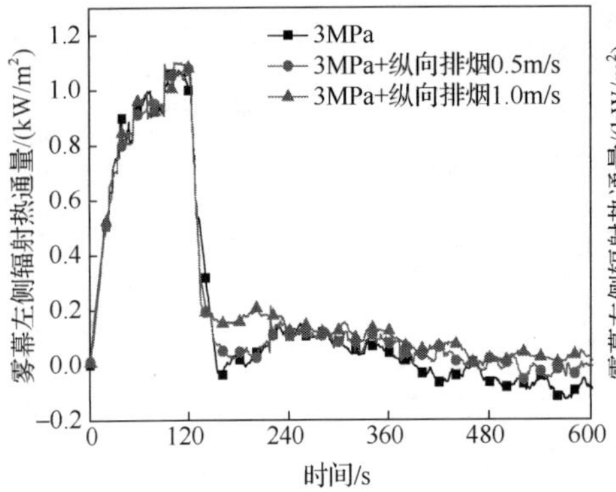

（a）与纵向排烟耦合作用

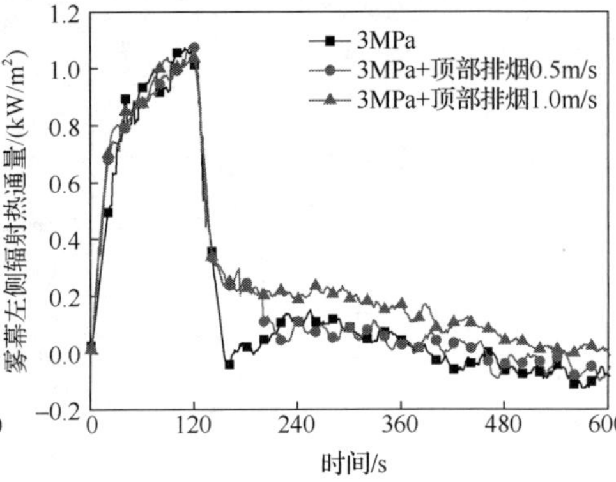

（b）与顶部排烟耦合作用

图 5.39　3MPa 细水雾雾幕衰减辐射热通量的有效性

增加细水雾喷雾压力至 5MPa，改变通风模式，分析 5MPa 细水雾雾幕耦合不同速度（0.5～1.0m/s）、不同方式排烟系统（纵向排烟、顶部排烟）挡烟隔热作用的有效性。

从上部热烟气层（图 5.40）、下部烟气层平均温度（图 5.41）以及雾幕保护侧平均温度（图 5.42）的分析可见，当细水雾雾幕压力增加至 5MPa 时，其与风速 1.0m/s 纵向排烟或顶部排烟耦合系统的降温效果，远高于其与风速为 0.5m/s 及以下纵向排烟或顶部排烟系统的耦合作用效果，说明 5MPa 细水雾的动量增大到了足以克服机械排烟系统对于雾形的改变所带来的负面影响。随着排烟风速的增加，烟气对流换热损失的增加占主导作用，超过了细水雾初期的扰动对燃烧的强化作用，因此，火焰的温度降低速率虽然低于单纯施加细水雾的情况，但是未出现反弹现象，见图 5.43。

而对于细水雾雾幕保护侧接收到的辐射热通量（图 5.44），虽然最优工况仍是单独施加细水雾雾幕情况，但是，当细水雾雾幕的压力增大后，5MPa 细水雾雾幕与顶部排烟耦合作用时隔绝辐射热的效果较好，受风的影响较小，且稳定性高。

综上，当开启细水雾雾幕后，单独施加细水雾雾幕时隔绝辐射热的效率最高；当细水雾雾幕与机械排烟耦合作用时，应注意当风速大于 0.5m/s 后，影响隔热效率，且雾幕受顶部排烟的影响较大；但随着细水雾雾幕压力的增大，此种影响会削弱。综合考虑烟气层温度、雾幕保护侧的平均温度以及地面接收到的辐射热通量，当火灾发生时，最有利于人员疏散的工况为 5MPa 细水雾雾幕与 1.0m/s 顶部排烟的耦合系统。

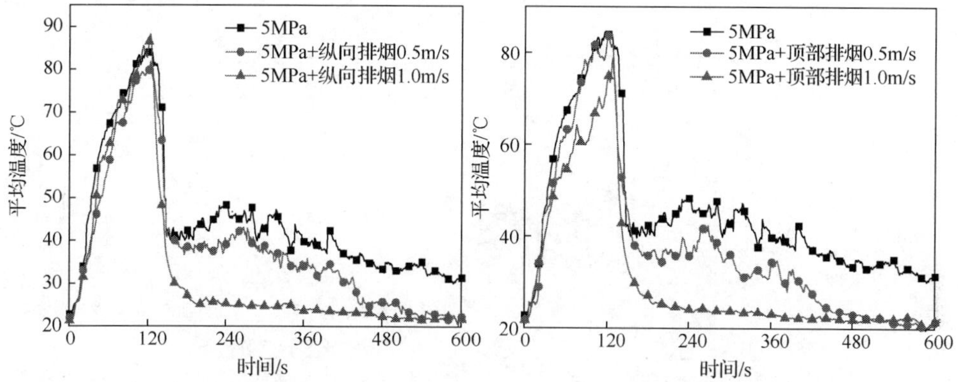

（a）与纵向排烟耦合作用　　（b）与顶部排烟耦合作用

图 5.40　上部热烟气层平均温度

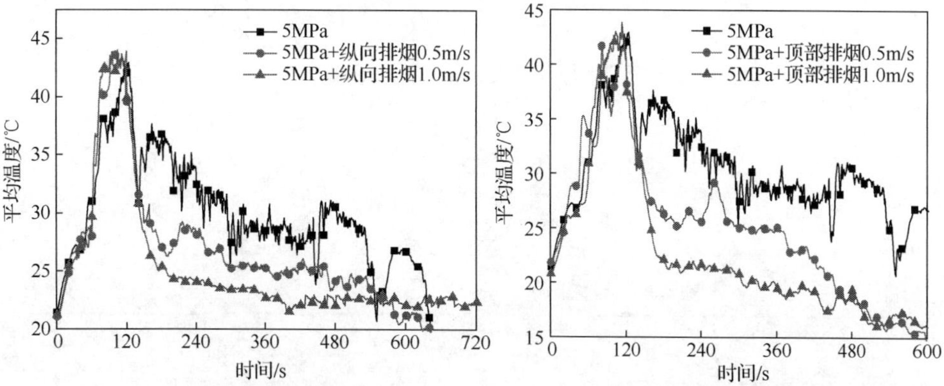

（a）与纵向排烟耦合作用　　（b）与顶部排烟耦合作用

图 5.41　下部烟气层平均温度

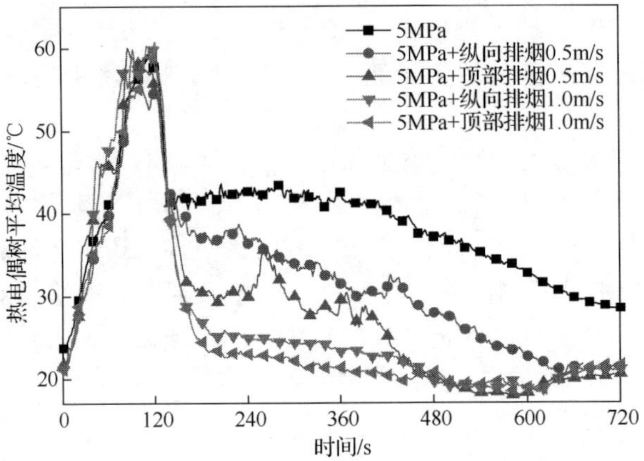

图 5.42 5MPa 细水雾雾幕隔热的有效性

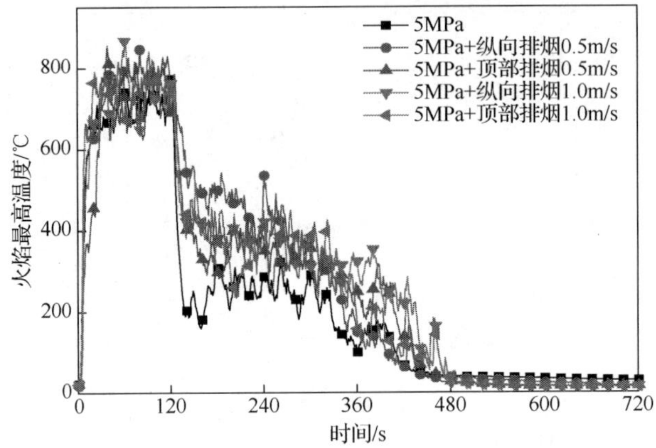

图 5.43 5MPa 细水雾雾幕控火效应

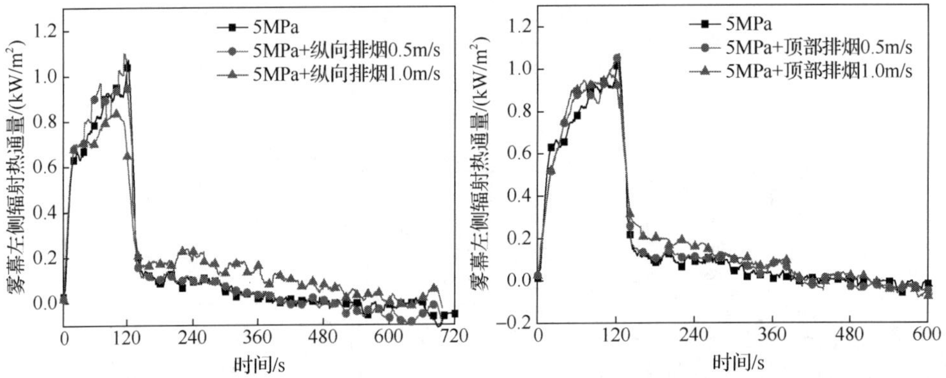

（a）5MPa细水雾雾幕与纵向排烟耦合　（b）5MPa细水雾雾幕与顶部排烟耦合

图 5.44 5MPa 细水雾雾幕+纵向排烟/顶部排烟耦合系统衰减辐射热通量的有效性

5.2.2　活塞风影响下细水雾雾幕对站台火灾蔓延的控制作用

建立某地铁车站模型，如图 5.45 所示，该站长 140m，宽 24m，高 6m，中间轨道区域为 6m，轨道两侧站台各 6m，站台出口设置于距离站台一端 70m 处。

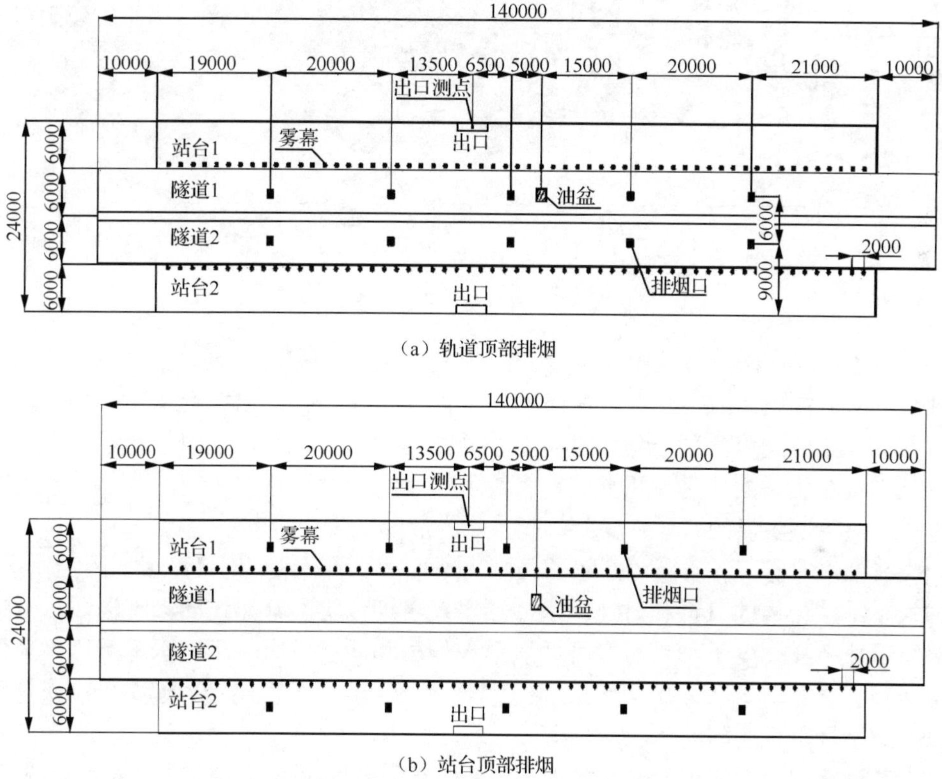

（a）轨道顶部排烟

（b）站台顶部排烟

图 5.45　某地铁站细水雾雾幕和排烟口平面布置图（单位：mm）

在距离站台 1m 处设置最高热释放速率 0.4MW/m^2 庚烷池火，油盆大小为 1m×1m，在轨道区及站台区域之间设置细水雾雾幕系统，喷头高度为 4m，喷头间距为 2m；细水雾雾幕动作时间为火源起火 100s。图 5.46 是在活塞风影响下地铁站台细水雾雾幕和屏蔽门系统对火灾热释放速率的抑制作用。

从火源热释放速率的变化图可以看出，当站台中部火灾的热释放速率在 100s 达到最大值时开启细水雾雾幕系统，在只有细水雾雾幕单独作用的条件下，火源的热释放速率从 0.4MW 降低到 0.15MW，细水雾雾幕对车站站台火灾的抑制作用明显。

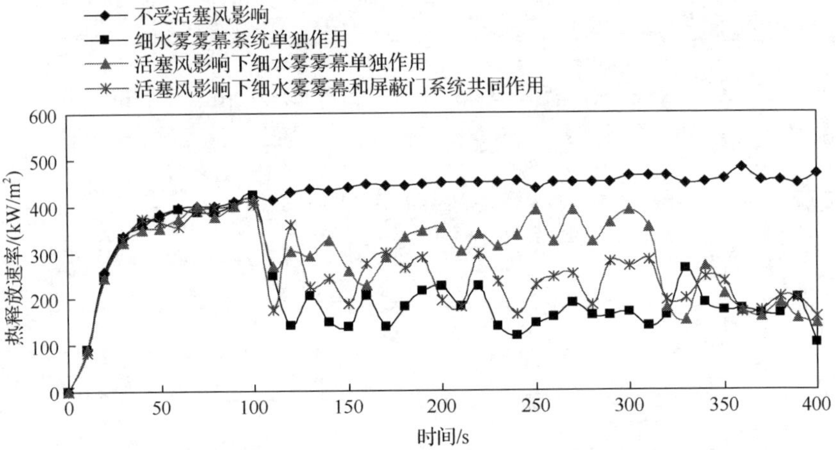

图 5.46　火源热释放速率变化图

考虑活塞风影响持续时间为 200s，从图中发现，在活塞风的影响下，当只有细水雾雾幕单独作用时，火源热释放速率从 100s 时的 0.5MW 下降到 180s 时的 0.3MW，下降速度远低于细水雾雾幕单独作用时的情况，这是由于活塞风带来的流动空气对燃烧的促进作用显著，雾滴的速度场受到了活塞风流的扰动，细水雾雾幕隔热隔烟隔氧的有效性受到抑制，热释放速率反复波动。

在细水雾雾幕和屏蔽门系统的共同作用下，由于屏蔽门对活塞风的阻挡作用，进入车站站台内的风量和风速减小，活塞风对细水雾雾幕系统的影响较弱，火源热释放速率变化处于细水雾雾幕系统单独作用和活塞风影响下细水雾雾幕单独作用两种工况之间；当 300s 后不受活塞风影响终止时，火源热释放速率变化恢复到只受细水雾雾幕控制的情况。

通过在车站隧道中间侧面每隔 3m 布置一个测点，了解车站隧道 z=1.6m 高度处车站隧道的环境温度沿隧道长度 y 方向的变化情况，图 5.47 为有无活塞风影响下车站隧道 z=1.6m 高度处温度分布，图 5.48 为车站隧道 y=1m 侧面烟气层高度变化情况。

由图 5.47 和图 5.48 可以看出，考虑活塞风影响持续的时间为 200s，点火后 100s 开启细水雾雾幕，100～160s 活塞风和细水雾雾幕的共同作用下车站隧道温度从 100s 时的 45℃下降到 160s 时的 25℃；160～200s 期间，随着活塞风风速逐渐增大到 4m/s，高温烟气在活塞风的作用下进入车站隧道，车站隧道内温度在 200s 时达到 90℃；200～300s 期间，随着地铁活塞风风速降低，细水雾雾幕对火场周围温度的控制作用显著，车站隧道内温度逐渐下降到环境温度。说明单独施加细水雾雾幕无法克服和抑制活塞风对火灾燃烧和蔓延的强化作用。

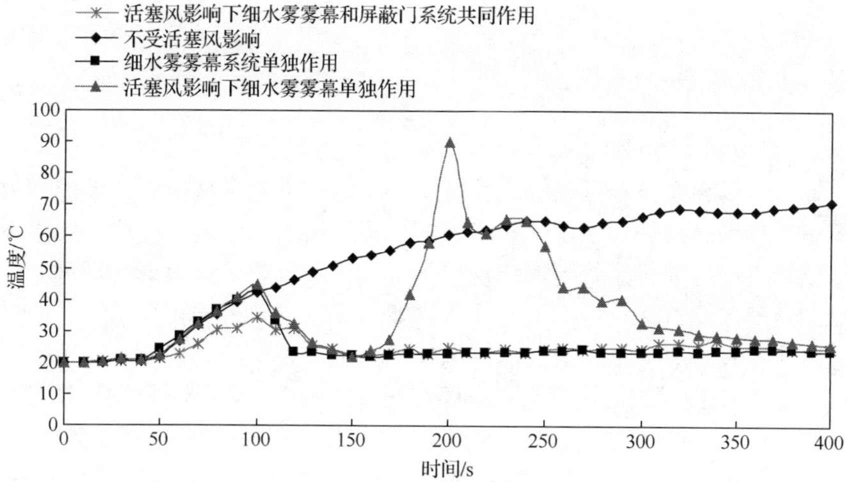

图 5.47　车站隧道 z=1.6m 高度处温度变化图

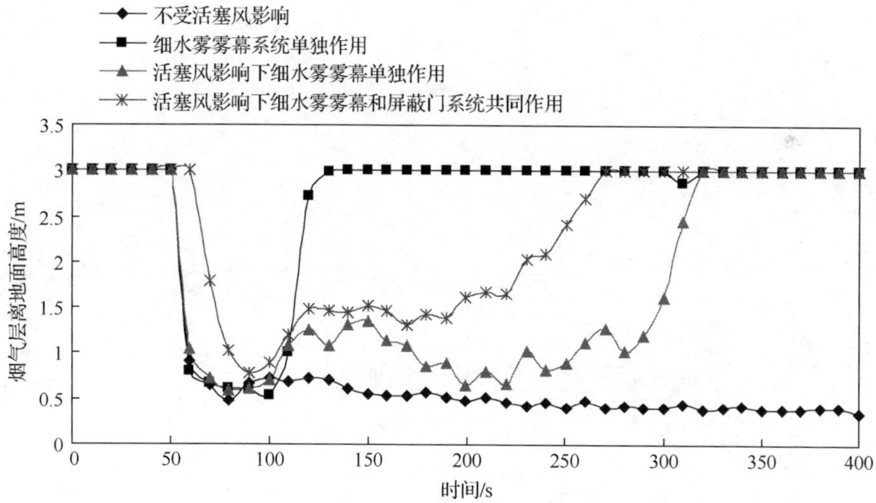

图 5.48　车站隧道 y=1m 侧面烟气层高度变化图

在活塞风影响下，100s 开启细水雾雾幕，由于细水雾雾幕和屏蔽门对高温烟气的阻挡作用，车站隧道内温度在 130s 时达到 37℃，温度的上升速率低于其他工况。在不考虑经济条件情况下，细水雾雾幕和屏蔽门系统的共同作用对活塞风影响下站台火灾蔓延温度场的控制作用较其他工况理想。

5.3 本章小结

本章通过缩尺寸模型实验和 FDS 数值模拟，对比分析了活塞风影响下，空气幕和机械排烟耦合系统，以及细水雾雾幕和机械排烟耦合系统的防烟控烟效果，比较得出空气幕以及细水雾雾幕和机械排烟最优化的系统运行模式。结果表明，机械排烟和空气幕耦合系统可以实现对隧道火灾的隔热防烟效果，需充分考虑纵向排烟和顶部排烟对空气幕向下气流的影响，合理调整机械排烟的形式，以及空气幕送风速度和送风角度。对某深埋地铁站台数值模拟结果表明，在保持空气幕的送风速度为 6m/s、送风角度为 60° 的空气幕送风+加压送风+机械排烟三者相结合的防排烟模式，可以改为深埋地铁站台实现满足规范规定的防排烟效果。

综合考虑烟气层温度、雾幕保护侧的平均温度以及地面接收到的辐射热通量，当火灾发生时，最有利于人员疏散的工况为 5MPa 细水雾雾幕与 1.0m/s 顶部排烟的耦合系统。在活塞风影响下，细水雾雾幕和屏蔽门的耦合系统可以有效控制活塞风影响下站台火灾烟气的蔓延。

第6章　地铁车站机械通风耦合细水雾灭火系统的模拟分析

6.1　细水雾控制地铁列车车厢火灾的模拟分析

由于缺乏火灾疏散演习经验或者恐慌等原因，乘客逃生时将各车厢门敞开，在火灾烟羽流的作用下，形成了自然通风的气流。本章在列车车厢中部设置 2.5MW 油火，利用 FDS 进行数值模拟，分析在不考虑引燃其他固定火灾荷载和移动荷载的情况下火灾烟气的蔓延情况，以及不同开口情况所形成的自然通风气流对地铁列车车厢细水雾灭火有效性的影响[199]。

6.1.1　地铁列车车厢细水雾灭火数值模拟模型的建立

本节建立了一节地铁列车车厢（图 6.1）的数值模拟模型，长×宽×高为 20.0m×3.0m×2.5m，地铁列车车门尺寸为 1.6m×2.0m，从左至右依次设定为 1#门、2#门、3#门、4#门。两侧为车厢连接门，左侧设定为 5#门、右侧设定为 6#门。在车厢的正中央放置一个 0.6m×0.6m 的庚烷火油盆，在高度 2.3m 处放置五个细水雾喷头（图 6.2），喷雾量 7L/min，雾滴出口速度 8m/s。在火源上方 0.5m、1.0m、1.5m、2.0m 处，设置热电偶，测试各点的温度。模型的坐标原点设置在火源中心。工况设置见表 6.1。

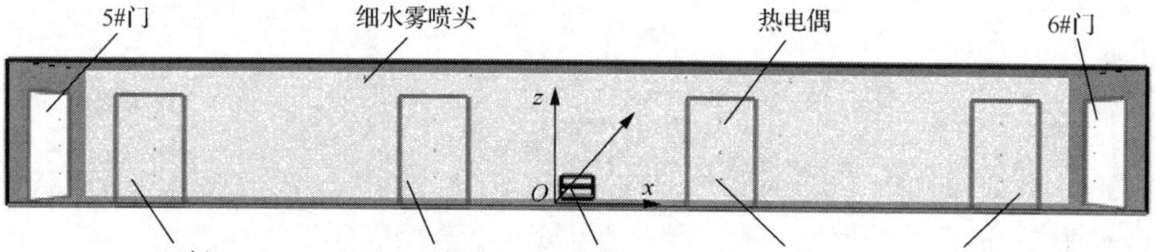

图 6.1　地铁列车车厢细水雾灭火 FDS 模拟模型

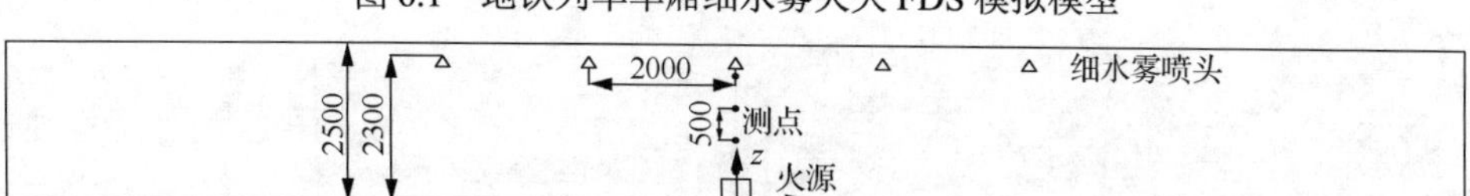

图 6.2　细水雾喷头及测点布置图（单位：mm）

表 6.1 各种工况的具体说明

序号	细水雾	开启 1#、4#门	开启 2#、3#门	开启 5#、6#门
1	×	×	×	×
2	√	×	×	×
3	√	×	×	√
4	√	√	×	×
5	√	×	√	×
6	√	√	×	√
7	√	√	√	×
8	√	×	√	√
9	√	√	√	√

除工况 1 之外，所有工况均在 30s 启动细水雾喷头。之所以选取 30s，是因为工况 1 模拟到 30s 时，烟气经过了竖直上升、半受限顶棚射流过程，并逐步向下运动，形成厚厚的烟气层，烟气层的下边缘接近 1.5m 高度，温度达到 70℃左右（图 6.3），火源附近烟气层下降到了 1m 左右，对人身安全已构成威胁。

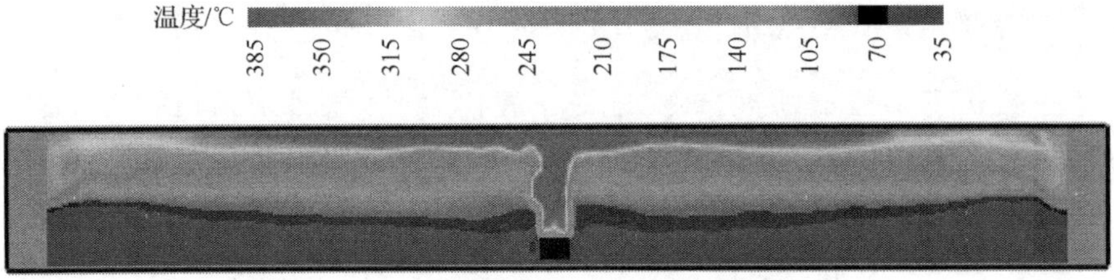

图 6.3 工况 1 中 30s 时刻 y=0 截面温度分布图

开启不同的车厢门，模拟分析不同开口条件下细水雾控制地铁列车车厢火灾的有效性。

6.1.2 开口条件对灭火的影响

细水雾作用下火源热释放速率的变化见图 6.4，火焰最高温度变化曲线见图 6.5。

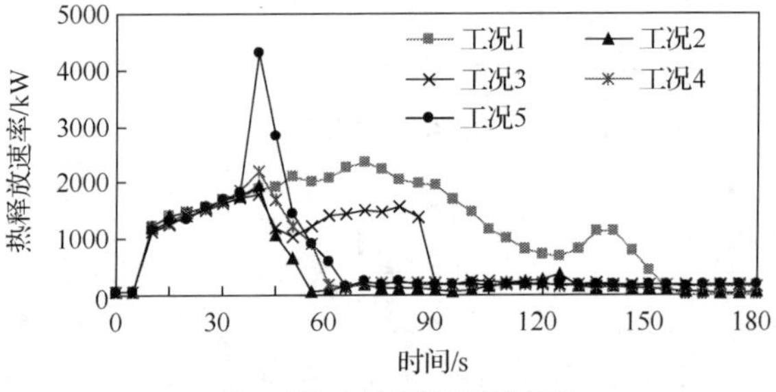

（a）工况1～5热释放速率的变化

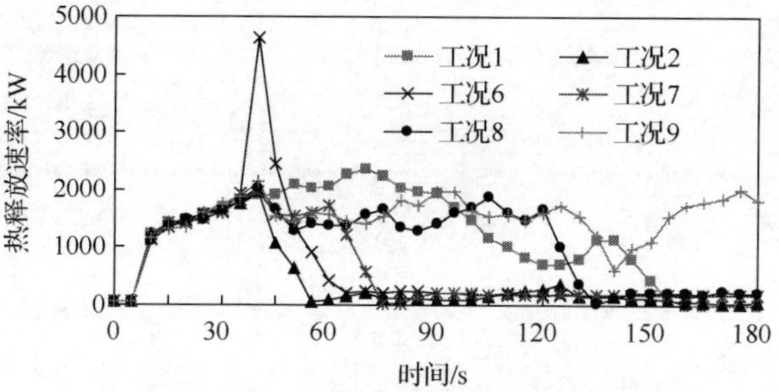

（b）工况6～9和工况1、2热释放速率的变化

图 6.4　火灾热释放速率变化曲线图

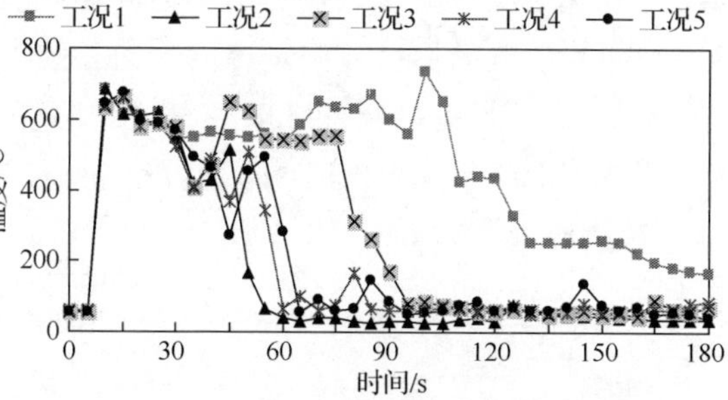

（a）工况1～5的火焰最高温度变化

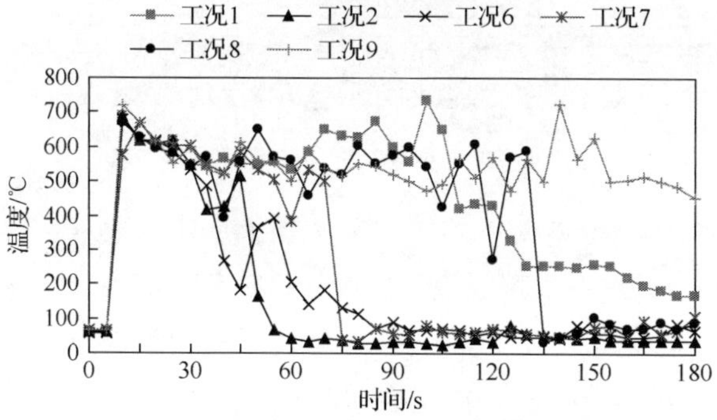

（b）工况6～9和工况1、2的火焰最高温度变化

图 6.5　细水雾作用下火焰最高温度变化

工况 2 中所有车门全部关闭，可以看出，虽然细水雾施加的瞬间，有轻微的强化燃烧现象，但仍然实现了细水雾施加后 20s 内灭火，封闭条件下细水雾的灭火效果是最好的。图 6.6 是工况 2 中 36s 时 y=0 截面的速度场矢量图。从图中可以看出，除火源上方、火源根部及喷头正下方存在较大的紊流涡流以外，大部分烟气还是以“层流”为主，呈较平稳的水平运动。

图 6.6　工况 2 中 36s 时 y=0 截面的速度场

工况 3 开启车厢左右两端连接门（即 5#、6#门）的工况，称作纵向开口。从热释放速率和火焰温度的变化可以看出，与全部车厢门关闭的工况 2 相比，细水雾施加的瞬间，强化燃烧现象明显。这主要是由于纵向通风造成车厢内细水雾雾场偏移，车厢开口方向和热烟气的运动方向是在同一条直线上。上部的热烟气从两侧门上部流出计算区域，而下部有冷空气进来，有效地补充新鲜空气（工况 3 60s 时 y=0 截面的速度场见图 6.7），致使火焰最高温度在 15s 内跃升至 600℃，直至 75s 时才慢慢降下来，灭火时间用时 65s。

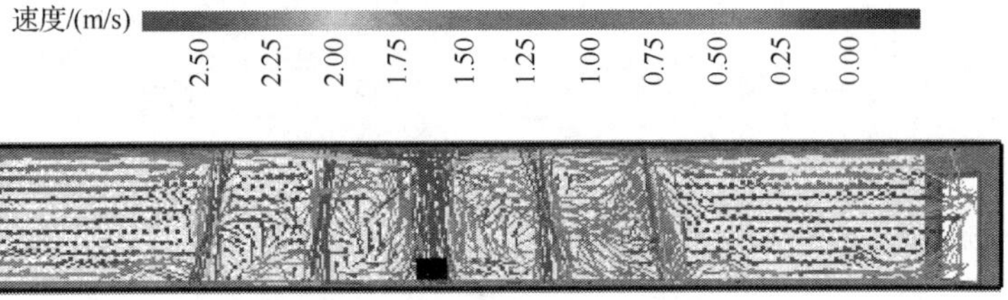

图 6.7　工况 3 中 60s 时 y=0 截面的速度场

开启横向方向 1#、4#两侧车门的工况 4 在 60s 左右灭火，灭火用时略超过工况 2 10s，细水雾施加后的火焰温度反弹至 500℃左右。施加细水雾之后工况 4 车厢内速度场如图 6.8 及图 6.9 所示。可以看出，在这种情况下，在开口附近形成较大气流，转变成横向流动时，被两侧的细水雾所阻隔，速度有所降低，未对火源附近造成扰动。说明火源两侧的细水雾有效阻隔了外界新鲜空气的影响。

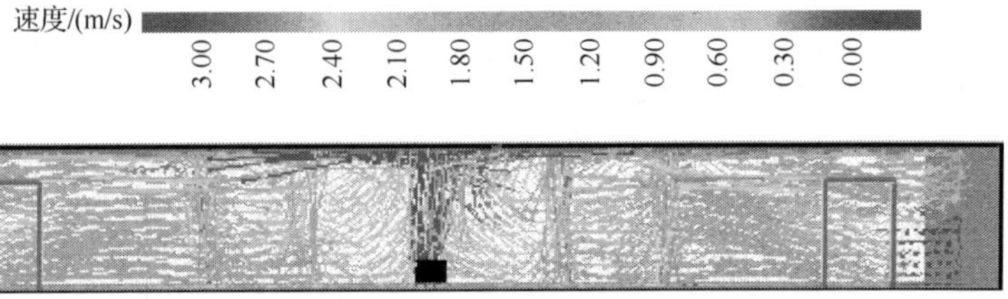

图 6.8　工况 4 中 36s 时 y=0 截面的速度场

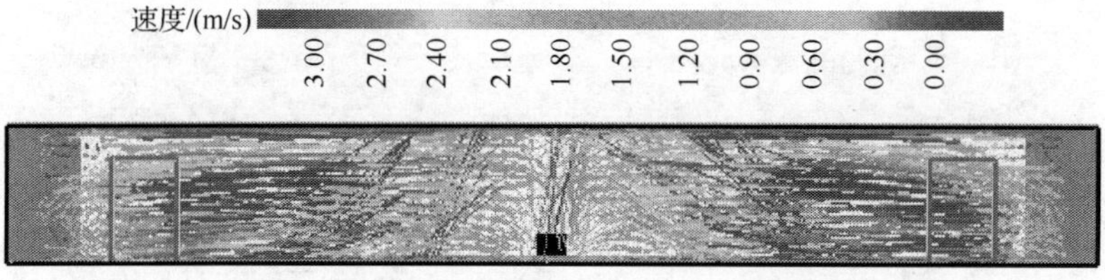

图 6.9　工况 4 中 60s 时 y=0 截面的速度场

图 6.10 是工况 5 中 36s 时 y=0 截面的速度场矢量图。由于工况 5 中 2#门、3#门在火源附近，在火源附近的开口对流场的影响比较大，卷吸大量的空气，造成整个区域的不稳定流动，强化了燃烧。离火源较远的喷头则一直起到降温、阻隔氧气的作用。在这些因素的综合影响下，工况 5 的热释放速率虽然在细水雾施加瞬间急剧增加且增幅最大，但细水雾持续施加 10s 后热释放速率迅速下降，火灾在 60s 时刻熄灭。

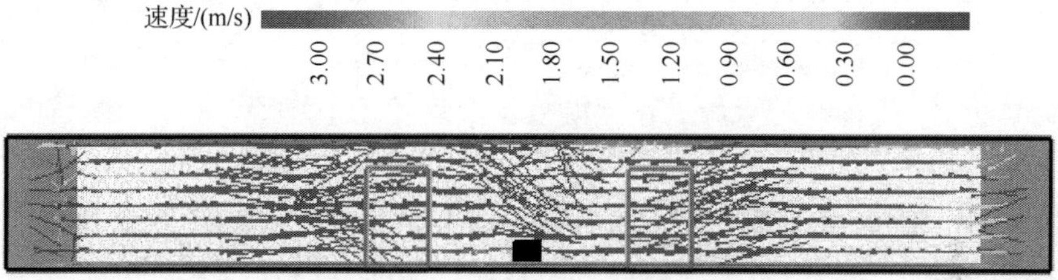

图 6.10　工况 5 中 36s 时 y=0 截面速度场

对比可知，工况 4 的灭火效果最好，工况 5 次之，工况 3 最差。究其本质而言，由于三种自然通风形式的影响，在车厢里形成了不同的速度场，从而影响火源周围的 O_2 体积分数，最终导致不同的灭火效果。因此，纵向通风情况比横向通风时更不容易灭火。并且，工况 4 要好于工况 5，说明火源附近通风不利于细水雾灭火。

模拟的工况中，工况 4、5、7 均属于横向开口。工况 4 和工况 5 的开口面积相同，工况 7 的开口面积是前者的两倍。从灭火时间来看，工况 7 比工况 4 和工况 5 多 10s。增大开口面积，车厢内气流流动方式和工况 3 的情况差不多。车门处的速度场如图 6.11 所示，上部的热烟气从车门顶部流出，冷空气从车门底部流入，有效地将热量通过开口传递到外界。空气流动性的加强使得细水雾灭火时间加长，与工况 4、工况 5 比较，相对较差。因此，增大横向开口面积不利于细水雾灭火。

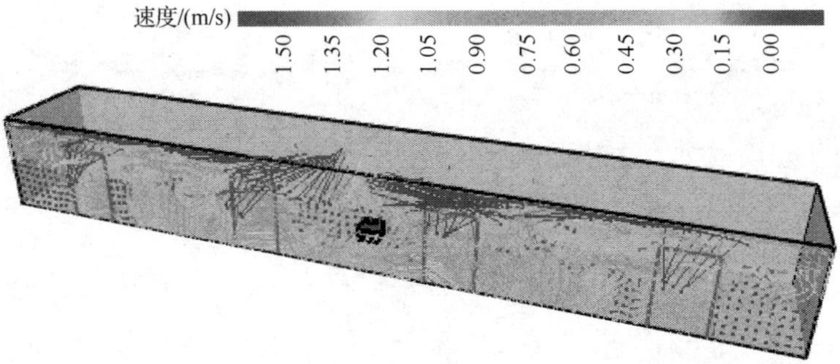

图 6.11　工况 7 中 40s 时 y=−1.5 速度场

工况 6、8、9 是横向开口和纵向开口同时开启的工况。从图 6.4 和图 6.5 可以看出，火焰最高温度和火灾热释放速率的波动幅度还是很大的，说明火焰的不稳定。另外，工况 8 灭火时间较长，直至 135s 才将火焰熄灭，在此之前温度一直持续在 600℃。工况 9 不能将火熄灭。这三种工况与工况 7 比较，可知工况 7 的灭火效果是最好的，75s 时将火熄灭，火源处温度也随之下降到 38℃。由此也说明，单一的通风方式下的火灾更容易被扑灭。

最后通过 O_2 体积分数对比分析各工况的灭火效果（图 6.12 及图 6.13）。5 种工况火源周围 O_2 体积分数的平均值见图 6.12。如图 6.12 所示，前 30s，曲线斜率较大，说明在没有细水雾作用的情况下，燃烧比较剧烈，使得 O_2 体积分数大幅度下降到 15%左右。随着细水雾的不断作用，使得 O_2 体积分数曲线的下降斜率放缓，灭火成功的工况在 O_2 体积分数到达 12%左右出现曲线的上升。细水雾启动以后，液滴与火焰相互作用，使得较小的液滴蒸发为水蒸气和没有蒸发的小液滴，随烟羽流飘走；也有些较大的液滴运动到火焰内部才蒸发为水蒸气，置换或稀释了火焰周围的空气，使得 O_2 体积分数下降较快。在当火灾功率减小至零的过程中，O_2 体积分数在通风的作用下会有一定的上升。

图 6.13 是 6 种工况火源周围 O_2 体积分数的曲线图。从图中可以看出，工况 9 和工况 1 相似，最后 O_2 的体积分数都没有回升或回升幅度较小，同样说明灭火是失败的。从工况 8 的曲线也可以看出，该工况的灭火时间较长，和前面相同的结论得出。同理，工况 2、6、7 灭火成功。

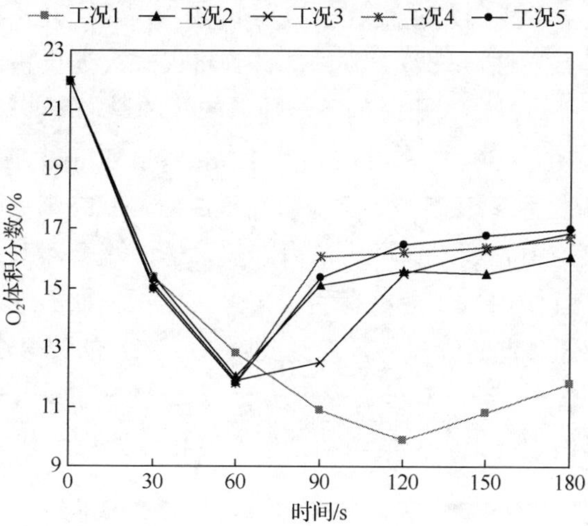

图 6.12　5 种工况 O_2 体积分数对比

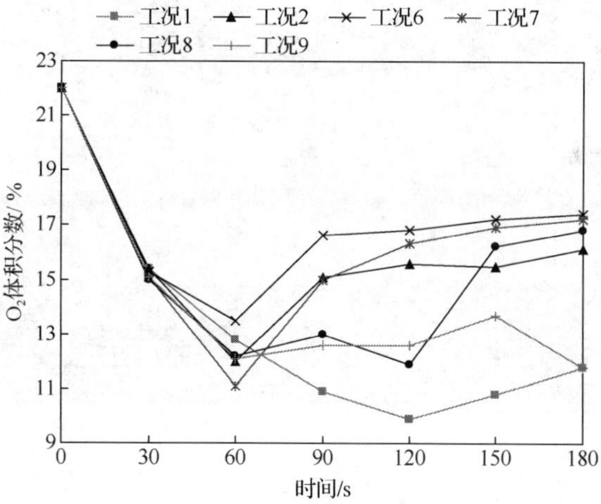

图 6.13　6 种工况 O_2 体积分数对比

通过上述分析对比，我们可以得出结论，在全封闭（工况 2）时灭火效果是最佳的，称作最佳工况，工况 9 的灭火效果是最差的，称作最不利工况。

6.1.3　细水雾灭火的最佳喷雾量

本节研究流量分别设定为 8L/min、11L/min、15L/min 情况下，细水雾对火焰的抑制能力，通过对灭火时间、车厢内温度场的对比，分析细水雾控制车厢庚烷火的最佳喷雾量。

在最不利工况中，我们发现流量在 7L/min 的情况下，还不能达到灭火效果，因此不改变其他边界条件，只增大流量，直到将火熄灭为止。并且寻找到临界流量值，即：超过某一流量，灭火时间不会随着流量的增加而减短。

图 6.14～图 6.16 为 50s 时，8L/min、11L/min、15L/min 工况 y=0m 截面温度云图。8L/min 工况细水雾液滴与烟羽流气体形成对峙状态，火源上方喷头喷射出的液滴已经进入火焰中心处，这样火焰内部蒸发的液滴会蒸发成水蒸气，对氧气的稀释作用（即窒息作用）将会更有利于灭火。由于先期的细水雾对火焰的强化作用使得烟气层较厚，此时烟气层厚度达到最大，70℃的等温线低于 1.5m，并且温度达到 325℃，通过车厢门与外界进行热交换。11L/min 和 15L/min 工况，70℃的等温线上升至车门顶部以上空间，烟气层厚度相差无几，基本将火焰熄灭。

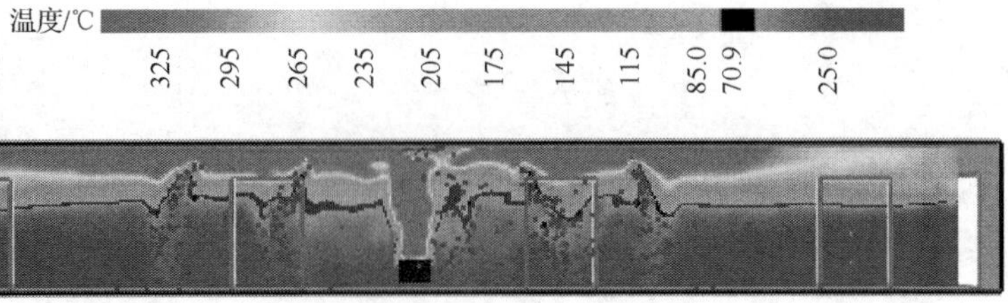

图 6.14　50s 时，8L/min 工况 y=0m 截面温度云图

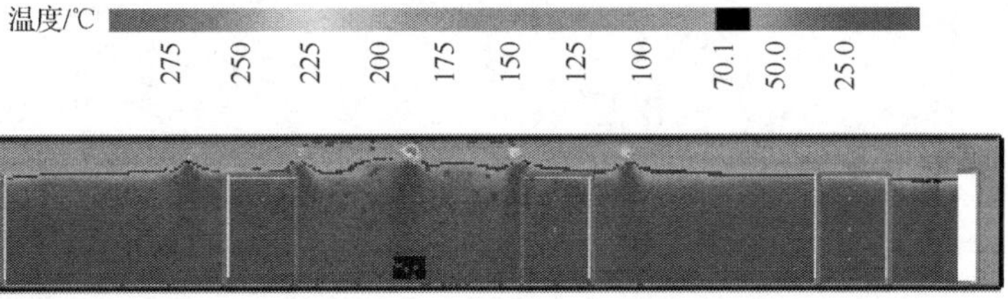

图 6.15　50s 时，11L/min 工况 y=0m 截面温度云图

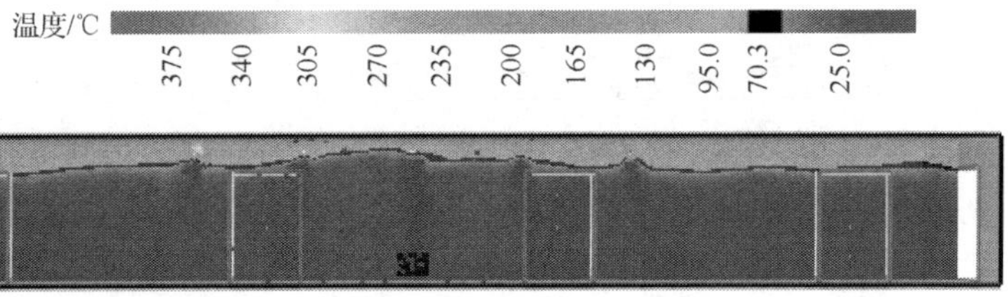

图 6.16　50s 时，15L/min 工况 y=0m 截面温度云图

图 6.17 是不同细水雾流量时火灾热释放速率随时间变化曲线图。流量为 8L/min 时，火灾热释放速率在 50s 突然呈下降趋势，灭火时间需要 30s，这也是我

们找到的扑灭最不利工况的最低流量值。流量为 11L/min 和 15L/min 时，灭火时间缩短了 10s，且其不再随着流量的增加而减短，因此可以说流量为 11L/min 是个比较理想的临界值。另外，从烟气层下降的程度来看，11L/min、15L/min 工况烟气层在门顶部，可以满足安全疏散的要求。

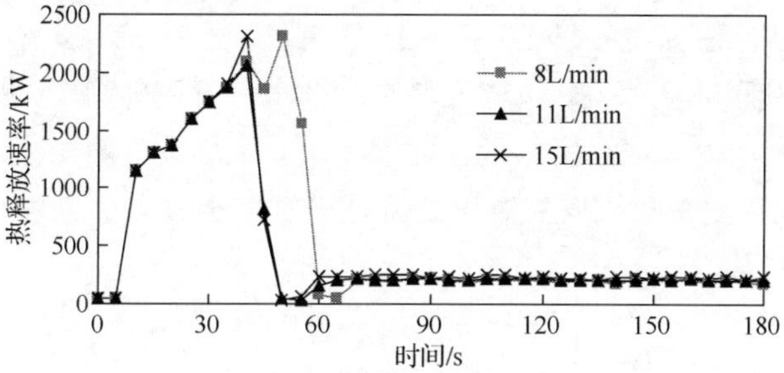

图 6.17　不同流量时热释放速率随时间变化曲线图

6.1.4　细水雾灭火系统的最优安装高度

在图 6.1 所示的模型中，加入地铁列车车厢中座椅、乘客的行李等实际荷载（图 6.18），改变喷头安装高度分别为 2.1m、2.3m、2.5m，模拟分析细水雾控制地铁列车车厢油火最佳的喷头安装高度。在不启动高压细水雾灭火系统的情况下，火灾的热释放速率如图 6.19 所示。

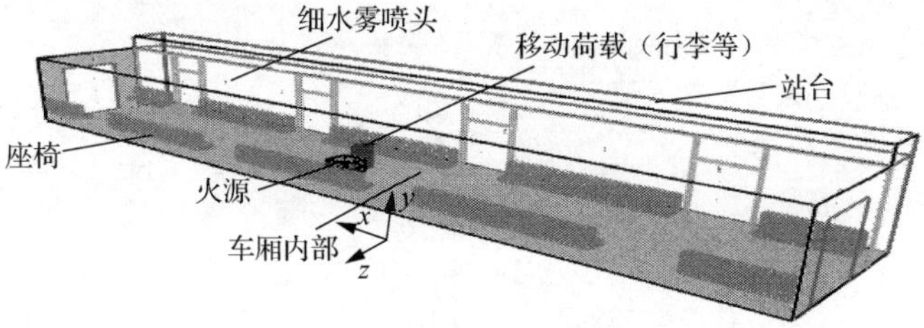

图 6.18　地铁列车车厢火灾的几何模型示意图

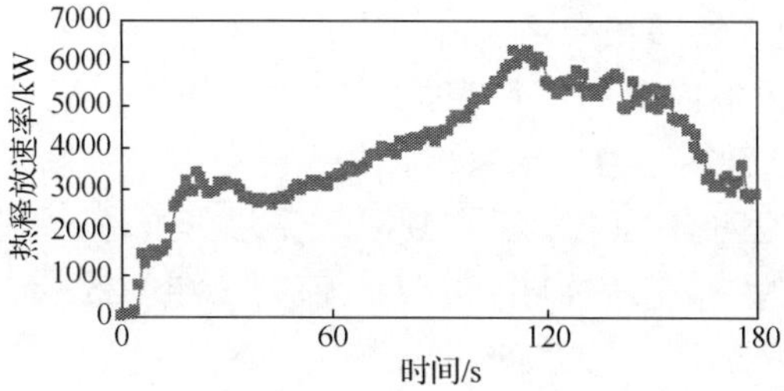

图 6.19　模拟地铁火灾热释放速率的曲线图

图 6.20 为在不同喷头安装高度情况下的火灾热释放速率曲线。可以看出，安装高度 2.5m 情况下，火灾的热释放速率一直在 3～5MW 范围内高幅振荡，直至 210s 左右才使得火灾功率明显下降至 1MW 以下。喷头安装高度下降到 2.3m 时，细水雾在 45s 时能迅速将火灾功率降低到 1MW 左右，120s 左右缓慢上升至 3MW，然后呈现稳步下降趋势。继续降低喷头的安装高度至 2.1m，发现火灾功率的变化曲线和 2.3m 时几乎完全相同。不同安装高度细水雾喷头抑制熄灭火灾的有效性也可以从图 6.21 所示的火焰温度体现。可以看出，火焰温度的变化趋势和热释放速率曲线相似，说明随着喷头安装高度的降低，细水雾进入火焰内部越多，细水雾的灭火有效性更好。

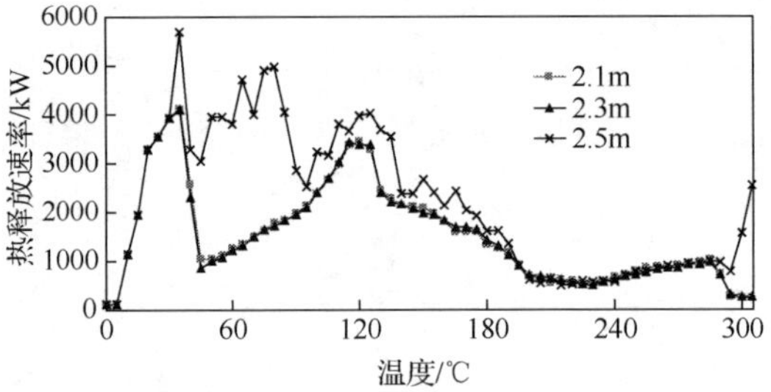

图 6.20　火灾热释放速率的变化曲线

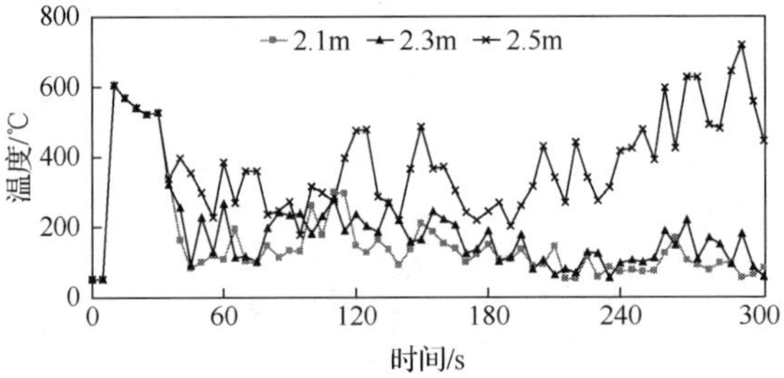

图 6.21　火源上方 0.5m 处温度曲线图

图 6.22～图 6.24 分别为喷头安装在 2.5m、2.3m、2.1m 高度时 y=0 截面 50s 的速度场。由图可见，安装在火源上方的 2.5m 高度喷头喷射的雾滴前期在火羽流的作用下不能进入火焰内部和燃料表面，对火焰和燃料表面的冷却作用受到抑制。在半受限顶棚射流热浮力的影响下，非火源上方喷头喷射的雾滴改变了运动方向，导致雾滴不能向下运动，起不到隔氧窒息的作用。当喷头的位置降低至 2.3m 和 2.1m 时，细水雾雾滴能够克服火羽流的热浮力效应而进入火场，在非火源上方喷头的隔氧窒息作用的共同作用下，细水雾对火焰的冷却效应显著增加（图 6.21）。

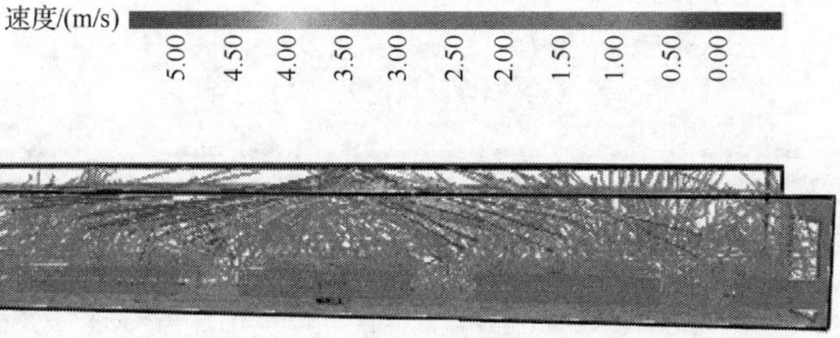

图 6.22　2.5m 高度，50s 时 y=0 截面的速度场矢量图

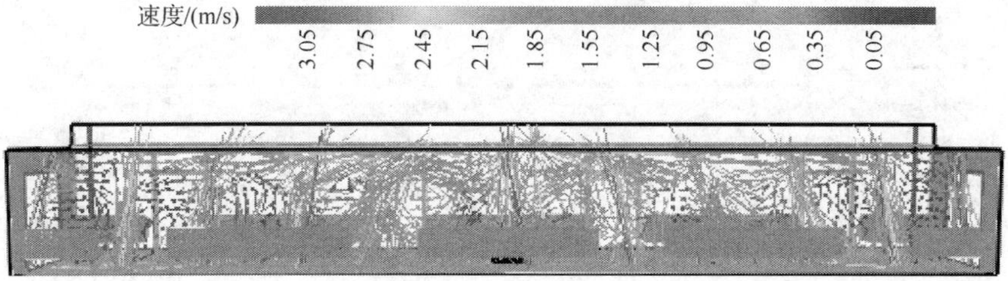

图 6.23　2.3m 高度，50s 时 y=0 截面的速度场矢量图

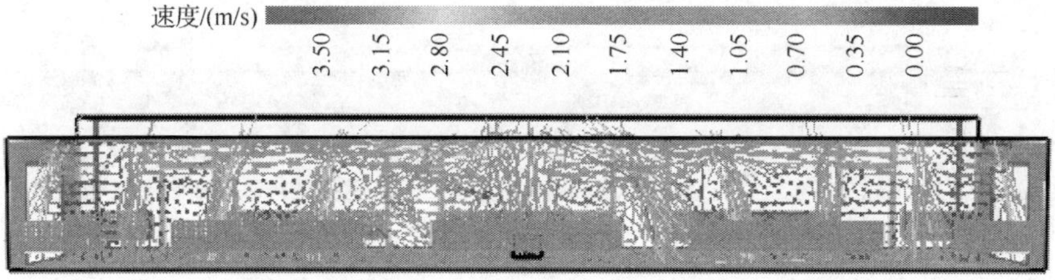

图 6.24　2.1m 高度，50s 时 y=0 截面的速度场矢量图

图 6.25～图 6.27 分别为喷头安装在 2.5m、2.3m、2.1m 高度时，55s 时 y=0 截面烟气的温度场分布图。可以看出，喷头安装在 2.5m 高度时，只是在火源附近的烟气层较厚，温度较高达到 525℃；远离火源地方的温度低于 70℃，几乎没有形成烟气层。因此，距地 1.5m 截面平均温度最低。喷头安装在 2.3m 高度时，火源附近烟气层的温度达到 200℃左右，厚度明显高于 2.5m 时的烟气层。但是整体烟气层的高度高于 1.5m，能够满足人们安全逃离火场的要求。喷头安装在 2.1m 高度时，随着喷头安装高度的下降，烟气层的厚度继续增加，并且烟气温度高于 2.3m 时的情况，达到了近 300℃。即使远离火源的烟气层温度也高于 100℃，这么高温的厚烟气层产生的辐射热造成距地 1.5m 截面的温度高于 2.3m、2.5m 的工况。因此可以看出，2.1m 安装高度细水雾对火场烟气的控制效果要明显劣于 2.3m 时的工况。

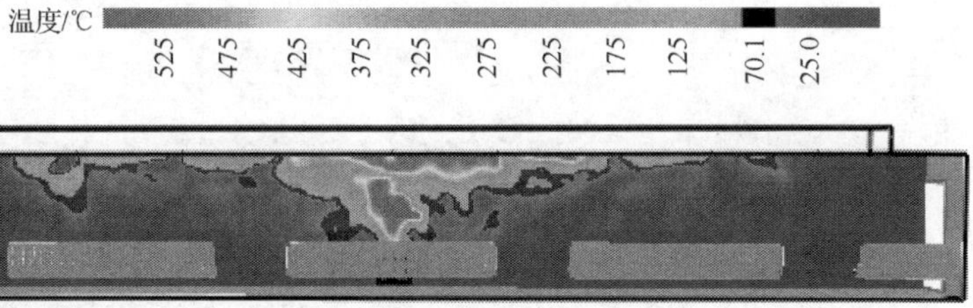

图 6.25　2.5m 高度，55s 时 y=0 截面的温度场云图

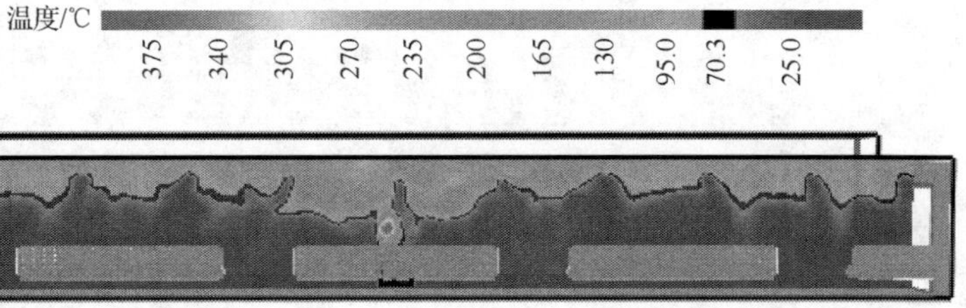

图 6.26　2.3m 高度，55s 时 y=0 截面的温度场云图

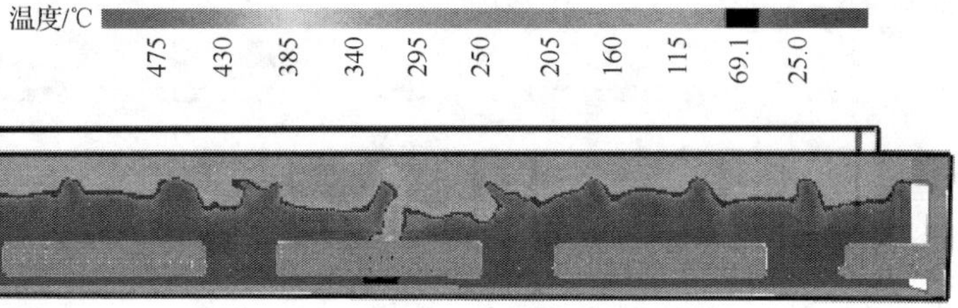

图 6.27　2.1m 高度，55s 时 y=0 截面的温度场云图

从以上分析可见，喷头安装高度较低时，可能造成烟气层高度下降，对人员逃生不利；喷头安装位置较高时，细水雾的雾动量无法克服火羽流的热浮力效应而到达燃料表面，因此削弱了其灭火效果。综合考虑不同安装高度细水雾对火焰和烟气的冷却作用，可以看出，喷头安装在 2.3m 高度为最佳工况。

6.2　活塞风影响下地铁站台细水雾灭火有效性分析

本节以沈阳地铁 2 号线世纪大厦站为原型，建立该地铁站三维通风和细水雾耦合作用的数值分析模型，采用 FDS 进行数值模拟，首先进行有无活塞风作用下地铁车站火灾烟气蔓延规律的对比分析；然后分析地铁车站三维通风环境中，不同压力细水雾对地铁车站火灾的控制作用。

6.2.1　模型的建立

在计算机资源条件有限的情况下，经过全盘考虑，按照交接处网格长度比 1∶2 的衔接方式，建立了本模型，共包括 12 个计算区域，1035136 个网格，网格尺寸为 0.5m×0.25m×0.25m。具体模型中的网格如图 6.28 所示。

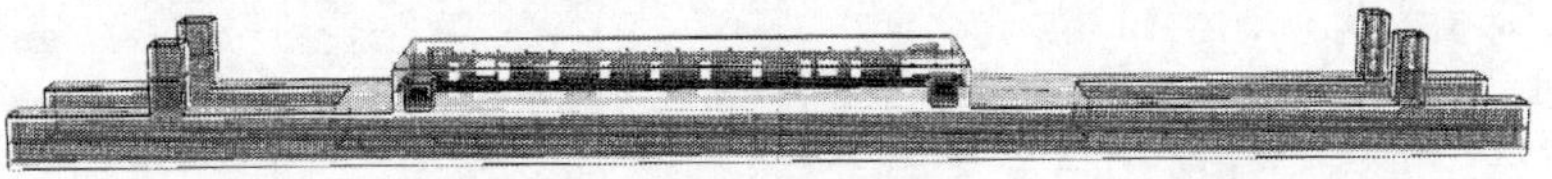

图 6.28　沈阳地铁 2 号线世纪大厦站火灾模拟模型网格示意图

1. 热释放速率的设定

火灾规模与火灾中的可燃物组分及燃烧是否充分等诸多因素有关。随着近年来发生的若干起地铁火灾事故造成的重大人员伤亡和财产损失，新型的地铁机车普遍采用不燃难燃材料，大大降低了列车车厢火灾的热释放速率，相对提高了疏散的安全性。并且，国家出台的相关规范对地铁车站内部的装修进行了严格限制和管理。吊顶、墙面和地面等基本采用不燃材料，这样就使得能引发地铁站火灾的燃烧物只能是旅客携带的行李物品，或者是垃圾桶。垃圾桶内的可燃物主要是废纸。Babrauskas[200]测试了废纸袋的热释放速率，结果表明三袋共 3.5kg 废纸最高热释放速率可达将近 0.4MW，两袋共 2.34kg 废纸热释放速率可达 0.35MW。Chow 等对列车火灾热释放速率也进行了讨论[201,202]。我国的广州地铁要求车辆制造商将一节车厢的热释放功率控制在 5MW 以内，天津 1 号线为 7.5MW[203]。

沈阳地铁 2 号线采用的 B 型车，其结构均是由不燃或阻燃材料组成，所以在本节中模拟列车火灾时热释放速率取 7.5MW，火灾按照慢速增长火的增长形式，火灾功率曲线按 600s 达到峰值考虑，如图 6.29 所示。

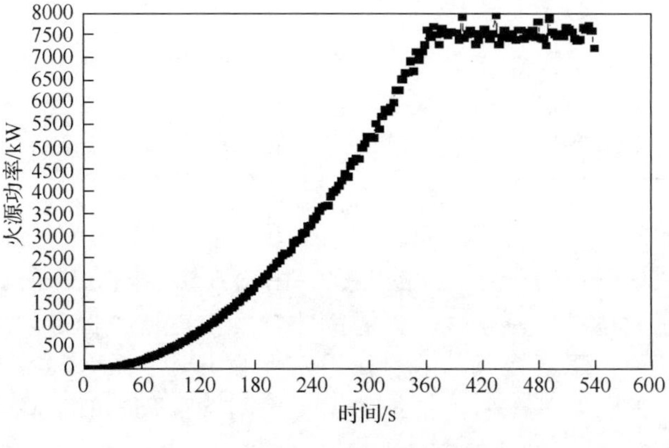

图 6.29　地铁车站火灾的热释放速率

2. 边界条件的设定

（1）站厅 4 个出入口与地面相通，在 FDS 中设置为 SURF ID= ‘OPEN’。车站站台两端与区间隧道相连，也可以产生气流的交换，在此也设置为 SURF ID= ‘OPEN’。各排烟风道两端皆处于封闭状态。

（2）模型中的排烟系统的设置如下。

① 轴流风机：在模型中轴流风机设置为风速 3.5m/s，具体位置视火源位置而定。当火源位于车厢中部时，轴流风机设置在着火侧隧道末端 177m 处。

② 站厅层正压送风：因为是车厢着火，故而站厅层为正压送风。站厅层正压送风口设置四排，共 70 个，具体尺寸为 0.5m×1.5m×36 个，0.5m×0.5m×34 个，送风速度为 3.0m/s，送风口每隔 4.2m 设置一个。

③ 站台层排烟口：排烟速度为 3.3m/s，每隔 8m 设置一个，具体尺寸为 1m×0.5m×26 个。

④ 轨顶排烟口：排烟速度为 3.3m/s，具体尺寸为 0.5m×1.0m×24 个，轨顶排烟口为两个一组，两个之间相隔 1.2m，下一组与上一组相隔 9.8m，对侧隧道轨顶排烟口设置一样，即轨顶排烟口共为 0.5m×1.0m×48 个。轨底回风系统关闭。

6.2.2 活塞风影响下地铁站台火灾烟气蔓延规律的分析

当地铁列车中部发生火灾并停靠在车站隧道内时，司机停车后，首先打开车门，以便人员顺利从车厢疏散到站台上。考虑人员疏散到站台后，屏蔽门是否开启，以及对侧隧道是否来车，是否有活塞风影响，设定了 2 个火灾场景，对比分析在 4 种状态下地铁站台火灾温度场、能见度场情况。

无活塞风影响的工况场景 1：假设地铁列车中部发生火灾并停靠在车站隧道，即在车站进行人员疏散，此时车门为打开状态，考虑人员疏散完成后，屏蔽门关闭，同时车厢之间的通道保持开启状态，对侧隧道没有列车正常进站，没有带来活塞风。

有活塞风影响的工况场景 2：假设地铁列车中部发生火灾并在车站进行人员疏散，此时车门为打开状态，考虑人员疏散完成后，屏蔽门关闭，对侧隧道有列车正常进站，带来了活塞风，根据现场测试结果，按照活塞风速为 3.7m/s 工况进行数值模拟。

图 6.30、图 6.31 分别为有无活塞风作用下，列车中部火灾火源上方 1.7m 高度及列车各节车厢车门处的温度曲线的对比。由图 6.30、图 6.31 对比可知，活塞风作用下，带来了大量的新鲜空气，火源的燃烧变得更加不稳定，火源温度的增长速率略有升高；但由于活塞风的散热作用，火源上方的温度略有下降，但下降幅度较小。起火车厢和其他车厢出口处的温度也稍有下降，但下降的幅度更小，受活塞风的影响不显著。

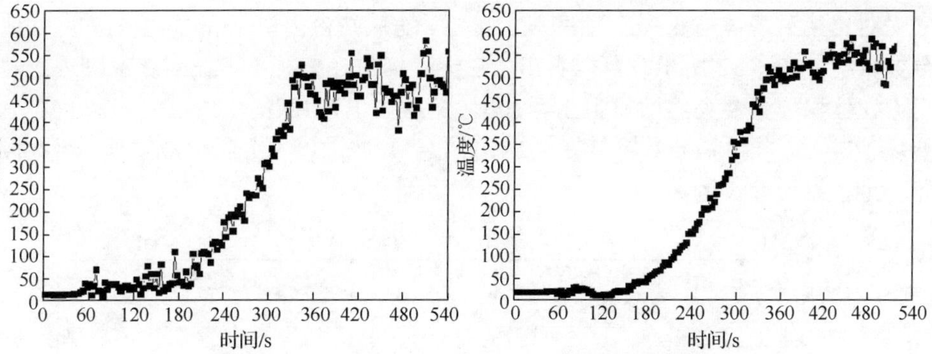

（a）有活塞风作用　　　　　　　　　　　（b）无活塞风作用

图 6.30　火焰上方 1.7m 高度温度变化曲线对比

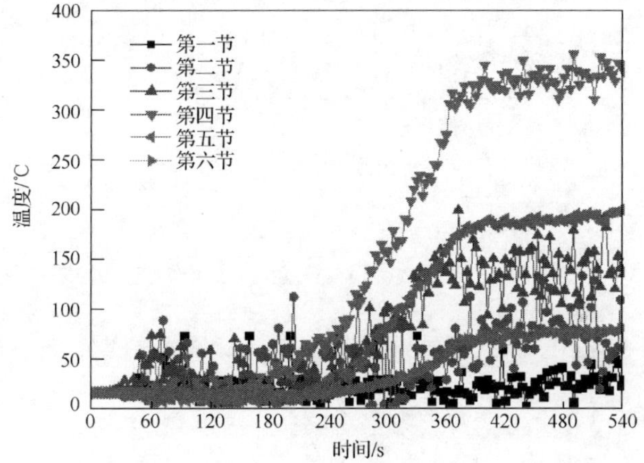

（a）有活塞风作用

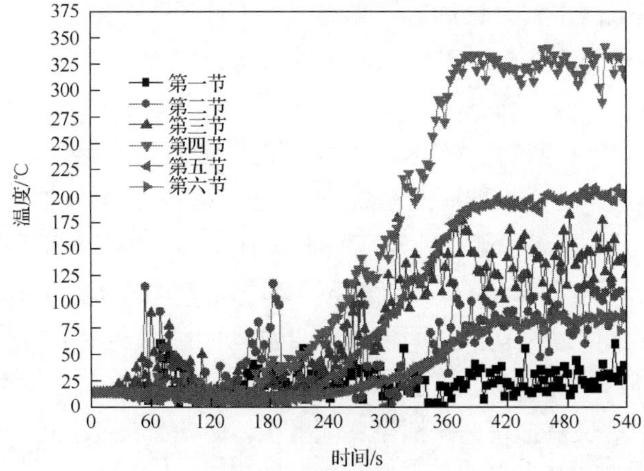

（b）无活塞风作用

图 6.31　列车各节车厢各门 1.7m 处温度

对比无活塞风与3.7m/s活塞风工况下，地铁站台出口1.5m高度处的CO体积分数分析如图6.32所示。可以看出，在无任何排烟措施下，在活塞风刚进入站台时CO体积分数会突然增长到$1.4×10^{-6}$，随后在$1.1×10^{-6}$～$0.25×10^{-6}$波动。在无活塞风工况下CO体积分数维持在$0.2×10^{-6}$以下。通过以上分析可以发现，活塞风加剧了地铁站台火灾的蔓延。

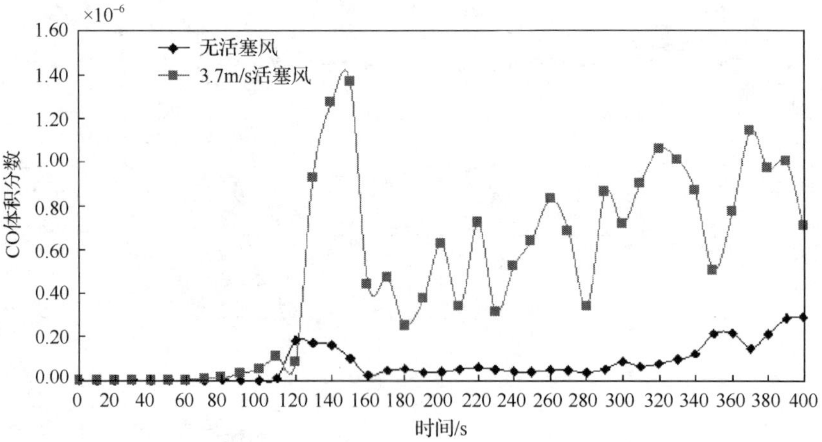

图6.32 地铁站台出口处1.5m高度CO体积分数

6.2.3 活塞风影响下细水雾对地铁站台火灾的控制作用

在站台距地面5.4m高度安装细水雾喷头，喷头流量15L/min，喷头水平间距3m。针对无活塞风及3.7m/s活塞风工况下，10MPa细水雾对地铁站台火灾的控制作用进行数值模拟，主要讨论活塞风影响下细水雾的灭火效果。

选择细水雾灭火系统启动时间为起火后 120s，施加细水雾时，有活塞风和无活塞风工况下地铁站台火源热释放速率的变化过程见图6.33。由图6.33可知，细水雾在120s启动时，施加细水雾初期两种工况均会产生爆燃现象，这主要是由于细水雾施加的瞬间，造成火羽流的强烈扰动，大量的新鲜空气被卷吸至火源附近，造成燃烧加剧。无活塞风的情况下，火源热释放速率由1.5MW瞬间激增至2.4MW，随后，火源热释放速率迅速降低直到火源功率稳定在 0.3MW，灭火时间为 50s。活塞风的存在导致火源热释放速率的大幅度波动，细水雾启动后火源热释放速率先骤然下降至1MW，随即跃升至2.3MW，细水雾施加30s后，火源热释放速率下降至0.4MW，之后反复振荡，振幅虽逐渐减小，但始终维持在0.4～1.4MW区间，直到300s以后才逐渐平稳。

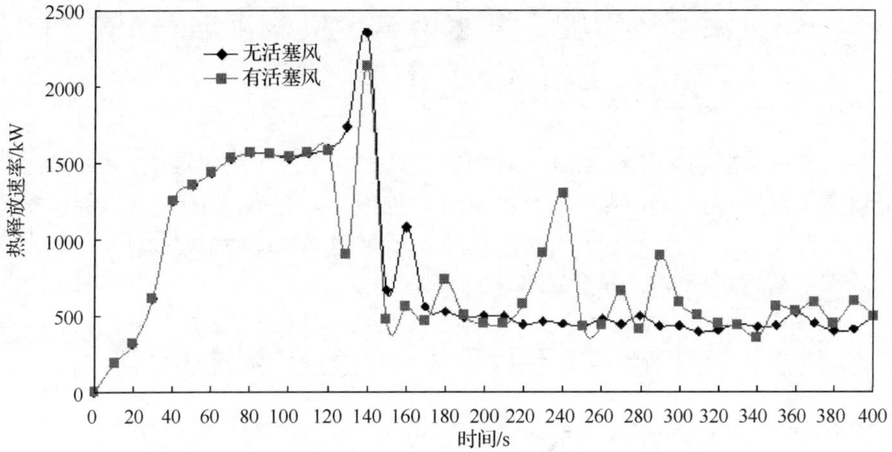

图 6.33 细水雾灭火时地铁站台火源热释热速率

地铁站台通道出口 1.5m 高度处的 CO 体积分数变化如图 6.34 所示。可以看出，即使不考虑活塞风影响，单纯施加细水雾以后，地铁站台出口 CO 体积分数显著增加，220s 以后，随着火灾的逐渐熄灭，CO 体积分数逐渐减小，但仍远远超过没有施加细水雾的情况。因此，关于“细水雾对火灾烟气的洗消作用”的说法值得关注。活塞风影响下，施加细水雾的瞬间开始，地铁站台出口 CO 体积分数一直保持在振荡中增加的趋势，最大值达到 4.5×10^{-6}，因此，活塞风对细水雾的控烟作用是不利的。

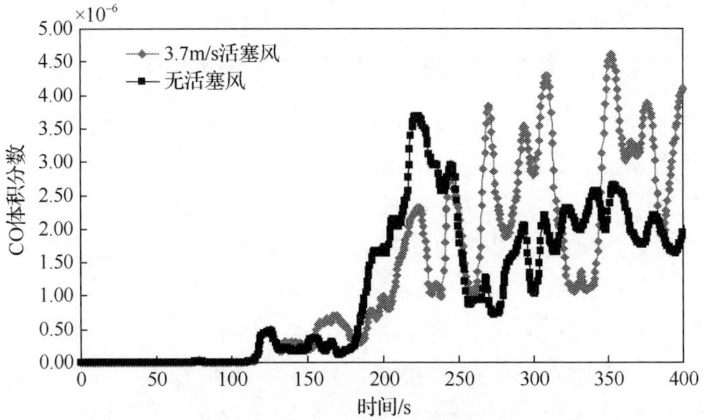

图 6.34 地铁站台出口 1.5m 高度处的 CO 体积分数

6.3 活塞风影响下细水雾耦合机械排烟系统对地铁站台火灾的控制作用

取测试中活塞风风速影响最大时间段 120～300s 的平均风速 3.7m/s。考虑单侧产生活塞风作用，且活塞风风速为 3.7m/s 的作用下，起火后 120s 开启细水雾，分别取机械排烟启动时间为 60s、120s、150s，讨论 3.7m/s 活塞风影响下，细水雾耦合机械排烟系统对地铁站台火灾烟气的控制作用。

6.3.1 活塞风影响下耦合系统对火灾热释放速率的控制作用

图 6.35 为三种工况下，耦合系统对地铁站台火灾热释放速率的抑制作用。

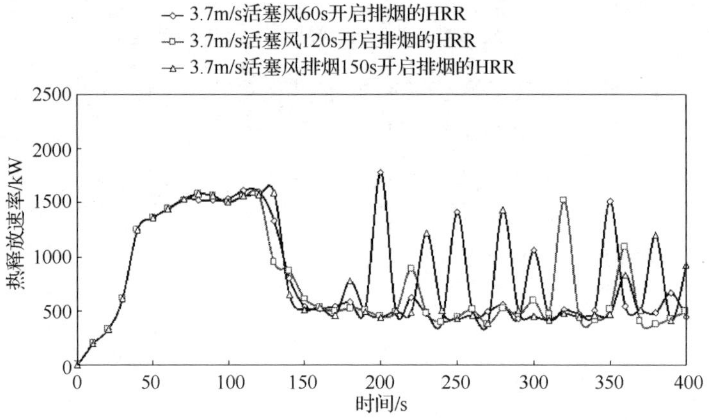

图 6.35 耦合系统对地铁站台火灾热释放速率的控制作用

工况 1 在施加细水雾前的 60s 开启机械排烟，在 3.7m/s 活塞风的影响下，施加细水雾初期时，细水雾雾滴使得火源功率急剧降低到 0.5WM 左右，但是伴随着机械排烟的作用，火灾热释放速率自 190s 开始大幅度波动，火灾发生后 200s 时，火源热释放速率达到峰值 1.7WM，振幅大，振荡周期间隔短。

工况 2 在活塞风影响下，于起火后 120s 同时施加细水雾与开启机械排烟，火灾热释放速率在之后的 40s 内迅速降低至 0.5MW 的水平，并一直保持到起火后的 240s，之后，由于活塞风的影响使得火灾热释放速率有突然增大和反复振荡，火灾发生后 330s 时，火灾热释放速率达到峰值 1.5WM，之后仍然反复振荡，但从振幅和振荡的周期来看，相对比较稳定。可以得出，在有活塞风的影响下 120s 同时启动细水雾和机械排烟对火源热释放速率的控制较好。

工况 3 在施加细水雾后 30s，即起火后 150s 开启机械排烟，火灾热释放速率首先迅速降低，然后开始振荡，振荡的振幅比工况 1 略小，振荡周期间隔与工况 1 相当。

通过以上分析得出，120s 同时开启机械排烟和细水雾可以对火灾热释放速率的发展起到很好的控制作用。尽管活塞风和机械排烟会扰乱火羽流，但是通过对机械排烟合理的运行，仍然可以减少活塞风对火灾控制的不良效果。在机械排烟的作用下，会使得大量烟气被抽走，使得火源附近没有过多热烟气继续积累，从而达到了控烟降温效果，为人员疏散争取到了宝贵的生命时间。

由此可以得出结论：当地铁站台内发生火灾时，应尽量避免有其他列车驶入隧道，万一发生意外不能及时停车，应该将驶来的列车尽量减速行驶，争取停在活塞风井的上风向减小活塞风风速，否则驶入列车引起的活塞风势必会加剧火灾的蔓延。经工况 1、2、3 对比可看出，机械排烟与细水雾耦合作用对活塞风影响下的火灾起到了很好的控制作用。

6.3.2　CO 体积分数分析

分析站台出口 1.5m 高度处 CO 体积分数，如图 6.36 所示。

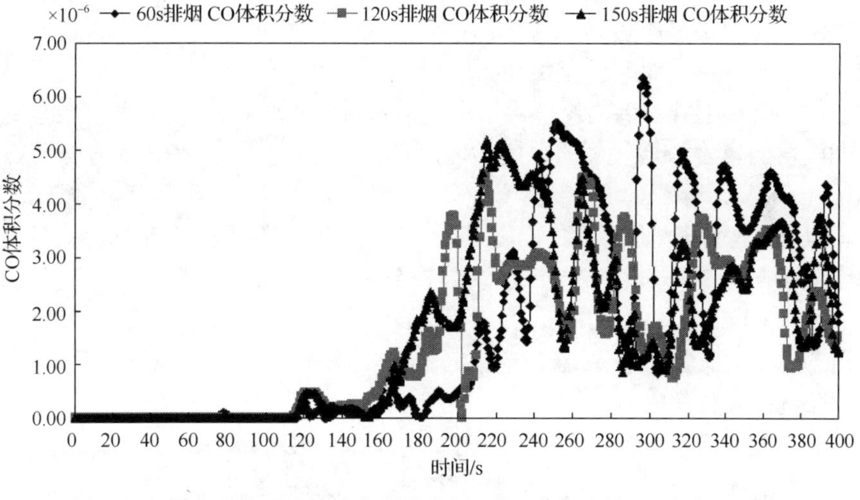

图 6.36　耦合系统对地铁站台通道出口 1.5m 高度处的 CO 的控制作用

工况 1 在施加细水雾之前 60s 开启机械排烟，可以迅速降低火场和地铁站出口 CO 体积分数，并一直保持较低水平，直至施加细水雾 60s 后，细水雾雾滴的影响使得机械排烟对烟气的控制作用改变，站台疏散出口处 1.5m 高度的 CO 体积分数逐渐增高，最高可达到 6.5×10^{-6}。

工况 2 为在 120s 同时启动细水雾和机械排烟，在活塞风的影响下烟气体积分数波动也很大，但是相对其他工况而言，CO 体积分数振幅的最大值为 4.8×10^{-6}，其最大值和平均值均处于相对低的水平。工况 3 的情况与工况 2 相当。

综上，可以得到结论：在活塞风影响下，120s 时细水雾和机械排烟同时开启时，其灭火和烟气控制效果最好；150s 延后开启排烟工况的灭火效果次之；60s 提前开启排烟工况的灭火效果最好。地铁火灾不可避免要受到活塞风的影响，因此考虑活塞风影响下的排烟控制才是更接近真实的情况。

6.4 本章小结

本章利用火灾动力学模拟软件 FDS 分别对比地铁列车车厢火灾蔓延和细水雾灭火最优的设计参数和安装高度，分析活塞风影响下的地铁站台火灾蔓延规律以及机械排烟和细水雾耦合系统的控火作用进行数值模拟分析，并总结归纳出以下结论。

通过模拟开启不同的车门，研究自然通风对细水雾灭火有效性影响。对比分析发现，封闭情况下细水雾的灭火要好于任何开启车门的工况；平行车身方向的横向通风方式对细水雾灭火的不利影响要大于纵向通风；火源附近通风、增大横向开口面积不利于细水雾灭火；单一的通风方式下的火灾更容易被扑灭，横、纵向通风综合作用是最不容易灭火的，称之为最不利工况。扑灭最不利工况火灾的最低流量为 8L/min，最佳流量为 11L/min。

通过对喷头不同安装高度情况下温度场的对比，发现 2.3m 的灭火效果是最佳的，烟气层的厚度、烟气层的温度都能满足于一定的要求，在这两方面要明显好于 2.1m 的工况。与 2.5m 时相比，虽然在远端的温度和烟气层高度上劣于 2.5m 的工况，但是 2.5m 时火源附近的温度较高，给人们的逃生及生命带来极大的危害，不适合应用在地铁列车车厢这个特殊的环境中。因此，2.3m 是最合理的安装高度，优于 2.1m 和 2.5m。

活塞风使得火源热释放速率不稳定，有毒烟气扩散速度快对疏散环境不利，严重威胁到人员生命安全。

活塞风扰乱细水雾雾滴的喷射范围，削弱细水雾的灭火能力，造成火灾热释放速率突增到 1.5WM。并且活塞风的影响使得疏散通道的 CO 体积分数增加，对人员逃生造成威胁。

在活塞风影响下，120s 同时开启 10MPa、15L/min 细水雾和机械排烟使得火源热释放速率突增的现象得到控制，并且可以将 CO 体积分数控制到最低值。

参考文献

[1] 高峰, 梁波. 城市地铁与轻轨工程[M]. 北京: 人民交通出版社, 2012.

[2] 赵昕, 顾保南. 2018 年中国城市轨道交通运营线路统计和分析[J]. 城市轨道交通研究, 2019, 22(1):1-7.

[3] 中华人民共和国国务院. “十三五”现代综合交通运输体系发展规划[Z]. 2017.

[4] 2017—2022 年中国地铁行业发展前景分析及发展策略研究报告[EB/OL]. (2016-11-21)[2019-09-07]. http://www.chyxx.com/research/201611/469077.html.

[5] Howell R. British plan inquiry into subway fire, King's Cross station, London[N]. The New York Times, 1987, 137: 3(N)-3(L).

[6] Chow W K. Arson fire in train compartment[J]. International Journal on Engineering Performance-Based Fire Codes, 2004, 6(1):1-4.

[7] Lee D H, Jung W S, Lee C K, et al. Fire safety characteristics of interior materials of Korean railway vehicles[C]. Proceedings of the 6th Asia-Oceania Symposium on Fire Science and Technology, Daegu, Korea, 2004:735-741.

[8] 北京地铁起火原因查明 系风扇线路短路导致(图)[EB/OL]. (2005-08-27)[2019-08-07]. http://news.sina.com.cn/c/2005-08-27/01106791837s.shtml.

[9] 张岚. 地铁车站火灾事故分析及应急救援[D]. 北京: 北京交通大学, 2006.

[10] 王铭珍. 国外地铁应对突发事件的经验[J]. 消防技术与产品信息, 2009(10):51-54.

[11] Jeon G, Hong W. Characteristic features of the behavior and perception of evacuees from the Daegu subway fire and safety measures in an underground fire[J]. Journal of Asian Architecture and Building Engineering, 2009, 8(2): 415-422.

[12] 张源勇. 西安地铁火灾风险性评估方法研究[D]. 西安: 西安建筑科技大学, 2011.

[13] Li Y Z, Ingason H. Overview of research on fire safety in underground road and railway tunnels[J]. Tunnelling and Underground Space Technology, 2018, 81:568-589.

[14] 袁勇, 邱俊男. 地铁火灾的原因与统计分析[J]. 城市轨道交通研究, 2014, 7:26-31, 61.

[15] Kumm M. Carried fire load in mass transport systems-a study of occurrence, allocation and fire behavior of bags and luggage in metro and commuter trains in Stockholm[R]. Malardalen University, Vasteras, Sweden,2010.

[16] Qu L, Chow W K. Common practices in fire hazard assessment for underground transport stations[J]. Tunnelling and Underground Space Technology, 2013, 38:377-384.

[17] Vantelon J P, Guelzim A, Quach D, et al. Investigation of fire-induced smoke movement in tunnels and stations: an application to the Paris metro[C]. IAFSS Fire Safety Science-Proceeding of the Third International Symposium, Edinburg, 1991.

[18] Park W H, Kim D H, Chang H C. Numerical predictions of smoke movement in a subway station under ventilation[J]. Tunnelling and Underground Space Technology, 2006, 21(314):304.

[19] Rie D H, Hwang M W, Kim S J, et al. A study of optimal vent mode for the smoke control of subway station fire[J]. Tunneling and Underground Space Technology, 2006, 21:300-301.

[20] 史聪灵, 钟茂华, 涂旭. 深埋地铁车站火灾实验与数值分析[M]. 北京: 科学出版社, 2009.

[21] Gao R, Li A, Hao X, et al. Prediction of the spread of smoke in a huge transit terminal subway station under six different fire scenarios[J]. Tunnelling and Underground Space Technology, 2012, 31:128-138.

[22] Liu C, Zhong M H, Tian X L, et al. Experimental and numerical study on fire-induced smoke temperature in connected area of metro tunnel under natural ventilation[J]. International Journal of Thermal Sciences, 2019, 138: 84-97.

[23] Meng N, Hu L, Wu L, et al. Numerical study on the optimization of smoke ventilation mode at the conjunction area between tunnel track and platform in emergency of a train fire at subway station[J]. Tunnelling and Underground Space Technology, 2014, 40:151-159.

[24] Li Y Z. CFD modeling of fire development in metro carriages under different ventilation conditions[R]. SP Technical Kesearch Institute of Sweden, Boras, Sweden, 2015.

[25] Li Y Z, Appel G, Ingason H, et al. Model scale tunnel fire tests with water-based fire suppression systems[R]. SP Technical Research Institute of Sweden, Boras, Sweden, 2014.

[26] 范维澄, 孙金华, 陆守香, 等. 火灾风险评估方法学[M]. 北京: 科学出版社, 2015.

[27] Strege S, Ferreira M. Characterization of stack effect in high-rise buildings under winter conditions, including the IMPact of stairwell pressurization[J]. Fire Technology, 2017, 53(1): 211-226.

[28] Fan C G, Li X Y, Mu Y, et al. Smoke movement characteristics under stack effect in a mine laneway fire[J]. Applied Thermal Engineering, 2017, 110(1): 70-79.

[29] Gerhardt H J, Kruger O. Wind and train driven air movements in train stations [J]. Journal of Wind Engineering and Industrial Aerodynamics, 1998, 74-76:589-597.

[30] Zhong W, Tu R, Yang J P, et al. A study of the fire smoke propagation in subway station under the effect of piston wind[J]. Journal of Civil Engineering and Management, 2015, 21(4):514-523.

[31] Ji J, Gao Z H, Fan C G, et al. A study of the effect of plug-holing and boundary layer separation on natural ventilation with vertical shaft in urban road tunnel fires[J]. International Journal of Heat and Mass Transfer, 2012, 55(21-22):6032-6041.

[32] Alpert R L. Turbulent ceiling-jet induced by large scale fires [J]. Combustion Science and Technology, 1975, 11(5-6): 197-213.

[33] Kunsch J P. Simple model for control of fire gases in a ventilated tunnel[J]. Fire Safety Journal, 2002, 37(1): 67-81.

[34] Hu L H, Huo R, Li Y Z, et al. Full-scale burning tests on studying smoke temperature and velocity along a corridor[J]. Tunnelling and Underground Space Technology, 2005, 20:223-229.

[35] 许秦坤. 狭长通道火灾烟气热分层及运动机制研究[D]. 合肥: 中国科学技术大学, 2012.

[36] Ingason H, Li Y Z. Model scale tunnel fire tests with longitudinal ventilation[J]. Fire Safety Journal, 2010, 45: 371-384.

[37] 地铁设计防火标准: GB 51298—2018[S]. 北京: 中国计划出版社, 2018.

[38] Roh J S, Ryou H S, Park W H, et al. CFD simulation and assessment of life safety in a subway train fire[J]. Tunnneling and Underground Space Technology, 2009, 24:447-453.

[39] Guyonnaud L, Solliec C. Design of air curtains used for area confinement in tunnels[J]. Experimental Fluids, 2000, 28:377-384.

[40] Wilson B. Smoke curtains-benefits beyond personnel safety[J]. Eire Safety Engineering, 1999, 6(6):27-28.

[41] Felis F, Pavageau M, Elicer-Cortes J C, et al. Simultaneous measurements of temperature and velocity fluctuations in a double stream-twin jet air curtain for heat confinement in case of tunnel fire[J]. International Communications in Heat and Mass Transfer, 2010, 37:1191-1196.

[42] Lecaros M, Elicer-Cortés J C, Fuentes A, et al. On the ability of twin jets air curtains to confine heat and mass inside tunnels[J]. International Communications in Heat and Mass Transfer, 2010, 37: 970-977.

[43] Severino G, Elicer-Cortés J C, Fuentes A. Characterization of a diffusion flame inside a scale tunnel using double stream-twin jets air curtains[J]. Fire Safety Journal, 2013, 62: 264-271.

[44] Gao R, Li A, Lei W, et al. Study of a proposed tunnel evacuation passageway formed by opposite-double air curtain ventilation[J]. Safety science, 2012, 50: 1549-1557.

[45] Liang Q, Li Y F, Li J M, et al. Numerical studies on the smoke control by water mist screens with transverse ventilation in tunnel fires[J]. Tunnelling and Underground Space Technology, 2017, 64: 177-183.

[46] 梁强. 狭长空间火灾中细水雾型水幕助研性能实验及应用研究[D]. 北京: 北京工业大学, 2017.

[47] 刘洪义, 倪天晓, 张新. 集中排烟公路隧道排烟阀下方烟气层吸穿现象研究[J]. 铁道科学与工程学报, 2012, 9(3):77-82.

[48] 蒋亚强, 霍然, 胡隆华, 等. 长通道内机械排烟速率对烟气层吸穿影响的数值模拟研究[J]. 中国科学技术大学学报, 2009, 39(4): 424-428.

[49] 建筑设计防火规范: GB 50016—2014(2018 年版)[S]. 北京: 中国计划出版社, 2018.
[50] 顾正洪, 程远平, 周世宁. 地铁排烟风亭与出入口合理的相对位置[J]. 西南交通大学学报, 2005, 40(5): 591-594.
[51] 朱伟, 卢平, 廖光煊, 等. 地铁车站出入口火灾烟气特性的模拟研究[J]. 中国工程科学, 2005, 7(2): 91-96.
[52] Giachetti B, Couton D, Plourde F. Smoke spreading analyses in a subway fire scale model[J]. Tunnelling and Underground Space Technology, 2017, 70: 233-239 .
[53] 钟茂华, 史聪灵, 涂旭炜. 深埋地铁岛式站点火灾模型实验研究(1)——实验设计[J]. 中国安全生产科学技术, 2006, 2(1): 3-9.
[54] 史聪灵, 钟茂华, 涂旭炜. 深埋地铁岛式站点火灾模型实验研究(2)——列车火灾[J]. 中国安全生产科学技术, 2006, 2(2): 14-18.
[55] 史聪灵, 钟茂华, 涂旭炜. 深埋地铁岛式站点火灾模型实验研究(3)——站台火灾[J]. 中国安全生产科学技术, 2006, 2(3): 33-38.
[56] 蔡波, 李辉亮, 廖光煊. 地铁火灾中强制通风烟控系统作用的模拟[J]. 中国工程科学, 2005, 7(8): 80-83.
[57] Standard on Water Mist Fire Protection Systems: NFPA 750-2015[S]. NFPA, 1 Batterymarch Park, Quincy, MA 02169-7471.
[58] 细水雾灭火系统技术规范: GB 50898—2013[S]. 北京: 中国计划出版社, 2013.
[59] McCaffrey B J. Jet diffusion flame suppression using water sprays-an interim report[J]. Combustional Science and Technology, 1998, 40: 107-136.
[60] Ndubizu C C, Ananth R, Tatem P A, et al. On water mist fire suppression mechanisms in a gaseous diffusion flame[J]. Fire Safety Journal, 1998, 31: 253-276.
[61] Grant G, Brenton J, Drysdale D. Fire suppression by water sprays[J]. Progress in Energy and Combustion Science, 2000, 26: 79-30.
[62] Yao B, Chow W K. A review of water mist fire suppression systems[J]. Journal of Applied Fire Science, 2001, 10(3): 277-294.
[63] Yao B, Cong B H, Qin J, et al. Experimental study of suppressing Poly(methyl methacrylate) fires using water mists[J]. Fire Safety Journal, 2012, 47: 32-39.
[64] 城市轨道交通技术规范: GB 50490—2009[S]. 北京: 中国建筑工业出版社, 2009.
[65] 陈志祥. 高压细水雾灭火系统在轨道交通中的应用[J]. 中国给水排水, 2012, 16: 41.
[66] 涂小华, 欧阳开. 广州地铁七号线高压细水雾灭火系统的设计[J]. 中国给水排水, 2015, 31(14): 43-45, 49.
[67] 李小坤. 地铁车站细水雾系统贯彻《细水雾灭火系统技术规范》前后所涉及问题辨析[J]. 城市轨道交通研究, 2018, 12:162-165, 171.
[68] 王冬雷, 王鑫. 沈阳地铁车辆高压细水雾灭火系统应用分析[J]. 铁道机车车辆, 2016, 36(6): 96-98.
[69] Fire tests for water mist fire suppression systems[EB/OL]. (2011-12-08)[2019-09-07]. https://fogtec-international.com/files/tunnel_08_2011.pdf.
[70] A revolutionary active firefighting system is selected for the A86 tunnel project around Paris[EB/OL]. (2006-11-14)[2019-09-07]. https://www.marioff.com/about-marioff/news-and-press-releases/a-revolutionary-active-firefighting-system-is-selected-for-the.
[71] Ray S K, Singh R P. Effects of water mist on open fire-a model study[J]. Mining Technology, 2005, 114(1):1-14.
[72] Amano R, Izushi Y, Kurioka H, et al. Fire experiments for a road tunnel-water screen as partitioning technology[C]. International Symposium on Fire Safety Science, Beijing, China, 2005: 18-23.
[73] Ingason H. Model scale tunnel tests with water spray[J]. Fire Safety Journal, 2008, 43(7):512-528.
[74] Yuan L M, Lazzara C P. The effects of ventilation and preburn time on water mist extinguishing of diesel fuel pool fires[J]. Journal of Fire Sciences, 2004, 22(5): 379-404.
[75] Nmira F, Consalvi J L, Kaiss A, et al. A numerical study of water mist mitigation of tunnel fires[J]. Fire Safety Journal, 2009, 44:198-211.

[76] Blanchard E, Fromy P, Carlotti P, et al. Experimental and numerical study of the interaction between water mist and fire in an intermediate test tunnel[J]. Fire Technology, 2014, 50(3): 565-587.
[77] Beard A N. Major fire spread in a tunnel with water mist: a theoretical model[J]. Tunnelling and Underground Space Technology Incorporating Trenchless Technology Research, 2016, 53: 22-32.
[78] 吴春荣, 黄鑫, 李海峰. 细水雾灭火系统在电缆隧道中的应用研究[J]. 消防科学与技术, 2008, 27(9):662-665.
[79] 朱伟. 狭长空间纵向通风条件下细水雾抑制火灾的模拟研究[D]. 合肥: 中国科技大学, 2006.
[80] Chen L Y, Zhu W, Cai X, et al. Experimental study of water mist fire suppression in tunnels under longitudinal ventilation[J]. Building and Environment, 2009, 44: 446-455.
[81] 李权威. 狭长空间纵向通风条件下细水雾抑制油池火的实验研究[D]. 合肥: 中国科技大学, 2010.
[82] Li J S M, Chow W K. Numerical studies on performance evaluation of tunnel ventilation safety systems[J]. Tunneling and Underground Space Technology. 2003, 18(5):435-452.
[83] Thomas P H. Studies of fires in buildings using models[J]. Combustion and Flame, 1960, 22(1): 87-99.
[84] Heskestad G. Physical modeling of fire[J]. Journal of Fire and Flammability, 1975, 6(3): 253-273.
[85] Quintiere J G. Scaling applications in fire research[J]. Fire Safety Journal, 1989, 15(1): 3-29.
[86] Heskestad G. On Q* and the dynamics of turbulent diffusion flames[J]. Fire Safety Journal, 2003, 30(2): 215-227.
[87] Drysdale D. An Introduction to Fire Dynamics(Third Edition)[M]. West Sussex: A John Wiley & Sons, Ltd, 2011.
[88] Glenn P F, Carlos M G, James M T. User's Guide for Smokeview Version 5-A Tool for Visualizing Fire Dynamics Simulation Data[M]. Maryland: NIST Special Publication, 2007.
[89] 王福军. 计算流体动力学分析——CFD 软件原理与应用[M]. 北京: 清华大学出版社, 2004.
[90] Rehm R G, Baum H R. The equations of motion for thermally driven, buoyant flows[J]. Journal of Research of the NBS, 1978, 83:297-308.
[91] Huggett C. Estimation of rate of heat release by means of oxygen consumption measurements[J]. Fire and Materials, 1980, 4(1):61-65.
[92] Chan T S. Measurements of water density and droplet size distributions of selected ESFR sprinklers[J]. Journal of Fire Protection Engineering, 1994, 6(2):79-87.
[93] Yu H Z. Investigation of spray patterns of selected sprinklers with the FMRC drop size measuring system[C]. Proceedings of the 4th international symposium on fire safety science, London, UK, 1986: 1165-1176.
[94] Cheremisinoff N P. Encyclopedia of Fluid Mechanics, Vol. 3: Gas-Liquid Flows[M]. Houston, Texas: Gulf Publishing Company, 1986.
[95] Tuntomo A, Tien C, Park S. Optical constants of liquid hydrocarbon fuels[J]. Combustion Science and Technology, 1992, 84:133-140.
[96] Ruffino P, Marzo M. Temperature and volumetric fraction measurements in a hot gas laden with water droplets[J]. Journal of Heat Transfer, 2003, 125(2):356-364.
[97] Ruffino P, Marzo M. The effect of evaporative cooling on the activation time of fire sprinklers[C]. International Association for Fire Safety Science, 2002:481-492.
[98] Gavelli F, Ruffino P, Anderson G, et al. Effect of minute water droplets on a simulated sprinkler link thermal response[R]. NIST GCR 99-776, National Institute of Standards and Technology, Gaithersburg, Maryland, 1999.
[99] McGrattan K B, McDermott R J, Weinschenk C G, et al. Fire Dynamics Simulator, User's Guide[M]. Mary Land: NIST Special Publication, 2013.
[100] Cross D, Hughes B, Ingham D, et al. A validated numerical investigation of the effects of high blockage ratio and train and tunnel length upon underground railway aerodynamics[J]. Journal of Wind Engineering and Industrial Aerodynamics, 2015, 146: 195-206.
[101] 张培红, 王淞, 尚融雪, 等. 采用全高非封闭式屏蔽门地铁车站站台速度场的测试和分析[J]. 中国安全生产科学技术, 2012, 9:22-26.
[102] 于磊鑫. 活塞风影响下地铁站台热环境控制技术的研究[D]. 沈阳: 沈阳建筑大学, 2013.

[103] 华宇东. 活塞风影响地铁车厢火灾发展的实验研究[D]. 沈阳: 东北大学, 2017.
[104] He Y. On experimental data reduction for zone model validation[J]. Journal of Fire Science, 1997, 15:144-161.
[105] 金京涛, 刘建国. 消防官兵灭火战斗牺牲情况分析及其对策探讨[J]. 消防科学与技术, 2009, 28(4): 204-208.
[106] Thomas P H, Bullen M L, Qunitiere J G, et al. Flashover and instabilities in fire behavior[J]. Combustion and Flames, 1980, 38: 159-171.
[107] Tsai K C, Chung W T. Clarifying the mechanism of flashover from the view of unburned fuel volatiles and secondary fuels[J]. Proceedings of the Combustion Institute, 2011, 33:2649-2656.
[108] Graham T L, Makhviladze G M, Roberts J P. On the theory of flashover development[J]. Fire Safety Journal, 1995, 25: 229-259.
[109] Beard A N. Flashover and boundary properties[J]. Fire Safety Journal, 2010, 45:116-121.
[110] Thomas P H. Testing products and materials for their contribution to flashover in rooms[J]. Fire Material, 1981, 5: 103-111.
[111] Chow W K, Leung C W, Zou G W, et al. Flame spread over plastic materials in flashover room fires[J]. Construction and Building Materials, 2008, 22: 629-634.
[112] Parker W J, Lee B T. Fire build-up in reduced size enclosures[C]. Fire Safety Research, Proceedings of the Symposium held at the NBS, Gaithersburg, MD, 1974: 139-153.
[113] Luo M C, Beck V. A study of non-flashover and flashover fires in a full-scale multi-room building[J]. Fire Safety Journal, 1996, 26:191-219.
[114] Klopovic S, Turan O F. Flames venting externally during full-scale flashover fires: two sample ventilation cases[J]. Fire Safety Journal, 1998, 31: 117-142.
[115] Yuen W W, Chow W K. The role of thermal radiation on the initiation of flashover in a compartment fire[J]. International Journal of Heat and Mass Transfer, 2004, 47:4265-4276.
[116] Francis J, Chen A P. Observable characteristics of flashover[J]. Fire Safety Journal, 2012, 51: 42-52.
[117] 宋虎. 小尺寸腔室轰燃现象的实验和理论研究[D]. 合肥: 中国科学技术大学, 2002.
[118] 宗若雯. 特殊受限空间火灾轰燃的重构研究[D]. 合肥: 中国科学技术大学, 2008.
[119] 李松阳. 地下狭长受限空间轰燃演化机理的实验与理论研究[D]. 合肥: 中国科学技术大学, 2011.
[120] 刘畅. 狭长受限空间轰燃临界判据的实验研究[D]. 沈阳: 东北大学, 2015.
[121] 宋虎, 杨立中, 范维澄. 火源和壁面材料对轰燃影响的数值模拟[J]. 自然灾害学报, 2002, 11(1):91-96.
[122] 陈爱平, 宋飞. 基于混沌理论的室内轰燃判据[J]. 爆炸与冲击, 2010, 30(6):622-627.
[123] Wang Z Z, Hu X Q, Jia F C. A two-step method for predicting time to flashover in room corner test fires using cone calorimeter data[J]. Fire and Materials, 2013, 37(6): 457-473.
[124] Babrauskas V. Estimating room flashover potential[J]. Fire Technology, 1980, 16: 94-104.
[125] Tsai K C, Chen H H. Experimental study of fuel sootiness effects on flashover[J]. Journal of Hazardous Materials, 2010, 178: 123-129.
[126] Fuss S P, Hamins A. An estimate of the correction applied to radiant flame measurements due to attenuation by atmospheric CO_2 and H_2O[J]. Fire Safety Journal, 2002, 37(2): 181-190.
[127] Safronava N, Lyon R E, Crowley S, et al. Effect of moisture on ignition time of polymers[J]. Fire Technology, 2015, 51(5):1093-1112.
[128] 陈吕义. 细水雾抑制受限空间火灾轰燃的实验和理论分析[D]. 合肥: 中国科学技术大学, 2009.
[129] Zhang P H, Liu C, Tang X, et al. The thermal criteria on rubber ignition in flashover fires under longitudinal ventilation surroundings[J]. Applied Thermal Engineering, 2016, 103:1408-1415.
[130] 刘嘉. 通风开口对轰燃影响的试验研究[D]. 成都: 西南交通大学, 2007.
[131] 宋虎, 杨立中, 范维澄. 通风开口对轰燃影响的数值模拟[J]. 火灾科学, 2001, 10(3):167-170.
[132] 张培红, 俞艳秋, 赵鹏程, 等. 柴油在受限空间火灾轰燃实验中的引燃特性[J]. 东北大学学报(自然科学版), 2016, 37(1): 114-117.

[133] 张培红，俞艳秋，赵鹏程，等. 狭长受限空间火灾演化规律的试验研究[J]. 消防科学与技术，2015, 34(6): 719-721.

[134] Mawhinney J R, Dlugogorski B Z, Kim A K. A closer look at the fire extinguishing properties of water mist[C]. Proc. Int. Association for Fire Safety Science Conf., Ottawa, Canada, 1994.

[135] Downie B, Polymeropoulos C, Gogos G. Interaction of a water mist with a buoyant methane diffusion flame[J]. Fire Safety Journal, 1995, 24: 359-381.

[136] Back G G, DiNenno P J, Leonard J T, et al. Full Scale tests of water mist suppression systems for Navy shipboard machinery space: phase I-unobstructed spaces[R]. NRL Memorandum Report NRL/MR/6180-96-7830, Washington, DC, 1996.

[137] Palis S, Sträubig F, Voigt S, et al. Experimental investigation of the impact of water mist on high-speed non-premixed horizontal methane jet fires[J]. Fire Safety Journal, 2020, 114:103005.

[138] Zhang P H, Tang X, Tian X L, et al. Experimental study on the interaction between fire and water mist in long and narrow space [J]. Applied Thermal Engineering, 2016, 94: 706-714.

[139] Liu Z G, Kim A K, Su J Z. Examination of performance of water mist fire suppression systems under ventilation conditions[J]. Journal of Fire Protection Engineering, 2001, 11(3): 164-193.

[140] Lefebvre A H. Atomization and Sprays[M]. New York: Hemisphere, 1989.

[141] Iqbal Mahmud H M, Moinuddin K A M, Thorpe G. Experimental and numerical study of high-pressure water-mist nozzle sprays[J]. Fire Safety Journal, 2016, 81: 109-117.

[142] Gupta M, Pasi A, Ray A, et al. An experimental study of the effects of water mist characteristics on pool fire suppression[J]. Experimental Thermal and Fluid Science, 2013, 44: 768-778.

[143] Liu Y S, Jiang Z, Wang D, et al. Experimental research on the water mist fire suppression performance in an enclosed space by changing the characteristics of nozzles[J]. Experimental Thermal and Fluid Science, 2014, 52: 174-181.

[144] 田向亮. 细水雾与火灾相互作用的研究[D]. 沈阳：东北大学, 2014.

[145] Babrauskas V. Estimating large pool fire burning rates[J]. Fire Technology, 1983, 19: 251-261.

[146] Heskestad G. Engineering relations for fire plume[J]. Fire Safety Journal, 1984, 7(1):25-32.

[147] Albert R L. Modeling of sprinkler spray suppression of fires[C]. Proceedings of the First International Conference on Fire Suppression Research, Sweden, 1992: 245-260.

[148] White N. Fire development in passenger trains[D]. Victoria: Victoria University, 2010.

[149] White N, Dowling V. Conducting a full-scale experiment on a rail passenger car[C]. 6th Asia-Oceania Symposium on Fire Science and Technology, Daegu, Korea, 2004: 17-20.

[150] Mawhinney J R, DiNenno P J, Williams F W. Using water mist for flashover suppression on navy ships[C]. Proceedings of Halon Alternatives Technical Working Conference, Albuquerque, NM, 1999:395-403.

[151] Hill R G, Maker T R, Sarkos C P. Evaluation and optimization of an on-board water spray fire suppression in aircraft[C]. National Institute of Standards and Technology, Gaithersburg, MD, 1993: 225-234.

[152] Novozhilov V. Flashover control under fire suppression conditions[J]. Fire Safety Journal, 2001, 36: 641-660.

[153] 游宇航. 水喷淋与机械排烟作用下小室火灾特性的实验研究[J]. 火灾科学, 2008, 17(3): 178-184.

[154] 唐兴. 细水雾抑制受限空间轰燃的实验研究[D]. 沈阳：东北大学, 2015.

[155] 秦俊, 王喜世, 廖光煊, 等. 细水雾发生及抑制液体火焰的实验研究[J]. 量子电子学报, 2003, 20(3): 370-374.

[156] 张茂根，翁志学，黄志明，等. 颗粒统计平均粒径及其分布的表征[J]. 高分子材料科学与工程，2000, 16(5): 1-4.

[157] Plastics-Thermogravimetry (TG) of polymers-determination of activation energy: BS ISO 11358-2[S]. Switzerland: ISO Copyright Office, 2014.

[158] Fang J B. Fire buildup in a room and the role of interior finish materials[R]. Natl Bur Stand (U. S.), TN879, 1975.

[159] Zhang X, Hadjisophocleous G. An improved two-layer zone model applicable to both pre- and post-flashover fires[J]. Fire Safety Journal, 2012, 53: 63-71.

[160] Johansson N, van Hees P. A correlation for predicting smoke layer temperature in a room adjacent to a room involved in a pre-flashover fire[J]. Fire and Materials, 2014, 38(2):182-194.
[161] Peacock R D, Reneke P A. Defining flashover for fire hazard calculations[J]. Fire Safety Journal, 1999, 32: 331-345.
[162] 张琳. 狭长空间火场演化规律及烟气控制的实验研究[D]. 沈阳: 东北大学, 2015.
[163] 杨芹. 细水雾抑制双开口受限空间火灾的有效性研究[D]. 沈阳: 东北大学, 2016.
[164] Dembele S. Experimental study of water spray for the attenuation of fire thermal radiation[J]. Journal of Heat Transfer, 2001, 123(3):76-81.
[165] The Europe Commission. Fire development and mitigation measures-D251, in Engineering Guidance for Water Based Fire Fighting Systems for the Protection of Tunnels and Sub Surface Facilities[R]. UPTUN, Sweden,2008.
[166] UPTUN. Engineering guidance for water shield mitigation system for the protection of tunnels and sub surface facilities[J]. ArupFire, 2006, 8: 222-228.
[167] Kim A K, Liu Z G. Fire suppression performance of water mist under ventilation and cycling discharge conditions[C]. 2nd International Water Mist Conference, Amsterdam, Netherlands, 2002: 61-76.
[168] Hume B P. Water mist suppression in conjunction with displacement ventilation[R]. Fire Engineering Research Report, New Zealand, 2003.
[169] Fan C G, Bu R W, Xie X Q, et al. Full-scale experimental study on water mist fire suppression in a railway tunnel rescue station: Temperature distribution characteristics[J]. Process Safety and Environmental Protection, 2021, 146(2):396-411.
[170] 刘江虹, 廖光煊, 厉培德, 等. 细水雾灭火技术研究与进展[J]. 科学通报, 2003, 48(8): 761-767.
[171] Hart R A, Ren T X, Edwadrs J S. Numerical simulation of water mist suppression of tunnel fire scenarios[C]. 3rd International Conference on CFD in the Minerals and Process Industries, CSIRO, Australia, 2003: 35-40.
[172] 房玉东. 细水雾与火灾烟气的相互作用[D]. 合肥: 中国科技大学, 2006.
[173] Scott D. Will water mist improve fire safety? [J]. World Tunneling, 2001, 14(8):384-385.
[174] 董家斌. 通风对隧道油池火和细水雾灭火性能的影响[D]. 沈阳: 东北大学, 2016.
[175] 张培红, 董家斌, 孟岐, 等. 不同通风模式下隧道酒精池火热传递过程[J]. 东北大学学报(自然科学版), 2017, 38(10):1491-1495.
[176] McCaffrey B J. Momentum implications for buoyant diffusion flames[J]. Combustion & Flame, 1983, 52(2):149-167.
[177] 张培红, 田向亮, 张怡, 等. 顶部排烟耦合细水雾作用下的火灾烟气特性[J]. 东北大学学报(自然科学版), 2014: 35(8): 1199-1202.
[178] 许文斌. 通风及细水雾耦合系统与柴油池火相互作用的研究[D]. 沈阳: 东北大学, 2013.
[179] 潘龙涛. 通风与细水雾耦合灭火过程的热力学分析[D]. 沈阳: 东北大学, 2016.
[180] 林秀丽, 潘龙涛, 杨芹, 等. 双喷头细水雾和纵向通风抑制池火的实验研究[J]. 广西大学学报(自然科学版), 2017, 42(4):1616-1622.
[181] 防灾设施研究会. 建筑防烟排烟设备[M]. 安中义, 王力础, 译. 北京: 中国建筑工业出版社, 1983: 45-49.
[182] Sakurai H, Hayashi T, Shibata M, et al. Researches on air shutter for fire defence[J]. Fire Safety Journal, 1979, 80: 9-16.
[183] Jung U H, Kim S, Yang S H, et al. Numerical study of air curtain systems for blocking smoke in tunnel fires[J]. Journal of Mechanical Science and Technology, 2016, 30(11): 4961-4969.
[184] Hu L H, Zhou J W, Huo R, et al. Confinement of fire-induced smoke and carbon monoxide transportation by air curtain in channels[J]. Journal of Hazardous Materials, 2008, 156: 327-334.
[185] Hu L H, Li Y Z, Huo R, et al. Full-scale experimental studies on mechanical smoke exhaust efficiency in an underground corridor[J]. Building Environment, 2006, 41(12):1622-1630.
[186] 黄冬梅, 梅秀娟, 兰彬, 等. 出口角度对防烟空气幕防烟效果影响的数值模拟[J]. 中国安全科学学报, 2008, 18(5): 55-60.

[187] 黄冬梅, 梅秀娟, 兰彬, 等. 出口风速对防烟空气幕防烟效果影响的数值模拟[J]. 中国安全科学学报, 2008, 4(2): 31-34.
[188] 何嘉鹏, 王东方, 王健, 等. 高层建筑防烟空气幕设计参数的数学模型[J]. 应用科学学报, 1999, 3:371-376.
[189] 李兆文, 何嘉鹏, 陈忠信, 等. 地铁站火灾烟气三维动态场模拟[J]. 中国安全科学学报, 2005, 15(7): 52-54.
[190] 白雪. 空气幕耦合机械排烟系统控火阻烟有效性研究[D]. 沈阳: 东北大学, 2018.
[191] 刘岩. 深埋地铁站台火灾防排烟系统的性能化分析[D]. 沈阳: 沈阳建筑大学, 2008.
[192] 沈翔. 地下铁道活塞风特性的研究[D]. 上海: 同济大学, 2004.
[193] Qu L, Chow W K. Platform screen doors on emergency evacuation in underground railway stations[J]. Tunnelling and Underground Space Technology, 2012, 30: 1-9.
[194] 姚沁. 上海轨道交通世纪大道站防火卷帘门误降引起的思考[J]. 城市轨道交通研究, 2013, 16(6):8-11.
[195] 李媛. 细水雾幕抑制火灾烟气蔓延的实验研究[D]. 合肥: 中国科学技术大学, 2014.
[196] 端木维可. 细水雾幕抑制狭长空间顶棚射流火焰研究[D]. 郑州: 郑州大学, 2017.
[197] 谭琼. 火灾场景下细水雾幕保护窗玻璃的实验研究[D]. 合肥: 中国科技大学, 2017.
[198] 王晓昕. 细水雾雾幕保护下地铁站台人员疏散优化分析[D]. 沈阳: 东北大学, 2018.
[199] 符靖宇. 地铁车厢火灾高压细水雾灭火系统有效性研究[D]. 沈阳: 沈阳建筑大学, 2008.
[200] Babrauskas V. SFPE Handbook of Fire Protection Engineering[M]. Quincy: National Fire Protection Association, 1995.
[201] Chow W K, Wong C M. Importance of estimating heat release rate in train car fires[C]. Eurofire, Basel, Switzerland, 2013.
[202] Chow W K. Simulation of tunnel fire using a zone model[J]. Tunnelling and Underground Space Technology, 1996, 11 (2): 221-236.
[203] 地铁防排烟设计参数及烟气控制系统研究[R]. 公安部天津消防科学研究所, 天津, 2009.